NE능률 영어교과서

대한민국 고등학생 **10** 명 중 **4.7** 명이 보는 교과서

영어 고등 교과서 점유율 1위

(7차, 2007 개정, 2009 개정, 2015 개정)

리딩튜터

그동안 판매된
리딩튜터 1,900만 부
차곡차곡 쌓으면 19만 미터

에베레스트 21 배 높이

190,000m

에베레스트 8,848m

능률보카

그동안 판매된
능률VOCA 1,100만 부

대한민국 박스오피스
천만명을 넘은 영화
단 28개

그래머존

그동안 판매된 450만 부의 그래머존을 바닥에 쭉~
1000km 서울-부산 왕복

KB014140

서울   부산

PICK 수능유형 듣기

지은이	NE능률 영어교육연구소
선임연구원	조은영
연구원	김은정, 가민아, 정서연
영문교열	Curtis Thompson, Bryce Olk, Angela Hai Yue Lan
디자인	안훈정
맥편집	허문희

43 SINCE 1980

Let's grow together

NE능률이
미래를
창조합니다.

건강한 배움의 고객가치를 제공하겠다는 꿈을 실현하기 위해
40년이 넘는 시간 동안 열심히 달려왔습니다.

앞으로도 끊임없는 연구와 노력을 통해
당연한 것을 멈추지 않고

고객, 기업, 직원 모두가 함께 성장하는 NE능률이 되겠습니다.

PICK

수능유형

듣기

STRUCTURE & FEATURES

전체 구성

Part 01: 수능 듣기 유형 15강   **Part 02**: 실전 모의고사 10회   **Part 03**: DICTATION

유형

최신 수능에 출제된 총 15개의 듣기 유형 학습으로 수능 듣기 유형을 완벽히 정리할 수 있다.

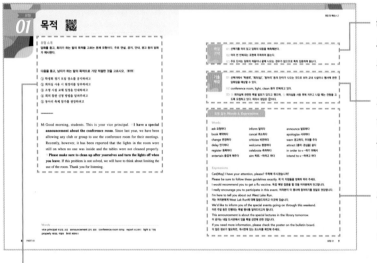

해결 전략

유형을 해결하기 위한 단계별 전략을 학습할 수 있다.

기출 해결

해결 전략을 기출 예제에 적용해 봄으로써 유형별 문제 풀이 방법을 명확하게 익힐 수 있다.

유형 잡는 Words & Expressions

각 유형에서 자주 사용되는 유용한 어휘 및 표현들을 익힐 수 있다.

기출 예제

최신 평가원 기출 문제를 통해 유형의 특징, 실제 출제 경향, 난이도, 소재 등을 파악할 수 있다.

유형 연습

유형별 연습 문제들을 통해 유형의 특징을 충분히 익히고 해결 전략을 적용할 수 있다.

표지에 있는 QR코드를 찍어 보세요!
한 번의 스캔으로 전체 교재에 해당하는
듣기 MP3 파일을 들어 볼 수 있습니다.

NE Waffle

MP3 / 단어장

실전 모의고사

총 10회의 실전 모의고사를 통해 앞에서 익힌 각 수능 듣기 유형들을 최종적으로 점검하고 실전 감각을 높일 수 있다.

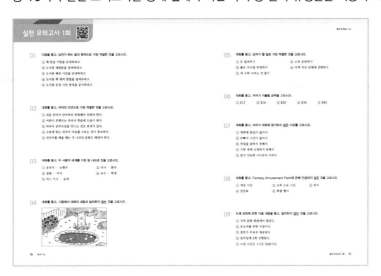

DICTATION

받아쓰기를 통해 어려운 연음, 핵심 어구, 관용 표현 등을 한 번 더 익힐 수 있다.

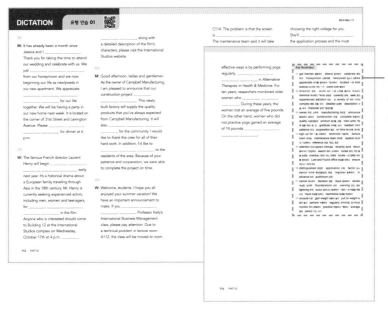

Key Vocabulary

주요 핵심 어휘 및 표현들을
정리하고 학습할 수 있다.

CONTENTS

PART 02　실전 모의고사

PART 03　DICTATION

PART
01

유형

목적

유형 소개

담화를 듣고, 화자가 하는 말의 목적을 고르는 문제 유형이다. 주로 연설, 공지, 안내, 광고 등의 담화가 제시된다.

다음을 듣고, 남자가 하는 말의 목적으로 가장 적절한 것을 고르시오. [평가원]

① 학생회 정기 모임 장소를 공지하려고
② 회의실 사용 시 뒷정리를 당부하려고
③ 조명 시설 교체 일정을 안내하려고
④ 회의 참관 신청 방법을 알려주려고
⑤ 동아리 축제 참가를 권장하려고

M: Good morning, students. This is your vice principal. ⓐ **I have a special announcement about the conference room**. Since last year, we have been allowing any club or group to use the conference room for their meetings. Recently, however, it has been reported that the lights in the room were still on when no one was inside and the tables were not cleaned properly. ⓑ **Please make sure to clean up after yourselves and turn the lights off when you leave**. If this problem is not solved, we will have to think about limiting the use of the room. Thank you for listening.

Words

vice principal 부교장, 교감   announcement 공지, 발표   conference room 회의실   report 보고하다   light 빛; *전등
properly 제대로, 적절히   limit 제한하다

해결 전략	01 선택지를 미리 읽고 담화의 내용을 예측해본다.
	02 여러 번 반복되는 표현에 주목하며 듣는다.
	03 주요 단서는 담화의 처음이나 끝에 나오는 경우가 많으므로 특히 집중하며 듣는다.

기출 해결	01 선택지에서 '학생회', '회의(실)', '동아리' 등의 단어가 나오는 것으로 보아 교내 시설이나 행사에 관한 담화임을 예상할 수 있다.
	02 conference room, light, clean 등이 반복되고 있다.
	03 ⓐ 회의실에 관련된 특별 발표가 있다고 했으며, ⓑ 회의실을 사용 후에 치우고 나갈 때는 전등을 끄도록 요청하고 있다. 따라서 정답은 ②이다.

유형 잡는 *Words & Expressions*

Words

ask 요청하다	inform 알리다	announce 발표하다
book 예약하다	cancel 취소하다	apologize 사과하다
change 변경하다	criticize 비판하다	warn 경고하다, 주의를 주다
delay 연기하다	welcome 환영하다	attract (흥미·관심을) 끌다
register 등록하다	celebrate 축하하다	in order to-v ~하기 위해서
entertain 즐겁게 해주다	aim 목표; ~하려고 하다	intend to-v ~하려고 하다

Expressions

Can[May] I have your attention, please? 주목해 주시겠습니까?

Please be sure to follow these guidelines exactly. 꼭 이 지침들을 정확히 따라 주세요.

I would recommend you to get a flu vaccine. 독감 예방 접종을 할 것을 여러분에게 권고합니다.

I really encourage you to participate in this event. 여러분이 이 행사에 참여하기를 정말로 권장합니다.

I'm here to tell you about out West Lake Run.
저는 여러분에게 West Lake Run에 대해 말씀드리려고 이곳에 있습니다.

We'd like to inform you of the special events going on through this weekend.
이번 주말 동안 진행되는 특별 행사를 알려드리고자 합니다.

This announcement is about the special lectures in the library tomorrow.
이 공지는 내일 도서관에서 있을 특별 강연에 관한 것입니다.

If you need more information, please check the poster on the bulletin board.
더 많은 정보가 필요하면, 게시판에 있는 포스터를 확인해 주세요.

01 다음을 듣고, 남자가 하는 말의 목적으로 가장 적절한 것을 고르시오.

① 결혼식에 초대하려고
② 집들이에 초대하려고
③ 주소 변경을 알리려고
④ 신혼여행지를 추천하려고
⑤ 새로운 결혼식장을 홍보하려고

02 다음을 듣고, 여자가 하는 말의 목적으로 가장 적절한 것을 고르시오.

① 새로운 영화를 홍보하려고
② 영화배우를 모집하려고
③ 영화감독을 소개하려고
④ 영화제 시상식을 알리려고
⑤ 영화 촬영에 따른 불편을 사과하려고

03 다음을 듣고, 남자가 하는 말의 목적으로 가장 적절한 것을 고르시오.

① 신축 공장의 완공을 알리려고
② 건물 건설 계획을 제안하려고
③ 새 지역 공장의 직원을 채용하려고
④ 공사로 인해 끼친 불편을 사과하려고
⑤ 공장에서 만든 신제품의 특징을 설명하려고

04 다음을 듣고, 여자가 하는 말의 목적으로 가장 적절한 것을 고르시오.

① 올해의 학사 일정을 공지하려고
② 신규 강좌가 개설됨을 알리려고
③ 수업이 취소되었음을 공지하려고
④ 새로 부임한 교수님을 소개하려고
⑤ 강의실이 변경되었음을 안내하려고

05 다음을 듣고, 남자가 하는 말의 목적으로 가장 적절한 것을 고르시오.

① 도서 기증을 장려하려고
② 도서 반납을 요청하려고
③ 도서관 규칙을 안내하려고
④ 도서관에서 발견된 분실물을 공지하려고
⑤ 새로 선정된 청소년 필독서를 알려주려고

06 다음을 듣고, 여자가 하는 말의 목적으로 가장 적절한 것을 고르시오.

① 학생들의 강연 참석을 장려하려고
② 대학교 견학 프로그램을 안내하려고
③ 대학교 장학금 신청 과정을 설명하려고
④ 교내 모금 행사에 학생들을 초청하려고
⑤ 대학교 입학 지원서 마감 기한을 상기시키려고

07 다음을 듣고, 남자가 하는 말의 목적으로 가장 적절한 것을 고르시오.

① 주말 날씨를 예보하려고
② 야구 경기 규칙을 설명하려고
③ 경기가 취소된 이유를 알리려고
④ 학교의 방침에 문제를 제기하려고
⑤ 우천 시 행사 장소 변경을 공지하려고

08 다음을 듣고, 여자가 하는 말의 목적으로 가장 적절한 것을 고르시오.

① 요가의 노화 방지 효과에 대해 알리려고
② 노년 여성을 위한 운동 교실을 홍보하려고
③ 체중 증가에 관한 연구 계획을 발표하려고
④ 노년기에 체중이 급변하는 이유를 설명하려고
⑤ 요가가 노년층의 체중 조절에 효과적임을 알리려고

02 의견

유형 소개

대화를 듣고, 화자의 의견을 파악하는 문제 유형이다.

대화를 듣고, 여자의 의견으로 가장 적절한 것을 고르시오. 평가원

① 수면 부족은 신체 건강에 해롭다.
② 적절한 스트레스는 일의 능률을 높인다.
③ 잠자기 전 휴대폰 사용은 숙면에 방해가 된다.
④ 수면 장애 해결을 위해 원인을 파악해야 한다.
⑤ 집중력 향상을 위해 규칙적인 운동이 필요하다.

W: David, is there something wrong? You don't look well.

M: I'm just sleepy. I stayed up all night finishing the science project.

W: Again? Don't you know that ⓐ **a lack of sleep is bad for your health**?

M: For my health? In what way?

W: If you ⓑ **don't get a sufficient amount of sleep, you are more likely to have health problems** like the common cold or even heart disease.

M: Really? Why's that?

W: It can lower your body's defenses, so ⓒ **your body won't be able to fight viruses**.

M: I didn't know that. I'll try to get enough sleep.

Words

stay up all night 밤을 새우다 lack 부족, 결핍 sufficient 충분한 be likely to-v ~할 것 같다 common cold 감기
heart disease 심장병 lower 낮추다 defense 방어 virus 바이러스

해결 전략

01 두 화자가 서로 다른 의견을 제시하는 경우도 있으므로, 문제에서 누구의 의견을 묻고 있는지 정확히 파악한다.

02 화자가 의견을 말할 때 특정 내용 및 표현을 반복하여 말하는 경우가 많으므로 이에 유의한다.

03 대화 전체를 종합하여 화자의 의견을 추론하고, 부분적인 내용을 다룬 선택지는 고르지 않도록 주의한다.

기출 해결

01 문제에서 여자의 의견을 묻고 있으므로 여자의 의견에 집중한다.

02 ⓐ 수면 부족은 건강에 나쁘며 ⓑ 충분히 자지 않으면 건강 문제가 발생하고 ⓒ 신체가 바이러스와 싸울 수 없다고 말하고 있다.

03 수면 부족으로 인한 건강 문제를 반복하여 말하고 있으므로 정답은 ①이다.

유형 잡는 Words & Expressions

Expressions

I think it's a good idea to have a good role model. 멋진 역할 모델을 갖는 것이 좋다고 생각합니다.

Keeping a safe distance from the car ahead is important. 앞차와 안전거리를 유지하는 것이 중요합니다.

It would be better to read books on various topics. 다양한 주제의 책을 읽는 것이 더 좋습니다.

I think he should have been more careful. 나는 그가 더 조심했어야 한다고 생각해.

You shouldn't drive after taking the medicine. 당신은 약을 먹은 후에 운전해서는 안 됩니다.

We need to make gift packaging simple for the environment.
우리는 환경을 위해 선물 포장을 간단하게 해야 합니다.

Why don't you choose an English book that's appropriate for your level?
당신의 수준에 적절한 영어책을 고르는 게 어떤가요?

I'm sure country living will help us enjoy a healthy life.
난 시골 생활이 우리가 건강한 삶을 누리는 데 도움이 될 거라고 확신해요.

I firmly believe that the path to success is through analyzing failure.
나는 성공의 길은 실패를 분석하는 것에 있다고 굳게 믿습니다.

I recommend that you try the local food to get to know their culture.
그들의 문화를 알기 위해 현지 음식을 먹어볼 것을 추천합니다.

01 대화를 듣고, 남자의 의견으로 가장 적절한 것을 고르시오.

① 고전 문학을 읽어야 한다.
② 지역 서점을 이용해야 한다.
③ 가능한 한 많은 책을 읽어야 한다.
④ 즐거움을 목적으로 책을 읽어야 한다.
⑤ 자신의 흥미에 맞는 책을 선택해야 한다.

02 대화를 듣고, 여자의 의견으로 가장 적절한 것을 고르시오.

① 도심 내 주차 공간을 늘려야 한다.
② 자가용을 이용하는 것이 편리하다.
③ 버스와 지하철 노선을 재정비해야 한다.
④ 대도시에서는 대중교통을 이용하는 것이 좋다.
⑤ 교통 체증을 고려하여 이동 시간을 계산해야 한다.

03 대화를 듣고, 남자의 의견으로 가장 적절한 것을 고르시오.

① 말보다는 실천이 중요하다.
② 쉬운 것부터 시작해야 한다.
③ 지나간 일은 잊는 것이 좋다.
④ 만일을 대비해 항상 준비해야 한다.
⑤ 미래에 대한 걱정은 도움이 되지 않는다.

04 대화를 듣고, 여자의 의견으로 가장 적절한 것을 고르시오.

① 마을에 관광단지를 유치시켜야 한다.
② 경험이 많은 후보에게 투표해야 한다.
③ 새로운 도로 건설은 마을에 이득이다.
④ 대기업이 중소기업들의 발전을 저해한다.
⑤ 도로 공사는 소음을 유발하여 불편을 끼친다.

05 대화를 듣고, 남자의 의견으로 가장 적절한 것을 고르시오.

① 쇼핑을 할 때 예산을 미리 짜는 것이 좋다.
② 다양한 스타일의 옷을 시도해보는 것이 좋다.
③ 제품을 구매할 때는 가격을 비교해봐야 한다.
④ 유명 브랜드 제품은 뛰어난 디자인 때문에 인기가 있다.
⑤ 고가의 브랜드 제품이라고 꼭 품질이 더 좋은 것은 아니다.

06 대화를 듣고, 여자의 의견으로 가장 적절한 것을 고르시오.

① 친구와 빨리 화해해야 한다.
② 집안일을 공동으로 분담해야 한다.
③ 룸메이트를 고를 때는 신중해야 한다.
④ 먹고 난 그릇은 바로 깨끗이 치워야 한다.
⑤ 룸메이트와 상의하여 규칙을 정해야 한다.

07 대화를 듣고, 남자의 의견으로 가장 적절한 것을 고르시오.

① 수면 부족은 집중력을 떨어뜨린다.
② 균형 잡힌 식사가 운동만큼 중요하다.
③ 늦은 밤에 식사를 하는 것은 건강에 해롭다.
④ 신선한 재료를 사용한 음식을 먹어야 한다.
⑤ 습관적으로 과식을 하는 것은 고쳐야 한다.

08 대화를 듣고, 여자의 의견으로 가장 적절한 것을 고르시오.

① 영화 관람 중에는 휴대전화를 꺼야 한다.
② 휴대전화로 영화평을 미리 확인하는 것이 좋다.
③ 비상시에 대비하여 휴대전화를 켜 두어야 한다.
④ 좋은 자리에서 영화를 보려면 표를 예매해야 한다.
⑤ 공공장소에서는 휴대전화를 진동 모드로 전환해야 한다.

03 주제

유형 소개

담화나 대화를 듣고, 화자가 하는 말의 주제를 파악하는 문제 유형이다.

대화를 듣고, 두 사람이 하는 말의 주제로 가장 적절한 것을 고르시오. 평가원

① 코딩 학습의 이점
② 코딩 시 주의할 점
③ 코딩 기술이 필요한 직업
④ 조기 코딩 교육의 문제점
⑤ 코딩 초보자를 위한 학습법

M: Hey, Sarah. What are you going to choose for your after-school activity?

W: I'm not sure, Dad.

M: ⓐ **What about taking a coding course**?

W: A coding course? Why should I do that?

M: I think ⓑ **learning to code can give you important skills for the future**.

W: Oh, I remember my teacher saying that coding is a skill that can increase the chances of getting a job. But it sounds difficult.

M: It might be, but it can help you learn how to plan and organize your thoughts.

W: Good to know. And I heard coding helps with math. Right?

M: Definitely. Plus, it improves your problem-solving skills.

W: Cool! I think I'm going to take the course.

Words

after-school 방과 후의   increase 증가시키다   organize 정리하다, 체계화하다   thought 생각   definitely 분명히, 확실히

해결 전략	
	01 선택지를 미리 읽고 담화나 대화의 내용을 예측해 본다.
	02 주제문은 담화나 대화의 앞부분이나 뒷부분에 나오는 경우가 많으므로, 이 부분을 집중해서 듣는다.
	03 주제를 뒷받침하는 내용들을 종합하여 정답을 파악하고 특정 세부 사항과 관련된 지엽적인 선택지를 고르지 않도록 유의한다.

기출 해결	
	01 선택지에서 '코딩', '학습' 등의 단어가 등장하는 것으로 보아, 대화의 내용이 코딩 학습과 관련된 것임을 예상할 수 있다.
	02 대화 초반에 ⓐ 코딩 수업을 제안하며, ⓑ 코딩을 배우는 것이 여러 중요한 기술을 가르쳐 준다고 말하고 있다.
	03 코딩 학습의 장점을 나열하고 있으므로 정답은 ①이다.

유형 잡는 *Words & Expressions*

Words

in conclusion 결론적으로

in short / in brief 간단히 말해

for example / for instance 예를 들어

that is (to say) / in other words 다시 말해서, 즉

on the contrary / on the other hand / in contrast 반면에

so / thus / therefore 그러므로

as a result / consequently 결과적으로

but / however / yet / still 그러나

Expressions

I want to suggest three things for using earphones safely.
이어폰을 안전하게 쓰기 위한 세 가지를 제안하고 싶습니다.

Have you ever felt frustrated when you want to get good grades but don't know what to do?
좋은 성적을 받길 원하지만 무엇을 해야 할지 몰라 좌절감을 느낀 적이 있나요?

Today, we'll talk about a variety of materials used to make musical instruments.
오늘, 우리는 악기를 만드는 데 사용되는 다양한 재료들에 관해 이야기할 것입니다.

Today, I'll tell you about some foods that might disappear because of climate change.
오늘 저는 기후 변화로 사라질지도 모르는 식량에 관해 이야기하겠습니다.

Do you know that mathematical ability is widespread in the animal kingdom?
동물 왕국에 수학 능력이 널리 퍼져 있다는 것을 알고 있나요?

01 다음을 듣고, 남자가 하는 말의 주제로 가장 적절한 것을 고르시오.

① 식중독을 예방하는 방법
② 남은 음식을 활용한 요리법
③ 주방에 꼭 필요한 조리 기구
④ 요리 실력을 향상시키는 방법
⑤ 날고기와 달걀이 건강에 해로운 이유

02 다음을 듣고, 여자가 하는 말의 주제로 가장 적절한 것을 고르시오.

① 신문 인쇄용지의 장점
② 종이가 만들어지는 과정
③ 신문지 색이 바래지는 이유
④ 신문지가 널리 재활용되는 이유
⑤ 종이 제작을 위한 나무 선택 방법

03 다음을 듣고, 남자가 하는 말의 주제로 가장 적절한 것을 고르시오.

① 과장 광고의 문제
② 지면 광고의 한계
③ 여러 가지 광고의 형태
④ 효과적인 광고의 필수 요소
⑤ 광고 모델과 효과의 상관관계

04 다음을 듣고, 여자가 하는 말의 주제로 가장 적절한 것을 고르시오.

① 현재 경제 위기의 원인
② 실버산업의 전망과 미래
③ 인구 감소로 인한 문제점
④ 임금 인상을 둘러싼 갈등
⑤ 인구 노령화가 사회에 미치는 영향

05 대화를 듣고, 두 사람이 하는 말의 주제로 가장 적절한 것을 고르시오.

① 해외여행의 위험성
② 혼자 가는 해외여행의 장단점
③ 여행 경비를 절약할 수 있는 방법
④ 일과 휴식 사이의 균형의 중요성
⑤ 효과적인 여행 계획을 수립하는 방법

06 대화를 듣고, 두 사람이 하는 말의 주제로 가장 적절한 것을 고르시오.

① 성적 향상을 위한 공부법
② 학생들의 평균 수면 시간
③ 효과적인 시험 준비 방법
④ 자신감 있는 태도의 중요성
⑤ 시험 전에 긴장을 푸는 방법

07 대화를 듣고, 두 사람이 하는 말의 주제로 가장 적절한 것을 고르시오.

① 상품 환불 시 필요한 사항
② 예산에 맞게 쇼핑하는 방법
③ 온라인 중고 거래의 위험성
④ 온라인 쇼핑 시 가격 비교의 필요성
⑤ 안전한 온라인 쇼핑을 위한 주의 사항

08 대화를 듣고, 두 사람이 하는 말의 주제로 가장 적절한 것을 고르시오.

① 에너지 낭비의 문제점
② 전기 요금을 줄이는 방법
③ 적정 실내 온도를 유지하는 법
④ 냉방 시설의 효율적인 사용법
⑤ 에어컨 구매 시 고려해야 할 사항

유형 소개
대화를 듣고, 두 사람의 관계를 추론하는 문제 유형이다.

대화를 듣고, 두 사람의 관계를 가장 잘 나타낸 것을 고르시오. 평가원

① 약사 – 고객
② 농구 코치 – 선수
③ 보건 교사 – 학생
④ 물리 치료사 – 환자
⑤ 제약회사 직원 – 의사

M: Good morning. What can I get for you?

W: Hi. ⓐ **I have some pain in my ankle. Do you have a pain reliever?**

M: Yes. ⓑ **Do you have a prescription?**

W: No. I twisted it playing basketball just now and haven't had time to see a doctor yet.

M: Let me see your ankle. *[Pause]* Oh, it's badly swollen. I think ⓒ **you should see a doctor first.**

W: I wish I could, but I have a job interview in an hour.

M: Then, for now, ⓓ **apply this cream to your ankle, and if the pain doesn't go away, take these painkillers.**

W: Okay, I'll do that. Can I have a bandage as well?

M: Sure. Here you go.

W: Thank you. How much is it altogether?

M: It's eight dollars.

Words ———————————————————————————————————————

ankle 발목   pain reliever 진통제(= painkiller)   prescription 처방전   twist (손목·발목 등을) 삐다   badly 심하게, 몹시
swollen 부어오른   apply (로션·연고 등을) 바르다   bandage 붕대   altogether 모두 합쳐, 총

정답 및 해설 p.8

해결 전략

01 대화의 상황이나 주제가 두 사람의 관계를 추론하는 데 결정적인 단서가 되므로, 두 사람이 어떤 상황에서 무엇에 관해 말하고 있는지 파악한다.

02 특정 신분 혹은 직업을 유추할 수 있는 단어 및 표현에 유의하며 듣는다.

기출 해결

01 손님인 여자가 ⓐ 발목을 다쳐 진통제를 찾는 것으로 보아 약국이나 보건실을 방문했음을 유추할 수 있다.

02 남자는 ⓑ 처방전이 있는지 묻고 ⓒ 의사의 진료를 먼저 받으라고 했다. 또 ⓓ 크림과 진통제를 판매하고 있으므로 남자의 직업은 약사임을 알 수 있다. 따라서 정답은 ①이다.

유형 잡는 Words & Expressions

Expressions

This is the end of today's tour. 이것으로 오늘의 관광을 마치겠습니다.

There's a special tour around the royal garden. 왕실 정원을 둘러보는 특별 관광이 있습니다.

I'm going to deliver your parcel this afternoon. 오늘 오후에 고객님의 소포를 배달할 예정입니다.

Thanks for having me here. 저를 여기 초대해 주셔서 감사합니다.

I listen to your show every day. 저는 매일 당신의 프로그램을 들어요.

Now our radio listeners have started sending in questions for you.
지금 저희 라디오 청취자분들이 당신에게 질문들을 보내 주시기 시작했어요.

Let me analyze Susan's matches carefully and make a better plan for your training.
내가 Susan의 경기들을 주의 깊게 분석해서 네 훈련을 위한 더 좋은 계획을 짤게.

You said you wanted to turn my novel into a movie? 제 소설을 영화로 만들고 싶다고 하셨죠?

I made a reservation online. 저는 온라인으로 예약했습니다.

You've booked a double room with an ocean view for two nights.
바다 전망의 더블룸으로 2박 예약하셨네요.

Did you check the operation schedule for this week? 이번 주 수술 일정을 확인해 봤나요?

Please measure and record the blood pressure of the patients.
환자들의 혈압을 측정하고 기록해 주세요.

Hamlet is in literature section H. 〈햄릿〉은 문학 H 구획에 있습니다.

01 대화를 듣고, 두 사람의 관계를 가장 잘 나타낸 것을 고르시오.

① 고객 - 식당 종업원
② 승객 - 버스 기사
③ 투숙객 - 호텔 직원
④ 요리사 - 음식 평론가
⑤ 여행객 - 여행 가이드

02 대화를 듣고, 두 사람의 관계를 가장 잘 나타낸 것을 고르시오.

① 작가 - 독자
② 옷가게 점원 - 손님
③ 출판사 직원 - 소설가
④ 화가 - 미술관 큐레이터
⑤ 디자이너 - 패션모델

03 대화를 듣고, 두 사람의 관계를 가장 잘 나타낸 것을 고르시오.

① 운전사 - 승객
② 소방관 - 행인
③ 변호사 - 용의자
④ 경찰관 - 목격자
⑤ 경비 요원 - 가게 주인

04 대화를 듣고, 두 사람의 관계를 가장 잘 나타낸 것을 고르시오.

① 발표자 - 청중
② 고객 - 미용사
③ 종업원 - 사장
④ 손님 - 옷가게 점원
⑤ 모델 - 의상 디자이너

05 대화를 듣고, 두 사람의 관계를 가장 잘 나타낸 것을 고르시오.

① 팬 – 연예인
② 감독 – 배우
③ 경찰관 – 시민
④ 연기자 – 드라마 작가
⑤ 시청자 – 방송국 직원

06 대화를 듣고, 두 사람의 관계를 가장 잘 나타낸 것을 고르시오.

① 기자 – 편집장
② 면접관 – 지원자
③ 여행 가이드 – 관광객
④ 광고 모델 – 카메라 감독
⑤ 관리자 – 웹사이트 디자이너

07 대화를 듣고, 두 사람의 관계를 가장 잘 나타낸 것을 고르시오.

① 학생 – 교사
② 비서 – 상사
③ 식당 직원 – 고객
④ 운전자 – 보행자
⑤ 자동차 수리공 – 자동차 주인

08 대화를 듣고, 두 사람의 관계를 가장 잘 나타낸 것을 고르시오.

① 교수 – 조교
② 보건 교사 – 학생
③ 의사 – 간호사
④ 보험 회사 직원 – 고객
⑤ 병원 접수 담당자 – 환자

그림 일치

유형 소개

대화를 듣고, 그림에서 대화의 내용과 일치하지 않는 부분을 찾아내는 문제 유형이다.

대화를 듣고, 그림에서 대화의 내용과 일치하지 <u>않는</u> 것을 고르시오. 평가원

M: Grace, let me show you my newly designed room.

W: Wow, Jake! It's so cool.

M: Look at ⓐ **the monitor between the speakers**. I changed my old monitor for this new one.

W: Looks nice. But isn't your desk too crowded to put ⓑ **your electric keyboard on it**?

M: It's fine with me. I find it convenient there.

W: Is that ⓒ **a microphone in the corner**? Do you sing?

M: Yes. Singing is my all-time favorite hobby.

W: What's that ⓓ **star-shaped medal on the wall**? Where did you get it?

M: I won that medal at a guitar contest with my dad.

W: Incredible! Do you often practice the guitar with your dad?

M: Sure. That's why ⓔ **there're two guitars** in the room.

Words ────────────

crowded 복잡한 electric 전기의, 전기를 이용하는 convenient 편리한 all-time 불변의 incredible 믿기 힘든

해결 전략

01 대화를 듣기 전에 주어진 그림을 보고 번호가 붙은 인물이나 사물의 특징 및 위치를 미리 파악한다.

02 인물과 사물의 특징 및 위치, 상태 및 동작을 묘사하는 표현이 나오면 집중해서 듣는다.

03 한 사람이 이야기한 사물이나 인물의 묘사가 상대방의 말에 따라 달라질 수 있으므로 주의해서 듣는다.

기출 해결

01 책상 위에 놓인 스피커와 그 사이에 놓인 모니터, 키보드, 스탠딩 마이크, 벽에 걸린 메달, 기타 두 개를 확인한다.

02 ⓐ 스피커 사이의 모니터, ⓑ 책상 위의 전자 건반, ⓒ 모퉁이의 마이크, ⓓ 별 모양 메달, ⓔ 두 개의 기타라고 했다.

03 그림에서 메달은 동그라미 모양이므로 정답은 ④이다.

유형 잡는 Words & Expressions

Words

모양

short 짧은	long 긴	thin 가느다란
wide 폭이 넓은	narrow 폭이 좁은	slim 날씬한
round 둥근	square 정사각형의	oval 타원형의
triangular 삼각형의	rectangular 직사각형의	heart-shaped 하트 모양의

무늬

plain 무늬 없는	striped 줄무늬가 있는	wavy 물결무늬의
checke(re)d 체크무늬의	plaid 격자[체크]무늬의	flower-patterned/floral 꽃무늬의

크기

big 큰	small 작은	medium-sized 중간 크기의
tiny 조그마한	large 커다란	huge 거대한

위치

in front of ~앞에	behind ~뒤에	beside/by/next to ~옆에
on top of ~의 꼭대기에	across from ~의 맞은편에	in the middle of ~의 가운데에
on the right[left] side 오른[왼]편에		

01 대화를 듣고, 그림에서 대화의 내용과 일치하지 <u>않는</u> 것을 고르시오.

02 대화를 듣고, 그림에서 대화의 내용과 일치하지 <u>않는</u> 것을 고르시오.

03 대화를 듣고, 그림에서 대화의 내용과 일치하지 <u>않는</u> 것을 고르시오.

04 대화를 듣고, 그림에서 대화의 내용과 일치하지 <u>않는</u> 것을 고르시오.

05 대화를 듣고, 그림에서 대화의 내용과 일치하지 <u>않는</u> 것을 고르시오.

06 대화를 듣고, 그림에서 대화의 내용과 일치하지 <u>않는</u> 것을 고르시오.

07 대화를 듣고, 그림에서 대화의 내용과 일치하지 <u>않는</u> 것을 고르시오.

08 대화를 듣고, 그림에서 대화의 내용과 일치하지 <u>않는</u> 것을 고르시오.

06 할 일·부탁한 일

유형 소개

대화를 듣고, 화자가 앞으로 할 일이나 상대방에게 부탁한 일을 고르는 문제 유형이다.

대화를 듣고, 남자가 여자를 위해 할 일로 가장 적절한 것을 고르시오. 평가원

① 부엌 청소하기　　　　② 점심 준비하기

③ 카메라 구매하기　　　　④ 딸 데리러 가기

⑤ 요리법 검색하기

W: Smells nice, Daniel. What did you make for lunch?

M: Creamy pasta. I found the recipe online.

W: Fantastic. But don't you think the kitchen is a little bit messy?

M: Sorry. I'll clean it up later.

W: You promise?

M: Yes. Let's have lunch. *[Pause]* By the way, ⓐ **do you remember you have to pick up our daughter** from the library this afternoon?

W: Oh, my! ⓑ **I totally forgot.** What should I do? ⓒ **My friend Amy is coming in an hour.**

M: Don't worry. ⓓ **I planned to go camera shopping**, ⓔ **but I'll pick up Betty, instead.**

W: Thanks. How sweet of you! Then I'll clean the kitchen.

Words ———

recipe 조리[요리]법　messy 지저분한, 엉망인　plan 계획하다

해결 전략

01 지시문을 읽고 누가 할 일인지, 누가 누구에게 부탁한 일인지 정확히 파악한다.

02 할 일이나 부탁할 일을 결정하는 과정에서 계획이 변경되거나 부탁했지만 거절당하는 등의 함정이 많으므로, 대화를 끝까지 집중해서 듣는다.

03 대화 후반에 결정적인 단서가 제시되는 경우가 많으므로 이에 유의하며 듣는다.

기출 해결

01 지시문에서는 여자를 위해 '남자'가 할 일을 묻고 있다.

02 ⓐ 딸을 데리러 가야 하는 것을 기억하는지 묻는 남자의 말에 ⓑ 여자가 완전히 잊었고 ⓒ 자신의 친구가 올 것이라고 했다.

03 남자가 ⓓ 카메라를 사러 갈 계획이었으나 ⓔ 대신 딸을 데리러 가겠다고 했다.

유형 잡는 Words & Expressions

Words

prepare 준비하다	miss 놓치다, 빠뜨리다	bring 가져오다, 데려오다
switch 바꾸다	owe 빚지다	put off 연기하다
donate 기부하다	return 반납하다	take care of ~을 처리하다
pick up (차로) 마중 가다	drop off 내려주다	make a reservation 예약하다
practice 연습(하다)	exhibition 전시회	admission fee 입장료
assistance 도움	assignment 숙제	grocery store 식료품점

Expressions

I'll pick it up for you on my way home. 제가 집에 가는 길에 그것을 찾아갈게요.

I'll leave work early and drive him home. 내가 일찍 퇴근해서 그를 집에 태워 갈게요.

What would you like to do? 무엇을 하고 싶습니까?

Is there anything I can do for you? 제가 당신을 위해 할 수 있는 일이 있나요?

Do you think we need to rent a car? 우리가 차를 빌려야 한다고 생각하세요?

Why don't you do the dishes first? 설거지부터 하는 것이 어때요?

I wonder if you can book the tickets for us. 당신이 우리를 위해 표를 예매해 줄 수 있는지 궁금합니다.

Do you want me to give you a ride to the airport? 제가 공항까지 태워주었으면 하나요?

Can I ask you to do something for me? 부탁 좀 드려도 될까요?

01 대화를 듣고, 남자가 여자를 위해 할 일로 가장 적절한 것을 고르시오.

① 수업 추천하기
② 숙제 도와주기
③ 친구 소개해주기
④ 먹을 것 사다 주기
⑤ 중국어 가르쳐주기

02 대화를 듣고, 여자가 남자를 위해 할 일로 가장 적절한 것을 고르시오.

① 요리책 빌려주기
② 식당 예약하기
③ 한식 요리하기
④ 업무를 도와주기
⑤ 공항에 Amy 데리러 가기

03 대화를 듣고, 남자가 할 일로 가장 적절한 것을 고르시오.

① 교내 신문 가져오기
② 사진 대회 참가하기
③ 인터뷰 질문 작성하기
④ 배우 사진 촬영하기
⑤ 사진작가 섭외하기

04 대화를 듣고, 여자가 할 일로 가장 적절한 것을 고르시오.

① 커피 사 오기
② 자료 조사하기
③ 보고서 편집하기
④ 과제 출력하기
⑤ 도입부 새로 작성하기

05 **대화를 듣고, 남자가 여자에게 부탁한 일로 가장 적절한 것을 고르시오.**

① 방 청소하기
② 책들 보관해주기
③ 책꽂이 설치하기
④ 그림들 구매하기
⑤ 이사 도와주기

06 **대화를 듣고, 여자가 남자에게 부탁한 일로 가장 적절한 것을 고르시오.**

① 우산 가져다주기
② 세탁하기
③ 창문 닫기
④ 차를 태워주기
⑤ 일기예보 확인하기

07 **대화를 듣고, 남자가 여자에게 부탁한 일로 가장 적절한 것을 고르시오.**

① 컴퓨터 수리하기
② 프로그램 설치하기
③ 파일 출력하기
④ USB 빌려주기
⑤ 회의 자료 작성하기

08 **대화를 듣고, 여자가 남자에게 부탁한 일로 가장 적절한 것을 고르시오.**

① 저녁 식사 준비하기
② 대신 식료품 쇼핑가기
③ 퇴근 후 빨리 집에 오기
④ 퇴근 후 차로 데리러 오기
⑤ 주문해 놓은 물건들 찾아오기

유형 소개

대화를 듣고, 제시된 금액, 수량, 시간, 무게 등의 숫자 정보를 이용하여 문제에서 요구하는 바를 계산해 답을 고르는 문제 유형이다.

대화를 듣고, 여자가 지불할 금액을 고르시오. 평가원

① $16 ② $20 ③ $21
④ $23 ⑤ $26

M: Hello. How can I help you?

W: Hi, how much is the ice cream?

M: It depends on the size. ⓐ **The small cup is $5, the medium is $10, and the large is $15**. What size would you like?

W: ⓑ **I'll take two smalls and one medium.**

M: Okay. What flavor would you like?

W: I'll take chocolate for all three cups.

M: Sounds good. Do you want any toppings on your ice cream? We have chocolate chips and crunchy nuts. ⓒ **Toppings cost $1 each.**

W: Oh, yes. ⓓ **I'll have crunchy nuts only on the medium and nothing on the small cups.**

M: Good choice. Do you need anything else?

W: No, that's it.

M: How would you like to pay? Cash or credit?

W: I'll pay with my credit card.

Words ───────────────────────────

depend on ~에 달려있다 medium 중간(의) flavor 맛 crunchy 바삭바삭한 nut 견과 credit 신용카드

해결 전략	01 대화를 듣기 전, 지시문을 먼저 읽고 무엇을 묻는지 확인한다.
	02 대화에서 언급되는 개수, 인원, 금액 등의 숫자 정보를 꼼꼼히 메모한다.
	03 헷갈리기 쉬운 숫자 발음이나 할인, 추가 항목, 변경 등과 같이 정답에 영향을 주는 정보에 유의한다.

기출 해결	01 지시문을 통해 여자가 지불할 금액을 계산하는 문제임을 알 수 있다.
	02 ⓐ 작은 컵은 5달러, 중간 컵은 10달러, 큰 컵은 15달러라고 했으며 여자는 ⓑ 작은 컵 두 개, 중간 컵 하나를 주문했음을 메모해 둔다. ⓒ 토핑은 각 1달러인데 ⓓ 중간 컵에만 추가했다.
	03 여자는 5달러짜리 작은 컵 두 개($5x2), 토핑 하나가 추가된 중간 컵 한 개(($10×1)+$1)를 산다고 했으므로, 정답은 ③이다.

유형 잡는 Words & Expressions

Words

cost 비용(이 들다)	charge (요금을) 청구하다	fare (교통) 운임, 요금
tax 세금	budget 예산	purchase 구매(하다)
rent 빌리다; 집세	delivery 배달	affordable (가격이) 알맞은
bargain 싸게 사는 물건	premium 할증료	extra charge 추가 요금
change 거스름돈	participation fee 참가비	discount coupon 할인 쿠폰
cash 현금	credit (card) 신용카드	membership card 회원증

Expressions

give[offer] a discount 할인해 주다

get 50% off / get a 50% discount 50퍼센트 할인을 받다

get 30% off the total price 총금액에서 30퍼센트 할인을 받다

How much will it cost? 그건 비용이 얼마나 들죠?

How much did you spend? 돈을 얼마나 썼습니까?

It's on sale now. 그것은 지금 할인 중이에요.

It's a fixed price. 정찰제입니다.

They are $7 each. 각각 7달러입니다.

I have a 10% off coupon. 저는 10퍼센트 할인 쿠폰이 있습니다.

Here is your change. 여기 거스름돈이 있습니다.

01 대화를 듣고, 여자가 지불할 금액을 고르시오.

① $5   ② $9   ③ $12

④ $15   ⑤ $17

02 대화를 듣고, 남자가 지불할 금액을 고르시오.

① $20   ② $32   ③ $36

④ $40   ⑤ $48

03 대화를 듣고, 여자가 지불할 금액을 고르시오.

① $12   ② $16   ③ $18

④ $20   ⑤ $32

04 대화를 듣고, 남자가 지불할 금액을 고르시오.

① $55   ② $60   ③ $72

④ $80   ⑤ $99

05 대화를 듣고, 여자가 지불할 금액을 고르시오.

① $160 　　　② $170 　　　③ $200

④ $210 　　　⑤ $220

06 대화를 듣고, 남자가 지불할 금액을 고르시오.

① $14 　　　② $24 　　　③ $28

④ $32 　　　⑤ $36

07 대화를 듣고, 여자가 환불받을 금액을 고르시오.

① $600 　　　② $1,000 　　　③ $1,400

④ $1,700 　　　⑤ $2,000

08 대화를 듣고, 남자가 매달 지불할 금액을 고르시오.

① $50 　　　② $75 　　　③ $90

④ $100 　　　⑤ $120

유형 소개
대화를 듣고, 화자가 특정 행동을 하거나 특정 감정을 갖게 된 이유를 고르는 문제 유형이다.

대화를 듣고, 남자가 헬스장 회원권을 연장하지 <u>않은</u> 이유를 고르시오. 평가원

① 어깨 부상이 회복되지 않아서
② 운동에 흥미를 잃어서
③ 샤워 시설이 낡고 좁아서
④ 가격이 인상되어서
⑤ 방과후 수업에 참여해야 해서

M: Mom, I'm home.

W: Hi. Did you go to the gym?

M: Yes. My membership ended today, but I didn't renew it.

W: Why? Does your shoulder still hurt?

M: No, my shoulder feels completely fine.

W: So, what's the problem? I thought you were enjoying exercising.

M: I was. It's actually been fun.

W: Then why didn't you renew your membership?

M: Well, ⓐ **the shower facilities at the gym are too old, and there's not enough space in the shower stalls.**

W: I see. ⓑ **Why don't you check out the new health club nearby?** ⓒ **It may be more expensive, but the facilities are probably a lot better.**

M: Okay. Maybe I should visit there tomorrow on my way home after school.

W: That sounds like a good plan!

Words

gym 체육관; *헬스장 membership 회원권 renew 재개하다; *갱신하다, 연장하다 facility 《pl.》 시설 old 나이가 ~인; *낡은
shower stall 샤워 스톨(샤워할 때 주위를 막기 위해 이용되는 칸막이) check out ~을 살펴보다 probably 아마 on one's
way (~로) 가는 길[도중]에

해결 전략	01 지시문과 선택지를 미리 읽고 대화의 내용을 예측해본다.
	02 주로 화자가 처한 상황이 먼저 제시된 후 그에 대한 이유가 직접적으로 제시되는 경우가 많으므로, 대화의 흐름을 따라가면서 단서를 찾는다.

기출 해결	01 지시문과 선택지를 통해 남자가 헬스장 회원권을 연장하지 않은 이유에 관한 대화가 제시될 것임을 알 수 있다.
	02 남자가 ⓐ 헬스장의 샤워 시설이 낡고 샤워칸 공간이 충분하지 않다고 말하자 여자가 ⓑ 근처의 새로운 헬스장을 제안하며 ⓒ 시설이 더 좋을 것 같다고 말하고 있다. 따라서 정답은 ③이다.

유형 잡는 Words & Expressions

Words

reason 이유	ground 근거	motive 동기
cause / lead / bring 야기하다	understand / know 이해하다	
due to / owing to ~ 때문에	because / since / as / for ~이기 때문에	

Expressions

What's wrong? / What's the matter[problem]? / What happened? 무슨 일인가요?

Why? / What for? / How come? 왜 그런 건가요?

What brings you here? 무슨 일로 여기 오셨습니까?

What makes you say so? 무엇 때문에 그렇게 말씀하시나요?

Is there anything wrong? 뭐가 잘못되었나요?

Is there something I can help you with? 제가 뭔가 도와드릴 일이 있나요?

Could you tell me why you canceled the trip? 왜 여행을 취소했는지 말씀해 주시겠습니까?

Would you mind if I ask why you're returning them? 그것들을 왜 반품하시는지 여쭤봐도 될까요?

That's why I didn't apply for it. 그게 바로 제가 그것을 신청하지 않은 이유입니다.

That's because he has health problems. 그것은 그에게 건강상의 문제가 있기 때문입니다.

I'm here to buy some flowers for my mom. 저는 엄마에게 드릴 꽃을 좀 사러 왔습니다.

I'm calling about renting an apartment in Rosedale Village.
저는 Rosedale Village의 아파트 임대에 관해 전화했습니다.

01 대화를 듣고, 남자가 재킷을 교환하지 <u>못한</u> 이유를 고르시오.

① 영수증을 잃어버려서
② 실수로 옷을 훼손해서
③ 교환 기간이 지나서
④ 맞는 사이즈가 없어서
⑤ 남동생이 옷을 가져가서

02 대화를 듣고, 여자가 파티에 참석할 수 <u>없는</u> 이유를 고르시오.

① 초대받지 않아서
② 가족 모임이 있어서
③ 시험공부를 해야 해서
④ 친구들과 약속이 있어서
⑤ 연극 동아리 모임에 가야 해서

03 대화를 듣고, 남자가 돈을 인출하지 <u>못한</u> 이유를 고르시오.

① 현금 자동 입출금기를 찾지 못해서
② 카드를 분실해서
③ 카드 비밀번호를 잊어버려서
④ 카드를 재발급 받아야 해서
⑤ 통장에 잔고가 없어서

04 대화를 듣고, 여자가 걱정하는 이유를 고르시오.

① 건강에 문제가 생겨서
② 중요한 발표를 맡아서
③ 공책을 찾을 수 없어서
④ 회의에 참석하지 못해서
⑤ 휴가 준비를 하지 못해서

05 대화를 듣고, 남자가 섬 투어를 하지 <u>못한</u> 이유를 고르시오.

① 사원 관광을 가야 해서
② 날씨가 좋지 않아서
③ 가족들이 물을 무서워해서
④ 남동생이 아파서
⑤ 사람이 지나치게 많아서

06 대화를 듣고, 여자가 식당에서 식사하지 <u>못한</u> 이유를 고르시오.

① 평이 좋지 않아서
② 사람이 너무 많아서
③ 식당 문이 닫혀 있어서
④ 사무실에서 너무 멀어서
⑤ 음식이 늦게까지 나오지 않아서

07 대화를 듣고, 남자가 여자에게 삽을 빌린 이유를 고르시오.

① 나무를 심으려고
② 우편함을 옮기려고
③ 울타리를 세우려고
④ 애완동물의 집을 만들려고
⑤ 죽은 반려동물을 묻으려고

08 대화를 듣고, 여자의 피자가 늦게 배달되는 이유를 고르시오.

① 주문이 밀려서
② 주문을 변경해서
③ 주문이 접수되지 않아서
④ 잘못된 주소로 배달되어서
⑤ 교통이 혼잡한 시간이어서

09 언급

유형 소개
대화를 듣고, 화자가 언급하지 않은 것을 고르는 문제 유형이다.

대화를 듣고, 인턴십 프로그램에 관해 두 사람이 언급하지 <u>않은</u> 것을 고르시오. 평가원

① 지원 마감일　　　② 참여 기간　　　③ 지원 자격
④ 선발 인원　　　　⑤ 면접 날짜

M: What're you doing, Mary?

W: Hi, Shawn. I'm filling out an application form for a global internship program.

M: A global internship program? Sounds interesting.

W: Then why don't you apply for it, too? The ⓐ **deadline is July 1st.**

M: Is it a one-year program?

W: No. It's ⓑ **a six-month program.**

M: Are there any requirements?

W: Yes, ⓒ **only college seniors with a recommendation from a professor** can apply for it.

M: I see. How many students will be selected?

W: It says ⓓ **between thirty and fifty students.** And you will get a certificate if you complete the program.

M: Sounds good. I'll think about it. Thank you for the information.

Words

fill out (서식 등을) 작성하다, 채우다　application form 신청서　apply for ~에 지원하다　deadline 마감 일자
requirement 요건, 자격　recommendation 추천(장)　select 선발[선택]하다　certificate (수료) 증명서

해결 전략

01 지시문과 선택지를 미리 읽고 집중해서 들어야 하는 내용을 확인한다.

02 대화에서 언급된 내용을 선택지에서 차례대로 지워나가며 정답을 찾는다.

03 대화에서 언급된 일부 단어를 오답으로 제시하는 경우가 있으므로 주의한다.

기출 해결

01 지시문과 선택지를 통해 인턴십 프로그램에 관한 대화임을 예상할 수 있다.

02 ⓐ 지원 마감일(7월 1일), ⓑ 참여 기간(6개월), ⓒ 지원 자격(교수 추천서가 있는 대학교 4학년생), ⓓ 선발 인원(30~50명)이 언급되었다.

03 면접 날짜는 언급되지 않았으므로 정답은 ⑤이다.

유형 잡는 *Words & Expressions*

Expressions

날짜 및 장소

A: When is it? 그건 언제인가요?

B: It will be on December 19th. 12월 19일에 있을 거예요.

A: Where will it be held? 어디서 열리나요?

B: It'll be at the Crown Culture Center. Crown Culture Center에서 있을 거예요.

금액

A: How much is the entry fee? 입장료가 얼마인가요?

B: It's $5 per person. 1인당 5달러예요.

신청[등록] 방법

A: How can we sign up for the event? 행사에 어떻게 등록할 수 있나요?

B: It says we must register on their website. 웹사이트에서 등록해야 한다고 쓰여 있어요.

기타 정보

A: Its purpose is to raise money for children's hospitals.
그것의 목적은 아동 병원을 위해 모금하는 것이에요.

B: That's meaningful. 그것 의미 있네요.

A: How long is the course? 코스 길이가 어떻게 되나요?

B: It's 5km long. 5km 길이입니다.

A: What is the lecture about? 무엇에 관한 강연인가요?

B: It's about tips for successful job interviews. 성공적인 구직 면접을 위한 조언에 관한 것입니다.

01 대화를 듣고, Bloomington Natural History Museum에 관해 언급되지 <u>않은</u> 것을 고르시오.

① 위치
② 건축 시기
③ 입장료
④ 전시품
⑤ 연간 방문객 수

02 대화를 듣고, 노래에 관해 두 사람이 언급하지 <u>않은</u> 것을 고르시오.

① 곡명
② 가수
③ 장르
④ 발매 시기
⑤ 작곡가

03 대화를 듣고, 호텔에 관해 두 사람이 언급하지 <u>않은</u> 것을 고르시오.

① 가격
② 위치
③ 냉방 시설
④ 부대시설
⑤ 공항과의 거리

04 대화를 듣고, N'kisi에 관해 언급되지 <u>않은</u> 것을 고르시오.

① 언어 능력
② 서식 지역
③ 색깔
④ 수명
⑤ 먹이

05 대화를 듣고, 교환학생 프로그램에 관해 두 사람이 언급하지 <u>않은</u> 것을 고르시오.

① 유학 국가
② 시작 날짜
③ 진행 기간
④ 숙소의 형태
⑤ 참가 정원 수

06 대화를 듣고, the Great Wall of China에 관해 언급되지 <u>않은</u> 것을 고르시오.

① 길이
② 건축 시기
③ 건축 재료
④ 건축 이유
⑤ 일일 방문자 수

07 대화를 듣고, Eric Anderson에 관해 언급되지 <u>않은</u> 것을 고르시오.

① 현재 근무지
② 처음 일을 시작한 나이
③ 요리 대회 출전 경험
④ 수석 주방장으로 일한 기간
⑤ 요리사가 된 계기

08 대화를 듣고, World Food Fair에 관해 언급되지 <u>않은</u> 것을 고르시오.

① 개최 날짜
② 개최 장소
③ 참여 국가
④ 주차 공간
⑤ 입장료

내용 일치

유형 소개
담화를 듣고, 내용과 일치하거나 일치하지 않는 것을 고르는 문제 유형이다.

Book Review Contest에 관한 다음 내용을 듣고, 일치하지 <u>않는</u> 것을 고르시오. 평가원

① 독서의 달을 기념하는 행사이다.
② 학생들은 누구나 참여할 수 있다.
③ 지정 도서에 대한 독후감을 작성해야 한다.
④ 독후감은 이달 말까지 제출해야 한다.
⑤ 우수작 세 편은 학교 잡지에 실릴 것이다.

W: Good morning, Central High School. This is Kathy Miller, the school librarian. ⓐ **In order to celebrate this year's reading month**, our school is going to hold a Book Review Contest. ⓑ **All students are invited to participate in the contest.** ⓒ **You can write a review on any type of book**, but the review must be your own original work. You can download a form from our school website. ⓓ **Reviews should be submitted through e-mail by the end of this month.** ⓔ **The best three works will be selected and published in our school magazine.** For more details, please visit the school website. Thank you.

Words ——————————————————————————————

librarian 사서   celebrate 기념하다   review 논평, 독후감   participate in ~에 참여하다   original 고유의, 독창적인   select
고르다, 선정하다   publish 출판하다; *게재하다   detail 세부 사항

해결 전략	01 지시문과 선택지를 미리 읽고 담화의 내용을 예측해본다.
	02 대개 선택지에 제시된 순서대로 담화의 내용이 전개되므로, 선택지 내용을 차례대로 대조하며 오답을 제거해 나간다.
	03 시각, 날짜 등의 숫자 정보를 놓치지 않도록 집중하여 듣는다.

| 기출
해결 | 01 지시문과 선택지를 통해 Book Review Contest의 취지, 참가 대상, 기한 등을 알려주는 담화임을 알 수 있다. |
| | 02 ⓐ 독서의 달을 기념하기 위해 개최되며 ⓑ 모든 학생들이 참여할 수 있고 ⓒ 어떤 종류의 책에 대해서든 독후감을 써도 된다고 했으며(불일치) ⓓ 독후감은 이달 말까지 제출되어야 하며 ⓔ 우수작 세 편이 학교 잡지에 게재된다고 했다. 따라서 정답은 ③이다. |

유형 잡는 *Words & Expressions*

Words

학교

subject 과목	major 전공	lecture 강의
semester 학기	scholarship 장학금	graduation 졸업
hand in 제출하다	report card 성적표	degree 학위
presentation 발표	mid-term exam 중간고사	final exam 기말고사

직업

qualification 자격	require 요구하다	pay 급료, 보수
application 지원(서)	apply for ~에 지원하다	deadline 마감 일자
résumé 이력서	competent 유능한	recommendation 추천장

여행

travel agency 여행사	historical 역사적인	destination 목적지
accommodation 숙소	admission fee 입장료	tourist attraction 관광 명소
flight 비행, 항공편	transfer 갈아타다	departure[arrival] time 출발[도착] 시간

운동

gym 헬스장, 체육관	fit (몸이) 건강한, 탄탄한	go on a diet 다이어트를 하다
muscle 근육	strengthen 단련하다	work out 운동하다
warm up 준비운동을 하다	lose weight 살이 빠지다, 살을 빼다	burn calories 칼로리를 소모시키다

01 Fall Festival에 관한 다음 내용을 듣고, 일치하지 <u>않는</u> 것을 고르시오.

① 2일간 열리는 행사이다.
② 노래와 춤 공연을 포함한다.
③ 구내식당에 간식이 준비된다.
④ 학생들이 표를 판매한다.
⑤ 10월 2일에 불꽃놀이가 있다.

02 Hillsboro Hot Dog Contest에 관한 다음 내용을 듣고, 일치하지 <u>않는</u> 것을 고르시오.

① 15분 동안 핫도그를 많이 먹는 대회이다.
② 토요일 오후에 개최된다.
③ 15세가 넘어야 참여 가능하다.
④ 참가자들을 2개의 부문으로 나누어 진행한다.
⑤ 모든 수익은 공공 도서관에 기부된다.

03 여름 캠프 지원서에 관한 다음 내용을 듣고, 일치하지 않는 것을 고르시오.

① 이메일로 학생들에게 발송되었다.
② 여권 사본을 함께 제출해야 한다.
③ 지원서에 사진을 첨부해야 한다.
④ 지원서 뒷면에 서명해야 한다.
⑤ 5월 1일까지 제출해야 한다.

04 N4T에 관한 다음 내용을 듣고, 일치하지 않는 것을 고르시오.

① 5명을 위한 좌석이 있다.
② 시트가 가죽으로 되어 있다.
③ 가장 높은 안전 등급을 받았다.
④ 10년의 품질 보증서가 제공된다.
⑤ 3가지 색상이 있다.

05 Atwood Cooking Class에 관한 다음 내용을 듣고, 일치하지 <u>않는</u> 것을 고르시오.

① 매달 첫 번째 토요일에 개최된다.

② 수강료에 재료비가 포함된다.

③ Atwood 주민만 참가할 수 있다.

④ 사전에 신청해야 한다.

⑤ 어린이들도 참여할 수 있다.

06 sleepwalking에 관한 다음 내용을 듣고, 일치하지 <u>않는</u> 것을 고르시오.

① 열 명 중 한 명꼴로 겪는다.

② 4세에서 12세 사이에 가장 흔하게 발생한다.

③ 증상 발현 시 환자들은 대개 눈을 뜨고 있다.

④ 증상 발현 시 보통 일반적인 소리를 들을 수 있다.

⑤ 보통 5분에서 15분 동안 지속된다.

07 bumblebee에 관한 다음 내용을 듣고, 일치하지 <u>않는</u> 것을 고르시오.

① 새끼들을 위해 꿀을 만든다.

② 사람을 잘 쏘지 않는다.

③ 추운 지역에서 산다.

④ 체온을 조절하지 못한다.

⑤ 꽃의 온도를 예측할 수 있다.

08 Book Crossing & Sharing에 관한 다음 내용을 듣고, 일치하지 <u>않는</u> 것을 고르시오.

① 10번째 개최되는 행사이다.

② 학교 운동장으로 책을 가져와야 한다.

③ 3~5달러에 책을 구입할 수 있다.

④ 수익금과 모아진 책은 기부될 것이다.

⑤ 비가 오면 3월 15일에 개최된다.

11 도표

유형 소개

대화를 듣고, 대화에 제시된 정보를 바탕으로 질문에 대한 답을 도표에서 찾는 문제 유형이다.

다음 표를 보면서 대화를 듣고, 남자가 구매할 토스터를 고르시오. 평가원

Bestselling Toasters in K-Store

	Model	Number of Slices	Price	Color
①	A	1	$25	white
②	B	1	$30	silver
③	C	2	$40	white
④	D	4	$45	silver
⑤	E	4	$55	silver

W: Hello. How may I help you, sir?

M: I'm looking for a toaster.

W: Okay. These five are our bestsellers. How about this one-slice toaster?

M: It's nice. But ⓐ **I want to toast at least two slices at a time**.

W: Then you need to choose one out of these three models. May I ask your price range?

M: Well, ⓑ **I don't want to spend more than fifty dollars.**

W: You have two options left then. Which color do you like better?

M: ⓒ **I'll go with the silver one.**

W: Okay. Good choice.

Words ――

slice 얇은 조각   toast (빵을 토스터 등에 넣어) 굽다   range 범위   option 선택 (사항)

<table>
<tr><td>해결
전략</td><td>01 지시문과 제시된 도표를 미리 보고 대화의 내용을 예측해본다.

02 도표의 세부 항목에 해당하는 내용에 집중하며 듣는다.

03 대화의 내용과 일치하지 않는 선택지는 지워나가며 정답의 범위를 좁힌다.</td></tr>
</table>

<table>
<tr><td>기출
해결</td><td>01 지시문과 도표를 보고 남자가 구매할 토스터를 선택하는 내용의 대화임을 알 수 있다.

02 도표의 세부 항목에 해당하는 '(토스터에 넣을 수 있는) 빵 조각의 수', '가격', '색깔'에 관한 내용을 주의 깊게 듣는다.

03 ⓐ 한 번에 최소한 두 조각을 굽고 싶다고 했으므로 빵 조각의 수가 하나인 ①, ②가 제외되고, ⓑ 50달러 이상은 쓰고 싶지 않다고 했으므로 50달러가 넘는 ⑤가 제외된다. 마지막으로 ⓒ 은색으로 가져가겠다고 했으므로 정답은 ④이다.</td></tr>
</table>

유형 잡는 *Words & Expressions*

Words

수업 및 프로그램 관련 표

subject 과목	project 과제	tutor 개인 지도 교사
activity 활동	entry fee 참가비	do-it-yourself 직접 하는
category 범주	session (특정 활동) 시간	private[group] lesson 개인[그룹] 강습

영화 시간표

release 개봉하다	showing 상영	cinema 영화관
character 등장인물	director 감독	running time 상영 시간
science fiction 공상 과학	adventure 모험	documentary 다큐멘터리

(전자) 제품 관련 표

material 소재	capacity 용량	warranty (period) 품질 보증(기간)
battery life 배터리 수명	weight 무게	waterproof 방수의

Expressions

I don't want to spend more than $40. 저는 40달러 이상을 쓰고 싶진 않아요.

Then I have to choose from these four. 그러면 이 네 가지 중에 골라야겠네요.

That leaves you with these two options. 그러면 이 두 가지 선택이 남네요.

I'd get the cheaper one because it's as good as the other one.
저라면 다른 것만큼 좋기 때문에 더 저렴한 것을 사겠어요.

01 다음 표를 보면서 대화를 듣고, 남자가 주문할 메뉴를 고르시오.

	Menu	Includes	Time	Price
①	A	Muffin + Juice	Lunch only	$3.50
②	B	Bagel + Milk	All day	$2.75
③	C	Toast + Juice	Lunch only	$5.50
④	D	Egg Sandwich + Coffee	All day	$4.00
⑤	E	Toast + Muffin + Coffee	All day	$5.75

02 다음 표를 보면서 대화를 듣고, 여자가 보러 갈 아파트를 고르시오.

	Apartment	Bedrooms	Floor	Rent per Month
①	1002	1	10th	$850
②	308	1	3rd	$875
③	712	2	7th	$750
④	501	2	5th	$1,200
⑤	310	3	3rd	$940

03 다음 표를 보면서 대화를 듣고, 두 사람이 방문할 박물관을 고르시오.

	Museum	Photos Permitted	Admission Fee	Travel Time (by car)
①	Natural History Museum	O	$14	25 mins
②	City Art Museum	X	$9	10 mins
③	Science Museum	O	$18	15 mins
④	North Brook Museum	O	$7	40 mins
⑤	Harry Woodrow Museum	O	$9	20 mins

04 다음 표를 보면서 대화를 듣고, 두 사람이 들을 강의를 고르시오.

One-day Cooking Lessons

	Cuisine	Dish	Day	Time	Price
①	French	Beef Stew	Saturday	10 a.m.	$45
②	Italian	Pizza	Thursday	10 a.m.	$35
③	Japanese	Ramen	Thursday	3 p.m.	$30
④	Mexican	Spicy Tacos	Sunday	3 p.m.	$20
⑤	Indian	Curry	Saturday	2 p.m.	$20

05 다음 표를 보면서 대화를 듣고, 여자가 신청할 유학 프로그램을 고르시오.

Study Abroad Programs

	Program	Country	Schedule	Housing
①	A	United States	July-November	homestay
②	B	Canada	February-June	dormitory
③	C	Canada	July-December	homestay
④	D	Australia	July-November	dormitory
⑤	E	England	February-June	homestay

06 다음 표를 보면서 대화를 듣고, 남자가 구입할 로봇 청소기를 고르시오.

	Model	Price	Battery Life	Warranty	color
①	A	$600	1.5 hours	1 year	black
②	B	$950	3 hours	2 year	blue
③	C	$700	2 hours	2 year	white
④	D	$600	2 hours	2 year	black
⑤	E	$650	2.5 hours	1 year	white

07 다음 표를 보면서 대화를 듣고, 여자가 들을 강의를 고르시오.

Community Center Classes

	Subject	Teacher	Time	Day	Maximum Class Size
①	Pottery	Rick Ross	10 a.m.	Saturday	8
②	Cooking	John Lee	3 p.m.	Saturday	10
③	Photography	Eri Abe	1 p.m.	Sunday	12
④	Painting	Grace Juneau	2 p.m.	Sunday	10
⑤	Gardening	Mark Allen	3 p.m.	Sunday	25

08 다음 표를 보면서 대화를 듣고, 남자가 예약할 공연을 고르시오.

Upcoming Events at Carleton Hall

	Performance	Date	Price	Time	Type
①	Phil Henley Live	June 5	$50	7 p.m.	Comedy show
②	A Night to Remember	June 5	$45	10 p.m.	Concert
③	The Secret of Gold City	June 6	$40	8 p.m.	Play
④	Wandering Roads	June 12	$60	7 p.m.	Play
⑤	Max Robos on Stage	June 13	$50	8 p.m.	Concert

짧은 대화 응답

유형 소개

짧은 대화를 듣고, 마지막 말에 대한 상대방의 응답으로 가장 적절한 것을 고르는 문제 유형이다.

대화를 듣고, 남자의 마지막 말에 대한 여자의 응답으로 가장 적절한 것을 고르시오. 평가원

① Bulgogi is already sold out.

② You can choose what to eat.

③ We'll meet at the restaurant.

④ I'll order the food for tomorrow.

⑤ I got the recipe from the Internet.

___

M: Emma, ⓐ **it smells good in here. What's that you're cooking?**

W: ⓑ **I cooked some Bulgogi. Try some.**

M: Okay. Wow, it's really delicious. ⓒ **Where did you get the recipe?**

W: _____

Words _____

recipe 조리(요리)법   [문제] sold out 매진된

해결 전략	01 대화의 초반부를 듣고 대화가 이루어지는 상황을 파악한다.
	02 마지막 말에 주의하며 듣는다. 마지막 말이 의문문인 경우 질문에 적절한 응답을 고르고, 평서문인 경우 전체적인 맥락을 고려하여 적절한 응답을 고른다.

기출 해결	01 대화 초반부에서 남자가 ⓐ 좋은 냄새가 난다며 무슨 요리 중이냐고 물어보자 여자가 ⓑ 불고기를 요리 중이라고 대답하며 남자에게 먹어보라고 권한다.
	02 남자가 마지막에 ⓒ 조리법을 어디에서 얻었는지 묻고 있다. 이에 대한 여자의 응답은 조리법의 출처를 말하는 ⑤ '인터넷에서 조리법을 얻었어.'가 가장 적절하다.

유형 잡는 Words & Expressions

Expressions

마지막 말에 대한 다양한 응답

Q: How do you like your new job? 당신의 새로운 직장이 마음에 드나요?

A1: I really like it. 매우 좋습니다.

A2: I miss my old job. 옛날 직장이 그립습니다.

A3: It couldn't be better. 더할 나위 없이 좋습니다.

Q: Which flavor would you like? 어떤 맛으로 하시겠습니까?

A1: I will go for vanilla. 바닐라로 할게요.

A2: Can you help me choose one? 고르는 것을 도와주시겠어요?

A3: I don't know. There are too many choices. 잘 모르겠어요. 선택지가 너무 많네요.

Q: Do you know where the subway station is? 지하철역이 어디에 있는지 아시나요?

A1: Sorry, I have no idea. 죄송해요, 잘 모르겠습니다.

A2: Sure. It's just around the corner. 물론이죠. 바로 모퉁이만 돌면 있어요.

A3: Actually, I'm a stranger here, too. 사실은 저도 여기가 처음이라서요.

Q: I can't decide where to travel this year. 올해는 어디를 여행할지 정하지 못하겠어요.

A1: How about Hawaii? 하와이는 어떤가요?

A2: Why don't you ask a travel agent? 여행사 직원에게 물어보는 건 어떤가요?

A3: If I were you, I would go to Hawaii. 제가 당신이라면, 저는 하와이에 가겠어요.

01 대화를 듣고, 남자의 마지막 말에 대한 여자의 응답으로 가장 적절한 것을 고르시오.

① You can't catch the train now.

② Train tickets are $5 for adults.

③ It only takes about 20 minutes.

④ I can't meet you downtown today.

⑤ Sorry, I don't know how to get there.

02 대화를 듣고, 여자의 마지막 말에 대한 남자의 응답으로 가장 적절한 것을 고르시오.

① Yes, the total will be $45.

② Of course. I can try again later.

③ Sorry, we don't have it in other colors.

④ Sure, the fitting room is right here.

⑤ No, there are no refunds for sale items.

03 대화를 듣고, 남자의 마지막 말에 대한 여자의 응답으로 가장 적절한 것을 고르시오.

① There are eight including me.

② No, they have many members.

③ I haven't received any gifts so far.

④ My grandparents live in the country.

⑤ My father has two brothers and one sister.

04 대화를 듣고, 여자의 마지막 말에 대한 남자의 응답으로 가장 적절한 것을 고르시오.

① Yes, I already looked for it there.

② No, I don't want to go to a movie.

③ There is no reason to be in a hurry.

④ I received it from my father on my birthday.

⑤ You should be more careful with your belongings.

05 대화를 듣고, 남자의 마지막 말에 대한 여자의 응답으로 가장 적절한 것을 고르시오.

① Next time, try not to be late.

② I think you should avoid rush hour.

③ If we hurry, we can get there in time.

④ Sorry, but I am just five minutes late.

⑤ I forgot to set my alarm and overslept.

06 대화를 듣고, 여자의 마지막 말에 대한 남자의 응답으로 가장 적절한 것을 고르시오.

① My lessons ended last week.

② Please call me when you feel better.

③ I think I can come on Tuesday at 8 p.m.

④ We should have rescheduled this meeting.

⑤ Shall we meet in the school music classroom?

07 대화를 듣고, 남자의 마지막 말에 대한 여자의 응답으로 가장 적절한 것을 고르시오.

① I think I should take your advice.

② I need to get my bike helmet first.

③ You're right. Let me help you walk.

④ Can you tell me where the park is?

⑤ The hospital is too far to go to by bike.

08 대화를 듣고, 여자의 마지막 말에 대한 남자의 응답으로 가장 적절한 것을 고르시오.

① No, thanks. I know how to get there.

② No, I was very busy studying this week.

③ Actually, can I borrow your math notes?

④ Thanks for the advice, but I think I'll be okay.

⑤ Yes, please. Can you tell my teacher that I am sick?

13 긴 대화 응답

유형 소개

긴 대화를 듣고, 마지막 말에 대한 상대방의 응답으로 가장 적절한 것을 고르는 문제 유형이다.

대화를 듣고, 남자의 마지막 말에 대한 여자의 응답으로 가장 적절한 것을 고르시오. 평가원

Woman: _____

① At least you should have said sorry.

② How about forgiving her for being late?

③ I can't understand why you feel that way.

④ Sometimes it's good to express your anger.

⑤ Why don't you write an apology letter to her?

W: Tom, how was your day at school?

M: It was a tough day, Mom.

W: What happened?

M: ⓐ **Jessie got angry with me.**

W: Why? You two are best friends.

M: Every Thursday we study math together. ⓑ **But I'm always late.**

W: Are you? Being late is not a good habit.

M: I know. So last week I promised not to be late. But today I was 30 minutes late again.

W: No wonder Jessie got angry. Did you say sorry to her?

M: Yes. ⓒ **But she was so upset that she went home without accepting my apology. What should I do?**

W: _____

Words ───────────────────────────────

tough 고된 habit 습관 no wonder ~할 만도 하다 upset 화가 난 accept 받아들이다 apology 사과

01 대화의 전반적인 상황과 흐름을 잘 파악하며 듣는다.

02 응답자가 남자인지 여자인지 확인해야 하며, 마지막 부분에 주로 단서가 제공되므로 끝까지 집중하여 듣는다.

03 대화에 제시된 일부 정보만 다룬 선택지는 고르지 않도록 유의한다.

01 남자는 ⓐ 친구가 자신에게 화가 났으며 ⓑ 그 이유는 자신이 항상 늦어서라고 여자에게 설명하고 있다.

02 남자가 ⓒ 화가 나서 사과를 받지 않고 가버린 친구 때문에 어떻게 해야 할지를 묻고 있으므로 그에 알맞은 응답을 찾아야 한다.

03 ①은 남자가 이미 사과를 했다고 말했으므로 정답이 아니고, ②와 ④는 남자가 친구에게 화가 난 상황에 적절한 응답이다. ③은 대화 전체의 맥락과 무관한 내용이다. 대화 전반의 내용으로 미루어볼 때 남자의 친구에게 사과 편지를 쓰는 게 어떠냐는 내용이 가장 자연스러우므로, 정답은 ⑤이다.

유형 잡는 Words & Expressions

Expressions

의문사 의문문에 대한 응답

Q: What are you looking for? 무엇을 찾고 있나요?

A: I can't imagine where I put my keys. 제가 열쇠를 어디에다 뒀는지 짐작이 안 가네요.

Q: When are you coming home? 집에 언제 오나요?

A: As soon as I finish the report. 보고서가 끝나는 대로요.

Q: Where can I get the information about Pluto? 명왕성 관련 정보를 어디서 찾을 수 있나요?

A: How about searching the Internet? 인터넷을 찾아보는 건 어떨까요?

기타 의문문 및 평서문에 대한 응답

Q: Do you have time to help me? 나를 도와줄 시간이 있나요?

A: I'm sorry. I need to stay home and study. 죄송해요. 집에서 공부해야 해요.

Q: The movie was amazing, wasn't it? 그 영화 재미있었어요, 그렇지 않아요?

A: Yes, it was much better than I expected. 네, 예상한 것보다 훨씬 더 재미있었어요.

Q: I'm really sorry I can't make it this time. 이번에 가지 못해서 정말 미안해요.

A: It's okay. Let's have dinner some other time. 괜찮아요. 언제 저녁이나 같이 먹어요.

01 대화를 듣고, 남자의 마지막 말에 대한 여자의 응답으로 가장 적절한 것을 고르시오.

Woman: _____

① No. I've already paid for the room.

② Right. Can you cancel my reservation?

③ No. I'm afraid I'll have to try somewhere else.

④ You can save money by staying in a cheaper hotel.

⑤ I made a reservation under the name of Selena Gordon.

02 대화를 듣고, 여자의 마지막 말에 대한 남자의 응답으로 가장 적절한 것을 고르시오.

Man: _____

① I'll check it out right away.

② I don't know of a good website.

③ Thank you, but I already found a job.

④ I should have majored in marketing in school.

⑤ I'm sorry, I don't know much about marketing.

03 대화를 듣고, 남자의 마지막 말에 대한 여자의 응답으로 가장 적절한 것을 고르시오.

Woman: _____

① Sure, the repairman will fix it today.

② Okay. I don't care how much it costs.

③ Right. We'll have to buy a new one then.

④ That's all right. We didn't need it anyway.

⑤ In that case, I'll call my parents right now.

04 대화를 듣고, 여자의 마지막 말에 대한 남자의 응답으로 가장 적절한 것을 고르시오.

Man: _____

① Here's the prescription you requested.

② Could you bring me a warm sweater?

③ I have a headache, so I'll see a doctor.

④ I'm so sick that I can't go to school today.

⑤ I think you should visit the nurse's office for now.

05 대화를 듣고, 남자의 마지막 말에 대한 여자의 응답으로 가장 적절한 것을 고르시오.

Woman: _____

① I will reschedule our practice match.

② You're right. I will talk to my coach.

③ Please come to the court to cheer me up.

④ I really put my best effort into winning this match.

⑤ Where can I find information about my future career?

06 대화를 듣고, 여자의 마지막 말에 대한 남자의 응답으로 가장 적절한 것을 고르시오.

Man: _____

① The sale will only last two weeks.

② I'm sorry, but the warranty has expired.

③ No returns are allowed on sale items.

④ Let's go to another shop to find a better price.

⑤ Then why don't I show you something cheaper?

07 대화를 듣고, 남자의 마지막 말에 대한 여자의 응답으로 가장 적절한 것을 고르시오.

Woman: _____

① You should probably go and see a doctor.

② Heart disease is a real problem these days.

③ You're right. Sodium can be very unhealthy.

④ It has some benefits, but you shouldn't overdo it.

⑤ That's true. Maybe I should check my blood pressure.

08 대화를 듣고, 여자의 마지막 말에 대한 남자의 응답으로 가장 적절한 것을 고르시오.

Man: _____

① Let's ask the librarian for her opinion.

② I found studying in a group to be useful.

③ Then a nice shade of blue would be best.

④ Personally, I prefer relaxing after I study.

⑤ Why don't you stay here until the paint dries?

14

상황에 적절한 말

유형 소개

담화를 듣고, 제시된 상황에서 해당 인물이 할 적절한 말을 고르는 문제 유형이다.

다음 상황 설명을 듣고, Amy가 Terry에게 할 말로 가장 적절한 것을 고르시오. 평가원

Amy: _____

① How about using a colorful font on the poster?
② You'd better inform your friends of the concert.
③ Can you make the letter size bigger on the poster?
④ Why don't we hold a concert in the school festival?
⑤ You should put important information on the poster.

M: Amy is the leader of a high school band and Terry is one of the band members. The band is going to hold a mini concert in the school festival, and Terry is in charge of making a concert poster. When he completes the poster, he shows it to the band members. Even though the poster has all the necessary information, ⓐ **it's hard to read it because the size of the letters is too small.** Amy thinks if Terry changes the font size to a larger one, it could be easier to notice. ⓑ **So, Amy wants to suggest that Terry increase the size of the letters on the poster.** In this situation, what would Amy most likely say to Terry?

Words

hold 잡고 있다; *(회의·시합 등을) 열다 in charge of ～을 맡아서 poster 포스터, 벽보 complete 완료하다 necessary 필요한 letter 편지; *글자 font 서체 notice (보거나 듣고) 알다, 알아채다 suggest 제안하다 situation 상황 likely ～할 것 같은 [문제] colorful (색이) 다채로운

01 지시문을 미리 읽고 누가 누구에게 할 말을 고르는 것인지 정확히 파악한다.

02 담화를 들으면서 등장인물이 처한 전반적인 상황을 파악한다.

03 주로 담화의 뒷부분에 인물이 상대에게 하고자 하는 말의 내용이 구체적으로 제시되므로 이에 유의한다.

01 문제에서는 Amy가 Terry에게 할 말을 묻고 있다.

02 ⓐ Terry가 만든 콘서트 포스터의 글자 크기가 너무 작아서 읽기가 어려운 상황이다.

03 ⓑ Amy가 Terry에게 포스터의 글자 크기를 늘릴 것을 제안하고 싶다고 했다. 따라서 정답은 포스터 글자의 크기를 더 크게 해 줄 수 있는지 묻는 ③이다.

유형 잡는 *Words & Expressions*

Expressions

감사

Thanks. I'm sure that'll be a big help. 감사합니다. 그건 정말 큰 도움이 될 거예요.

Your kindness will not be forgotten. 당신의 호의는 잊지 못할 거예요.

I really appreciate your cooperation. 협조해 주셔서 정말 감사합니다.

격려·칭찬

Everything will be fine. 모든 일이 잘될 거예요.

Keep going! We can make it. 계속해요! 우린 해낼 수 있습니다.

Cheer up! You'll do better next time. 기운 내요! 다음번엔 더 잘할 거예요.

I'm proud of you. You set an excellent example. 당신이 자랑스러워요. 당신은 훌륭한 본보기를 보였어요.

권유·제안

Why don't you go and tell him that you're sorry? 그에게 가서 미안하다고 말하지 그래요?

How about playing soccer in the park instead? 대신 공원에서 축구를 하는 건 어때요?

Let's put off practicing until the exams are done. 시험이 끝날 때까지 연습은 미루자.

충고

If I were you, I wouldn't go there. 제가 당신이라면, 그곳에 가지 않겠어요.

I think you need to get your priorities straight. 당신의 우선순위를 정립해야 할 것 같아요.

01 다음 상황 설명을 듣고, Olivia가 Brenda에게 할 말로 가장 적절한 것을 고르시오.

Olivia: _____

① I'm afraid I can't go to the wedding.

② Do you mind if I bring a friend to the wedding?

③ When is your daughter returning from abroad?

④ I was disappointed because you didn't invite me.

⑤ Could you tell me how to get to the wedding hall?

02 다음 상황 설명을 듣고, Jenny가 남자친구에게 할 말로 가장 적절한 것을 고르시오.

Jenny: _____

① I don't really like Italian food.

② I hope you like the food I made for you.

③ Why don't we have Korean food this time?

④ Maybe we could eat somewhere else next time.

⑤ Sorry, but I don't feel like having Korean food tonight.

03 다음 상황 설명을 듣고, Emily가 Andy에게 할 말로 가장 적절한 것을 고르시오.

Emily: _____

① If you cheat, you'll seriously regret it later.

② I'm sorry I made fun of your low quiz score.

③ The next quiz will be harder than the last one.

④ Please tell the teacher what really happened.

⑤ One bad quiz is not going to ruin your final grade.

04 다음 상황 설명을 듣고, Kevin이 소녀에게 할 말로 가장 적절한 것을 고르시오.

Kevin: _____

① Do you mind if I sit next to you?

② Can you tell me what's on TV tonight?

③ I'm sorry, but can I watch that with you?

④ Wow, your cell phone is much better than mine.

⑤ Excuse me. Would you please use your earphones?

05 다음 상황 설명을 듣고, Mary가 Bill에게 할 말로 가장 적절한 것을 고르시오.

Mary: _____

① We need to get off the bus here.

② Hurry, our bus is about to leave!

③ I have visited this town three times.

④ I can't wait to practice my Chinese.

⑤ There is a special tour around the temple.

06 다음 상황 설명을 듣고, Julie가 Lisa에게 할 말로 가장 적절한 것을 고르시오.

Julie: _____

① I got an A on my math exam!

② I'm sure you'll pass your math exam.

③ Which subject is most difficult for you?

④ I can help you with your history studies.

⑤ If I were you, I'd focus on studying history.

07 다음 상황 설명을 듣고, Rebecca가 승무원에게 할 말로 가장 적절한 것을 고르시오.

Rebecca: _____

① When is the in-flight meal served?

② I think there is a mistake with my meal.

③ I'd like to book a nonstop flight to LA.

④ Can I have a cup of orange juice first?

⑤ Can I check in for the flight to Paris here?

08 다음 상황 설명을 듣고, Tom이 점원에게 할 말로 가장 적절한 것을 고르시오.

Tom: _____

① I want a full refund for this camera.

② I can't believe you ruined all the pictures.

③ Can you recommend an affordable camera?

④ I'm sorry, but I accidentally scratched the lens.

⑤ This camera is damaged, so I'd like to exchange it.

유형 15 세트 문항

유형 소개

하나의 담화나 대화를 듣고, 주제를 묻는 문제와 세부 내용을 파악하는 문제 두 개를 연달아 푸는 문제 유형이다. 지문은 두 번 들려준다.

[01~02] 다음을 듣고, 물음에 답하시오. 평가원

01 남자가 하는 말의 주제로 가장 적절한 것은?

① ways to prevent food allergies
② common ingredients in cold medicines
③ how to make a tea for relieving cough
④ different types of tea and their origins
⑤ increasing popularity of homemade foods

02 언급된 재료가 <u>아닌</u> 것은?

① ginger   ② honey   ③ lemon   ④ peppermint   ⑤ cinnamon

M: Hello, listeners, and welcome to *Health Matters*. This is Dr. David Harvey. Coughing is one of the most common symptoms of a cold. To relieve it, you might only think of going to a doctor or taking medicine. ⓐ **However, drinking homemade tea can be an excellent way to warm you up and soothe your throat and cough.** ⓑ **This kind of tea is so easy to make that anybody can do it.** First, get two inches of fresh ⓒ **ginger** and slice it thinly. Next, boil the ginger slices in two cups of water for at least 10 minutes. Then, turn off the heat and add some ⓓ **honey**. Squeeze a ⓔ **lemon** and put the juice in the tea. You can add a bit of ⓕ **cinnamon** at the end for flavor. I hope you'll enjoy your hot tea and stay healthy.

Words ───

cough 기침하다; 기침   symptom 증상   relieve (고통 등을) 없애다, 완화하다   homemade 집에서 만든   warm up ~을 데우다   soothe 달래다, 누그러뜨리다   ginger 생강   slice 얇게 썰다; 얇게 썬 것   thinly 얇게   squeeze (손으로) 짜다   cinnamon 계피, 시나몬   flavor 맛, 풍미   [문제] popularity 인기

해결 전략	01 주제를 묻는 문제는 처음이나 끝에 주요 단서가 나오는 경우가 많으므로 이에 유의하며 듣는다.
	02 세부 사항을 묻는 문제는 오답을 하나씩 제거해 가면서 듣는다.
	03 담화를 다시 들으며 답을 재확인한다.

기출 해결	01 담화 앞부분에서 ⓐ 집에서 만든 차가 기침과 목을 낫게 하는 방법이 될 수 있다고 한 뒤, ⓑ 그것을 만들기 쉽다고 했으므로 글의 주제는 ③ '기침을 완화시키는 차를 만드는 방법'이다.
	02 재료로 ⓒ 생강, ⓓ 꿀, ⓔ 레몬, ⓕ 계피는 언급되었으나 박하는 언급되지 않았으므로 정답은 ④이다.

유형 잡는 Words & Expressions

Expressions

환경

recycle 재활용하다	conserve 보존하다	acid rain 산성비
pollutant 오염 물질	atmosphere 대기	global warming 지구 온난화
contamination 오염	endangered 멸종 위기의	greenhouse effect 온실 효과
fossil fuel 화석 연료	air pollution 대기 오염	alternative energy 대체 에너지

건강

diet 식이요법	vegetarian 채식주의자	medical checkup 건강 검진
symptom 증상	infection 감염	nonsmoking area 금연 구역
painkiller 진통제	first-aid kit 구급상자	prescription 처방전

통신·기술

technology 과학 기술	advance 진보	internet access 인터넷 접속
install 설치하다	wireless 무선의	download (데이터를) 내려받다
automatic 자동의	text message 문자 메시지	cell[mobile] phone 휴대전화

시사

poll 투표, 여론 조사	vote 투표(하다)	candidate 후보자
public opinion 여론	trend 추세, 경향	well-being 행복, 웰빙
import 수입(하다)	export 수출(하다)	unemployment 실업

[01-02] 다음을 듣고, 물음에 답하시오.

01 남자가 하는 말의 주제로 가장 적절한 것은?

① how to deal with stress

② some tips for relieving insomnia

③ the relationship of insomnia and stress

④ useful therapies to reduce bodily pain

⑤ why modern people suffer from insomnia

02 언급된 방법이 아닌 것은?

① exercise

② a shower

③ a massage

④ warm milk

⑤ aromatherapy

[03-04] 다음을 듣고, 물음에 답하시오.

03 여자가 하는 말의 주제로 가장 적절한 것은?

① how animals communicate with each other

② the keen senses of wild animals

③ the different ways that animals hear

④ how animals hear their enemies coming

⑤ the process of hearing in the human body

04 언급된 동물이 아닌 것은?

① mosquitoes

② birds

③ snakes

④ fish

⑤ dogs

[05-06] 다음을 듣고, 물음에 답하시오.

05 남자가 하는 말의 주제로 가장 적절한 것은?

① the difficulty of finding fossils

② steps to discover animal remains

③ the reasons behind dinosaur extinction

④ dinosaurs fossil discoveries around the world

⑤ the dinosaur species found on each continent

06 언급된 나라가 <u>아닌</u> 것은?

① United States

② China

③ Denmark

④ Argentina

⑤ United Kingdom

[07-08] 다음을 듣고, 물음에 답하시오.

07 여자가 하는 말의 주제로 가장 적절한 것은?

① the dos and don'ts of camping

② what to bring on a camping trip

③ outdoor activities in the mountains

④ problems that occur when camping

⑤ how to deal with unpredictable weather

08 언급된 물건이 <u>아닌</u> 것은?

① a warm jacket

② a sleeping bag

③ sunglasses

④ a flashlight

⑤ bug spray

PART
02

실전 모의고사

01 다음을 듣고, 남자가 하는 말의 목적으로 가장 적절한 것을 고르시오.

① 책 반납 기한을 안내하려고
② 도서관 재방문을 장려하려고
③ 도서관 폐장 시간을 안내하려고
④ 도서관 책 대여 방법을 알려주려고
⑤ 도서관 운영 시간 변경을 공지하려고

02 대화를 듣고, 여자의 의견으로 가장 적절한 것을 고르시오.

① 쉬운 외국어 단어부터 반복해서 외워야 한다.
② 어린이 콘텐츠는 외국어 학습에 도움이 된다.
③ 외국어 공부모임을 만드는 것은 효과가 있다.
④ 수준에 맞는 외국어 자료를 고르는 것이 중요하다.
⑤ 외국어를 배울 때는 각 나라의 문화도 배워야 한다.

03 대화를 듣고, 두 사람의 관계를 가장 잘 나타낸 것을 고르시오.

① 운전자 - 보행자　　　　② 의사 - 환자
③ 임원 - 비서　　　　　　④ 교수 - 학생
⑤ 버스 기사 - 승객

04 대화를 듣고, 그림에서 대화의 내용과 일치하지 <u>않는</u> 것을 고르시오 .

05 대화를 듣고, 남자가 할 일로 가장 적절한 것을 고르시오.

① 돈 빌려주기   ② 소파 운반하기

③ 좋은 가구점 추천하기   ④ 지역 자선 단체에 전화하기

⑤ 새 소파 고르는 것 돕기

06 대화를 듣고, 여자가 지불할 금액을 고르시오.

① $12   ② $16   ③ $20   ④ $36   ⑤ $40

07 대화를 듣고, 여자가 대회에 참가하지 않은 이유를 고르시오.

① 대회에 관심이 없어서

② 바빠서 시간이 없어서

③ 연설을 잘하지 못해서

④ 기한 내에 신청하지 못해서

⑤ 참가 가능한 나이보다 어려서

08 대화를 듣고, Fantasy Amusement Park에 관해 언급되지 않은 것을 고르시오.

① 개장 시간   ② 도착 소요 시간   ③ 위치

④ 입장료   ⑤ 특별 행사

09 도예 강좌에 관한 다음 내용을 듣고, 일치하지 않는 것을 고르시오.

① 지역 문화 회관에서 열린다.

② 초보자를 위한 수업이다.

③ 점토가 무료로 제공된다.

④ 일주일에 2회 진행된다.

⑤ 수업 시간은 1시간 30분이다.

10 다음 표를 보면서 대화를 듣고, 남자가 타게 될 기차를 고르시오.

	Train	Destination	Departure Time	Arrival Time	Price
①	A	Busan	18:00	20:45	₩75,000
②	B	Daegu	18:20	22:00	₩50,000
③	C	Busan	18:35	23:05	₩55,000
④	D	Busan	18:50	21:35	₩75,000
⑤	E	Daegu	19:10	21:00	₩50,000

11 대화를 듣고, 남자의 마지막 말에 대한 여자의 응답으로 가장 적절한 것을 고르시오.

① He should tell her how he feels.

② He probably didn't recognize her.

③ Don't feel bad. It wasn't your fault.

④ There must be some way we can help him.

⑤ I don't understand why some people are so rude.

12 대화를 듣고, 여자의 마지막 말에 대한 남자의 응답으로 가장 적절한 것을 고르시오.

① No, it was done yesterday.

② Sure. Can you hold this up for me?

③ Never mind. I'll ask someone else.

④ I think we'd better buy something else.

⑤ Yes, please. How much are these tools?

13 대화를 듣고, 남자의 마지막 말에 대한 여자의 응답으로 가장 적절한 것을 고르시오.

Woman: _____

① Just relax and be yourself.

② I forgive you, but don't be late again.

③ I'm not sure what kind of job is right for me.

④ How about doing research on the company?

⑤ Can you tell me about your past experience?

14 대화를 듣고, 여자의 마지막 말에 대한 남자의 응답으로 가장 적절한 것을 고르시오. [3점]

Man: _____

① You don't have to do the project alone.

② Why don't you ask your teacher for advice?

③ Have you handed in the science assignment?

④ You should have started your project sooner.

⑤ I'm glad that you succeeded in making a generator.

15 다음 상황 설명을 듣고, Jason이 여자친구에게 할 말로 가장 적절한 것을 고르시오. [3점]

Jason: _____

① Let's do something special for my birthday.

② I never got the message that you called me.

③ I feel bad you didn't remember my birthday.

④ Congratulations! I'm really happy for you.

⑤ I'm sorry. I have no idea how I forgot your birthday.

[16-17] 다음을 듣고, 물음에 답하시오.

16 여자가 하는 말의 주제로 가장 적절한 것은? [3점]

① the most dangerous desert animals

② how animals have adapted to the desert

③ various strategies for avoiding predators

④ the most difficult places to survive

⑤ how plants and animals cooperate

17 언급된 동물이 <u>아닌</u> 것은?

① camels   ② snakes   ③ scorpions

④ foxes   ⑤ birds

01 다음을 듣고, 남자가 하는 말의 목적으로 가장 적절한 것을 고르시오.

① 쇼핑몰 건설을 반대하려고
② 새로운 상점 개업을 알리려고
③ 새로운 고등학교 설립을 요구하려고
④ 마을에 더 많은 관광객을 유치하려고
⑤ 도심 내 교통 체증에 대해 불평하려고

02 대화를 듣고, 여자의 의견으로 가장 적절한 것을 고르시오.

① 규칙적인 생활을 하는 것이 좋다.
② 일과 삶의 균형을 유지하려 노력해야 한다.
③ 자기에게 맞는 취미를 가지는 것은 중요하다.
④ 직장을 충동적으로 그만두는 것은 현명하지 않다.
⑤ 다양한 활동을 시도하는 것은 스트레스 해소에 좋다.

03 대화를 듣고, 두 사람의 관계를 가장 잘 나타낸 것을 고르시오.

① 종업원 – 손님   ② 직원 – 상사
③ 경찰관 – 택시 운전사   ④ 지역 주민 – 관광객
⑤ 공사장 인부 – 인근 가게 주인

04 대화를 듣고, 그림에서 대화의 내용과 일치하지 <u>않는</u> 것을 고르시오.

05 대화를 듣고, 남자가 할 일로 가장 적절한 것을 고르시오.

① 집 청소하기
② 여동생 돌보기
③ 고양이 먹이 주기
④ 아이스크림 사 오기
⑤ 저녁 식사 준비 돕기

06 대화를 듣고, 여자가 지불할 금액을 고르시오. [3점]

① $8　　② $14　　③ $16　　④ $18　　⑤ $20

07 대화를 듣고, 남자가 샐러드를 먹지 <u>않은</u> 이유를 고르시오.

① 배가 아파서
② 채소를 좋아하지 않아서
③ 드레싱 재료에 알레르기가 있어서
④ 상추에 알레르기가 있어서
⑤ 바로 후식을 먹고 싶어서

08 대화를 듣고, Zeppelin에 관해 언급되지 <u>않은</u> 것을 고르시오. [3점]

① 모양　　② 동력　　③ 횡단 기록
④ 최고 속도　　⑤ 사고 이력

09 Rock Hill Forest Festival에 관한 다음 내용을 듣고, 일치하지 <u>않는</u> 것을 고르시오.

① 금요일부터 3일간 개최된다.
② 아이들을 위한 요가 수업이 진행된다.
③ 비가 오더라도 정상 진행된다.
④ 마을 주민들에게 무료로 개최된다.
⑤ 일일 참석 인원의 제한이 있다.

10 다음 표를 보면서 대화를 듣고, 여자가 구입할 자동차를 고르시오.

Automobiles for Sale

	Name	Price	Doors	Warranty
①	Laser	$18,000	2	1 year
②	Metropolitan	$30,000	4	2 year
③	Electron	$28,000	2	4 year
④	Cougar	$22,000	2	2 year
⑤	Clipper	$23,000	4	3 year

11 대화를 듣고, 여자의 마지막 말에 대한 남자의 응답으로 가장 적절한 것을 고르시오.

① Let's meet at the bus stop.

② You should be more careful.

③ It was on the table in the library.

④ I'm so glad you found my phone.

⑤ Don't use your cell phone during class.

12 대화를 듣고, 남자의 마지막 말에 대한 여자의 응답으로 가장 적절한 것을 고르시오.

① It's nice of you to offer.

② That really looks good on you.

③ It's a little hot in here, isn't it?

④ You had better exercise instead.

⑤ Don't forget to bring your jacket next time.

13 대화를 듣고, 여자의 마지막 말에 대한 남자의 응답으로 가장 적절한 것을 고르시오.

Man: _____

① I'm just not sure it's the right major for me.

② Archaeology doesn't really sound interesting.

③ I don't think computer programming is boring.

④ I hope you're right. I'm really looking forward to it.

⑤ I agree. Perhaps I'll get a chance to take it someday.

14 대화를 듣고, 남자의 마지막 말에 대한 여자의 응답으로 가장 적절한 것을 고르시오.

Woman: _____

① You should take better care of yourself.

② That's okay. I hope he feels better soon.

③ I'm sure your brother will forgive you eventually.

④ You should reschedule your doctor's appointment.

⑤ Why don't we go together and explain what happened?

15 다음 상황 설명을 듣고, Jack이 Nicole에게 할 말로 가장 적절한 것을 고르시오.

Jack: _____

① You need to give him a second chance.

② You should apologize for your behavior.

③ Don't judge people by their appearance.

④ I heard a new boy is moving into our building.

⑤ I don't understand why you like him so much.

[16-17] 다음을 듣고, 물음에 답하시오.

16 남자가 하는 말의 주제로 가장 적절한 것은?

① how meditation helps you relax

② several alternatives to meditation

③ the most effective way to meditate

④ the link between meditation and IQ

⑤ the importance of meditation before tests

17 언급된 이점이 <u>아닌</u> 것은? [3점]

① relaxing

② losing weight

③ treating sleep problems

④ correcting posture

⑤ increasing IQ

01 다음을 듣고, 남자가 하는 말의 목적으로 가장 적절한 것을 고르시오.

① 서점의 개업을 알리려고
② 서점 이벤트를 홍보하려고
③ 도서 할인에 대해 알리려고
④ 학생들에게 독서를 권장하려고
⑤ 새로운 추리 소설을 광고하려고

02 다음을 듣고, 여자가 하는 말의 주제로 가장 적절한 것을 고르시오.

① 금의 역사
② 금을 세공하는 방법
③ 금의 유용한 쓰임새
④ 금의 상징적인 의미
⑤ 금을 감정하는 방법

03 대화를 듣고, 두 사람의 관계를 가장 잘 나타낸 것을 고르시오.

① 건물 관리인 – 청소부
② 운전기사 – 정비사
③ 집주인 – 배관공
④ 투숙객 – 호텔 직원
⑤ 고객 – 부동산 중개인

04 대화를 듣고, 그림에서 대화의 내용과 일치하지 않는 것을 고르시오.

정답 및 해설 p.42

05 대화를 듣고, 여자가 남자를 위해 할 일로 가장 적절한 것을 고르시오.

① 차 끓이기
② 약 사오기
③ 난방기 고치기
④ 집주인에게 전화하기
⑤ 두꺼운 외투 빌려주기

06 대화를 듣고, 남자가 지불할 금액을 고르시오.

① $3　　　② $6　　　③ $7　　　④ $8　　　⑤ $9

07 대화를 듣고, 여자가 직장에 출근할 수 <u>없는</u> 이유를 고르시오.

① 출장을 가야 해서
② 병문안을 가야 해서
③ 남편이 다쳐서
④ 교통사고를 당해서
⑤ 심한 감기에 걸려서

08 대화를 듣고, 비행편에 관해 두 사람이 언급하지 <u>않은</u> 것을 고르시오.

① 도착지　　　② 출발 날짜　　　③ 좌석 등급
④ 티켓 가격　　　⑤ 비행 소요 시간

09 The National Volunteer Tour에 관한 다음 내용을 듣고, 일치하지 <u>않는</u> 것을 고르시오.

① 여름 방학 기간에 진행된다.
② 3주 동안 진행되는 프로그램이다.
③ 나이 제한 없이 누구나 참여할 수 있다.
④ 3개국에서의 봉사활동을 포함한다.
⑤ 항공료는 참가비에 포함되어 있지 않다.

10 다음 표를 보면서 대화를 듣고, 남자가 신청할 한국어 강좌를 고르시오.

Korean Language Classes

	Course	Level	Days	Fee
①	A	beginner	Monday / Wednesday	free
②	B	intermediate	Tuesday / Thursday	$30.00
③	C	advanced	Monday / Thursday	$30.00
④	D	advanced	Wednesday / Friday	$30.00
⑤	E	advanced	Saturday / Sunday	$20.00

11 대화를 듣고, 여자의 마지막 말에 대한 남자의 응답으로 가장 적절한 것을 고르시오.

① It takes about 30 minutes by car.

② No. I didn't bring an umbrella today.

③ Okay. I will take the subway to work.

④ It was very crowded in the subway.

⑤ I'm sorry, but I don't know how to drive.

12 대화를 듣고, 남자의 마지막 말에 대한 여자의 응답으로 가장 적절한 것을 고르시오.

① I'm glad you enjoyed your trip.

② Sure, I would love to see them.

③ You should buy your own camera.

④ No, I have never been to Switzerland.

⑤ Yes, I'd love to take pictures sometime.

13 대화를 듣고, 여자의 마지막 말에 대한 남자의 응답으로 가장 적절한 것을 고르시오. [3점]

Man: _____

① In that case, I'll stop skipping meals.

② Okay. I'll change my diet and see if it works.

③ Yes, I need to spend more time enjoying my life.

④ Well, I already asked my doctor about food allergies.

⑤ All right. If it will help me lose some weight, I'll give it a try.

14 대화를 듣고, 남자의 마지막 말에 대한 여자의 응답으로 가장 적절한 것을 고르시오.

Woman: _____

① I didn't know you were sick, too.

② Let's take a walk through the park, then.

③ Okay, I'll open some windows right now.

④ You're right. I'll go see a doctor right away.

⑤ I should have cleaned my house more often.

15 다음 상황 설명을 듣고, Ricky가 Mary에게 할 말로 가장 적절한 것을 고르시오. [3점]

Ricky: _____

① You need to study harder.

② I think you need to face your fears.

③ I apologize for never listening to you.

④ Why don't we take that class together?

⑤ I was deeply impressed by your presentation.

[16-17] 다음을 듣고, 물음에 답하시오.

16 여자가 하는 말의 주제로 가장 적절한 것은? [3점]

① activities that help build muscles

② the importance of a healthy diet

③ how to get a good night's sleep

④ ways to avoid spine problems

⑤ the necessity of having good posture

17 언급된 예방법이 <u>아닌</u> 것은?

① yoga   ② massage   ③ swimming

④ sleeping posture   ⑤ walking

01 다음을 듣고, 여자가 하는 말의 목적으로 가장 적절한 것을 고르시오.

① 수업 일정 변경을 공지하려고
② 수강 신청하는 법을 설명하려고
③ 에세이 과제 제출 방법을 설명하려고
④ 학생들에게 외국어 학습을 장려하려고
⑤ 한국으로 수학여행 온 학생들을 환영하려고

02 대화를 듣고, 남자의 의견으로 가장 적절한 것을 고르시오.

① 규칙적인 수면은 건강에 매우 중요하다.
② 잠자리에서는 스마트폰을 사용하지 말아야 한다.
③ 비타민을 섭취하는 것은 건강에 도움이 된다.
④ 잠을 잘 때는 소음이 없이 조용한 곳이 좋다.
⑤ 지나친 게임은 중독으로 이어질 수 있다.

03 대화를 듣고, 두 사람의 관계를 가장 잘 나타낸 것을 고르시오.

① 출판자 편집자 – 삽화가   ② 잡지사 기자 – 독자
③ 사진 작가 – 학생   ④ 도서과 사서 – 이용객
⑤ 미술관 투어 가이드 – 방문객

04 대화를 듣고, 그림에서 대화의 내용과 일치하지 <u>않는</u> 것을 고르시오.

05 대화를 듣고, 남자가 할 일로 가장 적절한 것을 고르시오.

① 출장 짐 싸기
② 부엌 청소하기
③ 매장에 전화하기
④ 전자레인지 주문하기
⑤ 주문한 물건 반품하기

06 대화를 듣고, 남자가 지불할 금액을 고르시오.

① $6
② $7
③ $10
④ $13
⑤ $14

07 대화를 듣고, 남자가 여자를 찾아온 이유를 고르시오.

① 파티에 참석하려고
② 아이를 대신 돌봐주려고
③ 소음에 대해 불평하려고
④ 개의 먹이를 부탁하려고
⑤ 열쇠를 돌려받으려고

08 대화를 듣고, wilderness survival skills에 관해 언급되지 않은 것을 고르시오.

① 불 피우기
② 물 찾기
③ 구조 요청하기
④ 은신처 만들기
⑤ 수면 취하기

09 시험에 관한 다음 내용을 듣고, 일치하지 않는 것을 고르시오. [3점]

① 총 100문항이다.
② 절반이 객관식 문제이다.
③ 시험을 위한 공부 지침서가 있다.
④ 금요일에 시행될 예정이다.
⑤ 7과는 범위에 포함되지 않는다.

10 다음 표를 보면서 대화를 듣고, 두 사람이 신청할 요가 수업을 고르시오.

Schedule of Yoga Classes

	Classes	Level	Time	Time
①	A	intermediate	Tue. & Thu.	6:00 – 7:00 a.m.
②	B	beginner	Mon. & Wed.	8:00 – 9:00 a.m.
③	C	beginner	Tue. & Fri.	7:00 – 8:00 p.m.
④	D	beginner	Mon. & Wed.	8:00 – 9:00 p.m.
⑤	E	intermediate	Tue. & Thu.	7:00 – 8:00 p.m.

11 대화를 듣고, 남자의 마지막 말에 대한 여자의 응답으로 가장 적절한 것을 고르시오.

① Can I take your order?

② I enjoyed the food here.

③ Is it time for lunch already?

④ That's okay. You can have my salad.

⑤ Okay, I will try a salad as well this time.

12 대화를 듣고, 여자의 마지막 말에 대한 남자의 응답으로 가장 적절한 것을 고르시오.

① You should not watch TV too much.

② No, thanks. I don't like watching TV.

③ Not at all! Have a seat here with me.

④ Okay, I'll wait for you at the theater.

⑤ Well, I don't think this program is interesting.

13 대화를 듣고, 남자의 마지막 말에 대한 여자의 응답으로 가장 적절한 것을 고르시오.

Woman: _____

① I'm sorry you missed the contest.

② Be confident. I'm sure you will win.

③ You will make excellent dance partners.

④ You should have taken more dancing lessons.

⑤ It's probably not a good idea to enter the contest.

14 대화를 듣고, 여자의 마지막 말에 대한 남자의 응답으로 가장 적절한 것을 고르시오. [3점]

Man: _____

① That explains why no one is here yet.

② I already watched that movie last weekend.

③ In that case, let's just meet at the theater.

④ You should apologize for being late again.

⑤ We should have signed up for an earlier class.

15 다음 상황 설명을 듣고, Allison이 조원들에게 할 말로 가장 적절한 것을 고르시오.

Allison: _____

① I already finished my part of the project.

② I'm sorry, but I am not available this evening.

③ May I borrow your notes to study for the test?

④ Could one of you attend the class instead of me?

⑤ Can we reschedule our meeting for after five o'clock tomorrow?

[16-17] 다음을 듣고, 물음에 답하시오.

16 여자가 하는 말의 주제로 가장 적절한 것은? [3점]

① how schools educate cyber bullies

② reasons people become cyber bullies

③ methods and problems of cyber bullying

④ ways to protect kids from cyber bullying

⑤ the need for laws prohibiting cyber bullying

17 언급된 수단이 <u>아닌</u> 것은?

① emails   ② videos

③ comments on websites   ④ text messages

⑤ pictures

01 다음을 듣고, 여자가 하는 말의 목적으로 가장 적절한 것을 고르시오.

① 비행 공포증의 증상을 설명하려고
② 비행 공포증의 극복 사례를 공유하려고
③ 비행기 탑승 시 주의사항을 안내하려고
④ 비행 공포증 치료용 프로그램을 홍보하려고
⑤ 비행기를 배경으로 하는 영화를 소개하려고

02 대화를 듣고, 남자의 의견으로 가장 적절한 것을 고르시오.

① 운동한 뒤 충분한 휴식을 취해야 한다.
② 운동 후에 영양가 있는 식사를 해야 한다.
③ 부상을 방지하기 위해 준비운동이 필수이다.
④ 자기에게 맞는 운동을 하는 것이 중요하다.
⑤ 운동의 강도를 잘 조절해야 부상을 예방할 수 있다.

03 대화를 듣고, 두 사람의 관계를 가장 잘 나타낸 것을 고르시오.

① 어머니 – 아들
② 종업원 – 손님
③ 요리사 – 조수
④ 식당 지배인 – 음식 평론가
⑤ 식당 주인 – 식료품 가게 주인

04 대화를 듣고, 그림에서 대화의 내용과 일치하지 않는 것을 고르시오.

05 대화를 듣고, 남자가 할 일로 가장 적절한 것을 고르시오.

① 파티 계획하기   ② 과일 사 오기

③ 간식 가져오기   ④ 노트북 가져오기

⑤ 저녁 식사 준비하기

06 대화를 듣고, 여자가 지불할 금액을 고르시오.

① $24   ② $28   ③ $30   ④ $38   ⑤ $40

07 대화를 듣고, 남자가 내일 놀이공원에 갈 수 <u>없는</u> 이유를 고르시오.

① 여동생을 돌봐야 해서   ② 부모님 댁에 가야 해서

③ 회사 일을 끝내야 해서   ④ 정기 검진을 받아야 해서

⑤ 점심 약속이 있어서

08 대화를 듣고, pontoon bridge에 관해 언급되지 <u>않은</u> 것을 고르시오. [3점]

① 발명된 시기   ② 이름의 유래   ③ 건설 방법

④ 이용자   ⑤ 건설 기간

09 Bolton's Race for Life에 관한 다음 내용을 듣고, 일치하지 <u>않는</u> 것을 고르시오.

① 나이 제한이 없다.

② 암 환자들만 참가할 수 있다.

③ 완주 시간은 기록되지 않는다.

④ 10년째 시행되고 있는 대회이다.

⑤ 총 5백만 달러가 넘는 기금을 모았다.

10 다음 표를 보면서 대화를 듣고, 여자가 구입할 게임을 고르시오.

A List of Games

	Game	Category	Price	Parental Guidance Rating
①	A	soccer	$35	all ages
②	B	car racing	$53	all ages
③	C	car racing	$45	all ages
④	D	soccer	$50	19 and over
⑤	E	car racing	$40	13 and over

11 대화를 듣고, 남자의 마지막 말에 대한 여자의 응답으로 가장 적절한 것을 고르시오.

① I will buy tickets for 4:00.

② I love going to the movies.

③ It seems like you are always busy.

④ I'm available anytime this afternoon.

⑤ No, I think we should go another time.

12 대화를 듣고, 여자의 마지막 말에 대한 남자의 응답으로 가장 적절한 것을 고르시오.

① Yes, here is your jacket.

② It is blue with red stripes.

③ Maybe someone picked it up.

④ It is on the first floor in the lobby.

⑤ Thank you for bringing me here.

13 대화를 듣고, 남자의 마지막 말에 대한 여자의 응답으로 가장 적절한 것을 고르시오.

Woman: _____

① I guess Mark is too busy to join us.

② Okay, but I need to give him a call first.

③ No problem. I'll help you study for the test.

④ Sure. We can communicate with her in English.

⑤ Why don't you invite her to stay with you this month?

14 대화를 듣고, 여자의 마지막 말에 대한 남자의 응답으로 가장 적절한 것을 고르시오. [3점]

Man: _____

① I promise to buy you a souvenir next time.

② Wow, I guess it's a good thing I didn't buy them.

③ If I had known you were interested, I would have.

④ But it's better seeing animals in the wild than in a zoo.

⑤ Yes, I've seen a documentary about endangered animals.

15 다음 상황 설명을 듣고, Jennifer가 Tom에게 할 말로 가장 적절한 것을 고르시오.

Jennifer: Tom, _____

① may I borrow some cash?

② I think we'd better buy more eggs.

③ can you go get some eggs for me?

④ what do you feel like eating tonight?

⑤ do you know which section the eggs are in?

[16-17] 다음을 듣고, 물음에 답하시오.

16 여자가 하는 말의 주제로 가장 적절한 것은? [3점]

① New Year's traditions around the world

② the best countries to visit in the new year

③ strange holidays from different countries

④ different beliefs about good and bad luck

⑤ the origins of traditional worldwide celebrations

17 언급된 나라가 <u>아닌</u> 것은?

① Spain   ② Brazil   ③ India

④ Thailand   ⑤ Denmark

01 다음을 듣고, 남자가 하는 말의 목적으로 가장 적절한 것을 고르시오.

① 기부와 자원봉사를 요청하려고
② 지역 환경 문제를 상기시키려고
③ 새가 다치는 이유를 설명하려고
④ 동물 병원의 수의사를 채용하려고
⑤ 환경 문제를 해결할 방안을 제안하려고

02 대화를 듣고, 여자의 의견으로 가장 적절한 것을 고르시오.

① 자신감을 키워야 한다.
② 자립적으로 행동해야 한다.
③ 부모님의 말씀을 따라야 한다.
④ 타인의 감정을 존중해야 한다.
⑤ 일찍 자고 일찍 일어나야 한다.

03 대화를 듣고, 두 사람의 관계를 가장 잘 나타낸 것을 고르시오.

① 항공사 직원 - 고객
② 관광 가이드 - 관광객
③ 호텔 직원 - 투숙객
④ 식당 주방장 - 손님
⑤ 비행기 조종사 - 승무원

04 대화를 듣고, 그림에서 대화의 내용과 일치하지 <u>않는</u> 것을 고르시오.

05 대화를 듣고, 남자가 여자를 위해 할 일로 가장 적절한 것을 고르시오.

① 친구의 집에 데려가기

② 이삿짐 싸는 것 도와주기

③ 이사 갈 집 같이 알아보기

④ 이사 온 동네 구경시켜주기

⑤ 새로운 부동산 중개인 소개해주기

06 대화를 듣고, 남자가 매달 지불할 금액을 고르시오. [3점]

① $45   ② $65   ③ $70   ④ $85   ⑤ $90

07 대화를 듣고, 여자가 헬스클럽에서 운동하지 <u>않는</u> 이유를 고르시오.

① 비용이 많이 들어서   ② 실내 공기가 갑갑해서

③ 동기를 찾기 어려워서   ④ 정적인 운동을 더 좋아해서

⑤ 혼자 운동하는 것이 싫어서

08 대화를 듣고, bedbugs에 관해 언급되지 <u>않은</u> 것을 고르시오.

① 먹이   ② 생김새   ③ 이동 경로

④ 천적   ⑤ 서식처

09 새로 부임한 교사에 관한 다음 내용을 듣고, 일치하지 <u>않는</u> 것을 고르시오.

① 대학 시절 영어를 전공했다.

② 석사 학위를 소지하고 있다.

③ 로스앤젤레스에서 가르친 경험이 있다.

④ 고등학교 3학년 수업을 할 것이다.

⑤ 시립 합창단 소속이다.

10 다음 표를 보면서 대화를 듣고, 두 사람이 예약할 호텔방을 고르시오.

Oceana Bree Hotel Rooms

	Room	View	Breakfast	Price (per night)
①	A	sea	O	$240
②	B	river	X	$170
③	C	sea	X	$200
④	D	mountain	O	$150
⑤	E	river	O	$190

11 대화를 듣고, 여자의 마지막 말에 대한 남자의 응답으로 가장 적절한 것을 고르시오.

① The weather is not good for tennis.

② That sounds like a good idea to me.

③ Let's make a list of things to do today.

④ You have to get some fresh air outside.

⑤ No, thanks. I am supposed to go on a diet.

12 대화를 듣고, 남자의 마지막 말에 대한 여자의 응답으로 가장 적절한 것을 고르시오.

① All right. Thank you for understanding.

② Never mind. I'll take him to the hospital.

③ Great. I'll book seats for five people for tomorrow.

④ Oh, I'm sorry to hear that. I'll cancel the tickets then.

⑤ There is a baseball game that we can go to in the evening.

13 대화를 듣고, 여자의 마지막 말에 대한 남자의 응답으로 가장 적절한 것을 고르시오. [3점]

Man: _____

① I've never had steak before.

② Okay, I'll try it that way this time.

③ Maybe I should try something other than steak.

④ You should try the restaurant I often visit instead.

⑤ I know. That's why I like rare more than well-done.

14 대화를 듣고, 남자의 마지막 말에 대한 여자의 응답으로 가장 적절한 것을 고르시오.

Woman: _____

① I hope to see you next year.

② Don't worry, I'm sure he'll be here soon.

③ I'll check the schedule and call you tomorrow.

④ If you had more time, it wouldn't be a problem.

⑤ You don't have to make up your mind right now.

15 다음 상황 설명을 듣고, Stephen이 여자에게 할 말로 가장 적절한 것을 고르시오.

Stephen: Excuse me. _____

① I'll be back in about 45 minutes.

② Could I use your cell phone for a moment?

③ I'm sorry, but I think you're sitting in my seat.

④ How long have you been waiting for these seats?

⑤ Could you keep these two seats for me for a few minutes?

[16-17] 다음을 듣고, 물음에 답하시오.

16 남자가 하는 말의 주제로 가장 적절한 것은? [3점]

① animals that possess advanced intelligence

② problem-solving skills of different animals

③ how brains developed differently over time

④ the most accurate way to measure intelligence

⑤ differences between animal and human brains

17 언급된 동물이 <u>아닌</u> 것은?

① killer whales　　② elephants　　③ dolphins

④ octopuses　　⑤ pigs

01 다음을 듣고, 여자가 하는 말의 목적으로 가장 적절한 것을 고르시오.

① 책을 추천하려고
② 독서 습관을 장려하려고
③ 독서 모임을 홍보하려고
④ 신규 강좌 개설을 안내하려고
⑤ 배움의 중요성을 강조하려고

02 대화를 듣고, 두 사람이 하는 말의 주제로 가장 적절한 것을 고르시오.

① 알로에의 효능과 부작용
② 일광욕 시 주의해야 할 사항들
③ 햇볕으로 인한 화상을 치료하는 법
④ 알맞은 자외선 차단제를 고르는 법
⑤ 여행자들이 조심해야 할 건강 문제들

03 대화를 듣고, 두 사람의 관계를 가장 잘 나타낸 것을 고르시오.

① 의뢰인 - 파티 플래너
② 자동차 주인 - 정비공
③ 고객 - 자동차 판매업자
④ 사장 - 비서
⑤ 승객 - 택시 운전사

04 대화를 듣고, 그림에서 대화의 내용과 일치하지 <u>않는</u> 것을 고르시오.

05 대화를 듣고, 남자가 여자를 위해 할 일로 가장 적절한 것을 고르시오.

① 병원 데려다주기　　　　　　　② 교수님 찾아뵙기
③ 친구에게 전화하기　　　　　　④ 생물학 필기 빌려주기
⑤ 친구의 전화번호 알려주기

06 대화를 듣고, 여자가 지불할 금액을 고르시오. [3점]

① $32　　　② $40　　　③ $44　　　④ $48　　　⑤ $60

07 대화를 듣고, 여자가 밖에 나갈 수 <u>없는</u> 이유를 고르시오.

① 비가 많이 와서　　　　　　　② 다리를 다쳐서
③ 어머니를 도와드려야 해서　　④ 감기에 걸려서
⑤ 옷차림이 날씨에 맞지 않아서

08 대화를 듣고, Singapore에 관해 두 사람이 언급하지 <u>않은</u> 것을 고르시오.

① 우기　　　　　　② 면적　　　　　　③ 인구
④ 민족 구성　　　　⑤ 지리적 위치

09 Asena Short Film Competition에 관한 다음 내용을 듣고, 일치하지 <u>않는</u> 것을 고르시오. [3점]

① 올해 주제는 사랑과 우정이다.
② 영화에 관심이 있는 성인을 대상으로 한다.
③ 20분이 넘는 작품은 탈락된다.
④ 작품은 영어나 한국어로 제작되어야 한다.
⑤ 최우수 3인에게는 상금과 트로피가 수여된다.

10 다음 표를 보면서 대화를 듣고, 두 사람이 보러 갈 영화를 고르시오.

	Title	Rating	Day	Time
①	*Happy Farm*	general audiences	Tuesday	3:50 p.m.
②	*Broken Hearts*	no children 17 & under admitted	Friday	8:30 p.m.
③	*Fight to the Death*	no children 17 & under admitted	Wednesday	9:15 p.m.
④	*Arnold & Friends*	general audiences	Saturday	1:30 p.m.
⑤	*On My Own*	general audiences	Thursday	2:00 p.m.

11 대화를 듣고, 여자의 마지막 말에 대한 남자의 응답으로 가장 적절한 것을 고르시오.

① Sure, you can try it on.

② The blue sweaters are sold out.

③ Sorry. You can get a refund right away.

④ Yes, it has a hole in the elbow.

⑤ I'd like to pay with this credit card.

12 대화를 듣고, 남자의 마지막 말에 대한 여자의 응답으로 가장 적절한 것을 고르시오.

① I give lessons to beginners.

② I just started taking lessons.

③ I didn't have time to practice.

④ Guitar lessons are a lot of fun.

⑤ I have played the guitar for six years.

13 대화를 듣고, 여자의 마지막 말에 대한 남자의 응답으로 가장 적절한 것을 고르시오.

Man: _____

① I'm sorry, I have to work late today.

② Never mind. I'm not as tired as I was last week.

③ Take it easy. Life is long, and there's no need to rush.

④ I'd love to. Why don't we go over to the cafeteria now?

⑤ Great. See you in the employee lounge in ten minutes.

14 대화를 듣고, 남자의 마지막 말에 대한 여자의 응답으로 가장 적절한 것을 고르시오.

Woman: _____

① Let's watch the race on television instead.

② You should buy running shoes that are on sale.

③ I suggest you get to the race early on August 4.

④ Why don't we go jogging together starting tomorrow?

⑤ You should ask for a discount on your gym membership.

15 다음 상황 설명을 듣고, Michael이 이웃에게 할 말로 가장 적절한 것을 고르시오. [3점]

Michael: _____

① When did you move to this town?

② It's too noisy. Can you keep it down please?

③ Excuse me, but your car is blocking my garage.

④ Today is not the day the garbage is picked up.

⑤ What are you doing? You can't dump your trash here!

[16-17] 다음을 듣고, 물음에 답하시오.

16 여자가 하는 말의 주제로 가장 적절한 것은?

① the value of scented products

② the effects of scent marketing

③ an alternative to scent marketing

④ problems caused by scent marketing

⑤ the difference between smell and other senses

17 언급된 감각이 <u>아닌</u> 것은?

① smell   ② taste   ③ sight

④ sound   ⑤ touch

01 다음을 듣고, 남자가 하는 말의 목적으로 가장 적절한 것을 고르시오.

① 축제 안전 수칙을 공지하려고
② 기금 마련 행사를 홍보하려고
③ 도서관 이용 시간 변경을 알리려고
④ 도서관 개관 기념 행사를 알리려고
⑤ 축제에 필요한 봉사자를 모집하려고

02 대화를 듣고, 여자의 의견으로 가장 적절한 것을 고르시오.

① 책을 많이 읽으면 식견을 넓힐 수 있다.
② 작가는 독자의 상상력을 키워줘야 한다.
③ 다양한 책과 영화를 통해 창의력을 키울 수 있다.
④ 많은 소설 기반 영화들이 원작 소설만큼 뛰어나지는 못하다.
⑤ 책을 기반으로 한 영화보다 원작 책을 먼저 보는 것이 좋다.

03 대화를 듣고, 두 사람의 관계를 가장 잘 나타낸 것을 고르시오.

① 은행원 - 고객
② 그래픽 디자이너 - 고객
③ 면접관 - 면접자
④ 인테리어 업자 - 집주인
⑤ 부동산 중개업자 - 세입자

04 대화를 듣고, 그림에서 대화의 내용과 일치하지 <u>않는</u> 것을 고르시오.

05 대화를 듣고, 여자가 할 일로 가장 적절한 것을 고르시오.

① 새 노트북 구매하기

② 서비스 센터에 전화하기

③ 중요한 파일 따로 저장하기

④ 삭제된 파일 다시 작성하기

⑤ 서비스 센터에 노트북 가져가기

06 대화를 듣고, 남자가 지불할 금액을 고르시오.

① $28   ② $32   ③ $60   ④ $66   ⑤ $69

07 대화를 듣고 남자가 여자의 집들이에 늦는 이유를 고르시오.

① 여행 계획이 있어서

② 이사를 가야 해서

③ 일하러 가야 해서

④ 스터디 그룹 모임이 있어서

⑤ 다른 친구를 만나기로 해서

08 대화를 듣고, 태풍에 관해 두 사람이 언급하지 <u>않은</u> 것을 고르시오. [3점]

① 이름   ② 풍속   ③ 최초 발생지

④ 이동 경로   ⑤ 피해 규모

09 Acta Diurna에 관한 다음 내용을 듣고, 일치하지 <u>않는</u> 것을 고르시오. [3점]

① 기원전 59년에 등장했다.

② 손으로 직접 써서 발행되었다.

③ 군사나 정치에 관한 소식을 실었다.

④ 로마 제국 전 지역에서 찾아볼 수 있었다.

⑤ 시민들에게 전 세계의 소식을 전달했다.

10 다음 표를 보면서 대화를 듣고, 두 사람이 할 활동을 고르시오.

	Activity	Date	Time	Fee
①	rafting	May 9	10:30 a.m.	$25
②	horseback riding	May 10	11:00 a.m.	$50
③	traditional dance	May 11	4:30 p.m.	$35
④	rock climbing	May 12	4:00 p.m.	$40
⑤	wildlife hike	May 13	9:00 a.m.	$30

11 대화를 듣고, 여자의 마지막 말에 대한 남자의 응답으로 가장 적절한 것을 고르시오.

① Yes, it costs $2 an hour.

② It's about 2 meters away.

③ Sorry, the parking lot is already full.

④ The parking lot is closed at 9:00 p.m.

⑤ No. You'll have to park somewhere else.

12 대화를 듣고, 남자의 마지막 말에 대한 여자의 응답으로 가장 적절한 것을 고르시오.

① I've never been to London.

② I enjoyed France the most.

③ I was there for eight weeks.

④ My favorite food was seafood salad.

⑤ How about going together next time?

13 대화를 듣고, 여자의 마지막 말에 대한 남자의 응답으로 가장 적절한 것을 고르시오. [3점]

Man: _____

① Yes, I'd prefer to go somewhere more relaxing.

② That's why we need to bring a travel guidebook with us.

③ No, we'll have a three-hour wait in the local airport.

④ Then maybe I should double-check the information online.

⑤ Don't worry about it. I'll show you around when you arrive.

14 대화를 듣고, 남자의 마지막 말에 대한 여자의 응답으로 가장 적절한 것을 고르시오.

Woman: _____

① Can I exchange them for white pants?

② I will look for some recycled plastic.

③ Good idea. We can make a lot of money.

④ Okay. I'll bring some sweaters I never wear.

⑤ I'll separate the recyclable items from the trash.

15 다음 상황 설명을 듣고, Dorothy가 David에게 할 말로 가장 적절한 것을 고르시오.

Dorothy: _____

① Don't worry. I'm feeling better now.

② You should put an effort in this project.

③ You can't do anything against company policy.

④ You look exhausted. You should get some rest.

⑤ Congratulations! I knew you would get the promotion.

[16-17] 다음을 듣고, 물음에 답하시오.

16 남자가 하는 말의 주제로 가장 적절한 것은?

① things to pack for vacations

② various activities to do in Bali

③ unique agriculture of Bali

④ ways to protect wild animals in Bali

⑤ popular holiday destinations around the world

17 언급된 동물이 <u>아닌</u> 것은?

① bat　　　　② elephant　　　　③ sea horse

④ turtle　　　　⑤ monkey

01 다음을 듣고, 남자가 하는 말의 목적으로 가장 적절한 것을 고르시오.

① 신형 차를 광고하려고
② 포상 제도를 소개하려고
③ 영업 사원들을 교육하려고
④ 우수 영업 사원을 발표하려고
⑤ 직원들에게 초과 근무를 요청하려고

02 대화를 듣고, 여자의 의견으로 가장 적절한 것을 고르시오.

① 자신에게 맞는 운동을 꾸준히 하는 것이 중요하다.
② 앱을 사용하는 것은 혼자 운동할 때 도움이 된다.
③ 운동 내용을 기록하는 것은 운동능력 향상에 효과적이다.
④ 헬스장에 가지 않아도 온라인에서 운동 정보를 얻을 수 있다.
⑤ 온라인 운동 커뮤니티에 가입하는 것은 동기부여에 도움이 된다.

03 대화를 듣고, 두 사람의 관계를 가장 잘 나타낸 것을 고르시오.

① 독자 - 소설가　　　　　② 학생 - 도서관 사서
③ 기자 - 연예인　　　　　④ 서점 주인 - 출판사 직원
⑤ 영업사원 - 고객

04 대화를 듣고, 그림에서 대화의 내용과 일치하지 <u>않는</u> 것을 고르시오.

05 대화를 듣고, 남자가 여자에게 부탁한 일로 가장 적절한 것을 고르시오.

① 친구 소개해주기　　　　② 일자리 알아봐 주기
③ 회사 정보 검색하기　　　④ 면접 복장 골라주기
⑤ 면접 질문 물어봐 주기

06 대화를 듣고, 여자가 지불할 금액을 고르시오. [3점]

① $12　　　② $16　　　③ $20　　　④ $22　　　⑤ $30

07 대화를 듣고, 남자가 책을 오늘 돌려줄 수 <u>없는</u> 이유를 고르시오.

① 학교 사물함에 있어서
② 숙제를 해야 해서
③ 어디에 있는지 몰라서
④ 집에 두고 와서
⑤ 다른 친구에게 빌려줘서

08 대화를 듣고, FBF Career Fair에 관해 언급되지 <u>않은</u> 것을 고르시오.

① 행사 장소　　　② 참가 대상　　　③ 행사 날짜
④ 등록 마감일　　⑤ 참가 비용

09 재즈에 관한 다음 내용을 듣고, 일치하지 <u>않는</u> 것을 고르시오.

① 20세기 초에 시작되었다.
② 아프리카에서 탄생한 음악이다.
③ 노예들의 노동요에서 유래했다.
④ 뉴올리언스가 재즈 운동의 중심지였다.
⑤ 제1차 세계대전 이후 전국적으로 퍼졌다.

10 다음 표를 보면서 대화를 듣고, 여자가 선택할 여행 상품을 고르시오.

	Destination	Price	Duration	Distance from hotel to the beach
①	Cebu	$600	3 nights	100 meters
②	Bali	$700	3 nights	10 meters
③	Guam	$550	4 nights	500 meters
④	Palau	$740	5 nights	10 meters
⑤	Okinawa	$900	3 nights	200 meters

11 대화를 듣고, 여자의 마지막 말에 대한 남자의 응답으로 가장 적절한 것을 고르시오.

① She likes to go shopping.

② Her birthday is next week.

③ I want to buy her a new watch.

④ Yes, I got this for my birthday.

⑤ I bought her a present yesterday.

12 대화를 듣고, 남자의 마지막 말에 대한 여자의 응답으로 가장 적절한 것을 고르시오.

① I didn't get much rest last night.

② No, I've definitely recovered now.

③ Yes, you should visit the hospital.

④ Why don't you take some medicine?

⑤ No, but I will make an appointment.

13 대화를 듣고, 여자의 마지막 말에 대한 남자의 응답으로 가장 적절한 것을 고르시오.

Man: _____

① You must be really upset.

② Please, don't be late next time.

③ Okay, I'll accept your apology.

④ I thought you were a big fan of musicals.

⑤ I'm sorry, but my phone's battery died.

14 대화를 듣고, 남자의 마지막 말에 대한 여자의 응답으로 가장 적절한 것을 고르시오. [3점]

Woman: _____

① I guess that explains it.

② I'll publish my research soon.

③ I recommend that you play sports.

④ Why don't we go to the park today?

⑤ You should read a lot of books about insects.

15 다음 상황 설명을 듣고, Paul이 Joe에게 할 말로 가장 적절한 것을 고르시오. [3점]

Paul: _____

① Can we change the topic please?

② I'm listening. Tell me more about it.

③ I don't think I can go to class today.

④ I was deeply touched by your kind words.

⑤ You shouldn't talk about others that way.

[16-17] 다음을 듣고, 물음에 답하시오.

16 남자가 하는 말의 주제로 가장 적절한 것은?

① importance of healthy diet plan

② the benefits of a vegetarian diet

③ vegetables that can easily be grown at home

④ the vegetables that provide the most nutrition

⑤ how to save money when shopping for groceries

17 언급된 음식이 <u>아닌</u> 것은?

① cabbage   ② cucumbers   ③ beans

④ garlic   ⑤ carrots

01 다음을 듣고, 여자가 하는 말의 목적으로 가장 적절한 것을 고르시오.

① 콘서트 일정 변경을 알리려고
② 수상자에게 축하 인사를 하려고
③ 라디오 음악 신청 방법을 알리려고
④ 콘서트 표 예매 방법을 설명하려고
⑤ 라디오 청취자 퀴즈 행사를 알리려고

02 대화를 듣고, 남자의 의견으로 가장 적절한 것을 고르시오.

① 인터넷 이용 시간을 줄여야 한다.
② 일부 인터넷 기사는 정확성이 떨어진다.
③ 온라인으로 쓴 글에도 저작권이 있다.
④ 온라인에서의 익명 사용은 문제점이 많다.
⑤ 사이버 범죄에 더 강력하게 대응해야 한다.

03 대화를 듣고, 두 사람의 관계를 가장 잘 나타낸 것을 고르시오.

① 환자 – 의사   ② 컴퓨터 수리공 – 컴퓨터 주인
③ 개발자 – 고객   ④ 영업사원 – 고객
⑤ 직원 – 관리자

04 대화를 듣고, 그림에서 대화의 내용과 일치하지 <u>않는</u> 것을 고르시오.

05 대화를 듣고, 여자가 남자를 위해 할 일로 가장 적절한 것을 고르시오.

① 카메라 빌려주기   ② 카메라 사용법 알려주기
③ 독일 여행 일정 짜기   ④ 여행 중에 찍은 사진 보여주기
⑤ 온라인 쇼핑 사이트 주소 알려주기

06 대화를 듣고, 남자가 지불할 금액을 고르시오.

① $5   ② $10   ③ $12   ④ $15   ⑤ $20

07 대화를 듣고, 남자의 밴드가 대회에 참가할 수 <u>없는</u> 이유를 고르시오.

① 연습 시간이 부족해서
② 대회가 취소되어서
③ 남자가 부상을 입어서
④ 키보드 연주자를 못 찾아서
⑤ 연습 장소를 찾기 어려워서

08 대화를 듣고, West Lake Spring Marathon에 관해 언급되지 <u>않은</u> 것을 고르시오.

① 개최 날짜   ② 참가비   ③ 달리는 거리
④ 기념품   ⑤ 출발지

09 콘서트에 관한 다음 내용을 듣고, 일치하지 <u>않는</u> 것을 고르시오.

① 이틀 연속 표가 매진되었다.
② 기념품을 판매하고 있다.
③ 올해 이미 총 4만 달러의 수익금을 모았다.
④ 수익금 전액이 자선 단체에 기부될 것이다.
⑤ 올해에만 열리는 특별 행사이다.

10 다음 표를 보면서 대화를 듣고, 여자가 참가할 캠프를 고르시오.

English Camp Programs

	Camp Program	Duration	Price	Staff
①	Fun English Camp	14 days	$1,200	22 native speakers & 5 Koreans
②	Welcome English Camp	10 days	$2,100	30 native speakers & 10 Koreans
③	Kennedy English Camp	18 days	$1,450	15 native speakers & 9 Koreans
④	Great English Camp	14 days	$1,000	15 Koreans
⑤	Joy English Camp	25 days	$1,300	20 native speakers & 10 Koreans

11 대화를 듣고, 남자의 마지막 말에 대한 여자의 응답으로 가장 적절한 것을 고르시오.

① I need to open an account.

② It is open from Monday to Friday.

③ Around five in the afternoon, I think.

④ It is a tall building with big windows.

⑤ Unfortunately, it moved to another street.

12 대화를 듣고, 여자의 마지막 말에 대한 남자의 응답으로 가장 적절한 것을 고르시오.

① Thanks for giving me a ride.

② I hope you feel better soon.

③ I'll check the meeting schedule.

④ That's okay. I'll ask Megan instead.

⑤ Can you pick me up in five minutes?

13 대화를 듣고, 남자의 마지막 말에 대한 여자의 응답으로 가장 적절한 것을 고르시오.

Woman: _____

① We can look at it in the library.

② I can't wait to join the club, either.

③ Perfect. I'm looking forward to watching it.

④ Unfortunately, I'm not interested in stars.

⑤ Okay. I'll try to find out where we can see it.

14 대화를 듣고, 여자의 마지막 말에 대한 남자의 응답으로 가장 적절한 것을 고르시오. [3점]

Man: _____

① Why don't you find a new job?

② I was surprised that you suddenly left town.

③ I think you should go home. You seem homesick.

④ Don't worry. I'm sure your hard work will pay off.

⑤ I'm so happy to hear you're enjoying your life there.

15 다음 상황 설명을 듣고, Sarah가 남자에게 할 말로 가장 적절한 것을 고르시오. [3점]

Sarah: _____

① Could you please move to a different chair?

② What kind of music do you like to listen to?

③ Can you help me with preparing for my exams?

④ Could I use this chair? Mine is uncomfortable.

⑤ Would you mind turning your music down please?

[16-17] 다음을 듣고, 물음에 답하시오.

16 여자가 하는 말의 주제로 가장 적절한 것은? [3점]

① the cultural importance of historic structures

② buildings with unique architectural beauty

③ the difference between art and architecture

④ the different roles that buildings can play

⑤ the most famous architects in the world

17 언급된 나라가 <u>아닌</u> 것은?

① India   ② Australia   ③ Russia

④ the USA   ⑤ Brazil

PART
03

DICTATION

01

M: It has already been a month since Jessica and I _____ _____. Thank you for taking the time to attend our wedding and celebrate with us. We just _____ _____ _____ from our honeymoon and are now beginning our life as newlyweds in our new apartment. We appreciate all of _____ _____ _____ for our life together. We will be having a party in our new home next week. It is located on the corner of 31st Street and Lexington Avenue. Please _____ _____ _____ _____ for dinner at 6 p.m.

02

W: The famous French director Laurent Henry will begin _____ _____ _____ _____ _____ early next year. It's a historical drama about a European family traveling through Asia in the 18th century. Mr. Henry is currently seeking experienced actors, including men, women and teenagers, for _____ _____ _____ _____ _____ in the film. Anyone who is interested should come to Building 12 at the International Studios complex on Wednesday, October 17th at 4 p.m. _____ _____ _____, along with a detailed description of the film's characters, please visit the International Studios website.

03

M: Good afternoon, ladies and gentlemen. As the owner of Campbell Manufacturing, I am pleased to announce that our construction project _____ _____ _____. This newly built factory will supply the quality products that you've always expected from Campbell Manufacturing. It will also _____ _____ _____ _____ for the community. I would like to thank the crew for all of their hard work. In addition, I'd like to _____ _____ _____ to the residents of the area. Because of your patience and cooperation, we were able to complete the project on time.

04

W: Welcome, students. I hope you all enjoyed your summer vacation! We have an important announcement to make. If you _____ _____ _____ _____ Professor Kelly's International Business Management class, please pay attention. Due to a technical problem in lecture room A112, the class will be moved to room C114. The problem is that the screen

is _____ _____ _____.
The maintenance team said it will take
about six weeks _____ _____
_____, so you will be in room C114
until the middle of the term. A notice
will be posted on the bulletin board
_____ _____ _____.

05

M: Attention, students. We recently found
out that there are 154 books _____
_____ _____ _____
_____. All students are advised
to check if there are any books you've
forgotten to return. Please search your
house, classroom, and lockers to see
if you have any overdue books you
_____ _____ _____. If
you have borrowed any library books
that you cannot locate, please check
with the Lost and Found office. All
library books _____ _____
_____ _____ May 25th. Please
ensure that you return all of your books
before that time. Thank you.

06

W: It's _____ _____ _____
_____ _____ planning for
college. Next Friday, we are pleased
to welcome guest speaker Cynthia
Meyers, a _____ _____ from
Walton University. Professor Meyers
will be giving a one-hour lecture on
choosing the right college for you.

She'll _____ _____ _____
the application process and the most
important factors to consider. All
students are invited, but seniors will find
the lecture especially helpful. There's
no need to _____ _____
_____. Simply come to the main
auditorium at 12:30 next Friday. We
hope to see you there!

07

M: Good morning, students. I know
many of you are upset that the school
cancelled the big baseball game last
Saturday. I've received a number of
emails asking me to explain _____
_____ _____ _____
_____. The reason was the
weather. The National Weather Service
had issued a severe thunderstorm
warning. This meant that there was
_____ _____ _____
dangerous lightning in the area.
Although it didn't occur, we couldn't
_____ _____ _____
_____. I'll let you know when the
game is rescheduled. Thank you for
your understanding.

08

W: It is not unusual to gain weight as you
get older. However, there are ways to
avoid _____ _____ _____
in your senior years. One of the most
effective ways is by performing yoga

regularly, _____ _____

_____ _____ in *Alternative Therapies in Health & Medicine*. For ten years, researchers monitored older women who _____ _____

_____. During these years, the women lost an average of five pounds. On the other hand, women who did not practice yoga gained an average of 14 pounds _____ _____

_____ _____.

01

M: Let's go in this bookstore.

W: All right. I'll be in the new books section.

M: Why don't you try reading something a bit older for a change?

W: I know you _____ _____ _____. But I like modern books.

M: But aren't you _____ _____ why some books become classics?

W: A little. They seem boring, though.

M: They're not. People _____ _____ _____ them if they were.

W: Hmm.... I guess that's true.

M: There's also a lot they can teach us. They're more than just entertainment.

W: All right. _____ _____ _____ _____?

02

M: I'm really sorry about being late.

W: What _____ _____ _____ _____?

M: The traffic was terrible. Then, I couldn't find a parking spot.

W: Oh, did you come by car? It's rush hour!

M: I know, but I _____ _____ _____ driving my car than using public transportation. Subways are usually very crowded.

W: But the subway and buses can take you anywhere. And they're _____

_____. In a big city like this, there's no reason to have a car.

M: I guess you're right.

W: If you _____ _____ _____, maybe you won't always be late!

03

W: I can't get over _____ _____ _____ _____ on the exam!

M: You sound like you have "rearview mirror syndrome."

W: What does that mean?

M: You're _____ _____ _____ _____ things that already happened. You should look to the future instead.

W: But I'm just so upset at myself.

M: You can't change how you did. Instead, focus on _____ _____ _____ _____ next time.

W: That's easier said than done.

M: I know, but if you stop thinking about past failures, you'll have a better chance of _____ _____.

W: Right. I'll take your advice.

04

W: Did you read the article in today's newspaper about Highway 14?

M: Yes. They proposed building it right through the middle of town.

W: Residents can _____ _____ _____ _____. Are you in favor of it?

M: I'm not sure. All of that construction will be _____ _____ _____.

W: But think about after it's finished.

M: Are there some benefits?

W: Sure. If it's easy to travel to our town, we can _____ _____ _____. Large companies will also consider building branches here.

M: I guess I know which way you're voting.

05

M: Bella, which shirt do you prefer?

W: They're pretty similar. But I like the one with the pocket.

M: And how much would you _____ _____ _____?

W: Hmm... I would pay about $25 for either one.

M: Look. The one without the pocket is from _____ _____ _____ _____.

W: Oh, then, I would pay more for that shirt.

M: I don't understand. Why do people pay more for famous brands? They're the same.

W: Well, famous brands use better materials.

M: I doubt it. People just want to _____ _____ _____ _____ _____.

06

M: Yesterday my roommate made lunch and didn't wash the dishes! It's so annoying.

W: Oh, did you _____ _____ _____ _____ after meals?

M: We didn't talk about it, but that's just common sense.

W: Not for everyone. People _____ _____.

M: It was very rude, though.

W: I think he just has a different lifestyle from you. I think the two of you should _____ _____ _____.

M: Why would we do that?

W: To keep the peace. You two should _____ _____ and openly communicate. He probably thinks you are rude sometimes, too.

M: Maybe you're right.

07

M: Emily, _____ _____ _____? You don't look well.

W: It's just that my stomach is a little uncomfortable.

M: Did you eat something spicy last night?

W: No, I had a tuna sandwich at 11 p.m. and went to bed.

M: 11 p.m.? Don't you know that _____ _____ _____ _____ is bad for your health?

W: Why is it bad for my health?

M: First, the calories you consume don't _____ _____ _____. So it can lead to weight gain.

W: I have gained some weight recently.

Maybe I eat late at night too often.

M: Also, it _____ _____ _____ because your stomach is busy working to digest the food.

W: I see your point. I will try to eat at a normal time from now on.

08

W: Linda _____ _____ _____ _____ _____ after the movie, but I haven't heard from her yet.

M: The movie will last about two hours, so I'm sure she'll text you in the meantime.

W: Well, I'm _____ _____ _____ _____ when the movie starts.

M: Why are you doing that?

W: It's annoying when people's phones ring _____ _____ _____ _____ a movie.

M: Why don't you just set the phone on vibrate?

W: People can still hear it buzzing, and it _____ _____ _____.

M: I see what you mean.

01 classic 고전의; 고전   modern 현대의   be curious about ~을 궁금해하다   entertainment 오락(물), 여흥   recommend 추천하다

02 spot 점; *(특정한) 장소   rush hour (출퇴근) 혼잡 시간대   comfortable 편한   public transportation 대중교통   reliable 믿을 수 있는

03 get over 회복하다, 극복하다   rearview mirror (자동차의) 백미러   syndrome 증후군   concentrate 집중하다   grade 품질; *성적   failure 실패   achieve 달성하다, 성취하다   success 성공

04 article (신문·잡지의) 글, 기사   propose 제안하다 (n. proposal 제안)   vote 투표하다   in favor of ~에 찬성하여   noisy 시끄러운   inconvenient 불편한   benefit 혜택   attract 끌어들이다   tourist 관광객   branch 나뭇가지; *지사

05 prefer 선호하다   similar 유사한   pocket 주머니   material 재료; *직물, 천   doubt 의심하다   show off 과시하다

06 annoying 성가신, 짜증스러운   meal 식사   common sense 상식   rude 무례한   discuss 상의[의논]하다   peace 평화   openly 터놓고

07 stomach 위, 복부   uncomfortable 불편한   spicy 양념 맛이 강한, 매운   tuna 참치   consume 소모하다; *먹다, 마시다   digest 소화시키다   disturb 방해하다   from now on 이제부터

08 be supposed to-v ~하기로 되어 있다   last 지속하다   text (휴대전화로) 문자를 보내다   in the meantime 그동안에   turn off (전기 등을) 끄다   set 놓다; *조절하다   on vibrate 진동으로   buzz 윙 하는 소리를 내다   bother 신경 쓰이게 하다

01

M: The next time you're _____ _____ a delicious meal, use caution to avoid food poisoning. Always use antibacterial soap and hot water when _____ _____ _____ and cooking utensils before cooking. Also, don't let meat juices drip onto other foods, especially those that will be eaten raw. And foods like meat and eggs should be fully cooked to _____ _____ _____ _____. By following these tips, you can ensure a good meal and a healthy body.

02

W: Most paper _____ _____ _____ only one part of wood: white cellulose. This material does not turn yellow. However, newsprint is different because it must be produced cheaply. The wood used to make newsprint _____ _____ _____ without removing anything. This means it includes both white cellulose and a dark substance called lignin. When _____ _____ _____ and sunlight, lignin becomes yellow and less stable. Over time, as the lignin _____ _____ _____ and oxygen, the paper turns yellow.

03

M: There are _____ _____ _____ _____. However, they all have the same goal: to make us buy the product or service. To do this, an advertisement must first _____ _____ _____. For example, a magazine ad may use an exciting photograph or a dramatic statement such as "STOP OLD AGE NOW!" Next, an advertisement should make us feel that we _____ _____ _____. And finally, an advertisement must make us believe that it is telling the truth. Some advertisements include pictures of famous people to _____ _____.

04

W: In many countries, the average age of the population is rising. This can cause _____ _____ _____ _____ _____. First, the number of young workers in the country grows smaller. This can lead to a shortage of workers and _____ _____ _____ in companies. At the same time, the number of retired people will rise. As a result, more money must be spent to pay their pensions and _____ _____ _____. In order to secure this additional money, governments tend to _____ _____.

05

M: Jenny. Where are you going for your vacation?

W: I'm going to London _____ _____.

M: By yourself? Why don't you go with your friends or sister?

W: I like traveling alone.

M: Isn't it dangerous?

W: Maybe. But it's much easier, as I _____ _____ _____. I can go wherever I want.

M: Well, that's true. But it can get expensive. You can't share the cost of hotels and transportation.

W: Yeah. But you can meet new people! And I think I've become _____ _____ _____ _____ from traveling alone.

M: Hmm…. I've never tried solo travel. I _____ _____ _____ _____!

W: You should. You can find out whether it suits you or not.

06

W: I have an important test on Friday, and I'm really worried about it.

M: Don't worry too much. I'm sure you'll do fine.

W: Yes, but I think I have to _____ _____ _____ _____ studying on Thursday.

M: That's not a good idea. You need to _____ _____ _____ on Thursday.

W: Then when should I study?

M: You've already been studying, haven't you? You will do much better if you sleep well.

W: Really? I never do well if I don't study _____ _____ _____.

M: That's the other problem. You need to have more confidence in yourself.

W: Okay. I will _____ _____ _____ _____. Thanks.

07

W: I'm really annoyed. Look at my new bag.

M: Wow, it's got a big hole in it already. Did you _____ _____ _____?

W: Well, I bought it online. I sent an email a few days ago, but I haven't gotten a reply yet.

M: Hmm…. Did you buy it from a website that you trust?

W: No. But they had really low prices. I think that may have been a big mistake.

M: Did you at least _____ _____ _____ _____?

W: No. I checked, but they didn't have one posted.

M: Then you _____ _____ _____ anything from them.

W: You're probably right. I'll only use reliable websites _____ _____ _____.

M: I can't believe my electricity bill is so high. I think I have to find some ways

_____ _____ _____

_____.

W: Oh, I just read an article on that.

M: Really? Were there any good ideas?

W: Of course. The easiest was to

_____ _____ _____ on hot or cold days. That keeps the room from getting too hot in summer or cold in winter.

M: I hadn't thought of that. What else?

W: You should try to use more energy-efficient appliances.

M: But isn't it hard to get those appliances?

W: Actually it isn't. Many new air conditioners are _____ _____

_____, and they're very affordable.

M: Okay, I'll try that.

01

M: Excuse me. There seems to be _____ _____ _____ _____ _____.

W: Oh, let me take a look.

M: I ordered coffee and a piece of apple pie. It should be $6.

W: Ah. All restaurants must add a 10% sales tax.

M: Oh, I didn't realize that. I'm not _____ _____ _____.

W: That's okay. Are you in town on business?

M: No, I just came to see the sights. My guidebook _____ _____ _____.

W: Yes, we're known for our apple pie.

M: It was great. Tell the chef that I was impressed.

W: I will.

M: And thanks for explaining the sales tax.

02

M: Come on in, Ms. Taylor. Thanks for visiting us again!

W: Good afternoon, Greg.

M: How can I help you today?

W: My new book _____ _____ _____ _____. I'm having a publication party tomorrow.

M: Oh, that's great! Are you looking for something to wear to the party?

W: Yes. Something professional and formal would be great.

M: I have _____ _____ _____ _____. I think you would look amazing in this white dress.

W: I love its design. But does it come in any other colors?

M: We have it in dark blue. What do you think?

W: It's nice. I'd love to _____ _____ _____. I forgot where the fitting room is.

M: It's on the second floor. Come this way.

03

M: Excuse me, ma'am. Did you see anything?

W: Yes, I think so.

M: What did you see?

W: I _____ _____ _____, and a man ran out of the store.

M: What did he look like?

W: He was carrying a large bag, and he was wearing a long black coat and a hat with a brim.

M: Did you see how old he was?

W: I'm not sure, but I think he was _____ _____ _____ _____.

M: Okay. Where did he go?

W: He jumped into a white van and _____ _____.

M: I see. I'll report that information to the station.

04

W: I need a new style.

M: All right. Do you know _____ _____ _____ _____?

W: I was thinking about getting this short style with short bangs.

M: Actually, I don't recommend that for you.

W: Then what do you recommend?

M: Would you prefer something stylish or classic?

W: I'm about to _____ _____ _____ at a conference, so I want a classic look.

M: You would look good with shoulder-length hair and a perm.

W: That sounds good. But does it _____ _____ _____ _____?

M: It will take about two or three hours.

W: Okay, that will be fine.

05

M: Okay, Jessica. We're going to have to film that scene again.

W: Did I _____ _____ _____ with one of my lines?

M: No, but we need to create more drama for the audience.

W: What do you mean?

M: Well, remember that your character just _____ _____ _____ _____ the police, and she's really upset.

W: So I guess I should act more emotional.

M: Right. And I want you to _____ _____ _____ _____ when you hang up.

W: I can do that.

M: One more thing – look directly into the camera when you say your last line.

W: Okay, I understand.

06

M: Hello. You must be Maria Huntsman. I'm Chris James.

W: Hello, Mr. James. It's nice to meet you.

M: Please _____ _____ _____. I understand you're interested in our copywriter position.

W: Yes. I saw your ad on a website and felt it _____ _____ _____ perfectly.

M: Do you have advertising experience?

W: Yes. I worked for A to Z Marketing for three years.

M: But you're not currently working there?

W: No. I _____ _____ _____ _____ to travel through Europe.

M: I see. And can I ask when you'd be available to start?

W: I'm available immediately if you need me.

07

M: Here's the report you asked for.

W: Thank you. How's my schedule this afternoon?

M: You _____ _____ _____ _____ Mr. Field at 1 p.m., and a development meeting at 4 p.m.

W: Where will the 4 o'clock meeting be?

M: In room 705.

W: Okay. Do I have a _____ _____?

M: Yes, you're meeting Ms. Brown at 7 p.m.

W: Oh. Can you reschedule the dinner meeting for next week? I need to take my car in _____ _____ _____ _____.

M: Okay. I'll handle it.

W: And please bring me the folder that I need for the 4 o'clock meeting.

M: Sure. I'll _____ _____ _____ _____.

08

M: Are you here to see Dr. Walters?

W: Actually, I'm supposed to _____ _____ _____ of some blood tests today.

M: I see. What's your name?

W: It's Angela Peterson.

M: Let's see.... According to your file, the tests have come back.

W: What were the results?

M: I'm afraid you'll _____ _____ _____ that information with Dr. Walters.

W: Okay. Then, should I wait here?

M: You can have a seat over there by the nurses' station. Someone will call you in when the doctor is ready.

W: Is there anything else you need?

M: Yes. Please _____ _____ _____ _____ _____ while you're waiting.

Key Vocabulary

01 **bill** 계산서   **realize** 깨닫다   **sight** 시력; *(pl.)* 명소, 관광지   **chef** 요리사   **impressed** 감명을 받은

02 **release** 풀어 주다; *(대중에게) 공개[발표]하다, 발매하다*   **publication** 출판   **professional** 전문적인

03 **scream** 비명   **brim** (모자의) 챙   **drive away** (차를 몰고) 떠나다

04 **bang** *(pl.)* 앞머리   **stylish** 유행을 따른   **be about to-v** 막 ~하려고 하다   **give a presentation** 발표하다   **conference** 회의, 학회   **length** 길이   **perm** 파마

05 **film** 촬영하다   **line** 선, 줄; *대사*   **drama** 연극; *극적임*   **emotional** 감정적인   **slam down** 쾅 내려놓다   **hang up** 전화를 끊다   **directly** 똑바로

06 **position** 위치; *(일)자리, 직위*   **match** (색깔 등이) 어울리다; *일치하다*   **advertising** 광고; *광고업*   **available** 시간이 있는   **immediately** 즉시

07 **development** 개발   **appointment** (특히 업무 관련) 약속   **handle** 다루다, 처리하다

08 **nurses' station** 간호사실   **fill out** (양식을) 작성하다, 기입하다   **insurance** 보험   **form** 유형; *(문서의) 서식*

01

W: Mr. Harper will be here for dinner soon. Is everything ready?

M: I just _____ _____ _____ _____.

W: Okay. Did you place a bowl on top of each plate?

M: Yes, I did. And the fork goes on the left side of the plate, and the knife and spoon on the right side. Am I right?

W: Yes, but make sure the knife is _____ _____ _____ _____ than the spoon.

M: Right, I did that.

W: What about the water glass?

M: It's to the top right of the plate.

W: Great! Did you put the napkin _____ _____ _____?

M: No. I just put it to the left of the fork.

02

M: What are all those things on your bed?

W: That's what I'm _____ _____ _____ _____.

M: Do you really need three different jackets?

W: Yes, because I'm not sure what the weather will be like.

M: Is that why you're taking _____ _____ _____ _____ too?

W: Right. That's also why I need three different hats.

M: I see. Oh, what's that _____ _____?

W: It's my new tablet computer. I'll listen to music on it with those headphones next to it.

M: Are you sure all of this will _____ _____ _____ _____?

W: I'm not sure, but I can put some of it in that backpack if I need to.

03

M: Where did you get this beautiful painting, Marcy?

W: I _____ _____ _____. It's an assignment for my art class.

M: Wow! I like the flowers along the river.

W: Thanks. Actually, you might recognize the bridge _____ _____ _____.

M: Oh, right. It's a picture of your hometown.

W: Exactly. And I painted two people in the boat to _____ _____ _____ _____.

M: The scene looks relaxing, especially with the birds sitting on the bridge.

W: Yes, and do you see the tall building on the other side of the river? That's the bank where my mom _____ _____ _____.

M: Oh, okay. I'm sure your teacher will love it.

04

M: I wish I _____ _____

_____ you move in. I'm sorry.

W: It's okay. Anyway, the move went well.

M: Great. Where did you put the two square pictures?

W: They're above the bed. And I got a small lamp. I _____ _____

_____ _____ _____.

M: Perfect. Did the large square rug fit?

W: Yes, and it almost fills this room.

M: Did you put the cat bed _____

_____ _____ of the bed?

W: No, it's on the right side of the bed.

M: Okay. And you put the dresser with five drawers in the bedroom, right?

W: Of course! It's in the corner, next to the small table.

05

W: I love the zoo. Look at those three giraffes.

M: Three? I only see two.

W: There's a baby one _____

_____ _____. And look at the pair of gorillas.

M: Gorillas? Where?

W: To the left of the giraffes. And there are four hippos to the right of the giraffes.

M: I see them. Oh, look over there

_____ _____ _____ the hippos!

W: What is it? I don't see anything.

M: It's a little boy with an ice cream cone.

I'm hungry. I _____ _____

_____ _____ _____.

W: There's an ice cream cart between the giraffes and the gorillas.

M: Great. Let's go. The ice cream is on me.

06

W: Wow! There are many people in this swimming pool.

M: Yes. I want to _____ _____

_____ _____ like the girl to the right.

W: Me too. And the boy lying on the tube seems happy.

M: Yes, he does. *[Pause]* Why are only kids playing in the pool? Wait! Is this a children's pool?

W: Maybe. There's only a small slide on the left. See the boy _____ _____

_____?

M: Yes, but what about the woman reading a book on that chair? She's an adult.

W: She could be the mother of one of the kids.

M: Right. And the tall man wearing a cap must be a lifeguard.

W: Yes. Let's _____ _____

_____ him where the adult pool is.

07

M: It's time we cleaned out our garage.

W: I agree. What's in those three boxes under the ladder _____ _____

_____ _____?

M: They're our Christmas decorations. We can't get rid of them.

W: Okay. What about those baseball bats _____ _____ the opposite wall?

M: Those belong to your brother. He'll be upset if you _____ _____ _____.

W: Okay, we'll keep those. But let's throw away that old bicycle.

M: Why? I'd like to fix it up someday.

W: Well, then can we get rid of that basket of balls on the table?

M: No way! Hmm.... This isn't going to be _____ _____ _____ I thought.

08

M: What do you think of the concert so far?

W: I love the stage decorations. That huge rainbow is cheerful.

M: Well, I'm more _____ _____ _____ _____. That singer standing at the microphone is really talented.

W: I couldn't agree more.

M: How about the drummer?

W: I think he's great. It's a shame he's _____ _____ _____ _____ _____ _____, though.

M: So is the keyboard player. And I can't see him very well because he's right behind the singer.

W: At least we can see the guitarist. He's next to the singer.

M: I love _____ _____ _____.

W: Yeah. He looks like a true rock star!

Key Vocabulary

01 place 놓다, 두다　bowl 그릇, 사발　plate 접시
02 pack (짐을) 싸다, 챙기다　pair 한 쌍　device 장치　fit 맞다　suitcase 여행 가방　backpack 배낭
03 assignment 과제　along ~을 따라　recognize 알아보다　hometown 고향　atmosphere 분위기　relaxing 편한
04 move 움직이다; *이사하다; *이사　rug 깔개, 양탄자　fill 채우다　dresser 서랍장　drawer 서랍
05 giraffe 기린　hippo 하마　wonder 궁금하다　cart 수레
06 lie 눕다　slide 미끄럼틀　lifeguard 인명 구조원
07 garage 차고, 주차장　ladder 사다리　lean against ~에 기대다　decoration 장식; *장식품　get rid of ~을 처리하다, 없애다　hang 걸리다, 매달리다　opposite 맞은편의　belong to ~에 속하다, ~ 소유[것]이다　throw away ~을 버리다, 없애다　fix up ~을 수리하다
08 so far 지금까지　cheerful 발랄한　microphone 마이크　talented 재능이 있는　shame 수치심; *아쉬운 일

01

M: Hi, Donna. Are you taking a language class here?

W: Yes, I _____ _____ Basic Chinese. How about you, Blake?

M: I took that class last year. I'm in a conversation course now. How do you like it?

W: I _____ _____ _____. But I'm worried about one thing.

M: Oh. What's that?

W: We have _____ _____ _____ _____ _____, but I don't know any of my classmates.

M: Hmm.... Is that for the class that starts at 5 p.m.?

W: Yes. Why?

M: My friend Bill is in that class, too. I can _____ _____ _____ _____.

W: Thank you! That's so nice of you!

02

W: Why are you _____ _____ _____ on Friday, Kevin?

M: I'm picking up my friend Katie at the airport. She's visiting from Canada.

W: That's great! What will you do while she's here?

M: She really likes Korean food, so I'm _____ _____ _____ for a nice Korean dinner. Do you know of any good restaurants?

W: Wouldn't it be better to cook for her yourself?

M: But I don't know how to make _____ _____ _____ ramen.

W: Don't worry. I have a good cookbook. I tried some of the recipes, and they're really delicious.

M: Great! Could I borrow it?

W: Sure. And you can _____ _____ _____ at any grocery store.

M: Sounds great.

03

M: Hi, Theresa. You _____ _____. What are you writing?

W: I am making questions for my interview with Amy Miller.

M: The actor? That's great. Is the interview for the school newspaper?

W: Yes. She graduated from our school, so she _____ _____ _____ _____.

M: Is everything going well?

W: Yes. But I need a photographer. Jake _____ _____ _____ because he had other plans.

M: Maybe I can help you. I have a nice camera.

W: Oh, right! You have won a lot of photography awards! _____ _____ _____ tomorrow afternoon?

M: Yes. I'm free after Mr. Anderson's class.

Let me know when and where later!

04

[Cell phone rings.]

W: Hello?

M: Hi, Jenny. Are you ready to _____ _____ _____ _____ on the French Revolution?

W: Yes. We need to finish it by tomorrow morning.

M: I know. I'm already drinking coffee to _____ _____. Anyway, what do we have left to do?

W: Well, first we need to edit it.

M: Don't we have to _____ _____ _____ _____? We agreed it is a bit weak.

W: Oh, I forgot about that.

M: Don't worry. I'll take care of it. But can you do the editing by yourself?

W: No problem. Is there anything else I should do?

M: Well, we need to _____ _____ _____, but I can do that.

W: Thanks.

05

W: Are you ready to _____ _____?

M: Not yet. Moving is such hard work.

W: I can imagine. Look at all these things!

M: Yeah. I didn't know I owned so much.

W: Do you have _____ _____ _____ _____ in your new apartment?

M: Well, that's why I called you.

W: Oh, do you want me to help you _____ _____ _____ _____?

M: No. Actually, could you keep my books for a while? Just until I buy a new bookshelf.

W: Oh, but you know I _____ _____ _____. My paintings are all over the place.

M: Please. You can find a little extra space, can't you?

W: Probably. We'll see.

06

[Cell phone rings.]

W: Hi, honey. I just noticed that it's raining really hard.

M: Yes, it's quite a storm.

W: I should have checked the weather report before _____ _____ _____ _____.

M: Do you need me to bring you an umbrella?

W: No, I have one in my desk. But I have _____ _____ _____ _____ _____.

M: Sure. What is it?

W: I left the window in the laundry room open, and I'm afraid that rain might come in. Would you mind closing it?

M: No problem. And should I pick you up from work today?

W: Thanks, but I'll _____ _____.

_____ with Jennifer. So don't worry about me.

M: Okay. See you at home.

07

M: What's wrong with my computer?

W: What happened?

M: I don't know. I tried to open this file, but _____ _____ _____ _____.

W: Let me see. *[Pause]* Ah, that's because your computer can't open that type of file.

M: What should I do?

W: You have to _____ _____ _____ first.

M: Oh, I don't have that much time. I need to print it for a meeting in five minutes!

W: I think my computer can open it. I can print it if you _____ _____ _____ _____.

M: That's great! Could you just print one copy?

W: Sure, but where can I find the file?

M: It's on this USB stick. Thank you, Patty!

08

[Cell phone rings.]

W: Hello, Dave?

M: Hi, honey. What's going on?

W: I just realized we need to go to the grocery store. We're _____ _____ _____ _____ at home. Are you free this evening?

M: Yeah, I was planning to go straight home after work.

W: Then, _____ _____ _____ _____ _____ together?

M: That sounds good. I have some things to get, too.

W: Great. Will you pick me up after work so that we can drive to the store?

M: Sure. What time will you _____ _____ _____ today?

W: Around 7 o'clock, as usual.

M: Okay. I might be a few minutes late. I'll call you when I get there.

Key Vocabulary

01 **enroll** 등록하다　**conversation** 대화, 회화　**come up** 다가오다　**introduce** 소개하다

02 **anything other than** ~말고 다른[어떤] 것　**cookbook** 요리책　**ingredient** 재료

03 **interview** 인터뷰; 인터뷰하다　**graduate** 졸업하다　**photographer** 사진작가　**cancel** 취소하다　**photography** 사진 찍기 (기법), 사진 촬영　**award** 상　**free** 자유로운; *한가한

04 **revolution** 혁명　**stay awake** 자지 않고 깨어 있다　**edit** 편집하다　**introduction** 소개; *도입부

05 **own** 소유하다　**room** 방; *공간　**sort through** ~을 자세히 살펴보다, 정리하다　**stuff** 물건　**extra** 여분의, 추가의

06 **notice** 알아채다, 인지하다　**storm** 폭풍, 폭풍우　**head** 가다, 향하다　**laundry** 세탁

07 **install** 설치하다　**copy** 복사본

08 **run out of** ~이 다 떨어지다　**straight** 곧장, 곧바로　**get off work** 퇴근하다　**as usual** 평상시와 같이

01

W: The flowers in your store are beautiful.

M: Thanks. Do you _____ _____ _____ _____ _____?

W: I really like these lilies. How much do they cost?

M: They're _____ _____ _____, or six for $5.

W: Hmm…. How about these red roses?

M: The roses are also a dollar each. But a dozen only costs $8.

W: Okay. And what about these tulips?

M: They're a little cheaper. I can _____ _____ _____ _____ for $4.

W: Great. Then I'd like six lilies and a dozen tulips, please.

M: Certainly.

02

W: Welcome to Island Horses. How can I help you?

M: Hi! I'd like to _____ _____ _____.

W: Sure. How long do you want to ride?

M: How much does it cost?

W: It's $20 for an hour.

M: That's expensive! If I ride for two hours, is it $40?

W: No, we offer a discount if you _____ _____ _____ _____ _____.

M: How much of a discount do you give?

W: It's 10 percent off for two hours and 20 percent off for three.

M: Three hours _____ _____ _____. I'll ride for two hours.

W: All right.

03

M: Welcome to Ben's Accessories! May I help you find something?

W: Yes, please. I _____ _____ _____ _____ _____ for my mother.

M: How about a hat or a scarf? It's cold these days, so they're very popular right now.

W: What lovely scarves! How much is one?

M: Each style is a different price. The one _____ _____ _____ is $8, the striped scarf is $10, and the polka-dot one is $12.

W: I'll take the polka-dot scarf. My mother loves purple!

M: Great choice! We also _____ _____ _____ _____ for $8. Would you like to see them?

W: Oh, I'd love to.

M: How about these flower-shaped ones?

W: They look great. I'll take one pair, please.

M: Wonderful. How would you like to pay today? Also, if you have a membership, we _____ _____ _____ _____ _____!

W: Oh, good. I'm a member. Here is my

credit card.

04

W: Hello! Welcome to Fantasyland. How may I help you?

M: Hi! I want to buy tickets for me and my twin sons.

W: Fantastic. We have $40 day passes that _____ _____ _____ _____ to the park. There's also the three-ride pack for $12 and the five-ride pack for $20. Hmm…. How old are your sons?

M: They are only five years old. Why?

W: Children _____ _____ _____ _____ _____ only pay $20 for the day pass.

M: That's great! We'll get three day passes, then.

W: Okay. Will that be everything?

M: Yes. Do you accept cash?

W: We sure do. And you can get an additional 10 percent discount if you _____ _____ _____ _____ _____ today!

M: Perfect. I will sign up.

05

[Telephone rings.]

M: Hi, I'm calling from the Townsend Daily Newspaper. Have you _____ _____ _____ _____?

W: Well, I buy your paper every day at a newsstand.

M: A subscription would _____ _____ _____.

W: Would it? Tell me more.

M: By purchasing our paper at the store, you pay $200 every six months.

W: Right. So, how much could I save if I subscribed?

M: You'd get a 20 percent discount.

W: Wow. Do you _____ _____ _____ _____?

M: It's $10, but if you subscribe this month, it's free for all six months.

W: Okay. I'll _____ _____ for six months.

06

M: Good morning.

W: Good morning! Welcome to Julie's Coffee. Today is our grand opening! We are _____ _____ _____ _____ _____ it.

M: Oh, really? What deals do you have?

W: Our cakes were originally $10 a slice, but now they are 20 percent off.

M: That sounds great! Do you _____ _____ _____?

W: Strawberries are in season now, so our strawberry shortcake is our top seller!

M: I'll _____ _____ _____ _____ _____, then. Are drinks on sale too?

W: Yes. Small sized drinks are only $4, and large sized drinks are $5.

M: Nice! I'll also have two small iced lattes

with whipped cream on top.

W: Sure. Would you like to order anything else?

M: No, that'll be all. I'll _____ _____ _____ _____ _____.

07

M: Hello. Adventure Travel. How can I help you?

W: I need to _____ _____ _____.

M: All right. May I have your name, please?

W: Tina Moore.

M: You _____ _____ _____ _____ of $2,000 to go to Osaka, Japan, right?

W: Yes. Can I get a full refund?

M: You can get the full amount back if you cancel one month _____ _____ _____ _____, 70 percent one week in advance, and 30 percent three days in advance.

W: Well, the trip is 10 days away.

M: That's right. Would you still like to cancel?

W: Yes, please.

08

M: Excuse me. I'd like to buy a TV.

W: Okay. This is _____ _____ _____ _____.

M: It looks nice! How much is it?

W: It's $1,200 or $100 per month for one year.

M: That's expensive.

W: Well, this one is only $750.

M: Do you have anything bigger _____ _____ _____ _____?

W: How about this? It's only $900, and it's fairly large.

M: Can I _____ _____ _____ for this one too?

W: Yes, but items under $1,000 must be paid for within ten months.

M: Then I'll take this one with the ten-month payment plan.

Key Vocabulary

01 particular 특정한 lily 백합 dozen 12개

02 go horseback riding 승마하러 가다 ride (말을) 타다

03 scarf 스카프, 목도리 pattern 무늬 striped 줄무늬가 있는 polka-dot 물방울무늬 membership 회원 (자격·신분) credit card 신용카드

04 twin 쌍둥이 pass (시험) 합격; *탑승권 access 입장[접근] additional 추가의 discount 할인 sign up 가입하다, ~을 신청하다

05 consider 고려하다 subscription 구독 (v. subscribe 구독하다) paper 종이; *신문 newsstand 신문 가판대 save 절약하다 purchase 구입하다 charge 청구하다 extra 추가되는 것

06 grand opening 개장, 개업 celebrate 축하하다 deal 거래 originally 원래 recommendation 추천 in season 제철인 on sale 판매되는; *할인 중인 whipped cream 휘핑크림

07 amount 액수 departure 출발 date 일자 in advance 미리 away (시간적·공간적으로) 떨어져

08 reasonable 타당한; *적정한, 너무 비싸지 않은 fairly 꽤 monthly payment 할부 payment plan 결제 방식

01

M: I'm really annoyed. They wouldn't
_____ _____ _____ my
jacket.

W: The one that was too tight? Why
not? Did you _____ _____
_____?

M: No. I made sure that I brought it with
me.

W: Did you damage it when you _____
_____ _____?

M: No, it was fine. But I bought it nearly a
month ago.

W: Oh. Did you need to return it sooner?

M: Yes, within two weeks. But I didn't
_____ _____ _____. I just
wanted a larger size.

W: Well, I guess that's their policy.

M: I know. I guess I'll give it to my younger
brother.

02

[Telephone rings.]

W: Hello?

M: Emma? This is Andrew.

W: Oh! Hi, Andrew. I didn't see you in
drama club today.

M: I was busy today. Actually, I _____
_____ _____ _____ if you
are going to Abbie's birthday party.

W: She invited me, and I want to go. But
when is it?

M: It's this Friday. I can _____ _____

_____ if you're going.

W: Friday? Oh, I'm sorry. I don't think I can.

M: Why? Do you _____ _____
_____ with your family?

W: No. I have a big test on Saturday. So I
have to prepare for it on Friday.

M: That's too bad. I'll _____ _____
_____ _____ in drama club,
then.

W: Sure. See you then!

03

M: Sandra, I'm sorry, but I don't have cash
to _____ _____ _____
right now.

W: Didn't you just go out to look for an
ATM?

M: I did, but there was a problem.

W: Oh, you couldn't find one?

M: No, there's one _____ _____
_____ on Mercer Street.

W: Then, what happened? Did you lose
your card?

M: I still have my card. But unfortunately
I couldn't _____ _____
_____!

W: That's pretty embarrassing, Jack.

M: I know! Tomorrow I'll have to go to the
bank and ask them to reset it.

04

M: Megan, you look worried.

W: Actually, I _____ _____

_____ this week.

M: Why? You're going to be on your vacation next week.

W: Yes, but I _____ _____ _____ on Friday before my vacation.

M: Oh, don't worry about that. We just have to listen and take notes.

W: I know. But the problem is that I have to _____ _____ _____ _____ too. I'm really nervous.

M: Really? I didn't know you were a presenter. If you need some help, I can help you.

W: Thank you. I _____ _____ _____ _____ I'm ready before Friday.

M: It's no problem.

05

W: Lucas, you are back! How was your trip to Thailand?

M: It was amazing. I _____ _____ _____ _____ with my family!

W: That's really nice. What did you do there?

M: I tried a lot of local foods. I also went to _____ _____ _____ _____.

W: Oh, did you also take the island tour? A lot of people say it's nice.

M: Well, unfortunately, we couldn't go on the island tour we booked.

W: _____ _____ _____

_____? Or is one of your family members afraid of water?

M: No. My brother had food poisoning the day of the tour. And we _____ _____ _____ _____ in the hotel, so we canceled.

W: That's too bad.

06

W: Everyone is saying _____ _____ _____ _____ the Golden Star Restaurant.

M: Yes, the critics really love it.

W: Have you eaten there yet?

M: I tried to _____ _____ _____ _____ last week. But it was after 10 p.m., and it was already closed.

W: Well, I had a different problem when I went for lunch yesterday.

M: You mean it was crowded?

W: It was _____ _____ _____ for a table! I was in a hurry, so I had to leave.

M: That's too bad. We should go back together sometime and _____ _____ _____.

W: Okay.

07

[Doorbell rings.]

W: Who is it?

M: Hi. It's Jake Snyder _____ _____ _____.

W: Oh, hello, Jake. Would you like to come inside?

M: No, thanks. I was just wondering if I could _____ _____ _____. I need to dig a hole in my yard.

W: Sure. Are you planting a tree?

M: No. Unfortunately, my daughter's pet hamster died this morning.

W: Oh, I'm sorry. *[Pause]* Here's the shovel I used when we _____ _____ _____.

M: That's perfect. Thanks, Claire.

W: My pleasure. You can leave it by the fence when you're finished with it.

08

[Telephone rings.]

M: Sam's Pizza.

W: Yes. I've been waiting for a pizza for 45 minutes. I understand that you _____ _____ _____ 30 minutes.

M: That's right. What's your name, please?

W: Sheila Layton.

M: Ms. Layton, you called 20 minutes ago to _____ _____ _____.

W: Yes, I did.

M: We had to put a new pizza in the oven. The 30 minutes starts from when you changed the order.

W: Oh, I didn't know that.

M: I'm sorry, but it _____ _____ _____ _____ a pizza.

W: I understand. So my pizza should arrive in the next 10 minutes.

01

W: What did you do _____ _____ _____, Charles?

M: I went to the Bloomington Natural History Museum.

W: Is that across from Orchard Park?

M: That's right. It was built about _____ _____ _____, and it's become one of the most popular museums in the city.

W: I've never been there. How was it?

M: Great! They have exhibits of dinosaurs, butterflies, and even precious gems.

W: Sounds interesting. I guess I should _____ _____ _____.

M: Definitely. But I recommend going on a weekday if possible.

W: Why is that?

M: They get about half a million visitors per year, so _____ _____ _____ on the weekends. It makes it difficult to see the exhibits.

02

M: Do you know the song titled "My Teary Eyes"?

W: Yes, it's _____ _____ _____ _____.

M: It's one of mine too. The singer, Corey Hudson, is really talented.

W: Right. He is quite an amazing rocker.

M: I couldn't agree more. Usually I don't like rock music, but there's _____ _____ _____ his songs.

W: Yes, that's right. And don't you just love his voice?

M: Yeah. When this song was released, I _____ _____ _____ _____ the album.

W: I know what you mean. No wonder people call "My Teary Eyes" one of the best songs of all time.

M: Did you also know that it was written by Corey Hudson himself?

W: Yeah, I know. He's a great musician.

03

W: I got some information for our trip to Thailand.

M: Oh, great. What did you find?

W: If we _____ _____ _____ _____, our hotel will only cost $500.

M: That's for an entire week at the hotel? _____ _____ _____! Where is it, though?

W: It's not in the town center, but it's close to the beach. Here are some pictures.

M: It seems fine, but a little old. It probably has _____ _____ _____.

W: Don't worry. The travel agent said the air conditioning works well.

M: Good. Well, is there a swimming pool?

W: Yes. There's also a gym, two popular restaurants, and a business center.

M: That's great. Let's book it.

04

M: I _____ _____ _____ _____ _____ last night. It was about a parrot called N'kisi.

W: N'kisi? What is so amazing about him?

M: He can speak! He has a vocabulary of 950 words.

W: That's really impressive! Does he make sentences?

M: Yes, he even _____ _____ _____ for each new situation.

W: Wonderful! What kind of parrot is he?

M: He's an African gray parrot. They live in West and Central Africa.

W: What do they look like?

M: They don't look very interesting. They're medium-sized and have gray feathers.

W: What _____ _____ _____ _____? Do they eat something special?

M: No, they just eat palm nuts, seeds, fruit, and snails.

05

W: Excuse me. I wanted to ask about the exchange program in Canada.

M: Certainly. You need to _____ _____ _____ by October 1st.

W: When would I be going to Canada?

M: You would leave on February 20th and start the program on February 25th.

W: Okay. Would I be living in the school dormitory?

M: No. You would _____ _____ _____ _____ near the school.

W: That would be good. What about classes?

M: Students take four classes a day. They can also _____ _____ _____. The dance club and the movie club are popular.

W: That sounds great. Is it easy to get into the program?

M: No, the program only accepts 15 students.

W: I see. I'll _____ _____ _____ _____ tomorrow.

06

M: We're finally at the Great Wall of China!

W: It's marvelous! How long is it?

M: It _____ _____ _____ 21,000 km.

W: Wow! It looks very old!

M: It is. Part of the wall was built in the seventh century BC, and another part was built in the third century BC.

W: That's interesting. Is the whole wall _____ _____ _____?

M: No. They also used stones in some places, and the inside of the wall is mainly dirt.

W: I see. So, why did the Chinese _____ _____ _____ _____?

M: They had many reasons, but mainly they wanted to prevent invasions and control trade.

W: It _____ _____ _____ well.

07

W: Hello, I'm Kelly Parker from Good Eats. Today I _____ _____ _____ _____, Eric Anderson.

M: Hello. Thank you for inviting me.

W: Thank you for coming. You are the head chef at Rue de Paris, right?

M: Yes, that's right.

W: How did you _____ _____ _____?

M: When I was 18, I started as a dishwasher and went to cooking school. Then, _____ _____, I became an assistant cook at Rue de Paris.

W: And eventually, you became the head chef.

M: Yes, I've been a head chef for five years.

W: I see. So, _____ _____ _____ _____ to become a cook?

M: My grandmother was a cook. She was my role model.

W: I'm sure she would be proud of you.

08

M: Honey, I'm home. What are you looking at?

W: It's an advertisement for the World Food Fair.

M: Oh, it _____ _____ _____ _____ this year? When is it?

W: It's on Saturday and Sunday, September 17th and 18th. But they _____ _____ _____.

M: So it won't be at Chester Hall?

W: No. It'll be held at North Shore Convention Center. The ad says _____ _____ _____ _____—Korea, Mexico, India, Spain, and Thailand.

M: I love Thai food! How much is the entrance fee?

W: It's the same as last year—$10. And it includes one free drink.

M: Great. Let's take the subway there. The _____ _____ _____ _____ on the weekend.

W: That's probably a good idea.

Key Vocabulary

01 weekend 주말 exhibit 전시품 dinosaur 공룡 precious 귀중한, 값비싼 gem 보석 weekday 평일

02 talented 재능이 있는 release 석방하다; *공개하다, 발표하다

03 entire 전체의 bargain 싸게 사는 물건 air conditioning 에어컨 (장치) travel agent 여행사 직원

04 wildlife 야생 동물 parrot 앵무새 phrase 구(句) feather 깃털 palm 야자나무 nut 견과, 나무 열매 seed 씨앗 snail 달팽이

05 submit 제출하다 dormitory 기숙사 assign 배정하다 accept 받아주다

06 marvelous 놀라운 stretch 늘이다; *뻗어 있다, 이어지다 brick 벽돌 mainly 주로 dirt 먼지; *흙 gigantic 거대한 invasion 침략 trade 상업, 교역

07 head 선두의; *수석의 career 직업 dishwasher 접시닦이 assistant 보조하는 eventually 결국

08 advertisement 광고 location 장소 participate 참가하다 entrance fee 입장료 include 포함하다 traffic 차량들, 교통 (량)

01

M: Youngstown Middle School _____

_____ _____ _____ its

34th annual Fall Festival, to be held on

October 2nd and 3rd. It will _____

_____ on the school athletic fields

and will include singing, dancing, and

acting performances by students. Every

school club will have its own information

booth, and the school cafeteria will

be serving delicious cakes and pies.

Tickets are just $1 each, and students

are encouraged to sell _____

_____ _____ _____ to

their friends and family. The highlight

of the festival will be a fireworks show

_____ _____ _____

_____ at 7 p.m. Don't miss it!

02

W: How many hot dogs do you think you

can eat in 15 minutes? If you enter the

Hillsboro Hot Dog Contest, you can

_____ _____! It will be held

on South Beach on Saturday, July 11th

at 2 p.m. All Hillsboro residents over

the age of 15 _____ _____

_____ _____. There will be

three different categories: men, women

and teenagers. Each winner will get a

beautiful trophy. There is a $10 entry

fee, and all _____ _____

_____ _____ will be donated

to the public library. If you want to take

part, stop by City Hall by July 3rd.

03

M: Hello, students! I'm excited to announce

a special summer camp that will be held

during the upcoming summer vacation.

To register, you need to _____

_____ _____ _____ the

application form that I emailed you this

afternoon. You also need to send a

copy of your passport and your school

grades with the form. Don't forget

to _____ _____ _____

_____ on the application form. The

ones without a photograph won't be

accepted. And don't write on the back

of the form. Also, the school office has

to receive it by May 1st. Call the office if

you _____ _____ _____.

04

W: Please let me introduce the new N4T

from Nexzi Automobiles. This four-

door sedan has seats for five people

and _____ _____ trunk space.

The vehicle's powerful engine can get

you to top driving speeds in just a few

seconds. It also has luxurious leather

seats for the best _____ _____

_____ _____. And that's not

all. The N4T was given a five-star rating,

the highest in the industry, _____

_____ _____ _____. All Nexzi Automobiles also come with a ten-year warranty. So what are you waiting for? Get your N4T sedan today in silver, black, red or white.

05

M: Hello, Atwood Residents. I am the community center manager, Chris Miller. We host the Atwood Cooking Class on the _____ _____ _____ _____ _____. This month, the star chef Antonio Moore is going to teach you how to cook a delicious seafood pasta. The class will be held at our community center as usual. It's $25 per person and the price _____ _____ _____ _____. Only residents of Atwood can join and there is limited space, so please sign up _____ _____ on our website by this Thursday. For safety reasons, children are _____ _____ _____ _____. For more information, please contact me at any time. Thank you.

06

W: Sleepwalking is a problem that affects about 10 percent of people _____ _____ _____ in their lives. It is most common in children between the ages of four and twelve and usually occurs two hours after a child goes to sleep. After _____ _____

_____ _____, the sleepwalkers' eyes are usually open. Most of the time, it is impossible to wake a sleepwalker because the majority of sleepwalkers _____ _____ _____ _____. Sleepwalking usually lasts between five and fifteen minutes. People who sleepwalk typically cannot remember that they were sleepwalking _____ _____ _____.

07

M: Today I'd like to talk about bumblebees. Bumblebees are flying insects that make honey to _____ _____ _____. One way they are different from other bees is that they _____ _____ _____. Also, bumblebees usually live further north and in colder areas. One explanation for this is that bumblebees can _____ _____ _____ _____ by landing on only warm flowers. Research shows that bumblebees observe the color of flowers to predict their temperature in advance. In this way, they can save energy when _____ _____ _____ _____.

08

W: Good morning, students of Valley View High School. As you already know, we will host our 10th annual Book Crossing & Sharing on Friday, March 15th. You can _____ _____ _____

_____ and help our neighbors! Please bring books that you don't read anymore to the school playground! All books should _____ _____ _____ _____. You can buy books that the other students bring for three to five dollars. The donated books and profit will go to a local charity to support the kids in our community.

_____ _____ _____

_____, the event will take place on March 22nd. We're looking forward to your participation.

Key Vocabulary

01 **announce** 발표하다, 알리다 **annual** 매년의, 연례의 **take place** 개최되다 **athletic field** 경기장, 운동장 **performance** 공연 **information booth** 안내소 **cafeteria** 구내식당 **firework** 《pl.》 불꽃놀이

02 **enter** 들어가다; *참가하다 **resident** 주민 **be eligible to-v** ~할 자격이 있다 **category** 부문, 범주 **entry fee** 참가비 **profit** 수익 **donate** 기부하다 **take part** 참가하다 **stop by** 잠시 들르다 **city hall** 시청

03 **upcoming** 다가오는 **register** 등록하다 **fill out** (서식을) 작성하다 **application** 지원(서) **copy** 사본 **passport** 여권 **attach** 붙이다, 첨부하다

04 **space** 공간 **vehicle** 차량, 탈것 **luxurious** 호화로운 **leather** 가죽 **comfort** 편안, 안락 **rating** 순위, 평가 **industry** 산업; *업계 **safety** 안전 **standard** 기준 **warranty** 품질 보증서

05 **price** 값, 가격 **ingredient** 재료 **limited** 제한된 **sign up** 참가하다 **in advance** 사전에, 미리 **contact** 연락하다

06 **sleepwalking** 몽유병 (v. **sleepwalk** 몽유병 증세를 보이다) **affect** 영향을 미치다; *(질병이) 발생하다 **common** 흔한 **majority** 가장 많은 수, 다수 **ordinary** 보통의, 일상적인 **typically** 보통, 일반적으로 **following** 그다음의

07 **insect** 곤충 **feed** 먹이를 주다 **young** 젊은이들; *(동물의) 새끼 **rarely** 좀처럼 ~하지 않는 **sting** 쏘다 **further** (거리상으로) 더 멀리에 **explanation** 설명 **temperature** 온도 **land** 착륙하다 **observe** 관찰하다 **predict** 예측하다 **region** 지역, 지방

08 **bring** 가져오다 **condition** 상태 **local** 지역의 **charity** 자선단체 **participation** 참여

01

M: I'm starving! Let's stop at this food stand and _____ _____ _____.

W: I already ate, but you can order something. They offer a lot of different breakfast options.

M: Yes. Oh, I'd like to have a muffin and juice.

W: That sounds good, but they only _____ _____ _____ _____.

M: Oh, I see. That's too bad.

W: How about a bagel and some milk instead? It's really cheap.

M: I'm worried that a bagel won't _____ _____ _____. I'm pretty hungry.

W: Well, you could get the option that includes three items.

M: Yes, but I'd _____ _____ _____ more than $5 for breakfast.

W: Okay. You should order this one, then.

02

M: So you're thinking of _____ _____ _____ in our building?

W: Yes, I am. But I can't decide which one.

M: We have a lovely one-bedroom _____ _____ _____ _____ _____.

W: That's too high up. I don't want anything above the sixth floor.

M: I understand. But is a one-bedroom apartment okay?

W: Yes, either one or two bedrooms would be fine.

M: All right. What's your budget range?

W: Well, I'm _____ _____ $950. I don't want to pay more than that.

M: I see. Then I think we have one you'll like.

W: Great. Let's _____ _____ _____ _____.

03

W: Daniel, where should we go to _____ _____ for our art class homework?

M: I'd like to go to a museum. Here's a list of local options.

W: Oh, I'd love to visit the City Art Museum!

M: But they don't _____ _____ _____ _____ _____.

W: Oh. How about the Natural History Museum, then?

M: Well, I _____ _____ _____ _____ more than $10 for admission.

W: Right, that's a good point. Neither can I.

M: What do you think of the other options?

W: Well, I don't want to spend more than 30 minutes on the road. I get really carsick.

M: Okay, _____ _____ _____. We'll go here.

04

M: Jane, our community center is offering one-day cooking lessons. Do you want to try one with me?

W: Sure. Is there a specific class you _____ _____ _____?

M: Not really. Here's the schedule.

W: Hmm…. Japanese Ramen is easy to make, so I don't want to take a class for that.

M: I agree. And I am not _____ _____ _____ _____ _____ _____. It always upsets my stomach.

W: Okay. Should we choose a weekday class or a weekend class?

M: I'd prefer _____ _____ _____ _____ _____. Taking a class after work might be too tiring.

W: In that case, we can choose between these two classes. Does the morning or the afternoon work better for you?

M: I usually go to the gym in the morning, so _____ _____ _____ _____ _____.

W: Okay. And that's the cheaper one, too! I'll register us for that class.

05

M: What's that, Julie?

W: It's a pamphlet about study abroad programs. I'm planning on _____ _____.

M: Which program will you sign up for?

W: Well, I've already been to the US, so I want to _____ _____ _____ _____.

M: When are you thinking about going?

W: I'll finish my first year here in June, so I'd like to _____ _____ _____ _____.

M: I see.

W: But I can't decide if it's better to do a program with a homestay or with a dormitory.

M: With a homestay, you would have _____ _____ _____ _____ to speak English.

W: That's true. I guess I know what I'm going to do.

06

W: Fred, what are you doing?

M: I'm trying to find a nice robotic vacuum cleaner. Can you help me choose one?

W: Sure. Let's see…. [pause] How about this one? It _____ _____ _____.

M: Well, that's too expensive. I _____ _____ _____ _____ $800.

W: Oh, okay. And I think you should get one that has a battery life longer than 100 minutes.

M: Yeah. You're right. Do you think a one-year warranty is too short?

W: Yes. I recommend one that has a warranty longer than one year.

M: That leaves me _____ _____ _____ then.

W: What about color? Which color do you like better?

M: _____ _____ _____. I'll go with the cheaper one. It's as good as the other one.

W: Good idea.

07

W: I'm going to _____ _____ _____ _____ at the community center.

M: That sounds fun. What kind of class?

W: I haven't decided yet. Here's the brochure.

M: Oh, my friend Grace is teaching a class on Sundays.

W: Grace? You know we don't get along. I'm going to avoid that class.

M: I understand. So, do you want to take a morning class?

W: Not really. I don't want to take anything before 11 a.m.

M: Which day do you prefer?

W: I _____ _____ _____ _____ on Saturdays. And I want a small class, with fewer than 20 students.

M: Then it looks like this one _____ _____ _____.

W: I agree.

08

M: Carleton Hall has some great events this month. Let's go to a performance together.

W: I'd really like that.

M: My sister's birthday party is on June 6th, but I'm free _____ _____ _____.

W: Okay. Does the ticket price matter to you?

M: Well, I don't want to go to anything too expensive. $50 is the most I could spend.

W: That's fine. But I can't go to a show that starts at 10 p.m. My mom doesn't let me _____ _____ _____ _____.

M: I understand.

W: Which type of performance would you prefer?

M: I'd rather watch a music performance.

W: Then it's settled.

M: I'll call to _____ _____ _____ today.

Key Vocabulary

01 **starving** 몹시 허기진, 배고픈　**stand** 가판대, 좌판　**fill up** ~을 가득 채우다

02 **rent** 세내다, 임차하다　**available** 이용할 수 있는　**budget** 예산　**currently** 현재

03 **local** 지역의　**afford to-v** ~할 여유가 있다　**admission** 입장; *입장료　**carsick** 차멀미를 하는　**settle** 결정하다

04 **specific** 구체적인; *특정한　**have in mind** ~을 염두에 두다[생각하다]　**upset one's stomach** 배탈이 나다　**weekday** 평일　**weekend** 주말　**register** 등록하다

05 **pamphlet** 팸플릿, 소책자　**abroad** 해외에서　**overseas** 해외에서　**dormitory** 기숙사　**opportunity** 기회

06 **robotic** 로봇식의　**vacuum cleaner** 진공청소기　**battery life** 배터리 수명　**warranty** (품질 등의) 보증, 보증서

07 **brochure** 책자　**get along** (사이좋게) 잘 지내다　**suit** 적합하다

08 **matter** 중요하다, 문제가 되다　**stay out late** 늦게까지 외출하다　**settle** 합의를 보다; *결정하다　**book** 예약하다

01

M: Excuse me, do you know _____ _____ _____ _____ _____?

W: It should be here in about 45 minutes.

M: Thanks. Do you know _____ _____ _____ _____ to get downtown?

W: (It only takes about 20 minutes.)

02

W: I see this skirt _____ _____ _____. How much is it?

M: It is 40 percent off, so it's only $30. It is the last one, and we don't know when it will be restocked.

W: Great. I'd like to _____ _____ _____.

M: (Sure, the fitting room is right here.)

03

M: Wow, it looks like you have a lot of Christmas gifts to wrap.

W: Yes, I _____ _____ _____ _____. My family is big.

M: How many people are in your family?

W: (There are eight including me.)

04

W: Hurry up, Ethan! We're going to be late for the movie!

M: I'm sorry, but I can't find my wallet.

W: Well, did you _____ _____ _____ _____?

M: (Yes, I already looked for it there.)

05

M: Gloria! _____ _____ _____ _____ _____ for an hour.

W: I'm so sorry that you had to wait. I tried to hurry.

M: Why are you so late?

W: (I forgot to set my alarm and overslept.)

06

W: Hi, Bill. I saw that I _____ _____ _____. What's up?

M: Mrs. Nichols, I'm sorry, but I have to cancel our piano lesson today.

W: Okay. When _____ _____ _____?

M: (I think I can come on Tuesday at 8 p.m.)

07

M: It's a beautiful day today. Let's go to the park and _____ _____.

W: I'd like to, but my knee is really hurting me this week.

M: Then perhaps you'd better _____ _____ _____ _____ about it.

W: (I think I should take your advice.)

W: I _____ _____ _____ all week.

M: I was really sick earlier this week, but I'm okay now.

W: Glad to hear that. Let me know if you need help _____ _____ _____ your schoolwork.

M: (Actually, can I borrow your math notes?)

Key Vocabulary

01 **downtown** 시내에   [문제] **catch** 잡다; *타다

02 **on sale** 할인 중인   **restock** 재고를 다시 채우다   **try on** 입어 보다   [문제] **fitting room** 탈의실   **refund** 환불

03 **wrap** 싸다, 포장하다   [문제] **including** ~을 포함하여   **so far** 지금까지

04 **wallet** 지갑   [문제] **belonging** 《pl.》 소유물, 소지품

05 [문제] **avoid** 피하다   **rush hour** 혼잡 시간대   **in time** 제시간에   **set** (시계·기기를) 맞추다   **oversleep** 늦잠 자다

06 **miss** 놓치다   **reschedule** 일정을 변경하다

07 **knee** 무릎   **hurt** 아프게[다치게] 하다   **go see a doctor** 진찰을 받다, 병원에 가다

08 **catch up on** 만회하다, ~을 따라잡다   **schoolwork** 학업, 학교 공부

01

[Telephone rings.]

M: Bayview Hotel. May I help you?

W: Hello. I'd like to reserve a twin room on August 10th _____ _____ _____.

M: Okay. Do you want a lake view or mountain view?

W: Don't you have one with a sea view?

M: I'm afraid there are no twin rooms with a sea view _____ _____ _____.

W: Hmm…. Do you have other room types with a sea view available?

M: One suite room is left. It has a great view because it's _____ _____ _____ _____.

W: How much is it?

M: It's $500 for one night. Do you _____ _____ _____ _____?

W: (No. I'm afraid I'll have to try somewhere else.)

02

W: Long time no see, Sam! Have you found a job yet?

M: Not yet. Actually, I'm not really sure how to start _____ _____ _____ _____.

W: Well, what are you interested in doing?

M: I'd like to work in marketing, but I don't have any experience.

W: You have a marketing degree, though. That shouldn't be a problem.

M: I don't know. All of the advertisements I see want _____ _____ _____.

W: Don't give up. There might be a job that requires a worker with your qualifications. Have you checked the Marketing World app?

M: No, what's that?

W: It's a great resource. _____ _____ _____ _____ _____ on your smartphone, you can find all kinds of information about starting a career in marketing. I'm sure you could _____ _____ _____ there.

M: (I'll check it out right away.)

03

W: Has the repairman fixed the refrigerator yet?

M: Unfortunately, he said it _____ _____ _____.

W: What? But he said he could fix it last week.

M: The refrigerator company _____ _____ _____ _____ replacement parts because it is an older model.

W: That's terrible news! We can't really afford a new one.

M: I know. We just bought a new television

this month, so it's _____ _____

_____ _____. What are we

going to do?

W: Well, I think my parents have one they're

not using right now.

M: Oh, great! We could use that refrigerator

until we buy a new one.

W: (In that case, I'll call my parents right

now.)

04

W: How are you today, Jake?

M: Not bad. But why are you _____

_____ _____? It's not that cold

out today.

W: Really? I feel a little cold.

M: You _____ _____. You might

be getting sick.

W: No. I didn't sleep well last night. That's

all.

M: Are you sure? You look like you

_____ _____ _____ too.

Let me check.

W: I'm okay, Jake. Don't overreact. It's just

because of a lack of sleep.

M: It might be more than that. You shouldn't

_____ _____ _____ your

body is sending you.

W: Well, you are probably right. What

should I do?

M: (I think you should visit the nurse's office

for now.)

05

M: Jenny, you look upset. What's wrong?

W: You know I have a tennis tournament

next weekend, right?

M: Yes. You have practiced so hard.

W: Well, I hurt my right elbow _____

_____ _____ _____ two

days ago.

M: Oh no. What did your doctor say?

W: Well, she strongly insisted that I stop

playing for a month and _____

_____ _____ _____.

M: I think she is right. What did your coach

say?

W: The thing is, I haven't told my coach

about this. I want to play in the match.

I've _____ _____ _____

_____.

M: I understand how you feel. But

remember, this is not the only game

you will play. You have to think about

your long-term career.

W: (You're right. I will talk to my coach.)

06

W: Excuse me. Can you tell me how much

this suitcase is?

M: Oh, that's _____ _____

_____. It is one of the best-selling

products in our shop these days. It's

$200.

W: Really? Why is it so expensive?

M: It's a very _____ _____

_____, and it comes with a four-

year warranty.

W: I really want to get it, but I can't possibly

spend more than $150.

M: Well, we're having a winter sale next week. It will be _____ _____ then.

W: But I need it for a trip this weekend. Can you give me a 25 percent discount?

M: I'm afraid not. But if my manager agrees, I can give you 5 percent off.

W: No, that's _____ _____.

M: (Then why don't I show you something cheaper?)

07

M: Sophie, are you enjoying this stew?

W: Yes, I love it. How about you?

M: I think this dish needs a bit of salt. Could you please pass me the salt?

W: Sure. Don't have too much, though. You should try to _____ _____ _____ your salt intake.

M: Why do you say that?

W: Eating a diet high in sodium can give you high blood pressure. That could _____ _____ _____ of heart disease, stroke, and kidney problems.

M: I'm surprised to hear that.

W: What do you mean?

M: I always thought salt was part of a healthy diet. Doesn't it help _____ _____ _____ _____ function properly?

W: (It has some benefits, but you shouldn't overdo it.)

08

W: Didn't you learn about colors in your psychology class?

M: Yes. Each color _____ _____ _____ _____ on us.

W: Can you give me an example?

M: Well, red, for instance, is a very exciting color. It makes your _____ _____ _____.

W: I see. Then that wouldn't be a good color for my room.

M: Oh, are you thinking of repainting your bedroom?

W: Yes. But I want to _____ _____ _____ _____.

M: I suggest blue or orange. Blue is the most calming color, and orange helps you learn.

W: Well, I usually just relax in my room. I study in the library.

M: (Then a nice shade of blue would be best.)

Key Vocabulary

01 reserve 예약하다 (*n.* reservation 예약) view 견해; *전망, 경관
02 degree 학위 qualification 《*pl.*》 자격 resource 자원; *수단 [문제] major in ~을 전공하다
03 replacement 교체, 대체 part 부품
04 pale 창백한 fever 열 overreact 과잉 반응을 보이다 [문제] nurse's office 양호실, 보건실 prescription 처방전; *처방된 약
05 tournament 토너먼트, 시합 elbow 팔꿈치 insist 주장하다 recovery 회복 long-term 장기적인
06 possibly 아마; *도저히 mark down 가격을 인하하다 discount 할인 [문제] expire 만료되다
07 cut down on ~을 줄이다 intake 섭취(량) sodium 나트륨 risk 위험 stroke 뇌졸중 kidney 신장, 콩팥 nerve 신경 function 기능하다, 작용하다 [문제] overdo 지나치게 하다[쓰다]
08 psychology 심리학 beat 때리다; *(심장이) 뛰다, 고동치다 appropriate 적절한 calm 진정시키다 [문제] shade 그늘; *색조

01

W: When Olivia got to her office this morning, she found a wedding invitation on her desk. It is from Brenda, one of her colleagues. She _____ _____ _____ Olivia to her daughter's wedding. However, Olivia has already promised to meet a close friend who is _____ _____ _____ _____ for the first time in years. Olivia can only meet her friend on the same day as the wedding, so she wants to tell Brenda that it won't be possible for her to _____ _____ _____. This afternoon, Olivia meets Brenda in the elevator. In this situation, what would Olivia most likely say to Brenda?

Olivia: (I'm afraid I can't go to the wedding.)

02

M: Jenny and her boyfriend watched a movie at the theater. Afterwards, they were hungry, so they decided to _____ _____ _____ _____ at a nice restaurant. Jenny's boyfriend suggested an Italian restaurant because he knows that Jenny likes pasta and pizza. But they go to an Italian restaurant _____ _____ _____ _____. So Jenny wants to have something different today. She is _____ _____ _____ _____ Korean food. However, she is not sure if her boyfriend likes Korean food. In this situation, what would Jenny most likely say to her boyfriend?

Jenny: (Why don't we have Korean food this time?)

03

W: Emily is a middle school student. She is _____ _____ _____ _____ with her friend Andy. The teacher gives the class a quiz at the end of every week. The quizzes only _____ _____ _____ _____ _____ the final grade of students, but everyone tries hard to get a perfect score. Emily and Andy usually do well on the quizzes. On the last one, however, Andy made some mistakes and _____ _____ _____ _____. Since he's very upset and worried about his grade, Emily _____ _____ _____ _____ that it won't be a big problem. In this situation, what would Emily most likely say to Andy?

Emily: (One bad quiz is not going to ruin your final grade.)

04

M: One morning, Kevin is on his way to work. He gets on the subway and is lucky enough to find a seat. He _____ _____ _____

_____ _____ as usual when he suddenly hears a noise coming from beside him. He looks over and sees that the girl sitting next to him has started to watch TV on her cell phone and is _____ _____ _____ through the speaker. He closes his eyes and tries to sleep anyway, but the noise gets _____ _____ _____ _____. In this situation, what would Kevin most likely say to the girl?

Kevin: (Excuse me. Would you please use your earphones?)

05

W: Mary and Bill are in China. They've arrived in a small town in the countryside to see a famous temple. It's hard to find their way around, but they _____ _____ _____ the bus that runs to the temple. They board the bus but aren't sure _____ _____ _____ _____ at. They ask the driver in English, but he doesn't understand what they are saying. So Mary checks her guidebook for a picture of the temple. _____ _____ _____, she sees the temple out the window. In this situation, what would Mary most likely say to Bill?

Mary: (We need to get off the bus here.)

06

M: Lisa's friend Julie finds math difficult.

Lisa _____ _____ _____ _____, so she decided to help Julie study for her next exam. Every day after school, they studied together. Finally, the day of the exam arrived, and Julie did really well. Now she wants to _____ _____ _____. When Julie sees Lisa, she looks depressed. Julie asks what's wrong, and Lisa explains that she has a history exam the following week. She must do well on it _____ _____ _____ _____ the class. It just so happens that history is Julie's best subject and she thinks she can help Lisa this time. In this situation, what would Julie most likely say to Lisa?

Julie: (I can help you with your history studies.)

07

W: Rebecca works for a magazine company. One day, she _____ _____ _____ _____ _____ to Paris from LA. She gets on a plane. She talks a little bit _____ _____ _____ and falls asleep. When she wakes up, she sees flight attendants serving in-flight meals. She finds hers on her seat table. When she _____ _____ _____, she realizes something is wrong. It was chicken. Rebecca is a vegetarian, so she requested a vegetarian meal when she _____ _____ _____. She wants to ask a flight attendant about her meal request. In this situation, what would Rebecca most likely say to the flight attendant?

Rebecca: (I think there is a mistake with my meal.)

08

M: Tom is leaving on a trip tomorrow. He bought a new camera this morning so he can take good pictures. However, when he examined the camera closely, he _____ _____ _____ on the lens. At first, he was very upset. He decided to go back to the store and _____ _____ _____ _____. However, on his way, he realized he still needed a camera for his trip. It would make more sense to simply trade it for _____ _____ _____ _____. Now he has arrived at the store. In this situation, what would Tom most likely say to the clerk?

Tom: (This camera is damaged, so I'd like to exchange it.)

Key Vocabulary

01 wedding invitation 청첩장   colleague 동료   [문제] wedding hall 예식장

02 afterwards 나중에, 그 뒤에   be in the mood for ~할 기분이 들다   [문제] feel like v-ing ~하고 싶다

03 quiz 퀴즈; *(간단한) 시험   effect 영향   [문제] cheat 부정행위를 하다   make fun of ~을 놀리다   ruin 망치다

04 on one's way to ~로 가는 도중에   fall asleep 잠들다   noise 소리, 소음   look over 살펴보다

05 countryside 시골 지역   temple 사원, 절   run 달리다; *(버스 등이 특정 노선으로) 운행하다, 다니다   board 승차하다   get off 내리다

06 return 돌아가다; *(호의 등을) 되돌려 주다, 갚다   favor 호의; *은혜   depressed 우울한   happen 발생하다; *우연히[마침] ~하다[이다]

07 magazine 잡지   business trip 출장   coworker 같이 일하는 사람, 동료   flight attendant 승무원   in-flight meal 기내식   unwrap (포장지 등을) 풀다, 뜯다   vegetarian 채식주의자   [문제] nonstop 직행의   check in 탑승[투숙] 수속을 밟다, 체크인하다

08 leave on a trip 여행을 가다   examine 조사하다, 검토하다   closely 면밀히, 자세하게   scratch 긁힌 자국; 긁다   demand 요구하다   make sense 타당하다, 이치에 맞다   trade 교환하다   [문제] affordable (가격이) 알맞은   accidentally 우연히, 뜻하지 않게

01-02

M: There are many reasons why some people ＿＿＿＿＿ ＿＿＿＿＿ ＿＿＿＿＿ ＿＿＿＿＿ ＿＿＿＿＿ at night. However, there are also many effective ways to treat this troublesome disorder. First of all, exercising regularly is very important. Most experts recommend doing exercises that ＿＿＿＿＿ ＿＿＿＿＿ ＿＿＿＿＿ ＿＿＿＿＿, three to four times a week for more than 30 minutes each time. ＿＿＿＿＿ ＿＿＿＿＿ ＿＿＿＿＿ ＿＿＿＿＿ or drinking a glass of warm milk before going to bed are also known as effective ways to treat the problem. Lastly, aromatherapy and specially designed pillows are known to reduce mental as well as physical tension, particularly helping those who suffer from stress-related insomnia. For a natural sleep aid, try aromatherapy that uses oils that come from herbs, trees, and flowers. Getting a specialty pillow ＿＿＿＿＿ ＿＿＿＿＿ ＿＿＿＿＿ ＿＿＿＿＿ can also help to tackle various sleep-related problems.

03-04

W: There are many different ways to hear things. We normally think of hearing through our ears, but male mosquitoes actually hear using thousands of tiny hairs that grow on their antennae. Snakes can ＿＿＿＿＿ ＿＿＿＿＿ ＿＿＿＿＿ ＿＿＿＿＿. While snakes do not have external ears, they can hear by feeling the vibrations on the ground with their jaw as they ＿＿＿＿＿ ＿＿＿＿＿ ＿＿＿＿＿. Most fish actually hear by feeling changes in water pressure through raised areas on the sides of their bodies. For humans, the three smallest bones in our bodies are in our ears, and they help us to hear. Sound ＿＿＿＿＿ ＿＿＿＿＿ ＿＿＿＿＿, and the vibrations made on our eardrums reach these bones. Our ears are not as sensitive as other animals. In fact, one reason humans use guard dogs is because dogs can hear ＿＿＿＿＿ ＿＿＿＿＿ ＿＿＿＿＿ ＿＿＿＿＿ than we can.

M: Dinosaurs went extinct before _____

_____ _____ _____.

Luckily, through fossils, we know they existed and can learn a lot about them. Fossils are basically dinosaur remains such as bones, teeth, and even waste. They tell us about these creatures' appearances, life behavior, and where and when they lived on Earth. Dinosaur fossils have been found on _____

_____. Western United States, especially from Texas to Montana, is a great source of dinosaur fossil finds. Some of the popular species like the Stegosaurus _____ _____

_____ _____. A lot of fossils have been discovered in China, too. One site in Beijing _____

_____ _____ of feathered dinosaurs, which helped scientists re-evaluate the relationship between dinosaurs and birds. Argentina and the nearby deserts also have fossil-rich areas, as desert environments prevent fossils from _____ _____

_____ _____. And we can't forget the United Kingdom. More dinosaur fossils have been unearthed there than almost any other country in the world!

W: Hello, class. Tomorrow, we will finally go on our two-night trip to Mount Barrington. So today we will be

_____ _____ _____

_____ _____ _____

to bring with you. The first thing you will need to do is check the weather forecast. You have to bring clothes that are appropriate for the weather. It will likely be quite chilly on Friday, so _____ _____ _____

_____ to bring a warm jacket. Additionally, remember that we will be sleeping outside in tents at night, so pack a sleeping bag. As the bathrooms will be a five-minute walk from our campsite, you have to _____

_____ _____ _____

_____ as well. During the day, you'll be spending a lot of time outside in the sun, so sunscreen and bug spray are a must. You don't need to bring a first aid kit, however, as one will be provided. Finally, _____ _____

_____ _____ at the school gate at 8 a.m. tomorrow!

Key Vocabulary

01-02 have trouble v-ing ~하는 데 어려움을 겪다　effective 효과적인　treat 치료[처치]하다　troublesome 성가신, 곤란한　disorder 장애　heart rate 심박수　aromatherapy 방향 요법　pillow 베개　tension 긴장　particularly 특히　insomnia 불면증　herb 허브, 약초　specialty 전문; *특별품　unique 독특한　tackle (문제 등을) 다루다　[문제] deal with ~을 다루다　massage 마사지

03-04 mosquito 모기　antenna (곤충의) 더듬이 (《pl.》 antennae)　jawbone 턱뼈　external 외부의　vibration 진동　pressure 압력　vibration 진동　eardrum 고막　sensitive 예민한　guard dog 경비견　frequency 주파수　[문제] keen 예민한, 예리한　enemy 적　process 과정

05-06 dinosaur 공룡　extinct 멸종된 (n. extinction 멸종)　fossil 화석　remains 유해　creature 생명이 있는 존재, 생물　continent 대륙　source 원천, 근원　contain ~이 들어 있다　ancient 고대의　feathered 깃털이 달린　re-evaluate 재평가하다　rich 부유한; *풍부한　prevent 방지하다

07-08 go over ~을 점검[검토]하다　weather forecast 일기예보　chilly 쌀쌀한　sleeping bag 침낭　campsite 캠프장　flashlight 손전등　sunscreen 자외선 차단제　bug spray 방충제, 살충제　must 필수품　first aid kit 구급상자　gate 문, 정문　[문제] outdoor 야외의　unpredictable 예측할 수 없는

01

M: Attention, guests! The hours here at White Park Library are from 9 a.m. to 8 p.m. It is currently ten minutes _____ _____ _____. We ask that all of our guests prepare to leave the library at this time. Please _____ _____ _____ which you do not want to the shelves. If you want to check out any books, please bring them to the front desk right away. Also, make sure you don't _____ _____ _____ _____! Thank you for your attention, and we hope to see you at White Park Library again soon.

02

W: What's up, Gary? You look frustrated.

M: I am. I'm _____ _____ _____ _____ on learning Spanish.

W: Don't give up so soon! How have you been studying? Are you _____ _____ _____?

M: No. I've been studying alone with my textbook. I tried joining a study group, but their Spanish was more advanced than mine.

W: _____ _____ _____ _____ movies or TV shows in Spanish?

M: I have. The actors talked too fast for me to understand.

W: You shouldn't _____ _____ _____ _____. Try to find some Spanish-language kids cartoons to watch.

M: I don't know. It _____ _____. Maybe I should take an online class, instead.

W: Trust me, kids shows are better. They're the best way to _____ _____ _____ _____ _____.

M: Okay, I'll check some out. Thanks for your advice.

W: No problem.

03

W: Hello, Roberto. Come on in.

M: Sorry for coming by _____ _____ _____.

W: That's all right. What happened yesterday?

M: I guess you noticed I wasn't there for the test.

W: Yes. That means you got a zero.

M: I know. But I _____ _____ _____. I had to take my sister to the hospital.

W: I see. Was it something serious?

M: She fell off her bike on her way to school. The doctor said her wrist is broken.

W: Well, in that case, I'll allow you to _____ _____ _____.

_____ this afternoon.

M: Thank you. I really appreciate it.

04

W: Wow, this is a really beautiful garden.

M: Thanks. I just had that round goldfish pond _____ _____ _____ _____.

W: Oh, are there fish in there?

M: Yes, there are three. And do you see those tall flowers to the left of the pond?

W: The ones _____ _____ _____ _____? Yes. Are those roses?

M: They are. You can smell them from here.

W: Yes. What a wonderful scent! But what are those flowers over there?

M: Which ones?

W: Do you see that tall tree behind the pond? They're in front of it. There are four of them.

M: Oh, those are tulips. They're my favorite. Let's go over _____ _____ _____ _____.

05

M: What's going on? Why is that truck parked in front of your house?

W: It's _____ _____ _____ _____. They've come to pick up my old sofa.

M: Oh. Are you going to donate it to them?

W: That's right. They'll give it to a family

that needs it.

M: That's nice. So when is your new sofa arriving?

W: Actually, I _____ _____ _____ _____.

M: Why not? Are you having money problems?

W: No, I'm just having a hard time choosing one.

M: Why don't we go and _____ _____ _____ _____ some together? I can give you some ideas.

W: That would be great. There's a furniture store just down the road.

M: All right. Let's go.

06

W: Excuse me. I'm interested in these shirts.

M: All right. They're $5 each.

W: If I buy two, will you _____ _____ _____ _____?

M: No. But if you buy more than three, I'll give you 20 percent off.

W: It's a deal. I'll take four of them.

M: Great. Would you _____ _____ _____?

W: Hmm.... How much is that blue hat?

M: It's $20.

W: Twenty dollars? That's quite expensive. Could you _____ _____ _____ _____ a little?

M: Sorry, but it's already been marked down.

W: All right. Then I'll just take these four

shirts.

07

M: What happened with that speech contest? Did you win?

W: No. In fact, I didn't even enter it.

M: Why not? You're one of _____ _____ _____ _____ in our school.

W: Thanks. But I didn't read the rules closely enough.

M: What do you mean? Did you _____ _____ _____ _____?

W: No, but you had to be 18 to enter.

M: Oh, that's too bad. I guess you'll have to wait until next year.

W: Yes. But it's okay. I'm busy enough these days with my schoolwork.

M: I know what you mean. I _____ _____ _____ _____ either anymore.

08

W: Is that the website of Fantasy Amusement Park?

M: Yes, it is. Why don't we take Ryan there _____ _____ _____?

W: This Saturday? Good idea. What time does it open?

M: It's open from 10 a.m. to 8 p.m. It _____ _____ _____ _____ to get there.

W: Okay. Then let's leave at about 8 a.m. How much is the admission fee?

M: It's $15 per person, but we can get a 10 percent discount if we _____ _____ _____ now.

W: Great. Are any special events happening that day?

M: Yes. We're lucky. There will be a big parade with cartoon characters, dancers, and giant balloons.

W: It sounds great. I'll go tell Ryan now.

M: He's going to _____ _____ _____!

09

W: Welcome to the Eastville Community Center's free pottery class. This class is _____ _____, so don't worry if you haven't made pottery before. The first thing you need to know is that you must provide your own clay. The art supply store _____ _____ _____ sells two-kilogram packages for just $10. We'll be meeting _____ _____ _____ _____ at 7 p.m. Classes last 90 minutes each. The first hour will be a lesson on making pottery, and the last 30 minutes will be free time to _____ _____ _____ _____. I hope you enjoy the class.

10

M: I'd like to buy a train ticket for Friday evening.

W: Certainly. Where would you like to go?

M: I don't think I have time to stop in Daegu on my way. So I'll _____ _____ _____ Busan.

W: Okay, what time would you like to leave?

M: Well, I _____ _____ _____ at 6 o'clock. How about sometime after 6:30 p.m.?

W: Okay. We have a slow train that arrives there after 11:00 p.m.

M: I think that's too late. Do you have _____ _____?

W: Yes, we have another train that arrives around 9:30 p.m.

M: That would be good.

W: It is a little more expensive though— over 70,000 won.

M: That's okay. _____ _____ _____.

11

M: That man just _____ _____ a woman, and she dropped her bag of groceries.

W: Did he stop to help her pick them up?

M: No. He _____ _____ and didn't even apologize.

W: (I don't understand why some people are so rude.)

12

W: Brian, what are you doing with those tools?

M: Oh, I'm _____ _____ _____

_____ _____ this playhouse for our daughter.

W: Great! Do you need some help?

M: (Sure. Can you hold this up for me?)

13

M: Sorry I'm late. I hope you weren't waiting long.

W: It was just a few minutes. But are you okay? You _____ _____.

M: Actually, I'm nervous. I have another job interview tomorrow.

W: That's great. You should be excited.

M: I was, at first. But then I started thinking about everything that _____ _____ _____.

W: I understand. Did you do some research on the company?

M: Yes. I read all about it on the Internet this morning.

W: Then you _____ _____ _____ _____ _____. You're well prepared, and you've done this before.

M: I know. But I really want to do well in this one.

W: (Just relax and be yourself.)

14

W: I'm not sure I'm ready for the science fair. It's hopeless.

M: Why do you say that?

W: Well, I've been trying to make a wooden generator, but I _____

_____ to get it to make light. It's very frustrating.

M: Are you _____ _____ _____ _____ by yourself?

W: No, there are three of us in my group.

M: Do they _____ _____ _____ what's wrong?

W: Well, we had a meeting about it last night, but we couldn't _____ _____ _____ at all.

M: Hmm.... Have you tried looking for some information on the Internet?

W: Yes, but I couldn't find anything there.

M: (Why don't you ask your teacher for advice?)

15

M: Jason saw his girlfriend at school today. However, she didn't seem to _____ _____ _____ _____ _____. She didn't talk to him that much and didn't even walk home with him. He assumed something was wrong, but couldn't figure out what the problem was. Now, he has _____ _____ Kate, his girlfriend's best friend. He asks her why his girlfriend seemed upset. She explains that it's because he forgot today is his girlfriend's birthday. Jason _____ _____ _____ _____ this. He immediately calls his girlfriend on his cell phone to apologize. In this situation, what would Jason most likely say to his girlfriend?

Jason: (I'm sorry. I have no idea how I forgot your birthday.)

16-17

W: Good morning, class. We've been talking about plants and trees, but today I want to switch the topic to the animal kingdom. Some of the harshest environmental conditions on the planet are found in deserts. In spite of this, many animal species have found ways to survive there. One of the best-known adaptations is the hump of the camel, which is filled with fat. This _____ _____ _____ _____ _____ without food for long periods of time. The scorpion is another desert animal that doesn't need much food. In fact, it can survive for as long as a year without consuming a single meal. Some foxes also live in the desert, and they've adapted to desert life _____ _____ _____ _____ _____. The large surface space of these ears allows the fox to get rid of heat quickly and efficiently. Finally, there is a bird species that builds its nests in the thorns of cactuses, which _____ _____ _____ _____. It's all pretty amazing, isn't it?

Key Vocabulary

01 **attention** (방송 등에서) 주목하세요   **hour** 1시간; *(근무 등을 하는) 시간   **currently** 현재   **return** 되돌려 놓다   **check out** 대출하다   **belonging** ((pl.)) 소유물

02 **frustrated** 좌절감을 느끼는   **textbook** 교과서   **advanced** 고급의; *(학습 과정이) 상급의   **childish** 어린애 같은, 유치한   **phrase** 구, 구문

03 **come by** 잠깐 들르다   **excuse** 변명, 이유   **fall off** ~에서 떨어지다   **wrist** 손목   **makeup test** 추가[보충] 시험

04 **goldfish** 금붕어   **pond** 연못   **fence** 울타리   **scent** 향기, 냄새

05 **local** 지역의   **charity** 자선 단체   **donate** 기부하다   **furniture** 가구

06 **deal** 거래, 합의   **mark down** ~의 가격을 인하하다

07 **enter** 들어가다; *출전하다 (n. **entry** 참가, 출전)   **public speaker** 연설가   **deadline** 기한, 마감 시간[일자]   **rarely** 좀처럼 ~하지 않는

08 **amusement park** 놀이공원   **admission fee** 입장료   **discount** 할인   **parade** 퍼레이드

09 **pottery** 도자기; 도예   **clay** 점토, 찰흙   **work on** ~에 노력을 들이다, 착수하다

10 **straight** 곧장, 곧바로   **get off work** 퇴근하다   [문제] **destination** 목적지   **departure** 출발   **arrival** 도착

11 **bump** 부딪치다   **grocery** ((pl.)) 식료품 및 잡화   **apologize** 사과하다   [문제] **recognize** 알아보다   **fault** 잘못

12 **tool** 연장   **put together** 조립하다   **playhouse** 장난감 집   [문제] **hold up** ~을 떠받치다

13 **distracted** (정신이) 산만해진   **nervous** 불안해하는   **go wrong** 실수를 하다, 잘못하다   [문제] **be yourself** 자연스럽게 행동하다   **forgive** 용서하다   **experience** 경험, 경력

14 **fair** 박람회   **hopeless** 가망이 없는, 희망이 없는   **wooden** 나무로 만든   **generator** 발전기   **by oneself** 혼자   **clue** 단서, 실마리   **figure out** 알아내다

15 **mood** 기분, 심기   **assume** 추정하다   **figure out** ~을 알아내다 [이해하다]   **run across** ~을 우연히 만나다   **immediately** 즉시

16-17 **switch** 바꾸다   **harsh** 가혹한   **environmental** 환경의   **condition** 상태; *조건   **species** 종   **adaptation** 각색; *적응 (v. **adapt** 적응하다)   **hump** 툭 튀어나온 곳; *(낙타의) 혹   **fat** 지방   **period** 기간   **scorpion** 전갈   **consume** 소모하다; *먹다   **evolve** 발달하다; *진화시키다   **extremely** 극도로, 극히   **get rid of** 제거하다   **efficiently** 효율적으로   **thorn** 가시   **cactus** 선인장   **keep away** 멀리하다   **predator** 포식자   [문제] **various** 다양한   **strategy** 계획[전략]   **cooperate** 협력하다

01

M: Although this is a small, quiet town, there are many places to go shopping. We have _____ _____ _____ _____ wonderful small shops to choose from in the downtown area. However, a large company has recently announced that they will be _____ _____ _____ _____ in the empty field next to the high school. There is absolutely no need for this. It will create serious traffic problems and _____ _____ _____ _____ our local shop owners. If we want to protect our town, we need to stop this from happening.

02

M: I'm thinking about _____ _____ _____.

W: Why? I thought you enjoyed working for a comic book company.

M: I do. But that's all I do. I wake up and go to work, and then I come home and go to bed.

W: Are you working too much?

M: No. It's just that I'm _____ _____ _____ _____ _____ and meet friends after work.

W: Then stay home and do something fun. Do you have a hobby?

M: No, not really.

W: If you start one, it will make your life feel more interesting and less empty. I think it's important to find _____ _____ _____ _____ _____.

M: That's a good idea. What do you do after work?

W: Well, I often put large puzzles together. I find it relaxing.

M: That sounds kind of boring to me.

W: That's because everyone is different! Find something that _____ _____.

03

M: I'm sorry, but you can't _____ _____ _____ _____.

W: Why not?

M: We're fixing the broken sidewalk. The concrete is still wet.

W: Do you see that coffee shop over there? I own it.

M: Oh, I'm sorry. In that case, you can come through this way. But _____ _____ _____ _____.

W: Thank you. But how will my customers get through?

M: Well, they'll have to wait until the sidewalk dries.

W: _____ _____ _____ _____ _____?

M: About four hours.

W: This is really going to be bad for

business.

M: I apologize. We're working _____

_____ _____ _____

_____.

04

M: What a beautiful beach!

W: I agree. But why isn't anyone swimming?

M: The water is _____ _____

_____. So where should we put our

mat?

W: Do you see the checkered beach

umbrella? How about to the left of it?

M: There are already two children

_____ _____ _____

_____.

W: You're right. Then, let's go over to the

empty space between those beach

chairs.

M: You mean the ones behind the big

sandcastle?

W: Yes. Oh, look at that dog _____

_____ _____ _____ of

the water.

M: Does it have a fish in its mouth?

W: No, I think it's just a piece of wood.

05

W: Sean, do you remember that I'll be

home late tonight?

M: Yes, Mom. You said you _____

_____ _____ _____ at

work.

W: That's right. Your father will make dinner

for you and your sister.

M: Okay. Do you need me to clean the

house?

W: No. _____ _____ _____ _____,

but I already took care of it.

M: What about Happy? Should I feed her?

W: Oh, yes. That cat gets upset if she

doesn't get her food on time.

M: Don't worry. I'll _____ _____

_____ _____ on time.

W: Thanks for being so helpful, honey. On

my way home, I'll pick up some ice

cream for you.

M: That would be great.

06

W: Are all of your books on sale?

M: Yes. If you _____ _____

_____ _____, you get 20% off.

W: All right. Well, I'll take this health

magazine. It's $10.

M: No, it's $12. The price is _____

_____ _____.

W: Oh, I'm sorry. I misread it. I'll also take

this news magazine.

M: Okay. That one is $5.

W: All right. Let's see.... Oh, this

entertainment magazine _____

_____.

M: It is. And it's only $3.

W: That's cheap. I'll take it.

M: All right. That's your third one, so you

get 20% off _____ _____

_____.

W: Great!

07

W: Why don't you try some of the salad?

M: No, thank you. I think _____ _____.

W: Don't you like vegetables? They're good for you.

M: Of course I do, but you know I have a lot of allergies.

W: Yes, but _____ _____ _____ _____ lettuce?

M: Not lettuce, but there are some ingredients in the dressing that I can't eat.

W: I see. In that case, let's order something that you can eat.

M: That's okay. I had plenty of food. Now I think I'll _____ _____ _____.

W: That sounds good.

08

W: Look! What's that in the sky over the sports stadium? It looks like a giant balloon.

M: It's a blimp. It's a kind of balloon _____ _____ _____ _____. People often ride in them to take pictures from the sky during sports games.

W: I think it would be awesome to ride in one. Why don't they use them to take people from city to city, like airplanes?

M: Actually, they used to. Long ago, _____ _____ _____ _____, called Zeppelins, to travel.

W: Really?

M: Yes, in the 1930s one Zeppelin even _____ _____ _____ _____.

W: Wow! How long did that take?

M: It only took two and a half days. It was _____ _____ anything else at that time.

W: Why did they stop using them?

M: It was too dangerous. Zeppelins used hydrogen to fly, and hydrogen _____ _____ _____ easily. In 1937, one caught fire and killed many people.

W: That's awful!

M: Yes. After people saw the accident, no one would ride in a Zeppelin again.

09

M: Good afternoon, neighbors! Each fall, we host the Rock Hill Forest Festival. This year, it will be held _____ _____ _____ from Friday, October 15, to Sunday, October 17. This family-friendly festival is a great chance for your kids to learn about the beauty of nature. It will offer nature walks led by forest rangers, photo exhibitions, and _____ _____ _____ _____. Guest artists, including Brandon Daniel and Deborah Tripp, will be displaying their art. If it rains, the festival will be postponed

_____ _____ _____.

This festival is free for village residents. However, to _____ _____

_____ _____, the number of visitors will be limited to 150 each day. So please _____ _____

_____ and sign up early on our website. Come enjoy this fun festival. Thank you.

10

M: Hi. Do you _____ _____

_____ finding a car?

W: Yes. Is there one that you recommend?

M: This is our most popular model. It's a very nice-looking car.

W: Yes, it is. But look at that price tag! My budget is $25,000.

M: In that case, look at this one. It's

_____ _____ _____, but it's affordable.

W: I like the price, but I'm looking for a two-door model.

M: All right. Here's a two-door model

_____ _____ _____

_____. It comes with a one-year warranty.

W: I'm sorry, but I need at least a two-year warranty.

M: All right. Then here is the right car for you.

W: It looks great. I'll take it.

11

W: Tom, someone said that you had my phone.

M: Yeah, I _____ _____ _____

_____ _____. I have it right here.

W: Thank you so much! Where did you find it?

M: (It was on the table in the library.)

12

M: Oh, it's so cold outside tonight.

W: Yes, I'm surprised. Unfortunately, I didn't

_____ _____ _____

_____.

M: Do you want to wear my jacket?

W: (It's nice of you to offer.)

13

M: Bella, are you taking the school's new archaeology class?

W: Yes, I am. _____ _____

_____ _____ _____

learning about past cultures.

M: Me too. It seems like a really interesting subject.

W: Then will we be taking the class together?

M: Unfortunately, we won't. It doesn't

_____ _____ _____.

W: What are you going to take instead?

M: Well, I have to take a computer programming class _____ _____

_____.

W: I see. Well, it's too bad you can't take that archaeology class with me.

M: (I agree. Perhaps I'll get a chance to take it someday.)

14

[Cell phone rings.]

M: Hello?

W: Hi, Alan. It's Maria. I'm just calling to see if everything is okay.

M: Oh, Maria. I _____ _____ _____ _____ you. I'm sorry I wasn't able to go to your party.

W: I was pretty surprised. When I talked to you this morning, you said you were coming.

M: I _____ _____ _____. But something unexpected happened.

W: Oh, what happened?

M: My brother _____ _____ _____ _____ _____. Both my parents are working late, so I had to take care of him.

W: I see. Well, everyone _____ _____. We were worried something bad happened to you.

M: No, I'm fine. But I feel really bad about not coming.

W: (That's okay. I hope he feels better soon.)

15

W: Jack and Nicole are friends who live in the same building. Recently, a new boy _____ _____ _____ _____ with his family. Since the three of them are the same age, they went to the movies together. But the new boy _____ _____ _____ _____ _____.

He kept talking about himself and complaining about his new town. Later, he apologized to Jack and Nicole, explaining that he was just nervous and trying too hard to be cool. Jack wants Nicole to accept his apology so that the three of them can _____ _____ _____, but Nicole refuses to. In this situation, what would Jack most likely say to Nicole?

Jack: (You need to give him a second chance.)

16-17

M: Welcome to my beginner's meditation class. You've probably heard a lot about the benefits of meditation. People have been practicing meditation _____ _____ _____ _____ for a long time. More recently, it has been used as a way to lose weight and _____ _____ _____. But there's another benefit to meditation that you might not know about: it can actually increase your IQ. It was once thought that a person's IQ _____ _____ _____ _____, but we now know that there are ways to raise it. Studies have shown that regular meditation can actually change the way your brain works, _____ _____ _____ _____. This makes it easier for you to pay attention for long periods of time and to _____ _____ quickly. Of course, meditation has a different effect on everyone who tries it, but I'm sure you'll be pleased with the results. Now let's all _____ _____ _____ and get started.

Key Vocabulary

01 **downtown area** 도심 지역   **announce** 발표하다   **empty** 텅 빈   **absolutely** 전적으로; *전혀   **take away** 제거하다; *~을 빼앗다   **local** 지역의   **stop A from v-ing** A가 ~하지 못하게 하다

02 **quit** 그만두다   **comic book** 만화책   **put together** 조립하다, 만들다   **suit** 맞다

03 **sidewalk** 보도, 인도   **own** 소유하다   **step** (발걸음을 떼어놓아) 디디다   **get through** ~을 빠져나가다

04 **checkered** 체크무늬의   **sandcastle** 모래성   **edge** 끝, 가장자리

05 **take care of** ~을 돌보다; *처리하다   **feed** 먹이를 주다   **on time** 정각에   **fill up** ~을 가득 채우다   **bowl** 그릇

06 **misread** 잘못 읽다   **entertainment** 연예

07 **allergy** 알레르기 (*a.* **allergic** 알레르기가 있는)   **lettuce** 상추   **ingredient** 재료   **dressing** 드레싱, 소스

08 **stadium** 경기장   **giant** 거대한   **blimp** 소형 비행선   **power** 동력을 공급하다, 작동시키다   **awesome** 엄청난, 대단한   **the Atlantic** 대서양   **hydrogen** 수소   **catch (on) fire** 불이 붙다   **awful** 끔찍한

09 **forest ranger** 산림지기, 산림 감시원   **exhibition** 전시회   **display** 전시하다   **postpone** 연기하다   **further notice** 추후 통지   **resident** 거주자, 주민   **conserve** 아끼다; *보존하다   **limit** 제한하다   **select** 선택하다   **sign up** 신청하다

10 **budget** 예산   **attractive** 매력적인   **affordable** (가격이) 알맞은   **range** 범위   **warranty** 품질 보증서

11 [문제] **bus stop** 버스 정류장

12 [문제] **offer** 제안하다   **had better** ~하는 게 낫다

13 **archaeology** 고고학   **subject** 과목   **fit** 들어맞다   **major** 전공   [문제] **look forward to** ~을 고대하다   **perhaps** 아마

14 **be about to-v** 막 ~하려고 하다   **unexpected** 예기치 않은   **come down with** ~에 걸리다   **flu** 독감   [문제] **eventually** 결국   **reschedule** 일정을 변경하다

15 **first impression** 첫인상   **complain** 불평하다   **cool** 시원한; *멋진   **hang out** 어울리다   **refuse** 거절하다, 거부하다   [문제] **judge** 판단하다   **appearance** 외모

16-17 **meditation** 명상 (*v.* **meditate** 명상하다)   **benefit** 이점   **cure** 치료하다   **increase** 증가시키다   **at birth** 태어났을 때   **raise** 들어올리다; *(양·수준 등을) 올리다   **regular** 보통의; *규칙적인   **efficient** 효율적인   **pay attention** 주목하다, 집중하다   **recall** 생각해내다   **be pleased with** ~에 기뻐하다   **clear** 치우다; *맑게 하다   [문제] **alternative** 대안   **link** 관련성, 관계   **correct** 바로잡다   **posture** 자세

01

M: Are you a big fan of mystery novels? If so, you're surely _____ _____ the Jack King novels of local author Melissa Thornton. Next Monday, at 8 p.m., the author will be at the Northtown Bookstore to read a chapter from _____ _____ _____ in the series. Afterwards, she will be answering questions from readers and _____ _____ of her books. Also, her new book will be on sale at 20% off. We're _____ _____ _____ _____, so please come early to make sure you get a good seat.

02

W: When you think of gold, _____ _____ _____ you imagine fancy jewelry and watches. But gold is more than just a symbol of wealth. It also has many _____ _____. In fact, nearly every electronic device you own – including cell phones and computers – contains gold. The main reason is that gold _____ _____ _____ _____, and it doesn't corrode as it gets older. Gold is also commonly used by dentists to replace lost teeth and _____ _____ _____.

03

W: The bathroom sink is over here.

M: All right. Is the bathtub having problems, too?

W: No, the bathtub is fine. But the water won't _____ _____ _____ _____.

M: Let me check underneath it.

W: Sure.

M: Well, the problem is the pipe. This is an old house, so it's very narrow.

W: You mean things can _____ _____ _____ in it?

M: That's right. I can clear it out, but I _____ _____ _____.

W: I see. How much would that cost?

M: It would be $100, and it would take a few hours.

W: All right. I think that's _____ _____ _____.

04

W: I like your room. What's that picture over your desk?

M: My little brother drew it. He's only five.

W: How cute! But you have too many books on your desk.

M: I know. I need to get some bookshelves. There's _____ _____ _____ my laptop.

W: So where do you put it?

M: It's on the small table _____

_____ _____ _____.

W: Oh, I see it. What's that next to it? It looks like a robot.

M: It's just an alarm clock. I've had it

_____ _____ _____

_____.

W: I like it. What's that door between your desk and the bed?

M: It's the bathroom.

05

W: Are you okay, David? You don't look good.

M: I know. I think I _____ _____ _____ last weekend.

W: I told you to buy a warmer jacket. Winter is nearly here.

M: Actually, I stayed in all weekend. Unfortunately, my heater broke.

W: Oh. You need to call your landlord and _____ _____ _____ as soon as possible.

M: I did, but the repairperson can't come over until this afternoon.

W: I see. Well, have you taken any medicine?

M: No, I don't have any. Maybe I'll

_____ _____ _____

_____ _____.

W: I'll do it for you right now. Meanwhile, you should drink some hot tea.

M: Okay. Thanks.

06

W: Hi. Can I help you?

M: Yes. I'm interested in _____

_____ _____.

W: All right. It's $3 per hour. How long do you need it for?

M: Well, what time is it now?

W: It's three o'clock. And we _____

_____ _____ eight o'clock.

M: I think two hours should be enough.

W: All right. But if you rent it for three hours or more, you _____ _____

_____.

M: How much of a discount?

W: You'll get $2 off the total fee.

M: In that case, I'll keep it for three hours and return it at six o'clock.

W: Okay. I'll lend you a helmet for free.

07

[Telephone rings.]

M: AP Shopping, this is Phil. How can I help you?

W: Hi, Phil. It's Whitney.

M: Oh, hi. I noticed you weren't at your desk, so I've been _____

_____ _____.

W: I appreciate it. Anyway, the boss changed his mobile phone number, didn't he?

M: Yes, last week. Don't you have it?

W: No, and I guess he's away on business this week. I need to tell him _____

_____ _____ _____

_____.

M: Is something wrong?

W: Well, there's nothing wrong with me. But my husband hurt his knee.

M: I'm sorry to hear that. Is he in serious pain?

W: It's pretty bad, so I need to take him to the hospital. It would be great if you could _____ _____ _____ _____ ` _____ to me.

M: Okay. I'll do it right away. And I hope your husband will be okay.

W: Thanks, Phil.

08

[Telephone rings.]

W: Thank you for calling Pacific Airlines.

M: Hello. I'd like to ask about flights to Hong Kong from New York City. Could you tell me _____ _____ _____?

W: Certainly. When would you like to depart?

M: On Thursday, the 22nd of this month. And I'll come back on the 27th.

W: Do you want to fly economy, business, or first class?

M: I'll have to fly economy. I don't _____ _____ _____ _____.

W: How many people will be traveling?

M: It's just me.

W: Okay. A round-trip economy ticket from New York to Hong Kong costs $1,500.

M: Okay. I'll _____ _____ _____ _____, then.

W: Certainly. I'll just need to get your details, and you'll be all set up.

09

M: Some students spend summer vacation volunteering. Others spend it _____ _____. Now you can do both. The National Volunteer Tour is offering a three-week trip across South America. The tour is open to high school students _____ _____ _____ _____ _____. There will be stops in five cities in three different countries. During these stops, you will _____ _____ _____, orphanages, and churches. You'll also have chances to see the local sights and museums. There is a $700 fee to _____ _____ _____ this program, which covers food, accommodation, and local transportation. Participants must _____ _____ _____ _____ _____.

10

M: Hi. I've heard that you have free Korean classes.

W: Yes. They're beginner classes held on Mondays and Wednesdays.

M: Only beginner classes? _____ _____ _____ _____.

W: Well, we also have some other classes,

but there is a fee.

M: That's fine. Do you have any other classes on Mondays and Wednesdays?

W: We have an intermediate class _____ _____ _____.

M: How about advanced classes? I'd like a challenge. _____ _____ _____ Thursday is fine.

W: In that case, how about weekend classes? They're cheaper than weekday classes.

M: Well, saving money is great, but I like to _____ _____ _____ _____.

W: Then you should sign up for this class.

11

W: Honey, _____ _____. It's snowing a lot.

M: Right. I don't think I can _____ _____ _____. It might be too dangerous.

W: You're right. Why don't you use public transportation instead?

M: (Okay. I will take the subway today.)

12

M: Jenny, thanks for _____ _____ _____ your camera.

W: No problem. How was your trip to Switzerland?

M: It was great. Do you want to see the pictures?

W: (Sure, I would love to see them.)

13

W: What's wrong, Jacob?

M: I don't know why, but nowadays I'm always tired. Plus _____ _____ _____ _____.

W: Your tongue? Hmm.... Have you been very busy lately?

M: Not really. I don't have that much work to do these days.

W: In that case, it sounds to me like you have a vitamin B deficiency.

M: You mean I'm not eating _____ _____ _____?

W: Yes. Vegetables such as cabbage, broccoli and spinach all contain lots of vitamin B.

M: Is that right? To be honest, I never eat any of those. You know, I love fast food.

W: Well, if you start to eat those foods, I think you'll find _____ _____ _____ _____ _____.

M: (Okay. I'll change my diet and see if it works.)

14

M: How are you feeling these days?

W: I'm still _____ _____ _____. I just can't seem to get rid of this cold.

M: Still? How long has it been?

W: Nearly six weeks now. It started right after I _____ _____ _____ _____.

M: I think it could be sick building

syndrome.

W: You mean my building is making me sick? But it's brand-new.

M: That's often the case. The air in new buildings sometimes isn't _____ _____ _____.

W: Then what should I do? I don't want to move to another place.

M: Well, I think things will improve if you _____ _____ _____ _____ in here.

W: (Okay, I'll open some windows right now.)

15

M: Ricky has been best friends with Mary since elementary school. Mary was always shy and never liked talking in front of groups of people. But _____ _____ _____ _____, her fear of speaking in public became a big problem. Now, she's ready to quit one of her classes in order to _____ _____ _____ _____ in front of her classmates. Ricky realizes this is serious. In the past, he thought it was just her personality and did the speech for her, but now he feels that she needs to _____ _____ _____ _____ _____. In this situation, what would Ricky most likely say to Mary?

Ricky: (I think you need to face your fears.)

16-17

W: Good morning. As I'm sure you know, many people _____ _____ _____ _____ _____ these days. They spend a lot of time worrying about their diet and whether or not they get enough exercise. But they still _____ _____ _____ from neck or back pain. Taking a yoga class is one good way to avoid issues with your spine. So is swimming regularly. The way we sleep can also have _____ _____ _____ _____ the well-being of our bodies. For example, try to sleep on your back or side, rather than on your stomach. You _____ _____ _____ _____ your pillow is not too firm or too soft. Finally, when spending long periods of time studying at a desk, you should make sure to get up and walk around for five minutes every hour. Doing these things, along with eating well and working out, will _____ _____ _____ and healthy.

Key Vocabulary

01 **familiar with** ~에 친숙한, ~을 잘 아는 **author** 작가 **afterwards** 후에, 나중에 **copy** 복사본; *(신문·책 등의) 한 부 **crowd** 사람들, 군중

02 **fancy** 값비싼, 고급의 **jewelry** 보석류 **symbol** 상징 **wealth** 부(富), (많은) 재산 **practical** 실용적인 **electronic device** 전기기구 **conduct** 행동하다; *(열이나 전기를) 전도하다 **electricity** 전기 **corrode** 부식되다 **replace** 대체하다 **cavity** (물체의) 구멍, 빈 부분; *(충치의) 구멍

03 **sink** 싱크대; *세면대 **bathtub** 욕조 **drain** (물이) 빠지다 **underneath** ~의 밑에 **narrow** 좁은 **get stuck** (걸려서) 꼼짝 못 하게 되다, 꽉 끼다 **clear out** (~을 없애고) 청소하다

04 **room** 방; 자리, 공간 **bookshelf** 책꽂이

05 **catch a cold** 감기에 걸리다 **stay in** 나가지 않다[집에 있다] **landlord** 주인, 임대주 **fix** 고정시키다; *고치다 **repairperson** 수리공 **come over** 들르다 **meanwhile** 그동안에

06 **rent** 빌리다, 대여하다 **fee** 수수료; *요금 **lend** 빌려주다 **for free** 무료로

07 **notice** ~을 의식하다[알다] **on business** 볼일이 있어, 업무로 **pain** 고통 **text message** (휴대전화로) 문자를 보내다

08 **airline** 항공사 **available** 이용 가능한 **depart** 떠나다 **economy[business/first] class** 일반석[비즈니스석/일등석] **round-trip** 왕복 여행의 **detail** 세부 사항

09 **abroad** 해외로 **stop** 중단; *(잠시) 머묾 **orphanage** 고아원 **sight** 시력; *관광지 **take part in** ~에 참가하다 **cover** 씌우다; *포함하다 **accommodation** 숙박 시설 **transportation** 교통, 수송 **airfare** 항공 요금

10 **intermediate** 중급의 **challenge** 도전 **except** ~을 제외하고

11 **instead** 대신에 [문제] **crowded** 붐비는

12 **Switzerland** 스위스 [문제] **own** ~ 자신의

13 **nowadays** 요즘에는 **tongue** 혀, 헛바닥 **swollen** 부어오른 **deficiency** 부족 **cabbage** 양배추 **spinach** 시금치 **go away** 가다; *없어지다 [문제] **skip** 건너뛰다, 생략하다 **diet** 식습관

14 **under the weather** 몸이 좀 안 좋은 **get rid of** ~을 없애다 **sick building syndrome** 새 건물 증후군 **brand-new** 완전 새것의 **breathe** 숨을 쉬다

15 **fear** 두려움 **quit** 그만두다 **avoid** 피하다 **presentation** 발표 **realize** 깨닫다 **personality** 성격 [문제] **face** 직면하다

16-17 **be concerned about** ~에 관심을 가지다 **end up v-ing** 결국 ~하게 되다 **issue** 쟁점; *문제 **spine** 척추 **impact** 영향, 충격 **sleep on one's stomach** 엎드려서 자다 **pillow** 베개 **firm** 딱딱한 **along with** ~에 덧붙여 **work out** 운동하다 [문제] **necessity** 필요(성)

01

W: May I have your attention, please? As you know, the school has decided to add Korean classes to its evening schedule. Many people _____ _____ _____ in these classes, but there are a limited number of seats. Therefore, we urge you to sign up as soon as possible. Although registration can _____ _____ _____ _____, students wishing to take these classes must _____ _____ _____ at the main office. You'll need to bring a copy of your schedule and a letter of permission. You must remember that there will be a 500- to 800-word essay _____ _____ _____ _____ _____ _____.

02

W: I don't think I can meet you for dinner later, Kyle. I'm too tired.

M: I understand. You _____ _____. Did you stay up too late?

W: No, I didn't. I was in bed by 10:30. But I didn't sleep well.

M: Did you _____ _____ _____ before going to sleep?

W: Not really. I just took some vitamins and then played games on my smartphone _____ _____.

M: You bring your smartphone to bed? That's probably why you're not sleeping well.

W: I don't think so. I _____ _____ _____ _____, so it doesn't wake me up.

M: Yes, but being exposed to the glowing light right before sleep affects your sleep negatively. Our brains are _____ _____ _____ _____.

W: Does it? I didn't know that.

M: Yes. Plus, playing games right before sleep stimulates your brain, which _____ _____ _____.

W: That makes sense. I should change my sleep routine.

03

M: This was the artist's last painting before he became ill. _____ _____ _____ _____, it is very cheerful.

W: Excuse me, I have a question.

M: Yes, what is it?

W: What does the book in the child's hand represent?

M: It shows the child's _____ _____ _____ and education.

W: I see. Then, was education very important to the artist?

M: It certainly was.

W: Is that why so many of his works show

students and books?

M: Yes. His main theme was the life of average people, but he also _____ _____ _____.

W: Thank you. That's very interesting.

M: You're welcome.

04

M: Krista, would you _____ _____ _____ _____?

W: Sure. There's a half-full glass on the counter. Is that yours?

M: No, it's not mine. Isn't there some tea left in the teapot?

W: Oh, you mean the teapot with a picture of flowers on it?

M: Yes. Could you _____ _____ _____ in another cup?

W: All right. I'll put it in one of those two mugs _____ _____ _____ _____.

M: Thanks. And can you bring some of the strawberries in the round bowl?

W: Okay. I'll bring you this striped cloth napkin, too. You always _____ _____ _____ _____ _____.

M: Thank you. You know me very well.

05

M: Honey, you ordered a new microwave online, didn't you? Shouldn't it _____ _____ _____ _____?

W: Actually, it was delivered today.

M: Oh, then let's clear a spot for it in the kitchen.

W: Well, the problem is that they sent the wrong model.

M: So, we have to _____ _____ _____?

W: No. I called the company, and they said we could return it to the store instead.

M: Then they'll give us a refund?

W: That's right. But I'm _____ _____ _____ _____ _____ tomorrow. Do you think you could bring it to the store for me?

M: Sure. I'll take care of that while you're gone.

W: Thanks.

06

W: What can I get for you?

M: I'm sorry, but I _____ _____ _____, so I can't read the menu very well.

W: That's okay. I can help you.

M: Thank you. How much is an Americano?

W: It's $3.

M: Okay, I'll take two Americanos and a caffe latte.

W: The caffe latte costs _____ _____ _____ _____ an Americano.

M: I see. I also have this coupon. Can I use it now?

W: Yes. _____ _____ _____,

one of your Americanos will be free.

M: All right.

M: Oh, you're having a party.

W: Come in! You know most of the people.

M: No, thanks. I just wanted to _____ _____ _____ _____.

W: Oh my, are we being too loud?

M: Oh, no. We can barely hear anything next door. Actually, it's about my dog, Nicky.

W: How is the big girl?

M: Fine. _____ _____ _____ _____ you, does it?

W: No, not at all. We never hear anything!

M: I guess it's just my son that complains when he's studying.

W: Well, she seems quiet to us.

M: Anyway, we're _____ _____ _____ _____ for a few days. Could you feed her?

W: Of course.

M: Thanks. I'll give you my key tomorrow morning.

08

M: I'm looking forward to going camping this weekend. I just read a fascinating book about wilderness survival skills.

W: Well, we don't need to worry about that. I'm not _____ _____ _____ _____ in the forest.

M: But would you know what to do if we did?

W: Sure, the first thing to do is make a fire.

M: That's right. Staying warm is really important. Next, you have to find a water source.

W: But what about food?

M: That's not as important. You can go much longer without food. Finally, it's _____ _____ _____ some kind of shelter.

W: Why is that?

M: You have to be able to sleep to _____ _____ _____ _____ _____. It will also keep your mind clear.

W: Hmm, maybe we should skip the camping and just go to the movies.

W: _____ _____, everybody. You're going to have an important test this week. The test will have 50 _____ _____ _____, 40 true or false questions and 10 short answer questions. However, there will not be an essay question. You can pick up the study guide for the test after class. Please _____ _____ _____ before the test on Friday. The test will only cover chapters seven and nine. Chapter eight will _____ _____ _____ _____. Good luck!

10

M: I was thinking about taking one of these yoga classes before work.

W: That sounds good. I'll join you. But I have to _____ _____ _____ before nine every morning.

M: Well, how about a six o'clock class? Is that too early?

W: No, but I can't go on Tuesday mornings. I have an early meeting _____ _____ _____.

M: Really? Then maybe we should take an evening class.

W: Okay, but I don't have time on Wednesday evenings. I'm taking a flower arrangement class.

M: In that case, we _____ _____ _____ _____.

W: Do you mind taking the beginner level?

M: Not at all. I want to _____ _____ _____.

W: Great! Let's take this class.

11

M: I'd like to order a salad for lunch. What are you going to have?

W: I want to have something with a lot of meat.

M: You _____ _____ _____. You almost never eat vegetables.

W: (Okay, I will try a salad as well this time.)

12

W: Toby, what TV program are you watching?

M: This is _____ _____ _____, a show about a famous detective.

W: That sounds really interesting. Do you _____ _____ _____ _____ _____?

M: (Not at all! Have a seat here with me.)

13

M: Emma, did you hear about the talent contest at the school festival?

W: Yes, it looks like a lot of fun. Are you going to enter?

M: Well, I thought about _____ _____ _____ _____.

W: Oh, you're a great dancer. That sounds like a wonderful idea.

M: I'm kind of nervous about it, though.

W: Why is that? You _____ _____ _____ last year.

M: But I heard that there's a lot of competition this year.

W: Yes, but everyone knows you're the best dancer in the school. _____ _____ _____!

M: I'm not sure. There's a new student who dances very well.

W: (Be confident. I'm sure you will win.)

14

M: Hi, Victoria. We're supposed to go to the movies tonight, aren't we?

W: That's right. _____ _____ _____ _____ _____.

M: Me too. You have a class at the language center after school, don't you?

W: Yes, I'm _____ _____ _____ _____.

M: I have a Japanese class that finishes at 6:00. Let's meet in the lobby after our classes.

W: But mine doesn't finish until 6:30.

M: That's okay. I _____ _____ _____.

W: That's nice of you. But isn't that too early? The movie doesn't start until 8:00.

M: Oh, really? I thought it started at 7:00.

W: No, that's _____ _____. On weekdays, it starts at 8:00.

M: (In that case, let's just meet at the theater.)

15

M: Allison will have a meeting with her group for the history project at four o'clock tomorrow afternoon. They are planning to meet to _____ _____ _____. They also have to decide how they are going to finish the project. Suddenly, Allison remembers that she _____ _____ _____ _____ from three to five tomorrow afternoon. She can't miss it, because it will help her _____ _____ _____ _____ she has to take soon. However, she doesn't have any plans after her class, so she wants to delay the meeting until later in the evening. In this situation, what would Allison most likely say to her group members?

Allison: (Can we reschedule our meeting for after five o'clock tomorrow?)

16-17

W: It is a common situation. A student receives a number of emails which include threats and bad language. She doesn't know who is sending them, but she is _____ _____ _____ _____. This girl is just one more victim of cyber bullying. Cyber bullying is becoming a serious problem, and both victims and bullies are more likely to be young girls. There are several ways that people bully others online. They can send emails containing threats directly to a person. They may also _____ _____ _____ about a person on websites. Another method of bullying is cell phones. Text messages can threaten the person directly, and embarrassing pictures taken with phones can _____ _____ _____ _____ _____ _____. However, cyber bullying is a crime. Unfortunately, most young people don't realize that their actions are actually a criminal act. Besides, cyber bullying is very _____ _____ _____ since it occurs outside of school and away from the eyes of adults.

01 limited 제한된 urge 촉구하다 sign up 등록하다 registration 등록 in person 직접, 몸소 assign (일 등을) 맡기다, 부과하다

02 exhausted 기진맥진한 unusual 흔치 않은 expose 드러내다; *노출시키다 glow 빛나다 negatively 부정적으로 sensitive 세심한; *민감한 stimulate 자극하다 make sense 이해가 되다; *말이 되다 routine 습관

03 work 일; *작품 cheerful 생기가 있는 represent 표현하다[나타내다] dedication 전념, 헌신 education 교육 certainly 확실히, 틀림없이 theme 주제 average 평균의, 보통의 care about ~에 관심을 가지다

04 counter 계산대; *조리대 teapot 찻주전자 pour 따르다, 붓다 mug 머그잔 shelf 선반 bowl (우묵한) 그릇 striped 줄무늬의 cloth 천 drop 떨어뜨리다

05 microwave 전자레인지 spot 점; *자리[곳] mail (우편으로) 보내다 business trip 출장

07 ask ~ a favor ~에게 부탁을 하다 barely 거의 ~ 아니게[없이] barking 짖는 소리 bother 괴롭히다, 귀찮게 하다 complain 불평[항의]하다 feed 먹이를 주다

08 look forward to v-ing ~하기를 고대하다 fascinating 대단히 흥미로운 wilderness 야생 survival 생존 get lost 길을 잃다 water source 수원(水源) essential 매우 중요한, 필수적인 shelter 피신처, 대피소 skip 생략하다, 건너뛰다

09 multiple choice 선다형의, 객관식의 pick up ~을 집다 review 재검토하다 cover 씌우다; *다루다

10 basics 기본, 기초

11 order 주문하다 as well ~도

12 detective 탐정 join 함께 하다, 합류하다

13 talent contest 장기 자랑 enter 들어가다; *참가하다 win 이기다, ~에서 우승하다 competition 경쟁 [문제] miss 놓치다

14 be supposed to-v ~하기로 되어 있다 French 프랑스어

15 discuss 논의하다 [문제] available 시간이 있는

16-17 a number of 다수의 threat 협박, 위협 (v. threaten 협박하다) insecure 안전하지 못한, 불안정한 victim 피해자 bully 괴롭히다; 괴롭히는 사람 directly 곧장; *직접 negative 부정적인 method 방법 embarrassing 당황스러운 crime 범죄 (a. criminal 범죄의) besides 게다가 detect 발견하다, 감지하다 occur 일어나다 law 법 prohibit 금지하다

01

W: Air travel is the safest and most efficient form of travel _____ _____ _____. Yet many travelers find their fear of flying leaves them grounded. Fearful flyers _____ _____ by even just thinking about flying. If you are a fearful flyer, then *Flying with Confidence* is for you. A fear of flying can be overcome with the help of this new program. It explains modern airplane flight _____ _____ _____ _____. This program is being used by psychologists around the US to help patients overcome this fear, and it has been _____ _____.

02

M: How was your basketball game? Did your team win?

W: Yes, we did. But I think I hurt my leg.

M: What happened? Did you fall down or something?

W: No. Nothing happened. It just started to hurt _____ _____ _____ _____.

M: Hmm…. How long did you stretch before the game?

W: Actually, I _____ _____ _____ _____. I didn't think it was necessary.

M: That's why your leg hurts. Your muscles weren't _____ _____ before you started playing.

W: Do you really think that would have helped lessen the risk of injury?

M: Yes, I do. It would have _____ _____ _____ _____ and got the blood flowing to your muscles, which gets your body ready to exercise.

W: I didn't know that. I guess that was my mistake.

M: Yes, I think it was. Try to remember what I told you _____ _____ _____ _____.

W: I will!

03

W: Michael, where are the hot peppers I asked you to buy?

M: Hot peppers? I thought you said black pepper. It's right here.

W: Oh, no. We need hot peppers for tonight's special stew.

M: I'm really sorry. I _____ _____ _____ you.

W: That's okay. We'll have to choose a new dish.

M: How about grilled pork steak?

W: No, I think we'll make chicken and rice tonight.

M: Okay. I'll _____ _____ _____ the waiters that the special has changed.

W: Good. And then come right back and start _____ _____ _____.

We need to work quickly.

M: All right.

04

M: It's so nice to _____ _____ _____ _____ in the park.

W: I agree. It's such a relaxing place.

M: Yes. Look at the family having a picnic under the big tree.

W: What a lovely family! And the park is also a good place to exercise.

M: Yes. Two people are jogging _____ _____ _____.

W: And a man is riding a bike as well.

M: What is that over there? Two children are standing in front of it.

W: Ah, that's a juice stand. Can't you _____ _____ _____?

M: I want some juice, too. Let's go get some.

W: Okay. It'll be _____ _____.

05

[Cell phone rings.]

M: Hello?

W: Hi, William. This is Claire. I'm planning a party _____ _____. Can you come?

M: Sure! _____ _____ _____ _____.

W: My pleasure. We're going to have dinner and watch a movie together.

M: That sounds great! What kind of movie is it?

W: It's a Spanish movie called *Luna*.

M: Awesome! Anyway, I can bring some fruit _____ _____ _____.

W: That's nice of you, but Shannon already said she would bring some.

M: Really? But I'd also like to help with the party somehow.

W: Then do you mind _____ _____ _____ that we can eat while watching the movie?

M: No problem. I hope everyone is fine with nachos.

06

M: Welcome to Maple Stone National Park.

W: Hi, I'd like to _____ _____ _____ for the park for five people.

M: All right. Tickets are $10 each.

W: Do you _____ _____ _____ for children?

M: Children under age six are free.

W: All right. I have a two-year-old boy.

M: Wonderful. You won't have to pay anything for him.

W: How about _____ _____ _____ _____?

M: Seniors aged 60 or older receive a 20 percent discount.

W: All right. Then, we need three adult tickets and one senior ticket.

07

M: Jane, where are you _____ _____?

W: Oh, Tom. I was about to call you. I have to go and watch my baby sister.

M: Where are your parents? Why do you have to _____ _____?

W: They are working late today.

M: I thought we were going to the amusement park today.

W: Right. I'm so sorry, but _____ _____ _____ _____?

M: I took time off from my job to spend time with you today. I'm _____ _____ tomorrow.

W: Why not? Do you have to go to work?

M: No. I have an appointment with a doctor. I _____ _____ _____ _____.

W: Okay. I'm sorry about today, Tom. I'll buy you lunch next week.

M: No problem. Bye!

08

W: A floating bridge was recently constructed near my office. What an _____ _____ _____!

M: Actually, floating bridges, also known as pontoon bridges, aren't a new invention at all. They've been around _____ _____.

W: Oh, really? I didn't know that.

M: Yes. Some records from China indicate floating bridges _____ _____ _____ _____ the 11th century B.C. Its name came from the old French word *Ponton*, which means "ferryboat".

W: How did they make them?

M: They connected boats together and placed _____ _____ _____ _____ on top.

W: Then, were the Chinese the only people to use pontoon bridges?

M: No. During Roman times, this type of bridge was built to allow armies _____ _____ _____ _____. One of the longest bridges was two miles long!

W: Wow, that's amazing, considering they lacked modern equipment.

M: Yes. People are always _____ _____ _____ clever solutions to life's problems.

09

W: Women _____ _____ _____ _____ _____ can participate in 'Bolton's Race for Life.' One of the event's organizers said, "The focus is not on competing, but on _____ _____ at your own pace and having fun." Participants include those who have personally _____ _____, and those who want to celebrate someone in their life who has had cancer. Finish times are not recorded, and there are _____ _____ _____ _____. 'Bolton's Race for Life' is now in its 10th year and has raised more than $5 million toward treating, curing, and preventing cancers that affect women.

10

W: David, can you _____ _____ _____ a game for my nephew?

M: A computer game? Sure.

W: Thank you.

M: How about a soccer game? Most boys love soccer these days.

W: Sounds good, but actually he's _____ _____ _____.

M: Then he'd like this car racing game.

W: Let me see. [Pause] Wow, it's more than $50. I _____ _____ _____.

M: Okay. What about this one? It's $40.

W: But look! It says it's rated '13 and over.' My nephew is only ten.

M: I didn't know he was that young. Then how about this? He'll love it!

W: _____ _____ _____ _____. I'll get it. Thank you for your help, David.

11

M: Mina, do you want to come to the movies with me this afternoon?

W: Oh, I have a yoga lesson at 4:00.

M: Can you _____ _____ _____?

W: (No, I think we should go another time.)

12

W: Excuse me. I believe I left my jacket here yesterday.

M: I haven't seen it. Have you _____ _____ _____ _____?

W: No. Can you tell me where it is?

M: (It is on the first floor in the lobby.)

13

M: Hey, Rachel! You can speak French, can't you?

W: Yes, I can. Why do you ask?

M: Well, we've _____ _____ _____ from France arriving tomorrow. But she doesn't speak English at all. Could you come with me to the airport to pick her up?

W: Can I ask who she is?

M: She's a friend of my sister Sandy. They _____ _____ _____ _____ in Europe.

W: I see. But isn't Sandy going to the airport?

M: No, she has a big test on Friday.

W: Well, actually, I promised Mark we'd do our science homework together tomorrow.

M: Couldn't you study with Mark _____ _____?

W: (Okay, but I need to give him a call first.)

14

W: Welcome back from your trip. Did you have a good time?

M: Yes, I did. We visited _____ _____ _____ _____ in Asia.

W: Did you get to see any interesting wild animals?

M: Not really. But I saw some amazing tiger skins and elephant ivory _____ _____ _____ _____.

W: Oh. You didn't purchase those things there, did you?

M: No. They were interesting, but very expensive.

W: The price doesn't matter. They're illegal! Elephants and tigers are both _____ _____.

M: Oh, I didn't think of that!

W: People who try to bring those kinds of products through customs _____ _____ _____.

M: (Wow, I guess it's a good thing I didn't buy them.)

15

M: Jennifer is _____ _____ _____ at the supermarket. It's very busy, and she's been standing there for about 10 minutes. Now there are just _____ _____ _____ _____ _____. Suddenly, she realizes that she forgot to get eggs. She really needs eggs for the dinner she's planning to make tonight, but she doesn't want to _____ _____ _____ in line. If she goes to get the eggs, she'll have to wait at least another 20 minutes. Just then, she sees her brother Tom _____ _____ _____ _____. In this situation, what would Jennifer most likely say to Tom?

Jennifer: Tom, (can you go get some eggs for me?)

16-17

W: Good evening listeners, and happy holidays. Another year is _____ _____ _____ _____, and a new one is approaching. People around the world will be celebrating, but they'll be doing it in different ways. In Spain, for example, it is a tradition to eat 12 grapes when _____ _____ _____ _____ on December 31st. That's one grape for each ring of the church bells. In Brazil, however, the magic number is seven, not 12. Many Brazilians _____ _____ _____ _____ at the stroke of midnight and jump into seven waves. In India, people celebrate the changing of the years by making an old man out of straw and then burning it. This is a symbolic way of clearing out the old to _____ _____ _____ _____ _____. Finally, be careful if you invite people from Denmark over to celebrate the holiday—they _____ _____ _____ as a way of bringing good luck!

Key Vocabulary

01 **efficient** 효율적인　**planet** 행성; *세상　**ground** (배가[를]) 좌초되다[시키다]; *이륙을 못 하게 하다　**fearful** 두려워하는　**flyer** 비행기 여행자　**anxiety** 불안, 초조　**confidence** 자신(감)　**overcome** 극복하다　**modern** 현대의　**calm** 진정시키다　**psychologist** 심리학자　**patient** 환자　**be well received** 호평을 받다

02 **fall down** 넘어지다　**halfway** 중간에　**stretch** 늘이다; *스트레칭하다　**necessary** 필요한　**muscle** 근육　**lessen** 줄이다　**risk** 위험　**injury** 부상　**raise** 올리다　**temperature** 온도　**flow** 흐르다

03 **hot pepper** 고추　**black pepper** 후추　**stew** 스튜(고기와 채소를 넣고 국물이 좀 있게 해서 천천히 끓인 요리)　**misunderstand** 오해하다　**grilled** 구운　**pork** 돼지고기　**chop** 썰다, 다지다

04 **path** 길　**stand** 서다, 서 있다; 가판대　**sign** 징후; *표지판　**treat** 대접, 한턱

05 **Spanish** 스페인의　**awesome** 굉장한　**somehow** 어떻게든

06 **national park** 국립공원　**admission ticket** 입장권　**senior citizen** 어르신, 노인

07 **watch** 지켜보다; *돌보다　**amusement park** 놀이공원　**take time off** 휴가를 내다　**available** 이용 가능한; *(사람들을 만날) 시간[여유]이 있는　**regular** 정기적인, 규칙적인　**checkup** 신체검사, 건강 검진

08 **floating** 떠 있는　**construct** 건축하다　**invention** 발명(품)　**pontoon bridge** 뗏목다리 (부교의 한 종류)　**ancient** 고대의　**indicate** 나타내다　**army** 군대　**considering** ~을 고려하면　**lack** ~이 없다　**equipment** 장비　**come up with** (해답 등을) 찾아내다

09 **ability** 능력　**participate** 참가[참여]하다　**organizer** 조직자, 주최자　**compete** 경쟁하다　**take part** 참여하다, 참가하다　**pace** 속도　**cancer** 암　**celebrate** 축하하다; *기리다, 찬양하다　**raise** 올리다; *모금하다　**cure** 치유하다　**prevent** 막다[예방하다]

10 **nephew** 조카　**rate** 평가하다; *(영화·비디오의) 등급을 매기다 (n. rating 등급) [문제] **parental** 부모의　**guidance** 지도

11 **reschedule** 일정을 변경하다

12 **lost and found** 분실물 보관소　[문제] **stripe** 줄무늬　**lobby** 로비

14 **exotic** 이국적인　**skin** 피부; *(동물의) 가죽　**ivory** 상아　**souvenir** 기념품　**purchase** 구입하다　**illegal** 불법적인　**endangered** 멸종 위기에 처한　**species** 종(種)　**arrest** 체포하다

15 **ahead of** ~앞에　**spot** 장소, 자리　[문제] **section** 구획

16-17 **come to an end** 끝나다　**approach** 다가오다　**tradition** 전통　**strike** 치다; *(시계나 종이 시간을) 알리다　**head for** ~으로 향하다　**stroke** 타법; *(시계나 종이) 치는 소리　**straw** 밀짚　**symbolic** 상징적인　**space** 공간　**smash** 박살 내다　[문제] **belief** 믿음, 신념　**origin** 기원, 근원

01

M: I'm here to tell you about Suncoast Seabird Sanctuary, a hospital for birds. About 30 _____ _____ _____ _____ are brought to us every day. The birds receive medical attention, food, and shelter. Unfortunately, about 90 percent of the birds are there because of injuries _____ _____ _____. These include gunshot wounds, injuries from fishing hooks, and _____ _____ _____ _____. Caring for these birds is expensive. Your donations help us buy food and supplies. You can also help by _____ _____ _____ or caring for the birds in our hospital.

02

W: Why were you so _____ _____ _____ today, Hank?

M: I overslept, and then I couldn't find my notebook.

W: Is that because your parents are out of town?

M: Yes. They usually wake me up and _____ _____ _____ for me.

W: Aren't you too old to be taken care of like that?

M: Maybe, but it's hard to change.

W: But you're already 15. I think you should be more independent.

M: You're probably right.

W: Also, if you _____ _____ _____ _____, you would have higher self-esteem.

03

M: Sorry to _____ _____ _____. We're quite busy today.

W: That's okay. I just have some questions about my ticket. It's under the name Connor.

M: Let me check. *[Typing sound]* Okay, you're flying from Toronto to Incheon, right?

W: That's right. But I was wondering if I could _____ _____ _____ _____. I don't eat meat.

M: Oh, no problem. I will _____ _____ _____ _____ vegetarian meals.

W: Thank you very much. But there's another problem. I noticed that I'm sitting next to a window.

M: That's right. Would you like to change that?

W: Yes, please. I really _____ _____ _____ _____ the aisle.

M: Let's see. *[pause]* Okay, that's taken care of. Anything else?

W: No, that's everything. Thank you for your help.

M: It was my pleasure. Have a wonderful

day.

04

[Cell phone rings.]

M: Hello?

W: Hi, Rick. Are you at the wedding hall yet?

M: I just arrived. It seems like _____ _____ _____ _____ the way we wanted. There are round tables with tablecloths.

W: Do they have flowers or candles on them?

M: Each table has a candle _____ _____ _____. But there are flowers on top of the piano.

W: I didn't know there was a piano. Where is it?

M: It's just to the right of the long buffet table.

W: Oh! I hope they haven't _____ _____ _____ _____ yet.

M: Don't worry, there's nothing on the table. But they decorated it with some balloons.

W: Good. It sounds like everything is _____ _____ _____.

05

M: Did you _____ _____ _____ _____, Susan?

W: Not yet. The real estate agent showed me a few places last week, but I didn't like any of them.

M: Oh, that's a shame.

W: The big problem is that I have to move by the end of next week. I'm _____ _____ _____ _____.

M: Maybe I can help.

W: What do you mean?

M: One of my friends lives in a house, and she is _____ _____ _____ _____.

W: Really? What's her house like?

M: It's really spacious, and it's near public transportation. Actually, I'm going over there after work. You could _____ _____ _____ and check it out.

W: That would be great. Thanks.

06

M: Hi. Can I ask you some questions about your Internet service?

W: Sure. We're actually having a special promotion this month.

M: Yes, I saw your ad. Can you _____ _____ _____ _____?

W: All right. Basically, we combine your Internet and your cable TV.

M: And the Internet normally costs $40 a month?

W: That's right. But that price _____ _____ _____ _____ if you also get cable.

M: And how much is your cable service per month?

W: It's $50, but you'll get a 10 percent discount _____ _____

_____.

M: Sounds great. I'll take the cable and Internet service together.

W: Excellent.

07

M: I'm thinking about joining a fitness club.

W: I didn't know you enjoyed going to the gym.

M: Actually, I don't. But I want to start _____ _____ _____.

W: I see. Do you really think you'll get your money's worth?

M: Honestly, I'm not sure. Are you a gym member?

W: No. It's _____ _____ _____ _____ _____ to work out in a gym.

M: Then how do you stay fit?

W: By being active. You know – cycling, rock climbing.... I exercise _____ _____ _____ I want to do.

M: That does sound a lot more fun than going to the gym.

W: It is! Finding the motivation _____ _____ _____ is easy when you're doing what you love to do.

08

W: Why are you staying at your parents' house these days, Jim?

M: My apartment building has a bedbug problem. You know, those tiny insects that _____ _____ _____

_____.

W: That sounds terrible. How did your building get that problem?

M: Bedbugs are small and flat. They can easily hide in the folds of your clothing or bags.

W: Oh, so when people travel _____ _____ _____ _____, they move the bedbugs around?

M: Exactly. They also live in mattresses and other furniture. If you buy used furniture, you could bring them into your apartment accidentally.

W: But you haven't been traveling or _____ _____ _____.

M: Well, they can also travel along wires and pipes.

W: So, if your neighbor has them, you can get them too.

M: That's right.

09

M: Please welcome our new teacher, Linda Winter. Let me introduce her to you briefly. She graduated with a major in English and also _____ _____ _____ _____ in English. Before coming here, she taught junior high school students in Los Angeles for two years. She will be teaching English to freshman here at Harper High School. _____ _____ _____, Ms. Winter has been singing with the city choir and performing in concerts at the

City Convention Center. Also, she really loves _____ _____ _____ _____ and around the world.

10

M: Now that we have our flight tickets, why don't we book a room at Oceana Bree Hotel?

W: Okay. We can _____ _____ _____ _____ if we book early.

M: Right. What type of room do you want to _____ _____?

W: Hmm…. A room with a sea view would be nice.

M: Oh, it looks like sea view rooms are a little expensive for us. Since we plan to _____ _____ _____ _____ _____, we can't spend too much on the hotel.

W: All right. Well, a view of the river or the mountains would be okay too. But I insist we have breakfast in the hotel.

M: Of course. I love hotel breakfast buffets.

W: So, that _____ _____ _____ _____ to two.

M: Yes. I will book this room. This is more expensive than the other one, but the view would be better.

W: Sounds good.

11

W: I think we should go outside and _____ _____ _____.

M: Yes, the weather is perfect for outdoor activities.

W: Then, why don't we play tennis this afternoon?

M: (That sounds like a good idea to me.)

12

M: Helen, we can't go to the baseball game tonight.

W: Why not? We've _____ _____ _____.

M: I'm sorry. I need to take my dog to the vet. He is sick.

W: (Oh, I'm sorry to hear that. I'll cancel the tickets then.)

13

W: Let's have dinner together.

M: That's a good idea. Actually, I'm starving. Do you have any particular restaurant in mind?

W: Yep. I'll _____ _____ _____ _____ _____ _____. It's a French restaurant called Bon Appétit.

M: I don't think I've ever been there before.

W: They have a lot of great dishes. _____ _____ _____ _____.

M: Sounds delicious. I'll have that.

W: Good choice. I had it there last time, and it was great. I recommend having it rare; it's really tender.

M: Rare? I prefer well-done to rare.

W: Have you ever tried it rare? The more you chew, _____ _____

_____ you get.

M: (Okay, I'll try it that way this time.)

14

M: Hi, _____ _____ _____

_____ here at the senior center. I'm

available after school every day.

W: That's terrific. But can I ask why you're

interested in volunteering here?

M: My grandfather _____ _____

recently. So I decided to help other

elderly people.

W: I see. And how old are you?

M: I'm 14.

W: Oh, unfortunately, you need to be at

least 15 years old to volunteer here.

M: Oh no! I didn't _____ _____

_____ _____ _____.

That's a shame.

W: I'm really sorry. But we'd love to have

you help out when you're old enough.

M: All right. I guess I'll just have to wait.

W: (I hope to see you next year.)

15

W: Stephen and Maureen have decided

to _____ _____ _____

_____ _____ together. They

both really like the musicians who are

playing in the concert. So Stephen has

decided to get there three hours early

to get seats _____ _____

_____ _____. However,

Maureen has a class that day. She won't

get there until just before the show

starts. About an hour before the show,

Stephen needs to visit the restroom.

He calls Maureen, but she says she is

still 45 minutes away. Stephen looks

around and sees a woman _____

_____ _____. He wants to ask

her to help him out so he can use the

restroom. In this situation, what would

Stephen most likely say to her?

Stephen: Excuse me. (Could you keep

these two seats for me for a few

minutes?)

16-17

M: Yesterday, class, we were talking about

the human brain. But today I'd like

to focus on the animal kingdom for a

bit. Human beings may be _____

_____ _____ _____ on

Earth, but many animals have impressive

brains as well. You may _____

_____ _____ _____

that the average IQ of a killer whale is

about 50. It is believed that their highly

developed brains _____ _____

_____ _____ _____

_____ emotions much like we do.

Elephants also have extremely large

brains—perhaps this is why people say

"an elephant never forgets." However,

when it comes to relative brain size,

meaning in comparison to the size of

the body, nobody can beat octopuses.

They have even shown the ability to

use tools for problem-solving! This is quite advanced. Finally, you might think that pigs simply ＿＿＿＿＿ ＿＿＿＿＿ ＿＿＿＿＿ ＿＿＿＿＿ ＿＿＿＿＿ all day, but they actually have the ability to outperform three-year-old humans on cognition tests. Now that's impressive!

Key Vocabulary

01 **sanctuary** 보호구역 **injure** 부상을 입히다 (*n.* **injury** 부상) **medical attention** 치료 **shelter** 주거지; *피난처 **gunshot** 발사된 탄환 **wound** 부상, 상처 **fishing hook** 낚시 바늘 **pollution** 오염 **care for** ～을 돌보다 **donation** 기부 **supply** ((*pl.*)) 보급품, 물자 **maintain** 유지하다 **facility** ((*pl.*)) 시설

02 **oversleep** 늦잠 자다 **independent** 독립적인 **manage** 간신히 해내다; *다루다, 감당하다 **self-esteem** 자부심

03 **make sure** 확실히 하다 **vegetarian** 채식주의자(의) **aisle** 통로 **take care of** ～을 돌보다; *～을 처리하다

04 **wedding hall** 예식장 **set up** 준비하다 **tablecloth** 식탁보

05 **real estate agent** 부동산 중개인 **shame** 수치심; *아쉬운 일 **run out of** ～을 다 써버리다 **spacious** 넓은 **public transportation** 대중교통

06 **promotion** 홍보[판촉] (활동) **in detail** 상세하게 **combine** 결합하다 **normally** 보통

07 **fitness club** 헬스클럽 **gym** 헬스장 **get in shape** 몸매[건강]를 유지하다 **worth** 가치 **motivation** 동기(부여) **work out** 운동하다

08 **bedbug** 빈대 **tiny** 작은, 미세한 **insect** 곤충 **feed on** ～을 먹고 살다 **flat** 납작한 **fold** 주름, 접힌 부분 **furniture** 가구 **used** 중고의 **accidentally** 우연히, 뜻하지 않게 **wire** 전선

09 **briefly** 간단히 **graduate** 졸업하다, (학사) 학위를 받다 **major** 전공 **earn** 받다, 얻다 **master's degree** 석사 학위 **choir** 합창단

10 **book** 예약하다 **fancy** 복잡한, 화려한; *값비싼, 고급의 **insist** 주장하다 **narrow down** 좁히다, 줄이다

11 **outdoor** 야외의 [문제] **be supposed to-v** ～하기로 되어 있다 [～해야 한다] **go on a diet** 다이어트

12 **vet** 수의사

13 **starving** 몹시 배가 고픈 **particular** 특정한 **dish** 접시; *요리 **specialty** 전문 **recommend** 추천하다 **rare** 드문; *(고기가) 살짝 익은 **tender** 부드러운 **well-done** (고기가) 완전히 구워진 **chew** 씹다 **flavor** 풍미, 맛

14 **volunteer** 자원하다, 자원봉사하다 **senior center** 노인복지관, 경로당 **available** 이용할 수 있는; *(사람들을 만날) 시간[여유]이 있는 **terrific** 아주 좋은, 훌륭한 **pass away** 사망하다, 돌아가시다

recently 최근에 **elderly** 연세가 드신 **unfortunately** 불행하게도, 유감스럽게도 **requirement** 필요조건, 요건 [문제] **make up one's mind** 마음을 정하다, 결정하다

15 [문제] **keep a seat** 자리를 맡아 두다

16-17 **advanced** 고등의, 상급인 **species** 종(種) **impressive** 인상적인 **learn** 배우다; *～을 알게 되다 **killer whale** 범고래 **highly** 매우 **extremely** 극도로; *아주 **perhaps** 아마 **when it comes to** ～에 관한 한 **relative** 상대적인 **in comparison to** ～와 비교할 때 **beat** 이기다 **octopus** 문어 **lie around** 되는대로 놓여있다; *빈둥거리다 **mud** 진흙 **outperform** 능가하다 **cognition** 인지 [문제] **possess** 소유하다 **intelligence** 지능 **accurate** 정확한 **measure** 측정하다

01

W: There was a period in my life when I wasn't sure what to do with my life. If you _____ _____ _____ _____, this is the book for you. It helped me figure out what was really important. It is not a crystal ball, but it provides a lot of useful information on _____ _____ _____ what is really important to you. It also helps you find out what you like to do. I strongly recommend it to anyone who needs to _____ _____ _____ _____.

02

M: Welcome back, Tonya. How was your vacation?

W: It was like being in paradise. But _____ _____ _____ _____. Look how burned my shoulders are now.

M: Oh boy! That's a pretty serious burn. Have you put ice on it yet?

W: No, I haven't. Should I?

M: Yes. It will _____ _____ _____ and make it heal faster. You should also buy some aloe lotion.

W: Do you think that will help?

M: Yes. Aloe lotion is often used to _____ _____.

W: I see. I'll be sure to pick some up at the pharmacy after work.

M: Good. I hope you _____ _____ _____.

03

[Telephone rings.]

W: Hello?

M: Mrs. Teasdale? The part for your car has arrived.

W: Great! When can you install it?

M: If you _____ _____ _____ _____ this afternoon, you can pick it up again on Friday.

W: Hmm.... That's too long. I can't be without my car until Friday.

M: Okay, let's reschedule. When do you need your car?

W: Thursday is Valentine's Day, and I have plans. So I really _____ _____ _____ _____ before then.

M: I see. Can you get here by noon today?

W: Yes. And when can I pick it up?

M: You'll _____ _____ _____ early Thursday morning.

04

M: This campsite is great.

W: It is! I want to _____ _____ _____ _____ going through the trees.

M: Yes. We can do that tomorrow.

W: Oh, look at the log cabin next to the trail. Is that where we are staying?

M: Yes. And do you see the two tents next to it? _____ _____ _____ _____ next time!

W: Good idea. What are those logs in front of the cabin?

M: I think someone gathered them for a campfire.

W: Maybe we can use them to _____ _____ _____, too.

M: Sure. Then we can have dinner at the table next to the logs.

W: Great. Let's go inside. We need to unpack.

05

W: Good to see you, Josh.

M: Hi, Allison. How are you?

W: Not bad. Oh, by the way, do you know Eric's cell phone number?

M: Eric? Yes. Why?

W: He's in my biology class. Last Wednesday, I _____ _____ _____, so I need to ask him for his notes.

M: Are you okay? Were you sick?

W: Yes, my doctor told me to rest for a few days. _____ _____ _____ now.

M: Oh, that's good. Are you in Professor Taylor's biology class? I heard he's very strict.

W: Yes, he is. But I really enjoy his class. Anyway, can you _____ _____ _____ _____?

M: Just a second. Let me find it on my cell phone.

06

M: Good morning! We are _____ _____ _____ in celebration of our first anniversary! Do you need help?

W: Yes. I'm wondering how much your umbrellas are.

M: They're $7 each, or two for $10.

W: _____ _____ _____ _____. I'll take two umbrellas, then.

M: Okay. Our rain boots are also on sale today.

W: The price tag says they're $50.

M: Yes, but they're 40 percent off today.

W: Great. I'll take a pair. And I _____ _____ _____ _____, so I'll get 20 percent off my total purchase, right?

M: I'm sorry. You can't use your membership discount _____ _____ _____ _____.

W: Oh, okay. I understand.

07

M: Wow, look out the window!

W: Why? _____ _____ _____?

M: It's snowing! Look, isn't it beautiful?

W: Oh, yes. But look at what I'm wearing. I can't go outside in this light sweater and these high heels.

M: Why didn't you wear a coat or boots? You'll catch a cold.

DICTATION **193**

W: It looked like it was going to be a clear day this morning.

M: That's true, but you should always check the weather report _____ _____ _____ _____.

W: Actually, my mother told me to dress warmly, but it looked so nice outside that I didn't listen to her.

M: Well, you should always be prepared for the weather.

W: You're right, and I _____ _____ _____ _____ my mother, too.

08

M: I heard you're planning to visit Singapore.

W: Yes, but I'm worried it will be rainy.

M: Don't worry. October is _____ _____ _____ _____ _____ between June and September.

W: Great. You seem to know many things about Singapore!

M: Yes, I _____ _____ _____.

W: Then do you think spending three days there is enough? I can't take _____ _____ _____ _____.

M: Sure. It is a small country. It is less than 700 square kilometers.

W: Good! It seems like an interesting city with people from _____ _____ _____ cultural backgrounds.

M: Yes. There are 5 million people. Many of them are Chinese, but there are also lots of people from Malaysia and India.

W: Wow! It is a diverse country!

09

M: Hello, movie lovers! I'd like to announce the annual Asena Short Film Competition. The theme for this year is _____ _____ _____! This contest is for high school students nationwide who are interested in movies. Your short film should be 5 to 20 minutes _____ _____. Works longer than 20 minutes will not _____ _____. They can be in either English or Korean. Please _____ _____ _____ to our official website by the last Saturday of October. The three best filmmakers will get a $500 prize and a trophy. The special guest judges will include Sung-ho Bong and Kate Clark, and _____ _____ _____ _____ _____ on December 13th.

10

M: Wilma, do you want to see a movie this week?

W: Sure. How about _____ _____ _____ _____?

M: Great idea. I think they'll enjoy that. Let's look at the schedule and pick one out.

W: Oh, I've heard good things about *Broken Hearts*.

M: Me too, but I don't think it's _____ _____ _____ _____. They're both under 17 years old.

W: Oh, right. Well, if possible, I'd like to see something in the afternoon.

M: Okay. Which day do you prefer?

W: Tuesday won't work. I _____ _____ _____ _____.

M: And weekends are always too busy at the theater, in my opinion.

W: Let's see this one, then.

11

W: Welcome to Betty's Boutique. How may I help you?

M: I'd like to return this sweater please.

W: Can I ask _____ _____ _____ _____ _____ _____?

M: (Yes, it has a hole in the elbow.)

12

M: Emily, I heard that you were taking guitar lessons.

W: Oh, I was, but not anymore.

M: That's too bad. Why did you _____ _____ _____?

W: (I didn't have time to practice.)

13

W: Are you still working on that project?

M: Yeah. _____ _____ _____ that it's going to take a few days to finish.

W: You look very tired.

M: I am. I haven't been sleeping very well, and I've been staring at the computer screen all day.

W: You shouldn't be _____ _____ _____ _____. Why don't we take a short break now?

M: Okay, but let me just finish this part first.

W: How long do you think it will take?

M: I can _____ _____ _____ _____ in 10 minutes.

W: Okay. I have some documents to drop off at the human resources department. It'll take less than 10 minutes.

M: (Great. See you in the employee lounge in 10 minutes.)

14

W: Jim, what are you going to do this evening?

M: I am going to the mall to _____ _____ _____ _____ _____. I'm running a marathon on August 4.

W: A marathon? But you don't even exercise.

M: Well, I'm just _____ _____ _____ _____.

W: I've run marathons in the past, and they're really difficult. Just completing a 42-kilometer race is a challenge.

M: So I'll have to be _____ _____ _____ _____. Do I have to start running regularly?

W: Of course. You have to practice pacing yourself properly to _____ _____ _____ on race day.

M: All right. Then where should I start?

W: (Why don't we go jogging together starting tomorrow?)

15

M: Michael moved to a new town a few months ago. Overall, he's very happy with his new home. He _____ _____ _____ all of the neighbors that he's met. However, he has one problem. Someone has been dumping their garbage next to his garage. He doesn't understand who would _____ _____ _____ _____. One night, he wakes up after hearing a noise. Looking out the window, he sees one of his neighbors dumping her garbage next to his garage. He quickly runs _____ _____ _____ her. In this situation, what would Michael most likely say to his neighbor?

Michael: (What are you doing? You can't dump your trash here!)

16-17

W: Smells are everywhere. Pleasant or unpleasant, they impact our behavior _____ _____ _____. In fact, smells have a more significant influence on our moods and emotions than any of the other senses. That is why

Mitsuwa, a Japanese soap company, ran a newspaper advertisement that mixed the smell of soap with newspaper ink. The advertisement wasn't very successful, but it _____ _____ _____ _____ _____ advertising through scents. Now, scent marketing is a growing trend. Brands are discovering how scents can help them _____ _____ _____ on an emotional level. By using scent, brands can lead customers to see their product as more unique and of a higher quality, and these customers _____ _____ _____. Scents can cause people to remember or desire something that _____ _____ _____ _____ _____ _____. When used together with sight, sound, and touch, smells can be used effectively for great advertisements. That's why this method is becoming an increasingly _____ _____ _____.

Key Vocabulary

01 **period** 기간, 시기 **figure out** (생각한 끝에) ~을 이해하다[알아내다] **crystal ball** (점칠 때 쓰는) 수정 구슬 **discover** 발견하다 **recommend** 추천하다

02 **paradise** 천국 **downside** 부정적인 면 **burn** 태우다, 화상을 입다; 화상 **reduce** 줄이다 **heal** 치유되다 **sunburn** 햇볕으로 인한 화상 **pharmacy** 약국

03 **part** 일부; *부품 **install** 설치하다 **drop off** ~을 갖다주다 **reschedule** 일정을 변경하다

04 **campsite** 야영지, 캠프장 **trail** 자국[흔적]; *오솔길 **log** 통나무 **cabin** 오두막집 **gather** (여기저기 있는 것을) 모으다[챙기다] **campfire** 모닥불 **build a fire** 불을 피우다 **unpack** (짐을) 풀다

05 **biology** 생물학 **strict** 엄격한

06 **celebration** 기념 **anniversary** 기념일 **wonder** 궁금하다 **deal** 거래

07 **weather report** 일기 예보

08 **sort** 종류 **background** 배경 **diverse** 다양한

09 **annual** 매년의, 연례의 **theme** 주제, 테마 **nationwide** 전국적으로 **length** 길이; * 시간, 기간 **consider** 고려하다 **submit** 제출하다 **judge** 판사; *심사위원 **include** 포함하다

10 **bring along** ~을 데리고 오다 **appropriate** 적절한 [문제] **rating** 등급 **audience** 청중, 관중 **admit** 인정하다; *입장을 허락하다

11 [문제] **sold out** 다 팔린 **refund** 환불 **hole** 구멍 **elbow** 팔꿈치 **credit card** 신용카드

12 **take a lesson** 수업을 받다

13 **behind** 뒤에; *(발달 진도가) 뒤떨어져[늦어] **stare at** ~을 응시하다 **push oneself** (~하도록) 자신을 채찍질하다 **get through** (일을) 끝내다 **stuff** 물건; *일 **document** 서류 **human resources department** 인사부 [문제] **take it easy** 일을 쉬엄쉬엄하다 **rush** 서두르다 **employee** 고용인, 직원 **lounge** 라운지, 휴게실

14 **complete** 완료하다 **race** 경주, 달리기 **challenge** 도전 **in good shape** 몸 상태가 좋은 **regularly** 정기적으로, 규칙적으로 **pace oneself** 자기에게 맞는 속도를 찾다 **properly** 적절히 **maximize** 극대화하다 **potential** 잠재력

15 **overall** 종합[전반]적으로 **get along with** ~와 잘 지내다 **dump** 버리다 **garage** 차고 **confront** 닥치다; *정면으로 마주치다

16-17 **impact** 영향을 주다 **strength** 힘, 강도 **significant** 중요한, 커다란 **influence** 영향 **sense** 감각 **run** (신문 등에) 싣다 **advertisement** 광고 (*v.* **advertise** 광고하다) **mix** 섞다 **inspire** 고무하다, 격려하다 **scent** 향기 **trend** 동향, 추세 **connect** 연결하다 **emotional** 감정적인 **unique** 독특한 **loyal** 충성스러운 **desire** 바라다, 원하다 **sight** 광경, 모습 **effectively** 효과적으로 (*n.* **effect** 영향, 효과) **increasingly** 점점 더 **tool** 수단 [문제] **value** 가치 **alternative** 대안

01

M: As you know, Tyson High School needs a new library. However, we are still short $8,000 in construction funds. To help _____ _____ _____, our school will hold a carnival this Sunday, April 2nd. Tickets are $20 at the school gate, and there will be contests, games, and other fun activities. You'll also _____ _____ _____ to buy some delicious desserts made by your fellow students at our bake sale. The event runs from 9:30 a.m. to 5:00 p.m. and will _____ _____ at the Tyson Sports Field. I hope to see you there!

02

W: Oh, you bought *Great Adventures*! I love that book. Are you enjoying it?

M: Actually, I _____ _____ _____ yet.

W: I think you'll love it, too. It was also made into an excellent film.

M: I know. I'm trying to decide whether to watch it before I read the book.

W: I wouldn't do that _____ _____ _____.

M: Why not?

W: When you read a book, you imagine lots of things, such as _____ _____ _____, right?

M: That's right. It's one of the best parts of reading a book.

W: Well, if you see the movie first, it will _____ _____ _____ _____. You'll just imagine they look like the actors.

M: Good point. Also, it would be interesting _____ _____ _____ _____ to what I pictured while reading.

W: Exactly. When you finish reading the book, let's watch the movie together.

03

M: Ms. Corbin, why are you trying to _____ _____ _____?

W: I'm thinking about buying a house.

M: Wonderful. What do you do for a living?

W: I'm a project manager at a graphic design firm.

M: And how much money do you make a year?

W: My annual salary is $65,000.

M: Great. You shouldn't _____ _____ _____ _____ for a loan with us, in that case.

W: I'm glad to hear it. What do I need to do next?

M: Please fill out this form. Don't forget to _____ _____ _____ at the bottom of the page.

W: Okay. Thank you.

04

W: Andy, did you _____ _____
_____ yourself?

M: Yes. It's for my little sister's birthday. So I
wrote "5th Birthday Party" at the top.

W: Oh, that was nice of you. _____
_____ _____ _____
_____ looks perfect.

M: Yeah, and I drew only one candle
on top. Otherwise, the cake would
_____ _____ _____.

W: I agree. And I like these balloons!

M: My sister loves balloons, so I drew two
balloons on each side of the cake.

W: That was a good choice. Does your
sister also like flowers?

M: Yes. That's why I drew one flower
_____ _____ _____.

W: I bet your sister will like this card!

05

M: Oh no! I _____ _____
_____ with all my important work
files from my laptop.

W: Why don't you check the recycle bin?

M: It's not there. I think I deleted them
permanently.

W: You should be more careful when you
empty your recycle bin.

M: I know.

W: There might be a way to _____
_____ _____.

M: Really? What is that?

W: You can take your computer to a service

center. I've heard that if you don't use
your computer after you lose the files,
it's _____ _____ _____
_____ _____.

M: Really? But I don't have time to go.

W: Don't worry. I'll do it for you.

M: Thanks. I _____ _____.

06

W: That was a delicious meal.

M: Yes, I'm really glad we tried this
restaurant.

W: Me too. Okay, let's _____
_____ _____. Your steak was
$32, and my pasta was $28.

M: It doesn't matter. I'm _____
_____ _____ _____.

W: That's not necessary.

M: Of course it is. I promised I'd _____
_____ _____ _____ on
my first visit to America.

W: All right. Thank you.

M: How much should I _____
_____ _____ _____?

W: It should be 15% of the total bill. So, it's
$9.

M: Okay, I'll call our server over.

07

W: Welcome back, Gerald. How was your
trip to Canada?

M: It was great. I had the time of my
life. I visited Niagara Falls _____
_____ _____!

W: That's excellent. You can tell me all about it on Friday at my housewarming party!

M: Oh, did you _____ _____ _____ _____ _____ already?

W: Yes, last week. The party starts at 7 p.m. You should come. All our friends will be there. I will order pizza.

M: I'd love to. But I won't be able to _____ _____ _____ _____.

W: Oh, are you working that evening?

M: No, I'm doing a part time job only on weekends these days. But I have to _____ _____ _____ _____. Is that okay?

W: Sure. Better late than never! I will save some pizza for you.

M: Great! See you then.

08

M: And now let's go to Anna Simon with Monday's _____ _____ _____.

W: Thanks, Dan. But before I get to today's weather, let's talk about last week's big storm.

M: You must mean Typhoon Nari.

W: That's right. It was a powerful storm with wind speeds of more than 160 km/h.

M: Yes, I _____ _____ _____. It traveled north along the coast of China, didn't it?

W: Yes, it did, before turning east and hitting Korea.

M: I heard it caused millions of dollars of _____ _____.

W: Yes, many houses and buildings were destroyed. Luckily, _____ _____ _____ _____.

M: That's good to hear.

W: It really is. Now let's get to today's forecast, starting with South America.

09

M: Have you ever heard of the world's first newspaper? It was the *Acta Diurna*. It was started in ancient Rome in 59 B.C. *Acta Diurna* means "the daily news" in Latin. It was a handwritten sheet that was posted daily in the Roman Forum. It _____ _____ _____ detailed accounts of battles, military appointments and important political events. Citizens living _____ _____ _____ _____ of the Roman Empire would send people to the city of Rome to read the latest news and _____ _____ _____. In this way, they were able to _____ _____ _____ _____ what was going on in the world.

10

M: We'll be at this resort until May 12th. We should choose an activity to do.

W: Oh, I want to _____ _____ _____. How about rock climbing?

M: Unfortunately, we leave at 3:00 p.m. that day.

W: I see. Hmm... how much do you think you can spend for the activity?

M: Well, I don't want to _____ _____ _____ $40.

W: All right. And do you care about the time of the activity?

M: Yes, I do. I hope we can sleep in and _____ _____ _____ while staying here.

W: You mean you prefer something in the afternoon, right?

M: Yes. _____ _____. That's why we came here.

W: Okay. Let's do this one!

11

W: Excuse me, can I _____ _____ _____ here?

M: No, you can't. You have to park in the parking lot across the street.

W: I see. Do I have to _____ _____ _____ _____?

M: (Yes, it costs $2 an hour.)

12

M: Rachel, I heard that you just _____ _____ _____ _____ _____ to Europe.

W: That's right. I visited eight different countries!

M: That's great. Which country was your favorite?

W: (I enjoyed France the most.)

13

W: I can't wait for our trip to Seoul next week.

M: Me either. I _____ _____ _____ _____ hotels and restaurants yesterday.

W: That's great. What sites did you use?

M: Actually, I used a travel guidebook. It was _____ _____ _____ _____.

W: Oh, I didn't know you bought a travel guidebook.

M: I didn't. I went to the bookstore, but they were expensive. So I got one from the library.

W: Hmm. Did you _____ _____ _____ _____?

M: Yes. It was just two years old. I'm sure the information is still good.

W: I don't know. I heard Seoul is a fast-changing city.

M: (Then maybe I should double-check the information online.)

14

W: Have you heard about the garbage patch in the Pacific?

M: Yes. I watched a documentary film about it. It's like a huge island of trash.

W: I really feel like we should _____ _____ _____.

M: But what can we do?

W: Hmm.... We could reduce waste

_____ _____ _____ .

M: Then, _____ _____ _____
a clothing swap? We have lots of clothes
we don't wear anymore.

W: That's a good idea. People can

_____ _____ _____

_____ and exchange them.

M: Yes. We can use the community center
hall. Let's do it next Saturday.

W: (Okay. I'll bring some sweaters I never
wear.)

15

W: Dorothy and David have been working
together for 15 years. David was
recently given a promotion and put

_____ _____ _____ a

very important engineering project.
Since _____ _____ _____

_____ _____ , he has been
very stressed and clearly hasn't been
sleeping or eating properly. Dorothy
doesn't think he even went home over
the weekend. _____ _____

_____ _____ , he's drinking a
lot of coffee just to stay awake. As a
coworker and close friend, she is really

_____ _____ _____

_____ . In this situation, what would
Dorothy most likely say to David?

Dorothy: (You look exhausted. You should
get some rest.)

16-17

M: Hello, I'm Jason from *Your Perfect
Getaway*. If you are _____

_____ _____ _____ to
go for your next vacation, Bali would
be the perfect choice. There is no other
place like it on earth! Bali is a magical
blend of culture, people, nature, and
exciting activities. In the mornings, you
can _____ _____ _____

_____ through Bali's rice fields. The
rice fields in Ubud, Bali are especially
famous because of their unique layout.
You can _____ _____ in Bali
too! One of the most famous caves
in Bali is Pura Goa Lawah. It is home
to thousands of bats. And of course,
you can't forget to go scuba diving or
snorkeling. You can see beautiful fish,
colorful coral reefs, and sea horses
under the crystal-clear water. If you are
lucky enough, you might _____

_____ _____ ! Lastly, Bali
Monkey Forest is a must see. It is home
to over a thousand wild monkeys.
But be careful; the monkeys might

_____ _____ _____ or
sunglasses.

01 short 짧은; *부족한 construction 건설 fund 기금 raise 들어올리다; *(자금을) 모으다 carnival 축제 fellow student 학우 run 달리다; *(언급된 시간에) 진행되다 take place 개최되다

02 film 영화 character 특징; *등장인물 ruin 망치다 compare 비교하다 picture ~을 상상하다

03 get a loan 대출을 받다 firm 회사 annual salary 연봉 qualify 자격을 얻다 fill out 작성하다 signature 서명

04 invitation 초대; *초대장 layer 층, 단 complicated 복잡한 bet 돈을 걸다; *틀림없다, 분명하다

05 delete 삭제하다 recycle bin (컴퓨터) 휴지통 permanently 영구적으로 empty 비우다 restore 복원[복구]하다

06 bill 계산서 treat 대접하다, 한턱내다

07 suggest 제안하다; *추천하다 housewarming party 집들이 move into ~로 이사하다 on weekends 주말마다, 주말에 save 구조하다; *남겨두다

08 international 국제적인 weather forecast 일기 예보 typhoon 태풍 wind speed 풍속 follow 따라가다; *(진행 상황을) 지켜보다 coast 해안 property 재산 destroy 파괴하다

09 handwritten 손으로 쓴 sheet (종이) 한 장 post 발송하다; *(안내문 등을) 게시[공고]하다 forum 토론회; *(고대 로마의) 포럼, 광장 consist of ~로 구성되다 mainly 주로 detailed 상세한 account 설명 battle 전투 military 군사의 appointment 약속; *임명, 지명 citizen 시민 reach 거리[범위]; *~의 외곽 empire 제국 bring back ~을 가지고 돌아가다 keep in touch with ~을 계속 접하다

10 rock climbing 암벽 등반 sleep in 늦잠을 자다 [문제] horseback riding 승마

11 park 주차하다 [문제] parking lot 주차장

13 research 연구, 조사 publication 출판, 발행 [문제] double-check 재확인하다

14 garbage 쓰레기 patch 부분 take action 조치를 취하다 organize 준비하다, 조직하다 swap 바꾸기, 교환; *교환 모임 exchange 교환하다 [문제] separate 분리하다 recyclable 재활용할 수 있는

15 promotion 승진 in charge of ~을 맡아서, 담당해서 engineering 공학 기술 on top of that 그 밖에 coworker 동료 be concerned about ~을 걱정하다 [문제] policy 정책, 방침 exhausted 기진맥진한

16-17 blend 혼합, 조합 rice field 논 unique 독특한 layout 레이아웃, 배치 explore 탐험하다 cave 동굴 coral reef 산호초 sea horse 해마 [문제] pack (짐을) 싸다, 꾸리다 agriculture 농업 various 여러 가지의, 다양한 destination 목적지, 도착지

01

M: As the sales staff here at Gold Automobiles, you are _____ _____ _____ _____ _____ _____. Recently, our sales have been low, so we need to work harder. While you are working, please _____ _____ _____. First, greet all customers when they enter the car lot and ask what they are looking for. Second, listen carefully so you can suggest the appropriate vehicle _____ _____ _____. Finally, be sure to know the details of all our vehicles so you can answer any questions. By _____ _____ _____, you can help us improve our sales.

02

W: Hi, Thomas. How's your exercise plan going?

M: Not great. I'm supposed to go for a run every evening, but I _____ _____ _____.

W: I thought you enjoyed jogging.

M: I do, but it's _____ _____ _____ _____. I have nobody to make sure I do it regularly.

W: I understand. But you wouldn't be alone if you downloaded a workout app.

M: How do they work?

W: _____ _____ _____ _____, these apps record the distance you run each evening. And other app users encourage you.

M: That's interesting. I've never thought about using one.

W: They're great. Plus, some of them have pre-recorded voices that _____ _____ _____ _____ _____.

M: Do you really think it would help?

W: I use one. It's probably the only reason I'm able to work out every morning.

M: All right, I'll give one a try.

03

W: It's a pleasure to meet you, Mr. Graves. I really love your work.

M: Thank you very much.

W: I _____ _____ _____ _____ about your book signing today.

M: I'm happy to be here. It's a great way to meet my readers.

W: I've read all of your novels. Your _____ _____ _____ _____ _____.

M: Well, I hope you like the new novel as well.

W: I'm sure it will be great.

M: I see you have _____ _____ _____ _____ _____.

W: Yes, one is for me and the other is for

my friend.

M: Well, I'll be sure to _____ _____ _____.

04

M: Your pets are adorable.

W: Thanks. Aren't they _____ _____ _____?

M: Yes. Look at your two cats playing with a ball over there.

W: It's their favorite game. And my bird enjoys watching them.

M: Yes. It's sitting on top of its cage to _____ _____ _____ _____.

W: That's right. But my hamster doesn't care. She's too busy running in her wheel.

M: Yes. She's _____ _____ _____ _____.

W: Not like my dog, Spot. He's just napping in front of his doghouse.

M: He must be tired today. Oh, and look! Your rabbit is eating a carrot.

W: Yes, carrots are her favorite.

05

W: How's the job search going, Jerry?

M: Great! I _____ _____ _____ _____ with the Stark Corporation on Monday.

W: Oh, one of my friends works there, and she loves the company.

M: Really? I hope _____ _____

_____ _____.

W: Then how about going shopping together to buy a suit for the interview?

M: I _____ _____ _____, but actually there's something else I need.

W: What's that?

M: If you don't mind, would you help me with some interview questions? You could _____ _____ _____ _____ _____ and I could practice what I'm going to say.

W: I'd be happy to do that.

M: Thanks. I really appreciate it.

06

[Telephone rings.]

M: Good afternoon, Sandwich All the Way. How can I help you?

W: Hi, I'd like to order some lunch.

M: Okay. _____ _____ _____ _____?

W: How much is grilled pork sandwich?

M: It's $6. A set menu is $8. It comes with a coke and French fries.

W: Okay. I'd like two sets. What's the soup of the day?

M: We have onion soup for $3. It's very delicious.

W: Good. Please _____ _____ _____ _____ _____ to my order.

M: So, two grilled pork sandwich sets and two onion soups. Do you _____ _____ _____ _____? Our delivery fee is 10% of your order.

W: No, I am going to pick them up.

M: In that case, you'll get $2 off of the total. Your order will be ready _____

_____ _____.

07

M: It's getting late. I guess we should be going.

W: Oh, Eric, I _____ _____. Do you still have that psychology book I lent you last month?

M: You mean the one _____ _____

_____ _____?

W: Yes, that's the one. I need it this weekend for some homework I'm doing.

M: No problem. I'll go to my locker right now and get it.

W: Okay, great.

M: _____ _____ _____

_____. I just remembered that I left it at home. I'm sorry.

W: That's all right. In that case, can you give it to me tomorrow?

M: Of course.

08

M: Lyla, I found something that may be helpful to you.

W: What's that, Dad?

M: The FBF Career Fair will be held next month. You can _____ _____

_____ about your future career

there.

W: That sounds good. I heard it'll be held at the Rosedale Center again. Is that right?

M: Yes. It's _____ _____

_____ _____. Why don't you go there with your friends?

W: Good idea! I can go there with Angela. When is it?

M: It will _____ _____ _____

_____ _____. I'll drive you two there that day.

W: You are the best. Is there a registration fee?

M: It's only $5. But it's _____

_____, _____ _____. So, you might want to hurry.

W: Don't worry. I will register right now.

09

M: Jazz is a style of music that emerged in the early 20th century in the southern part of the US. It _____

_____ _____ a combination of musical traditions from Africa and Europe. In fact, work songs of slaves are considered _____ _____

_____ of jazz. New Orleans was the center of the jazz movement, as it had many clubs for live music performances. Because of this, New Orleans is often

_____ _____ _____

the birthplace of jazz. After World War I, many jazz musicians moved to Chicago and New York, and their music

_____ _____ _____.

10

W: Hi. I'm interested in one of your

_____ _____ _____.

M: All right. We've got a great three-night deal to Okinawa for $900.

W: Okinawa sounds wonderful, but I can't spend more than $750.

M: Then how about five nights in Palau? The hotel is right on the beach.

W: No, I can't stay for more than four nights. But _____ _____ _____ _____ is important.

M: I see. How close do you need to be?

W: Less than 200 meters. I really like to swim in the ocean.

M: All right. Well, we've got _____ _____ _____ _____ that fit your needs.

W: I see. I'll take the cheaper one.

M: Terrific.

11

W: Bill, do you want to go to the mall with me?

M: Sure! I need to _____ _____ _____ _____ for my mom.

W: What are you going to get her?

M: (I want to buy her a new watch.)

12

M: Hey, Olivia. Are you all right? You look a bit sick.

W: Oh, _____ _____ _____. I'm so sick I couldn't sleep last night.

M: Have you been to the doctor?

W: (No, but I will make an appointment.)

13

W: I'm so tired.

M: What happened? You don't look good.

W: Well, I _____ _____ _____ _____ my friend to see a musical.

M: You told me about that. You were really excited.

W: I was. I got there _____ _____ _____ _____, but I had to wait for more than two hours.

M: What happened? Did you call her?

W: I called many times, but she didn't answer her phone. She didn't _____ _____ _____ _____ either.

M: So, what did you do?

W: I missed the musical. And she finally _____ _____, but she didn't even say sorry.

M: (You must be really upset.)

14

M: Look at all the bites on my arms and legs!

W: Oh, my! Where did you get those mosquito bites?

M: I went to the park with my friend yesterday. I guess _____ _____ _____ there.

W: Well, they must like the taste of your blood.

M: I'm pretty sure all blood _____ _____ _____.

W: Maybe, but I just read an article about what kind of people mosquitoes usually bite.

M: Really? Do they _____ _____?

W: Actually, yes. They like people who play sports and people who are overweight. They also prefer to bite men.

M: Well, I'm not overweight, but I'm a man who plays sports.

W: (I guess that explains it.)

15

M: Joe and Paul are college roommates. Today, neither of them has any classes, so they _____ _____ and drink coffee together. While they are resting, Joe begins to _____ _____ _____ _____. However, Paul isn't interested in politics at all and doesn't know much _____ _____ _____. He certainly doesn't want to talk about it. Paul tries to talk about the weather and their favorite singer. However, Joe doesn't _____ _____ _____ Paul is, and he keeps talking about politics. In this situation, what would Paul most likely say to Joe?

Paul: (Can we change the topic please?)

16-17

M: Hello, everyone. Many people _____ _____ _____ these days. But even if you're a meat lover, you should still make sure you have plenty of vegetables in your diet. One of the best ways to _____ _____ _____ _____ vegetables is by growing them yourself. Not only does gardening save you money and reduce your number of trips to the grocery store, it is also good for you physically and mentally. For a beginner gardener, cabbage is a great place to start. It grows quickly and _____ _____ _____. The same is true of cucumbers. Plant some seeds in your garden, and soon you will have a refrigerator full of cucumbers. Beans are a good option _____ _____ _____ _____, and they are also extremely nutritious. Finally, plant some carrots if you don't have a lot of time or experience, as it doesn't _____ _____ _____ grow them. With these simple-to-grow vegetables, you can discover the joy of gardening! So why not start today?

Key Vocabulary

01 **staff** 직원 **guideline** 지침 **greet** 맞다, 인사하다 **lot** 많음; *(특정 용도용) 지역 **appropriate** 적합한 **vehicle** 탈것, 차량 **tip** (뾰족한) 끝; *조언

02 **be supposed to** ~하기로 되어 있다 **skip** 깡충깡충 뛰다; *(일을) 거르다[빼먹다] **regularly** 규칙적으로 **workout** 운동 **track** 추적하다 **encourage** 격려[고무]하다 **motivate** ~에게 동기를 부여하다 **probably** 아마

03 **book signing** 책 사인회 **descriptive** 서술[묘사]하는

04 **adorable** 사랑스러운 **cage** 우리, 새장 **wheel** 바퀴 **nap** 낮잠을 자다

05 **corporation** 기업, 회사 **suit** 정장 **offer** 제의, 제안 **pretend** ~인 척하다

06 **order** 주문하다; 주문한 음식[음료] **grilled** 구운 **pork** 돼지고기 **fee** 요금, 수수료

07 **psychology** 심리학 **purple** 자주색의 **cover** 덮개; *표지 **locker** 사물함 **hang on** 기다리다

08 **registration fee** 등록비 **first come, first served** 선착순 **register** 등록하다

09 **emerge** 생겨나다, 부상하다 **form** 형성시키다 **combination** 결합 **tradition** 전통 **slave** 노예 **original** 원래의 **source** 원천, 근원 **movement** 이동; *운동 **refer to A as B** A를 B라고 일컫다 **birthplace** 출생지, 발상지 **nationwide** 전국적으로

10 **budget** 저가의, 저렴한 [문제] **duration** 기간 **distance** 거리

11 **mall** 쇼핑몰

12 **awful** 끔찍한, 지독한 [문제] **definitely** 분명히 **recover** 회복되다

13 **respond** 응답하다 **show up** 나타나다

14 **bite** (곤충에게) 물린 자국; 물다 **mosquito** 모기 **article** 기사 **athlete** 운동선수 **overweight** 과체중의 [문제] **publish** 출간하다

15 **rest** 쉬다 **political** 정치적인 (*n.* politics 정치) **subject** 주제 [문제] **topic** 화제, 주제

16-17 **vegetarian** 채식주의자; 채식의 **lover** 애인; *~ 애호가 **plenty of** 많은 **diet** 식사, 식습관 **supply** 공급하다 **gardening** 정원 가꾸기 **trip** 이동[오고감] **grocery store** 식료품점 **cabbage** 양배추 **maintenance** 유지, 보수 **cucumber** 오이 **plant** 심다 **bean** 콩 **extremely** 극도로; *아주 **nutritious** 영양가가 높은 (*n.* nutrition 영양)

01

W: You're listening to 98.3 Classic Rock Radio. Are you ready to _____ _____ _____ of classic rock music? We're giving away five front-row tickets to this weekend's rock concert. All you have to do is _____ _____ _____ we play at 7 p.m. That's right. Every evening this week at 7 o'clock, we'll play a classic rock song. If you know the name of the song, _____ _____ _____ at 555-2002 with your answer. The first caller to correctly identify the title of the song will win a front-row ticket!

02

M: I don't like this website. Everybody on it uses a fake name.

W: Oh, I use it to _____ _____ _____. I like how you can freely express your opinion when using a fake name.

M: Well, that can encourage people to _____ _____ _____. They don't care what they say, because no one knows it's them.

W: That's a good point. Those mean comments can _____ _____ the people who read them.

M: Not only that, but people also become free to spread false rumors about others.

W: Right, because they don't have to _____ _____ _____ their comments.

M: Exactly. It also increases cybercrimes because it makes _____ _____ _____ difficult.

W: You do have a point.

M: I think fake names are just a bad idea overall.

03

W: Hi, Mr. Williams. I heard you wanted to see me.

M: Lucy! Come in.

W: Is this about _____ _____ _____ _____ I made last month?

M: No. I want to ask you about the problems with our company's current computers.

W: Yes, they're very slow and make us _____ _____.

M: I understand. But the computers are only three years old.

W: Really? Well, they seem to _____ _____ _____ _____ _____. Most of them are certainly not working properly.

M: Okay. Then I'll have one of our technicians take a look at all the computers this afternoon.

W: That would be great. Thank you.

M: No problem. Hopefully he can

_____ _____ _____ .

04

M: Molly, did you finish _____ _____ _____ _____ for Christmas?

W: Yes, I already finished.

M: Did you put up the Christmas tree next to the door?

W: Yes, and I put a big star _____ _____ _____ _____ the tree.

M: Great. Where did you put the teddy bears?

W: I _____ _____ _____ _____ _____ and also placed a "50% off" sign there.

M: Perfect! How about the mannequin?

W: I dressed the mannequin in a Santa Claus costume.

M: That's nice. And did you decorate the wall with the star-shaped ornaments?

W: There were _____ _____ . Instead, I put some ball ornaments on the wall.

05

W: Is that a new camera, Anthony?

M: Yes, I just bought it yesterday. I want to take great photos when I go to Germany.

W: I have _____ _____ _____ _____ . I bought it last month at Ace Electronics.

M: I bought mine online. Are you _____ _____ _____ _____ ?

W: Absolutely. It's a great camera.

M: It seems hard to use, though. I started to _____ _____ _____ , but it's really complicated.

W: Yes, there are a lot of features. If you'd like, I could show you how to use them.

M: That would be great. I only have a few days until my trip.

W: Let's _____ _____ tomorrow, then.

M: Sounds good. Thanks.

06

[Telephone rings.]

W: Hello, Star Computers.

M: Hello. If I _____ _____ _____ _____ _____ today, when will it arrive?

W: Standard delivery _____ _____ _____ and costs $5.

M: Could I get it any faster?

W: Certainly, but it would _____ _____ . For $5 more, we'll deliver it in four days.

M: Isn't there anything faster? My daughter's birthday is in three days.

W: Yes, there's also express delivery.

M: How much is that?

W: It's $10 more than standard delivery and takes two days.

M: It's a bit expensive, but I'll _____ _____ _____ _____ .

07

W: Hey, Ben. Did you hear that our school is having a band competition?

M: Yeah, I _____ _____ _____ on the board.

W: Cool. Is your band going to enter it? I'll go and _____ _____ _____.

M: I'm afraid we can't. There's a problem.

W: What is it? Don't you _____ _____ _____ _____?

M: We have time. But we need to find a new keyboardist.

W: Oh, really? What happened to Harry?

M: He's really sick and has to stay in the hospital, so he can't play in the band for a while.

W: I'm sorry to hear that. I hope he gets better soon.

M: Yeah. We'll _____ _____ _____ _____ _____ tomorrow.

W: Try posting an ad for a keyboardist on the school's website. Someone _____ _____ _____.

08

M: Helen, what are you looking at?

W: I'm looking at the West Lake Spring Marathon website.

M: _____ _____. Let's sign up together. When is it?

W: The event is _____ _____, _____ _____.

M: Oh. The weather should be great by then. How much is the registration fee?

W: It's 20$. We can choose either the 5 km course or the 10 km course. Come _____ _____ _____.

M: I don't think I can run 10 km. Let's do the 5 km course.

W: Okay, that sounds good. It starts at the Tiger Park Stadium and finishes at Highland Park.

M: Cool! We can _____ _____ for the marathon.

W: I will sign us up right now!

09

M: Thank you for your support and your warm welcome, everyone. Thanks to _____ _____ _____, the first concert was a success and this evening went well, too. All tickets were sold out _____ _____ _____ _____ _____. We also have our CDs, T-shirts, and other souvenirs for sale. _____ _____ _____ _____, we have already collected $40,000 this year. As you know, all the profits from this series will be donated to charity. I hope you all enjoyed these very special concerts. We will be back next year with _____ _____ _____. See you next summer!

10

W: Dad, can I _____ _____ _____ _____ _____ this summer?

M: Yes, it would be good for you.

W: Most of the programs on this list last between 10 and 25 days.

M: I don't want you _____ _____ _____ for more than three weeks.

W: Me neither. Wow, this camp costs over $2,000!

M: That's too expensive. Let's find a program that costs no more than $1,500.

W: There are still many options left!

M: How about one _____ _____ _____ _____?

W: That's a great idea. I'd like a camp with at least 20 native speakers.

M: Okay, then that leaves us with just this one.

W: That'll be perfect!

11

M: Can you tell me where the bank is?

W: Sure, it's around the corner, next to the library.

M: Thanks. Do you know _____ _____ _____ _____?

W: (Around five in the afternoon, I think.)

12

W: Jim, you look terrible. What's up?

M: I _____ _____ _____.

Could you give me a ride to school tomorrow?

W: I'm sorry, but I have to go in early for a meeting.

M: (That's okay. I'll ask Megan instead.)

13

M: Do you _____ _____ _____ for the weekend?

W: Well, actually, I heard there will be a lunar eclipse tomorrow.

M: Yes, I heard about that in my astronomy club.

W: I didn't know you were in an astronomy club.

M: Yes, I am. We talked about the eclipse in our meeting last week. I want to see it.

W: Why don't we watch it together?

M: That's a good idea. We can probably _____ _____ _____ _____ if we go to a high place.

W: Right. How about at the top of this building, then?

M: Great. Anyway, the eclipse is at 1 a.m. tomorrow night. Let's _____ _____ _____ _____.

W: (Perfect. I'm looking forward to watching it.)

14

[Telephone rings.]

M: Hello?

W: Hello, Robbie? It's me, Brooke.

M: Hi, Brooke. It's good to hear your voice. Are you in Los Angeles yet?

W: Yes, I _____ _____ _____ _____.

M: How is it? How's your new job?

W: Great. LA is a huge city, you know, and I _____ _____ _____. Everyone is busy, but they've been so nice. And... what else did you ask?

M: Your new job! How is it? You always wanted to be a reporter, and now you are.

W: That's right. I finally found the job I've always wanted, and I think I'm _____ _____ _____ _____ _____.

M: (I'm so happy to hear you're enjoying your life there.)

15

W: Sarah is sitting in the library at one of the _____ _____. She's studying hard for her final exams, which she will take in the next morning. There's a man sitting opposite her at the table. His chair is broken and _____ _____ _____ _____ every time he moves. He's wearing headphones and listening to music, so he obviously can't hear the sound. Sarah really wants to prepare well for her test, but she is _____ _____ _____ because of the sound. Luckily, there's a chair next to the man that looks okay to use. In this situation, what would Sarah most likely say to the man?

Sarah: (Could you please move to a different chair?)

16-17

W: Good morning, class. Human beings require shelter to _____ _____ _____ _____ _____ and bad weather. That's why we build houses and buildings. Of course, buildings are more than just places to _____ _____ _____. Some of them are practically works of art. Take the Taj Mahal, for example. This amazing building, which is located in India, is one of the most beautiful structures in the world. _____ _____ _____ by both artists and architects. The Sydney Opera House in Australia is another building with an impressive appearance. Its design _____ _____ _____ _____ the sails of ships on the ocean. In Russia, people are proud of the beauty of St. Basil's Cathedral. Its bright colors and domed towers make it look like a fairy-tale castle. Finally, there's the Empire State Building in the United States. The extraordinary shape of this tall tower makes it an _____ _____ _____ of one of the world's biggest cities. Those are just a few examples, but there are many, many more.

Key Vocabulary

01 **give away** 나누어 주다　**identify** 확인하다, 알아보다　**station** 역; *방송국　**correctly** 정확하게

02 **fake** 가짜의　**rude** 무례한　**comment** 언급, 댓글　**mean** 인색한; *심술궂은　**significantly** 상당히, 크게　**false** 사실이 아닌　**rumor** 소문, 유언비어　**take responsibility for** ~을 책임지다　**criminal** 범인, 범죄자　**overall** 종합[전반]적으로

03 **current** 현재의　**productive** 생산적인　**virus** (컴퓨터) 바이러스　**technician** 기술자

04 **decoration** 장식품　**sign** 표지판　**mannequin** 마네킹　**costume** 의상　**ornament** 장식품

05 **exact** 정확한　**manual** 설명서　**feature** 특성, 기능

06 **standard** 일반적인, 보통의　**delivery** 배달　**express** 급행의; *(편지·소포 등이) 속달의

07 **keyboardist** 키보드 연주자　**for a while** 당분간　**contact** 연락하다

08 **sign up** 등록하다, 신청하다　**check out** 확인하다

09 **support** 지지　**generous** 후한, 아낌없는　**contribution** 기여, 이바지　**in a row** 계속해서, 연이어　**series** 연속; *시리즈　**profit** 이익, 수익　**donate** 기부하다　**charity** 자선 단체　**performer** 연주자

10 **native speaker** 원어민　[문제] **duration** 기간

11 [문제] **account** 계좌

12 **twist one's ankle** 발목을 삐다

13 **lunar eclipse** 월식　**astronomy** 천문학　**view** 견해; *전망　**midnight** 자정, 밤 열두 시

14 **so far** 지금까지　[문제] **homesick** 향수병을 앓는　**pay off** 결실을 맺다

15 **shared** 공유의　**opposite** 맞은편에　**obviously** 확실히, 분명히　[문제] **turn down** (소리·온도 등을) 낮추다

16-17 **shelter** 피난처　**practically** 사실상, 거의　**locate** 위치시키다　**structure** 구조; *구조물, 건축물　**balance** 균형　**architect** 건축가 (a. **architectural** 건축학의)　**resemble** 닮다　**sail** 돛　**beauty** 아름다움　**bright** 밝은　**domed** 반구형의　**fairy-tale** 동화 같은　**extraordinary** 기이한, 예사롭지 않은　**instantly** 즉시　**recognizable** 알아볼 수 있는　**symbol** 상징　[문제] **historic** 역사적인　**role** 역할

지은이

NE능률 영어교육연구소

NE능률 영어교육연구소는 혁신적이며 효율적인 영어 교재를 개발하고
영어 학습의 질을 한 단계 높이고자 노력하는 NE능률의 연구조직입니다.

수능유형 PICK 〈듣기〉

펴 낸 이	주민홍
펴 낸 곳	서울특별시 마포구 월드컵북로 396(상암동) 누리꿈스퀘어 비즈니스타워 10층
	㈜NE능률 (우편번호 03925)
펴 낸 날	2023년 1월 5일 개정판 제1쇄 발행
	2024년 3월 15일 제4쇄
전　　화	02 2014 7114
팩　　스	02 3142 0356
홈페이지	www.neungyule.com
등록번호	제1-68호
I S B N	979-11-253-4036-2 53740
정　　가	16,000원

NE 능률

고객센터

교재 내용 문의 : contact.nebooks.co.kr (별도의 가입 절차 없이 작성 가능)

제품 구매, 교환, 불량, 반품 문의 : 02-2014-7114

☎ 전화문의는 본사 업무시간 중에만 가능합니다.

혼자 하면 작심 3일,
함께 하면 작심 100일!

공부작당소모임

함께 공부하는 **재미**

학습 점검은 **철두철미**

다 같이 완북하는 찰떡궁합 **케미**

이번 학기 내 시험지는 전부 **동그라미!**

자신감을 키우는 진짜 스터디 그룹,

공작소에서 만나보세요.

www.gongzakso.com

공부작당소모임 APP 다운로드

앱스토어   ▶ 구글 플레이

NE능률 교재 MAP

수능

아래 교재 MAP을 참고하여 본인의 현재 혹은 목표 수준에 따라 교재를 선택하세요.
NE능률 교재들과 함께 영어실력을 쑥쑥~ 올려보세요!
MP3 등 교재 부가 학습 서비스 및 자세한 교재 정보는 www.nebooks.co.kr 에서 확인하세요.

초1-2	초3	초3-4	초4-5	초5-6

초6-예비중	중1	중1-2	중2-3	중3
			첫 번째 수능 영어 기초편	첫 번째 수능 영어 유형편
				첫 번째 수능 영어 실전편

예비고-고1	고1	고1-2	고2-3, 수능 실전	수능, 학평 기출
기강잡고 독해 잡는 필수 문법	빠바 기초세우기	빠바 구문독해	빠바 유형독해	다빈출코드 영어영역 고1독해
기강잡고 기초 잡는 유형 독해	능률기본영어	The 상승 어법어휘+유형편	빠바 종합실전편	다빈출코드 영어영역 고2독해
The 상승 직독직해편	The 상승 문법독해편	The 상승 구문편	The 상승 수능유형편	다빈출코드 영어영역 듣기
올클 수능 어법 start	수능만만 기본 영어듣기 20회	맞수 수능듣기 실전편	수능만만 어법어휘 228제	다빈출코드 영어영역 어법·어휘
얇고 빠른 미니 모의고사	수능만만 기본 영어듣기 35+5회	맞수 수능문법어법 실전편	수능만만 영어듣기 20회	
10+2회 입문	수능만만 기본 문법·어법·어휘 150제	맞수 구문독해 실전편	수능만만 영어듣기 35회	
	수능만만 기본 영어독해 10+1회	맞수 수능유형 실전편	수능만만 영어독해 20회	
	맞수 수능듣기 기본편	맞수 빈칸추론	특급 듣기 실전 모의고사	
	맞수 수능문법어법 기본편	특급 독해 유형별 모의고사	특급 빈칸추론	
	맞수 구문독해 기본편	수능유형 PICK 독해 실력	특급 어법	
	맞수 수능유형 기본편	수능 구문 빅데이터 수능빈출편	특급 수능·EBS 기출 VOCA	
	수능유형 PICK 독해 기본	얇고 빠른 미니 모의고사	올클 수능 어법 완성	
	수능유형 PICK 듣기 기본	10+2회 실전	능률 EBS 수능특강 변형 문제	
	수능 구문 빅데이터 기본편		영어(상), (하)	
	얇고 빠른 미니 모의고사		능률 EBS 수능특강 변형 문제	
	10+2회 기본		영어독해연습(상), (하)	

수능 이상/ 토플 80-89· 텝스 600-699점	수능 이상/ 토플 90-99· 텝스 700-799점	수능 이상/ 토플 100· 텝스 800점 이상		

PICK

수능유형

듣기

정답 및 해설

NE 능률

PICK

수능유형

듣기

정답 및 해설

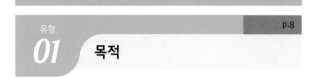

PART 01 유형

p.8

유형 01 목적

기출 예제 ②

남: 안녕하세요, 학생 여러분. 교감입니다. 회의실에 관해 특별 발표가 있습니다. 작년 이후로, 우리는 어떤 동호회나 집단이든 회의용으로 회의실을 사용할 수 있도록 허락해오고 있습니다. 하지만 최근에, 안에 아무도 없는데도 회의실 전등이 여전히 켜져 있고 테이블이 제대로 치워지지 않는다고 전해지고 있습니다. 반드시 사용 후에 치워 주시고, 나갈 때는 전등을 끄도록 하십시오. 이 문제가 해결되지 않는다면, 회의실 사용을 제한하는 것에 대해 생각해야 할 것입니다. 들어 주셔서 감사합니다.

어휘

vice principal 부교장, 교감   announcement 공지, 발표
conference room 회의실   report 보고하다   light 빛; *전등
properly 제대로, 적절히   limit 제한하다

유형 연습
pp.10~11

01 ②   02 ②   03 ①   04 ⑤   05 ②   06 ①
07 ③   08 ⑤

01 ②

남: Jessica와 제가 결혼한 지 벌써 한 달이 되었습니다. 저희 결혼식에 참석하여 저희를 축하해 주기 위해 시간을 내주셔서 감사합니다. 저희는 막 신혼여행에서 무사히 돌아와 이제 새 아파트에서 신혼부부로서의 삶을 시작하려고 합니다. 저희는 저희가 인생을 함께하는 것에 대해 여러분이 행복을 빌어주신 것에 감사드립니다. 저희는 다음 주에 저희의 새집에서 파티를 열 것입니다. 저희 집은 31번가와 렉싱턴가의 모퉁이에 위치해 있습니다. 다음 주 금요일 오후 6시에 저녁을 드시러 오세요.

어휘

get married 결혼하다   attend 참석하다   celebrate 축하하다   honeymoon 신혼여행   newlywed 《pl.》 신혼부부
appreciate 진가를 알아보다; *감사하다   located ~에 위치한
avenue (도시의) 거리, ~가   come over 들르다

문제해설

결혼한 지 한 달이 된 신혼부부가 새로운 집에서 여는 파티에 초대하고 있다.

02 ②

여: 유명한 프랑스 감독 Laurent Henry가 내년 초 그의 최신 영화 작업에 착수할 것입니다. 이는 18세기에 아시아를 여행하는 한 유럽인 가족에 대한 역사 드라마입니다. Henry 씨는 그 영화의 다양한 작은 배역들을 위해 현재 성인 남자, 성인 여자, 십 대를 포함한 경력이 있는 배우들을 찾고 있습니다. 관심이 있으신 분은 누구나 10월 17일 수요일 오후 4시에 International Studios 단지에 있는 Building 12로 오십시오. 상세한 영화 등장인물 묘사와 함께 더 많은 정보를 원하시면, International Studios 웹사이트를 방문해 주십시오.

어휘

director 감독   work on ~에 노력을 들이다, 착수하다
historical 역사적인; *역사와 관련된   currently 현재   seek 찾다   experienced 경험[경력]이 있는   a variety of 여러 가지의
complex 복합 건물, 단지   detailed 상세한   description 서술, 묘사   character 성격; *등장인물

문제해설

내년부터 촬영을 시작하게 되는 영화에 출연할 배우를 모집하고 있다.

03 ①

남: 안녕하십니까, 신사 숙녀 여러분. Campbell Manufacturing의 소유주로서, 저희 건설 프로젝트가 드디어 완료되었다는 것을 알려드리게 되어 기쁩니다. 새로 지은 이 공장은 여러분께서 Campbell Manufacturing으로부터 항상 기대하시는 양질의 상품들을 공급할 것입니다. 그것은 또한 지역 사회에 수백 개의 일자리를 제공할 것입니다. 저는 팀 분들께 그들의 모든 노고에 감사를 드리고 싶습니다. 덧붙여, 이 지역의 주민들께도 감사를 표하고 싶습니다. 여러분의 인내와 협조 덕분에, 저희가 프로젝트를 제때 마칠 수 있었습니다.

어휘

owner 주인, 소유주   manufacturing 제조업   announce
발표하다, 알리다   construction 건설   complete 완료하다
quality 고급[양질]의   product 생산물, 상품   crew 승무원;
*(함께 일을 하는) 팀, 조   gratitude 고마움, 감사   resident 거주자   patience 인내   cooperation 협조   on time 제시간에, 정각에

문제해설

회사의 소유주가 신축 공장이 완공되었음을 알리고 있다.

04 ⑤

여: 학생 여러분, 환영합니다. 여러분 모두 즐거운 여름방학을 보냈기를 바랍니다! 중요한 공지사항이 있습니다. Kelly 교수님의 국제 경영학 수업을 신청했다면 집중해 주세요. 강

의실 A112의 기술적인 문제로 인해 수업은 C114로 이동될 것입니다. 문제는 스크린이 제대로 작동하지 않는다는 것입니다. 기술팀이 그것을 교체하는 데 6주가 걸릴 것이라고 했으므로 학기 중간까지는 C114에서 수업을 듣게 될 것입니다. 참고할 수 있도록 게시판에도 공지를 게시할 것입니다.

어휘
sign up for ~을 신청하다   technical 기술적인   lecture room 강의실   maintenance team 관리팀   replace 대신하다; *교체하다   reference 언급; *참고, 참조

문제해설
기술적인 문제로 인해 강의실이 변경되었음을 공지하고 있다.

05 ②

남: 학생 여러분, 주목해 주십시오. 저희는 최근에 학교 도서관에서 154권의 책이 없어진 것을 알게 되었습니다. 학생들 모두에게 반납을 잊은 책이 있는지 확인할 것을 권고합니다. 여러분의 집, 교실, 사물함을 찾아보고 여러분이 잊고 있는 연체된 책을 가지고 있는지 확인해 주세요. 여러분이 도서관 책을 대여했는데 그 책을 못 찾고 있다면, 분실물 보관소를 확인해 보세요. 모든 도서관의 책은 5월 25일까지 반납되어야 합니다. 반드시 그 전에 여러분의 책을 모두 반납하도록 하십시오. 감사합니다.

어휘
attention (안내 방송에서) 주목하세요   recently 최근에   return 돌아가다; *반납하다   search 찾다, 수색하다   locker 로커, 개인 물품 보관함   overdue 기한이 지난, 연체된   locate ~의 정확한 위치를 찾아 내다   Lost and Found office 분실물 보관소   ensure 반드시 ~하게 하다

문제해설
반납하지 않은 도서관 책이 있는지 확인해서 5월 25일까지 반납하라고 요청하고 있다.

06 ①

여: 대학교를 위한 계획을 시작하는 데 너무 이른 시기란 없습니다. 다음 주 금요일, 저희는 Walton 대학교의 유명한 교수인 초청 연사 Cynthia Meyers를 맞이하게 되어 기쁩니다. Meyers 교수님은 여러분에게 적합한 대학교를 선택하는 것에 관한 한 시간짜리 강연을 하실 것입니다. 그녀는 지원 과정과 고려해야 할 가장 중요한 요소들에 관한 조언을 해주실 것입니다. 모든 학생들이 초대되지만, 졸업반 학생들에게 그 강연이 특별히 도움이 될 것입니다. 미리 등록을 할 필요는 없습니다. 다음 주 금요일 12시 30분에 대강당으로 오시기만 하면 됩니다. 거기에서 여러분을 뵐 수 있기를 바랍니다!

어휘
distinguished 유명한   application 지원   factor 요소   senior 마지막 학년[졸업반] 학생   register 등록하다   in advance 미리   auditorium 강당

문제해설
학생들에게 대학교 지원 준비에 관한 강연에 참석하도록 장려하고 있다.

07 ③

남: 학생 여러분, 안녕하세요. 여러분 다수가 학교가 지난 토요일 큰 야구 경기를 취소한 것에 대해 속상해한다는 것을 알고 있습니다. 저는 왜 이러한 결정이 내려졌는지 설명하기를 요구하는 많은 이메일을 받았습니다. 그 이유는 날씨 때문이었습니다. 국립 기상국은 심각한 뇌우 경보를 발령했습니다. 이것은 이 지역에 위험한 번개의 가능성이 있다는 것을 의미했습니다. 비록 그것이 일어나지는 않았지만, 우리는 학생들이 다칠 위험을 무릅쓸 수 없었습니다. 경기 일정이 다시 잡히면 여러분께 알려드리겠습니다. 이해해 주셔서 감사합니다.

어휘
cancel 취소하다   decision 결정   issue 발표하다   severe 극심한, 심각한   thunderstorm 뇌우   warning 경고, 경보   lightning 번개   occur 일어나다, 발생하다   risk ~의 위험을 무릅쓰다   injure 부상을 입히다   reschedule 일정을 변경하다

문제해설
학교가 야구 경기를 취소한 이유에 관해 설명하고 있다.

08 ⑤

여: 나이가 들면서 체중이 증가하는 것은 드문 일이 아닙니다. 하지만 노년기에 체중이 느는 것을 방지하기 위한 방법들이 있습니다. 〈Alternative Therapies in Health & Medicine〉에 있는 한 보고서에 따르면, 가장 효과적인 방법들 중 하나는 규칙적으로 요가를 하는 것입니다. 10년 동안 연구자들은 요가를 규칙적으로 한 노년 여성들을 지켜보았습니다. 그 기간 동안, 그 여성들은 평균 5파운드를 감량했습니다. 반면에 요가를 하지 않은 여성들은 같은 기간 동안 평균 14파운드가 늘었습니다.

어휘
unusual 드문   gain weight 체중이 늘다   put on weight 체중이 늘다   perform 수행하다   regularly 규칙적으로, 정기적으로   monitor 추적 관찰하다   practice 연습하다; *행하다   average 평균   period 기간, 시기

문제해설
요가를 규칙적으로 한 노년층에게 체중 조절 효과가 더 크게 나타났다는 연구 결과에 대해 이야기하고 있다.

유형 02 의견

기출 예제 ①

여: David, 무슨 안 좋은 일 있니? 너 안 좋아 보여.

남: 난 그냥 졸려. 과학 프로젝트를 끝내느라 밤을 새웠거든.

여: 또? 너 수면 부족이 네 건강에 나쁘다는 거 모르니?

남: 내 건강에? 어떻게?

여: 네가 충분한 양의 잠을 자지 않으면, 감기나 심지어 심장병 같은 건강 문제들이 더 생길 거야.

남: 정말? 왜 그런데?

여: 네 몸의 방어력을 낮출 수 있는데, 그러면 네 몸이 바이러스와 싸울 수 없게 될 거야.

남: 그건 몰랐어. 충분한 잠을 자도록 노력할게.

어휘

stay up all night 밤을 새우다   lack 부족, 결핍   sufficient 충분한   be likely to-v ~할 것 같다   common cold 감기   heart disease 심장병   lower 낮추다   defense 방어   virus 바이러스

유형 연습 pp.14~15

01 ①　02 ④　03 ③　04 ③　05 ⑤　06 ⑤
07 ③　08 ①

01 ①

남: 이 서점에 들어가자.

여: 좋아. 나는 신간 코너에 있을게.

남: 이번에는 변화를 위해 좀 더 오래된 것을 읽어보는 건 어때?

여: 네가 고전 소설을 선호한다는 것을 알고 있어. 하지만 난 현대 서적들이 좋아.

남: 하지만 일부 책들이 왜 고전이 되었는지 궁금하지 않니?

여: 약간. 하지만 그것들은 지루해 보여.

남: 그렇지 않아. 지루하다면 사람들이 그것들을 계속해서 읽지 않을 거야.

여: 음…. 그 말이 맞는 것 같아.

남: 또한 그것들이 우리에게 가르쳐 줄 수 있는 것들이 많아. 그것들은 순전히 오락거리만은 아니야.

여: 알겠어. 어떤 것을 추천하니?

어휘

classic 고전의; 고전   modern 현대의   be curious about ~을 궁금해하다   entertainment 오락(물), 여흥   recommend 추천하다

문제해설

남자는 고전 문학의 재미와 가치에 관해 이야기하며 고전을 읽어야 한다는 의견이다.

02 ④

남: 늦어서 정말 미안해.

여: 왜 이렇게 오래 걸렸어?

남: 교통이 혼잡했어. 또 주차 장소를 찾을 수가 없었어.

여: 오, 차로 온 거야? 교통 혼잡 시간대잖아!

남: 나도 알지만, 나는 대중교통을 이용하는 것보다 내 차를 운전하는 것이 더 편해. 지하철은 보통 매우 붐벼.

여: 하지만 지하철과 버스가 너를 어느 곳이든 데려다줄 수 있잖아. 그리고 그것들은 아주 믿음직해. 여기처럼 큰 도시에서는 차를 가지고 있을 이유가 없어.

남: 네 말이 맞는 것 같아.

여: 네가 내 조언을 따른다면, 아마 너는 항상 늦지는 않을 거야!

어휘

spot 점; *(특정한) 장소   rush hour (출퇴근) 혼잡 시간대   comfortable 편한   public transportation 대중교통   reliable 믿을 수 있는

문제해설

여자는 교통이 혼잡한 큰 도시에서는 자가용보다는 대중교통을 이용하는 것이 더 효율적이라는 의견이다.

03 ③

여: 나는 시험을 형편없이 본 것을 떨쳐버릴 수가 없어!

남: 네가 '백미러 증후군'이 있는 것처럼 들리는구나.

여: 그게 무슨 뜻이야?

남: 너는 이미 일어난 것들에 너무 많이 집중하고 있어. 너는 대신에 미래를 보아야 해.

여: 하지만 나는 나 자신에게 너무 속상할 뿐이야.

남: 네가 어떻게 했었는지는 바꿀 수 없어. 대신에 다음번에 더 좋은 성적을 받을 것에 집중해봐.

여: 말은 쉽지만 하기는 어렵지.

남: 나도 알지만, 네가 지나간 실패에 대해 생각하는 것을 멈춘다면 성공할 가능성이 더 커질 거야.

여: 그래. 너의 조언을 받아들일게.

어휘

get over 회복하다, 극복하다   rearview mirror (자동차의) 백미러   syndrome 증후군   concentrate 집중하다   grade 품질; *성적   failure 실패   achieve 달성하다, 성취하다   success 성공

문제해설

남자는 과거의 실패에 너무 집착하지 말고 미래에 집중해야 한다는 의견이다.

04 ③

여: 오늘 신문에 나온 Highway 14에 관한 기사 읽었어?

남: 응. 마을 중앙을 가로질러 그 도로를 건설하는 것을 제안했

네.
여: 주민들은 그 제안에 대해 투표할 수 있어. 넌 그것에 찬성하니?
남: 잘 모르겠어. 그런 공사는 전부 시끄럽고 불편할 거야.
여: 하지만 공사가 끝난 후를 생각해봐.
남: 이점이 있니?
여: 물론이지. 우리 마을로 여행하기가 쉬우면, 우리는 더 많은 관광객들을 끌어들일 수 있어. 대기업들 또한 여기에 지사를 세우는 것을 고려할 거야.
남: 나는 네가 어느 쪽으로 투표할지 알 것 같아.

어휘
article (신문·잡지의) 글, 기사   propose 제안하다 (n. proposal 제안)   vote 투표하다   in favor of ~에 찬성하여   noisy 시끄러운   inconvenient 불편한   benefit 혜택   attract 끌어들이다   tourist 관광객   branch 나뭇가지; *지사

문제해설
여자는 새 도로가 건설되면 관광객 유치와 대기업들의 지사 건설이라는 혜택이 있을 것이므로 도로 공사에 찬성하는 의견이다.

05 ⑤

남: Bella, 넌 어떤 셔츠가 더 좋아?
여: 그것들이 상당히 비슷하네. 하지만 난 주머니가 달린 셔츠가 좋아.
남: 그럼 너는 각각에 얼마를 내겠어?
여: 음…. 난 어느 쪽이든 25달러 정도를 내겠어.
남: 봐. 주머니가 없는 건 유명한 유럽 디자이너가 만든 거야.
여: 아, 그럼 나는 그 셔츠에 돈을 더 내겠어.
남: 난 이해가 안 가. 사람들이 왜 유명 브랜드에 돈을 더 내지? 똑같은데 말이야.
여: 음, 유명 브랜드는 더 좋은 천을 사용해.
남: 그렇지 않은 것 같아. 사람들은 그저 자신의 비싼 옷을 과시하길 원해.

어휘
prefer 선호하다   similar 유사한   pocket 주머니   material 재료; *직물, 천   doubt 의심하다   show off 과시하다

문제풀이
남자는 유명 브랜드 제품과 아닌 것의 품질이 비슷한데 사람들이 왜 유명 브랜드 제품에 돈을 더 지불하는지 이해할 수 없다는 의견이다.

06 ⑤

남: 어제 내 룸메이트가 점심을 만들고 나서 설거지를 안 했어! 정말 짜증 나.
여: 아, 너희들은 식사 후에 치우기로 동의했니?
남: 우리가 그것에 대해 이야기하지는 않았지만 그건 그냥 상식이잖아.
여: 모든 사람에게 그런 건 아니야. 사람들은 다르게 생각해.

남: 그래도 그건 너무 예의가 없었어.
여: 어쩌면 그는 그저 너와 다른 생활 방식을 가진 것 같아. 나는 너희 둘이서 너희의 다른 점들에 관해 상의해야 한다고 생각해.
남: 왜 우리가 그렇게 해야 해?
여: 평화롭게 지내기 위해서. 너희 둘은 규칙들을 만들고 터놓고 대화해야 해. 그도 아마 때때로 네가 예의가 없다고 생각할 거야.
남: 네 말이 맞는 것 같아.

어휘
annoying 성가신, 짜증스러운   meal 식사   common sense 상식   rude 무례한   discuss 상의[의논]하다   peace 평화   openly 터놓고

문제해설
여자는 사람마다 다르게 생각하므로 남자가 룸메이트와 서로의 차이점에 관해 이야기한 후 규칙을 정해야 한다는 의견이다.

07 ③

남: Emily, 무슨 문제 있니? 안색이 안 좋아 보여.
여: 배가 조금 불편해.
남: 어젯밤에 매운 음식을 먹었니?
여: 아니, 밤 11시에 참치 샌드위치를 먹고 잠자리에 들었어.
남: 밤 11시? 밤늦게 먹는 것이 건강에 나쁘다는 것을 모르니?
여: 그것이 왜 건강에 나쁘니?
남: 우선, 네가 섭취하는 칼로리가 제대로 소화되지 못해. 그래서 체중 증가로 이어질 수 있어.
여: 나는 최근에 살이 좀 쪘어. 내가 너무 자주 밤늦게 먹나 봐.
남: 그리고 네 위가 음식을 소화하느라 바쁘기 때문에 네 수면의 질을 방해한다.
여: 무슨 말인지 알겠어. 이제부터는 정상적인 시간에 먹도록 노력할게.

어휘
stomach 위, 복부   uncomfortable 불편한   spicy 양념 맛이 강한, 매운   tuna 참치   consume 소모하다; *먹다, 마시다   digest 소화시키다   disturb 방해하다   from now on 이제부터

문제해설
남자는 밤늦은 시간에 식사를 하는 것이 건강에 해롭다는 의견이다.

08 ①

여: 영화 끝나고 Linda가 우리를 만나기로 했는데, 나는 아직 그녀한테서 연락을 못 받았어.
남: 영화가 두 시간 정도 상영될 거니깐, 그녀가 틀림없이 그 사이에 너한테 문자를 보낼 거야.
여: 글쎄, 난 영화가 시작되면 휴대전화를 꺼둘 거야.
남: 왜 그렇게 하는 거야?

여: 영화를 보는 중에 사람들의 휴대전화가 울리면 신경에 거슬려.

남: 그냥 전화를 진동으로 설정해 놓는 건 어때?

여: 사람들은 그래도 전화가 윙 하는 소리를 내는 것을 들을 수 있고, 그것이 그들을 신경 쓰이게 할지도 몰라.

남: 무슨 말인지 알겠어.

어휘

be supposed to-v ~하기로 되어 있다   last 지속하다   text (휴대전화로) 문자를 보내다   in the meantime 그동안에   turn off (전기 등을) 끄다   set 놓다; *조절하다   on vibrate 진동으로   buzz 윙 하는 소리를 내다   bother 신경 쓰이게 하다

문제풀이

여자는 영화 관람 중에 울리는 전화벨이나 진동 소리는 사람들에게 피해를 줄 수 있으므로 휴대전화를 꺼 두어야 한다는 의견이다.

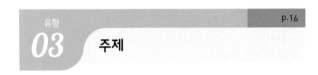

03 주제

p.16

기출 예제 ①

남: Sarah야. 방과 후 활동으로 무엇을 선택할 거니?

여: 잘 모르겠어요, 아빠.

남: 코딩 수업을 듣는 건 어떠니?

여: 코딩 수업이요? 제가 그걸 왜 해야 하죠?

남: 코딩을 배우는 건 너에게 미래를 위한 중요한 기술을 줄 수 있다고 생각한단다.

여: 아, 선생님께서 코딩이 직업을 가질 가능성을 증가시켜줄 수 있는 기술이라고 말씀하셨던 게 기억나요. 하지만 어려워 보여요.

남: 그럴 수 있지, 하지만 그건 네가 계획을 짜고 너의 생각을 정리하는 방법을 배우는 걸 도울 수 있단다.

여: 좋네요. 그리고 코딩이 수학에 도움이 된다는 이야기를 들었어요. 맞나요?

남: 물론이지. 추가로, 그건 너의 문제 해결 능력도 향상시켜 준단다.

여: 멋져요! 그 수업을 들어야겠어요.

어휘

after-school 방과 후의   increase 증가시키다   thought 생각   organize 정리하다, 체계화하다   definitely 분명히, 확실히

유형 연습

pp.18~19

01 ①   02 ③   03 ④   04 ⑤   05 ②   06 ③
07 ⑤   08 ②

01 ①

남: 다음에 당신이 맛있는 식사를 요리할 때, 식중독을 피하기 위해 주의를 기울이세요. 요리하기 전, 당신의 손과 조리 기구를 씻을 때 항상 항균 비누와 뜨거운 물을 사용하세요. 또한 육즙이 다른 음식, 특히 날것으로 먹을 음식에 떨어지지 않도록 하세요. 그리고 고기와 달걀과 같은 음식은 해로운 미생물들을 없애기 위해서 완전히 익혀야 합니다. 이 조언들을 따른다면 당신은 맛있는 식사와 건강한 신체를 보장할 수 있습니다.

어휘

caution 조심   food poisoning 식중독   antibacterial 항균성의   utensil (가정용) 기구, 도구   drip (액체가) 떨어지다   raw 날것의   organism 유기체, 생물   ensure 보장하다

문제해설

식중독을 예방하기 위해 요리할 때 주의해야 할 점에 대해 설명하고 있다.

02 ③

여: 대부분의 종이는 나무의 한 부분으로만 만들어지는데, 그것은 흰색 섬유소입니다. 이 물질은 노랗게 바래지 않습니다. 그러나 신문 인쇄용지는 그것이 저렴하게 제작되어야 하기 때문에 다릅니다. 신문 인쇄용지를 만드는 데 사용되는 나무는 아무것도 제거하지 않은 채 갈아 부서집니다. 이것은 거기에 흰색 섬유소와 리그닌이라고 불리는 어두운색의 물질 둘 다가 포함된다는 것을 의미합니다. 산소와 햇빛에 노출되면, 리그닌은 노랗게 되고 덜 안정된 상태가 됩니다. 시간이 지나면서, 리그닌이 더 많은 빛과 산소를 흡수하게 되면, 신문은 노랗게 바래집니다.

어휘

cellulose 섬유소   material 재료, 물질   newsprint 신문 인쇄용지   grind up 갈아 부수다   substance 물질   lignin 목질소, 리그닌   expose 드러내다; *노출시키다   oxygen 산소   stable 안정된   absorb 흡수하다

문제해설

여자는 대부분의 종이와는 달리 신문지의 색이 노랗게 바래지는 이유를 설명하고 있다.

03 ④

남: 광고에는 많은 형태들이 있습니다. 하지만 그것들은 모두 같은 목표를 가지고 있습니다. 우리가 그 제품이나 서비스를 사도록 만드는 것입니다. 이렇게 하기 위해서, 광고는 우선 우리의 관심을 끌어야 합니다. 예를 들어, 잡지 광고는 흥미로운 사진이나 '나이 드는 것은 이제 그만!'과 같은 극적인 진술을 사용할지도 모릅니다. 다음으로, 광고는 우리가 그 제품이 필요하다고 느끼게 만들어야 합니다. 그리고 마지막으로, 광고는 그것이 진실을 말하고 있다고 우리가 믿도록 만들어야 합니다. 몇몇 광고들은 신뢰를 높이기 위해 유명한 사람들의 사진을 포함합니다.

form 형태, 유형   advertisement 광고   dramatic 극적인   statement 진술   encourage 격려하다; *부추기다   trust 신뢰

남자는 효과적인 광고에 필요한 요소들에 관해 이야기하고 있다.

04 ⑤

여: 많은 나라에서 인구의 평균 연령이 증가하고 있습니다. 이는 많은 중요한 변화들을 일으킬 수 있습니다. 첫째, 그 나라의 젊은 노동자의 수가 더 줄어들게 됩니다. 이는 노동자의 부족으로 이어지고 회사에서 임금을 올리게 할 것입니다. 동시에, 퇴직한 사람들의 수가 증가할 것입니다. 그 결과, 더 많은 돈이 그들의 연금을 지불하고 의료 서비스를 제공하는 데 쓰여야 합니다. 이러한 추가적인 금액을 확보하기 위해서, 정부는 세금을 올리는 경향이 있습니다.

population 인구   rise 오르다   shortage 부족   push up ~을 밀어 올리다; *가격을 올리다   wage 임금   retired 은퇴한, 퇴직한   pension 연금   healthcare 의료 서비스   secure 확보하다   tend to-v ~하는 경향이 있다   raise 들어올리다; *인상하다   tax 세금

여자는 인구의 노령화가 사회에 미치는 영향에 관해 설명하고 있다.

05 ②

남: Jenny. 휴가를 어디로 가니?
여: 혼자 런던에 갈 거야.
남: 너 혼자? 친구나 여동생이랑 가는 것이 어떠니?
여: 나는 혼자 여행하는 것을 좋아해.
남: 위험하지 않니?
여: 어쩌면. 하지만 나에게 더 많은 자유가 있기 때문에 훨씬 더 편해. 내가 원하는 어디든 갈 수 있지.
남: 음, 그건 사실이야. 하지만 혼자 여행하는 것은 비쌀 수 있어. 호텔이나 이동 수단에 대한 비용을 나눌 수 없잖아.
여: 맞아. 하지만 새로운 사람을 만날 수 있어! 그리고 나는 혼자 여행하는 것을 통해 더 용감해지고 더 독립적이 되었어.
남: 음…. 나는 한 번도 혼자 가는 여행을 시도해본 적 없어. 다음에 시도해봐야겠어!
여: 그래야 해. 그것이 너에게 맞는지 아닌지 알 수 있을 거야.

by oneself 홀로   freedom 자유   share 공유하다; *나누다   cost 비용   transportation 운송; *교통수단   independent 독립적인   solo 혼자서 하는   find out 알아내다   suit (~에게) 맞다, 괜찮다

두 사람은 혼자 하는 여행의 장단점에 대해 서로 이야기하고 있다.

06 ③

여: 나 금요일에 중요한 시험이 있는데, 그게 정말 걱정이 돼.
남: 너무 걱정하지 마. 네가 잘할 거라고 확신해.
여: 응, 하지만 목요일에 공부하면서 밤을 새워야 할 것 같아.
남: 그건 좋은 생각이 아니야. 목요일에 너는 충분히 잠을 자야 해.
여: 그러면 언제 공부를 해야 하지?
남: 넌 이미 공부를 해 오고 있어, 그렇지 않아? 잠을 잘 자면 시험을 훨씬 더 잘 볼 거야.
여: 정말? 하지만 나는 전날 밤에 공부하지 않으면 시험을 절대 잘 보지 못하는걸.
남: 그건 다른 문제야. 너는 더 자신감을 가질 필요가 있어.
여: 알겠어. 그 말 명심할게. 고마워.

confidence 신뢰; *자신감   keep ~ in mind ~을 명심하다

두 사람은 시험을 잘 보려면 시험 전에 어떻게 해야 하는지에 관해서 이야기하고 있다.

07 ⑤

여: 정말 짜증 나. 내 새 가방 좀 봐.
남: 와, 거기에 이미 커다란 구멍이 났잖아. 환불을 요구했어?
여: 음, 난 이걸 온라인으로 샀어. 며칠 전에 이메일을 보냈는데, 아직 답장을 받지 못했어.
남: 음…. 네가 신뢰하는 웹사이트에서 그것을 샀어?
여: 아니. 하지만 매우 낮은 가격이었어. 내 생각에는 그게 큰 실수였는지도 몰라.
남: 적어도 환불 정책에 대해 읽어는 보았니?
여: 아니. 확인했는데, 게시된 것이 없었어.
남: 그렇다면 너는 거기에서 아무것도 사지 말았어야 했어.
여: 네 말이 맞는 것 같아. 이제부터 믿을 수 있는 웹사이트만 이용할 거야.

annoyed 짜증이 난   demand 요구하다   refund 환불   reply 답장   at least 적어도   return policy 환불 정책   post 발송하다; *게시하다   purchase 구입하다

두 사람은 온라인으로 쇼핑할 때 신뢰할 수 있는 웹사이트에서 환불 정책을 꼼꼼히 살펴보고 구매하는 등 안전한 온라인 쇼핑을 위한 주의 사항에 관해 이야기하고 있다.

08 ②

남: 내 전기 요금이 이렇게 높다니 믿을 수가 없어. 그것을 낮추

는 방법을 좀 찾아야 할 것 같아.

여: 아, 내가 방금 그것에 관한 기사를 읽었어.

남: 정말? 좋은 아이디어가 있었어?

여: 물론이야. 가장 쉬운 방법은 덥거나 추운 날에 커튼을 치는 거였어. 그게 방이 여름에 너무 뜨거워지거나 겨울에 추워지는 걸 막아줘.

남: 그것에 대해 생각 못 했네. 또 다른 것은?

여: 에너지 효율이 더 좋은 기기들을 사용하도록 해야 해.

남: 그런데 그런 기기들을 구하는 게 어렵지 않니?

여: 사실 그렇지 않아. 새로 나온 많은 에어컨들은 훨씬 더 효율적이고, 그것들은 가격이 아주 적당해.

남: 알겠어. 그걸 시도해 볼게.

어휘

electricity bill 전기 요금   keep A from v-ing A가 ~하지 못하게 하다   energy-efficient 에너지 효율이 좋은   appliance (가정용) 기기   air conditioner 에어컨   affordable (가격이) 알맞은

문제해설

두 사람은 전기 요금을 줄이는 방법에 관해 이야기하고 있다.

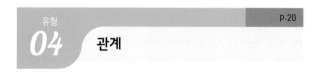

<table>
<tr><td>유형</td><td>p.20</td></tr>
<tr><td>04</td><td>관계</td></tr>
</table>

기출 예제 ①

남: 안녕하세요. 무엇을 드릴까요?

여: 안녕하세요. 발목에 통증이 좀 있어서요. 진통제 있나요?

남: 네. 처방전 있으세요?

여: 아니요. 제가 방금 농구를 하다 발목을 삐어서 아직 병원 갈 시간이 없었어요.

남: 제가 발목을 좀 볼게요. [잠시 후] 이런, 심하게 부어올랐네요. 병원을 먼저 가야 할 것 같아요.

여: 그럴 수 있으면 좋겠지만, 한 시간 후에 취업 면접이 있거든요.

남: 그렇다면 일단 이 크림을 발목에 바르고, 통증이 없어지지 않는다면 이 진통제를 드세요.

여: 네, 그렇게 할게요. 붕대도 살 수 있을까요?

남: 물론이죠. 여기 있습니다.

여: 감사합니다. 총 얼마죠?

남: 8달러입니다.

어휘

ankle 발목   pain reliever 진통제(= painkiller)
prescription 처방전   twist (손목·발목 등을) 삐다   badly 심하게, 몹시   swollen 부어오른   apply (로션·연고 등을) 바르다
bandage 붕대   altogether 모두 합쳐, 총

<table>
<tr><td>유형 연습</td><td>PP.22~23</td></tr>
</table>

01 ①   02 ②   03 ④   04 ②   05 ②   06 ②
07 ②   08 ⑤

01 ①

남: 실례합니다. 제 계산서에 실수가 있는 것 같아요.

여: 오, 제가 한 번 볼게요.

남: 저는 커피와 사과파이 한 조각을 주문했어요. 그건 6달러여야 해요.

여: 아. 모든 음식점에서는 10퍼센트의 판매세를 더해야 합니다.

남: 오, 그건 깨닫지 못했네요. 저는 여기 사람이 아니라서요.

여: 괜찮습니다. 사업상 이 마을에 오신 건가요?

남: 아니요, 저는 그저 관광하러 왔어요. 제 여행 안내서에서 이 곳을 추천하더군요.

여: 네, 저희는 사과파이로 유명하죠.

남: 맛있었어요. 요리사에게 제가 감동받았다고 전해주세요.

여: 그렇게 하겠습니다.

남: 그리고 판매세에 대해서 설명해주셔서 감사합니다.

어휘

bill 계산서   realize 깨닫다   sight 시력; *((pl.)) 명소, 관광지
chef 요리사   impressed 감명을 받은

문제해설

주문한 음식들에 대한 계산서의 오류 여부에 대해 이야기하고 요리사에게 요리에 대한 칭찬을 전해달라는 것으로 보아 식당 고객과 종업원의 관계임을 알 수 있다.

02 ②

남: 어서 오세요, Taylor 씨. 다시 방문해 주셔서 감사합니다!

여: 안녕하세요, Greg.

남: 오늘은 무엇을 도와드릴까요?

여: 제 새 책이 막 출간되었어요. 내일 출판 기념 파티가 있답니다.

남: 아, 정말 좋은데요! 파티에 입고 갈 것을 찾으시나요?

여: 네. 전문적이고 격식이 있는 것이면 좋을 것 같네요.

남: 고객님께 완벽한 것이 있어요. 이 흰 드레스가 아주 잘 어울리실 것 같아요.

여: 디자인은 아주 마음에 들어요. 하지만 다른 색상으로도 나오나요?

남: 어두운 파란색이 있어요. 어떤가요?

여: 멋지네요. 입어 보고 싶어요. 탈의실이 어디인지 잊었어요.

남: 2층에 있어요. 이쪽으로 오세요.

어휘

release 풀어 주다; *(대중에게) 공개[발표]하다, 발매하다
publication 출판   professional 전문적인

문제해설

여자는 출판 기념 파티에 입고 갈 옷을 찾고 있으며 남자가 어떤 드레스를 추천하는 내용이므로 옷가게 점원과 손님의 관계임을 알 수 있다.

03 ④

남: 부인, 실례합니다. 뭔가를 목격하셨나요?
여: 네, 그런 것 같아요.
남: 뭘 보셨나요?
여: 비명 소리를 들었고 한 남자가 가게에서 뛰어나왔어요.
남: 그는 어떻게 생겼나요?
여: 그는 커다란 가방을 들고 있었고, 검은색 긴 코트에 챙이 있는 모자를 쓰고 있었어요.
남: 그가 몇 살 정도인지 보셨나요?
여: 확실하진 않지만, 그는 30대 초반이었던 것 같아요.
남: 알겠습니다. 그가 어디로 갔나요?
여: 그는 흰색 밴으로 뛰어 들어갔고 차를 몰고 가버렸어요.
남: 알겠습니다. 경찰서에 그 정보를 보고하겠습니다.

어휘

scream 비명   brim (모자의) 챙   drive away (차를 몰고) 떠나다

문제해설

남자가 여자에게 목격한 것을 물어보고, 여자가 용의자의 인상착의 등에 대해 이야기하는 것으로 보아 경찰관과 목격자의 관계임을 알 수 있다.

04 ②

여: 전 새로운 스타일이 필요해요.
남: 알겠습니다. 원하는 스타일이 무엇인지 아세요?
여: 짧은 앞머리에 이런 식의 머리가 짧은 스타일을 생각하고 있었어요.
남: 사실, 저는 고객님께 그것을 추천하지 않아요.
여: 그럼 어떤 걸 추천하시나요?
남: 유행하는 것과 고전적인 것 중 어떤 것을 선호하세요?
여: 제가 회의에서 발표를 하려는 참이라 고전적으로 보이는 걸 원해요.
남: 고객님은 어깨 정도 길이의 머리에 파마를 하면 어울리실 거예요.
여: 그거 좋을 것 같네요. 근데 시간이 오래 걸리나요?
남: 두세 시간쯤 걸릴 거예요.
여: 네, 괜찮을 것 같아요.

어휘

bang 《pl.》 앞머리   stylish 유행을 따른   be about to-v 막 ~하려고 하다   give a presentation 발표하다   conference 회의, 학회   length 길이   perm 파마

문제해설

여자가 짧은 머리를 원한다고 하자 남자가 다른 스타일을 추천해

주며 2~3시간이 걸릴 것이라고 말하는 것을 보아 고객과 미용사의 관계임을 알 수 있다.

05 ②

남: 좋아요, Jessica. 우리는 그 장면을 다시 찍어야 할 거예요.
여: 제가 대사 중에 실수를 했나요?
남: 아니요, 하지만 우리는 시청자를 위해서 더 극적인 걸 만들어야 해요.
여: 무슨 의미인가요?
남: 음, 당신의 극중 인물은 경찰로부터 막 전화를 받았고, 아주 화가 나 있다는 것을 기억하세요.
여: 그럼 제가 더 감정적으로 연기해야 할 것 같네요.
남: 맞아요. 그리고 전화를 끊을 때 전화기를 쾅 내려놨으면 해요.
여: 그렇게 할 수 있어요.
남: 하나 더, 마지막 대사를 말할 때, 카메라를 정면으로 보세요.
여: 네, 알겠습니다.

어휘

film 촬영하다   line 선, 줄; *대사   drama 연극; *극적임   emotional 감정적인   slam down 쾅 내려놓다   hang up 전화를 끊다   directly 똑바로

문제해설

남자는 장면을 다시 촬영해야 한다고 말하면서 연기 지도를 하고 있고, 여자는 거기에 맞는 감정적인 연기를 할 것이라고 말하고 있으므로 감독과 배우의 관계임을 알 수 있다.

06 ②

남: 안녕하세요. 당신이 Maria Huntsman 씨군요. 저는 Chris James입니다.
여: 안녕하세요, James 씨. 만나 뵙게 되어서 반갑습니다.
남: 앉으세요. 당신이 저희 카피라이터 직에 관심이 있으시다고 알고 있습니다.
여: 네. 웹사이트에서 당신의 광고를 보고 그것이 제 기술과 완벽하게 맞는다고 느꼈습니다.
남: 광고 업계 경험이 있으세요?
여: 네. 저는 A to Z Marketing에서 3년 동안 일했습니다.
남: 하지만 지금은 거기서 일하지 않으시나요?
여: 네. 시간을 좀 내서 유럽을 여행했습니다.
남: 알겠습니다. 그리고 언제부터 일을 시작하실 수 있는지 여쭤봐도 될까요?
여: 저는 당신이 필요하시다면 즉시 가능합니다.

어휘

position 위치; *(일)자리, 직위   match (색깔 등이) 어울리다; *일치하다   advertising 광고; *광고업   available 시간이 있는   immediately 즉시

업계 경험과 언제부터 일을 시작할 수 있는지 등에 대해 묻고 대답하는 것으로 보아 면접관과 지원자의 관계임을 알 수 있다.

07 ②

남: 여기 요청하신 보고서입니다.

여: 고마워요. 오늘 오후 내 일정이 어떻게 되죠?

남: 오후 1시에 Field 씨와 점심 약속이 있고, 4시에 개발 회의가 있습니다.

여: 4시 회의는 어디서 열리나요?

남: 705호입니다.

여: 알겠어요. 나에게 저녁 약속이 있나요?

남: 네, 7시에 Brown 씨를 만나실 거예요.

여: 아, 그 저녁 약속을 다음 주로 변경해 주겠어요? 자동차 점검을 맡겨야 해서요.

남: 알겠습니다. 제가 그걸 처리할게요.

여: 그리고 4시 회의에 필요한 폴더를 가져다주세요.

남: 네. 바로 가져오겠습니다.

어휘

development 개발   appointment (특히 업무 관련) 약속
handle 다루다, 처리하다

문제해설

남자에게 여자가 자신의 일정에 대해 묻고, 일정 조정 등을 부탁하고 있는 것으로 보아, 비서와 상사의 관계임을 알 수 있다.

08 ⑤

남: Walters 박사님을 뵈러 여기에 오셨나요?

여: 사실, 전 오늘 몇 가지 혈액 검사의 결과를 보기로 되어 있어요.

남: 알겠습니다. 성함이 어떻게 되세요?

여: Angela Peterson입니다.

남: 봅시다…. 당신의 파일을 보니, 결과가 나와 있네요.

여: 결과는 어떤가요?

남: 죄송하지만 그 정보는 Walters 박사님과 이야기하셔야 할 것 같습니다.

여: 알겠어요. 그럼 저는 여기서 기다려야 하나요?

남: 저쪽 간호사실 옆에 앉아 계시면 됩니다. 박사님께서 준비되시면 누군가 당신을 부를 거예요.

여: 그 밖에 필요한 다른 것이 있나요?

남: 네. 기다리시는 동안 이 보험 양식을 작성해 주세요.

어휘

nurses' station 간호사실   fill out (양식을) 작성하다, 기입하다   insurance 보험   form 유형; *(문서의) 서식

문제해설

여자가 혈액 검사의 결과를 보러 왔다고 하자, 남자가 의사 선생님과의 면담 대기를 안내하는 내용이므로 병원 접수 담당자와 환자의 관계임을 알 수 있다.

기출 예제 ④

남: Grace, 새롭게 디자인한 내 방을 보여줄게.

여: 우와, Jake! 정말 멋지다.

남: 스피커 사이에 있는 모니터를 봐. 내 오래된 모니터를 이 새 것으로 바꿨어.

여: 좋아 보여. 하지만 위에 전자 건반을 놓기에는 책상이 너무 복잡하지 않니?

남: 나는 괜찮아. 거기가 편리해.

여: 모퉁이에 저건 마이크니? 너 노래해?

남: 응. 노래 부르는 건 언제나 내가 가장 좋아하는 취미야.

여: 벽에 저 별 모양 메달은 뭐니? 어디서 땄니?

남: 아빠와 함께 기타 경연대회에서 저 메달을 땄어.

여: 믿어지지 않아! 아빠와 기타 연습을 자주 하니?

남: 그럼. 그래서 방에 기타가 두 개 있잖아.

어휘

crowded 복잡한   electric 전기의, 전기를 이용하는
convenient 편리한   all-time 불변의   incredible 믿기 힘든

유형 연습 pp·26~27

01 ③   02 ③   03 ④   04 ④   05 ⑤   06 ④
07 ③   08 ④

01 ③

여: Harper 씨가 저녁 식사를 하시러 곧 여기로 오실 거예요. 모든 것이 준비되었나요?

남: 이제 막 식탁을 다 차렸어요.

여: 좋아요. 각 접시 위에 그릇을 두었나요?

남: 네, 그렇게 했어요. 그리고 포크는 접시 왼쪽에 있고, 나이프와 스푼은 오른쪽에 있어요. 제가 맞나요?

여: 네, 그런데 나이프가 스푼보다 접시에 더 가까이 있도록 하세요.

남: 맞아요, 그렇게 했어요.

여: 물잔은 어떻게 했어요?

남: 그것은 접시 오른쪽 위쪽에 있어요.

여: 좋아요! 포크 아래에 냅킨을 두었나요?

남: 아니요. 그냥 포크 왼쪽에 두었어요.

어휘

place 놓다, 두다   bowl 그릇, 사발   plate 접시

문제해설

③ 스푼보다 나이프를 접시에 더 가깝게 두었다고 했다.

02 ③

남: 네 침대 위에 저것들은 다 뭐야?
여: 그건 내가 여행을 위해 챙기고 있는 것들이야.
남: 너 정말로 세 가지 다른 재킷들이 필요하니?
여: 응, 왜냐하면 날씨가 어떨지 잘 모르겠거든.
남: 그게 네가 두 켤레의 신발들도 가져가는 이유인 거니?
여: 맞아. 그건 또한 내가 세 개의 다른 모자들이 필요한 이유이기도 해.
남: 알겠어. 오, 저 직사각형의 장치는 뭐야?
여: 그건 내 새 태블릿 컴퓨터야. 나는 그것 옆에 있는 저 헤드폰을 끼고 그걸로 음악을 들을 거야.
남: 이게 전부 네 여행 가방에 들어갈 것 같니?
여: 잘 모르겠지만, 필요하다면 저 배낭에도 좀 넣을 수 있어.

어휘

pack (짐을) 싸다, 챙기다   pair 한 쌍   device 장치   fit 맞다
suitcase 여행 가방   backpack 배낭

문제해설

③ 모자는 두 개가 아니라 세 개라고 했다.

03 ④

남: 이 아름다운 그림을 어디에서 구했어, Marcy?
여: 내가 직접 그린 거야. 미술 수업 과제야.
남: 와! 난 강 옆을 따라 있는 꽃들이 마음에 들어.
여: 고마워. 사실, 강 위의 다리를 네가 알아봤을지도 모르겠어.
남: 오, 맞아. 네 고향을 그린 그림이네.
여: 맞아. 그리고 평화로운 분위기를 자아내려고 배 안에 두 사람을 그렸어.
남: 특히 다리 위에 앉아있는 새들이 있어서 풍경이 편해 보여.
여: 맞아, 그리고 강 건너편의 고층 건물 보이니? 그곳이 우리 엄마가 근무했던 은행이야.
남: 아, 그렇구나. 너희 선생님께서 그 그림을 좋아하실 거라고 확신해.

어휘

assignment 과제   along ~을 따라   recognize 알아보다
hometown 고향   atmosphere 분위기   relaxing 편한

문제해설

④ 새들은 다리 위에 앉아있다고 했다.

04 ④

남: 네가 이사 오는 걸 도와줄 수 있었으면 좋았을 텐데. 미안해.
여: 괜찮아. 어쨌든 이사가 잘 끝났어.
남: 잘됐네. 그 정사각형의 그림 두 개를 어디에 두었어?
여: 그것들은 침대 위에 있어. 그리고 작은 램프를 마련했어. 그것을 침대 옆에 두었어.
남: 완벽해. 그 큰 정사각형의 깔개는 잘 맞았어?
여: 응, 그게 거의 이 방에 꽉 차.
남: 침대 끝 쪽에 고양이 침대를 놓았어?
여: 아니, 그건 침대 오른쪽에 있어.
남: 그렇구나. 그리고 침실에 서랍이 다섯 개인 서랍장을 놓았겠네, 그렇지?
여: 물론이지! 그건 모퉁이에 작은 탁자 옆에 있어.

어휘

move 움직이다; *이사하다; *이사   rug 깔개, 양탄자   fill 채우다   dresser 서랍장   drawer 서랍

문제해설

④ 고양이 침대는 침대 끝 쪽이 아니라 침대 오른쪽에 있다고 했다.

05 ⑤

여: 나는 동물원을 좋아해. 저 기린 세 마리를 봐.
남: 세 마리라고? 나는 두 마리만 보이는데.
여: 그 사이에 서 있는 새끼 기린이 있어. 그리고 저기 한 쌍의 고릴라들을 좀 봐.
남: 고릴라들? 어디?
여: 기린 왼쪽에. 그리고 기린 오른쪽에 하마 네 마리가 있어.
남: 그것들이 보여. 오, 저기 하마들 앞쪽을 봐!
여: 뭔데? 아무것도 안 보이는걸.
남: 아이스크림콘을 들고 있는 작은 소년이 있어. 나 배고파. 저 애가 저걸 어디서 샀는지 궁금하네.
여: 기린과 고릴라 사이에 아이스크림 수레가 있어.
남: 좋아. 가자. 아이스크림은 내가 살게.

어휘

giraffe 기린   hippo 하마   wonder 궁금하다   cart 수레

문제해설

⑤ 아이스크림 수레는 기린과 하마 사이가 아니라 기린과 고릴라 사이에 있다고 했다.

06 ④

여: 와! 이 수영장에 사람들이 많이 있네.
남: 응. 나는 오른쪽에 있는 소녀처럼 수영장에 다이빙하고 싶어.
여: 나도. 그리고 튜브에 누워 있는 소년은 즐거워 보여.
남: 응, 그는 그렇게 보여. [잠시 후] 왜 수영장 안에 아이들만 놀고 있지? 잠깐만! 여긴 어린이용 수영장이야?
여: 아마도. 왼쪽에 작은 미끄럼틀만 있어. 그것을 타고 내려가는 소년이 보이니?
남: 응, 그런데 저 의자에서 책을 읽고 있는 여자는 뭐지? 그녀는 어른이야.
여: 그녀는 아마 한 아이의 엄마일 수 있어.
남: 맞아. 그리고 모자를 쓰고 있는 저 키 큰 남자가 아마 인명 구조원임이 틀림없어.
여: 응. 가서 그에게 성인용 수영장은 어디인지 물어보자.

어휘

lie 눕다   slide 미끄럼틀   lifeguard 인명 구조원

문제해설

④ 의자에 있는 여자는 자고 있는 것이 아니라 책을 읽고 있다고 했다.

07 ③

남: 우리가 차고를 청소해야 할 때인 것 같구나.
여: 맞아요. 벽에 기대어 있는 사다리 밑에 있는 저 박스 세 개 안에는 뭐가 들어 있어요?
남: 그건 크리스마스 장식품들이야. 우리는 그것들을 버릴 수 없어.
여: 네. 맞은편 벽에 걸려 있는 저 야구 방망이들은 뭐예요?
남: 그것들은 네 오빠 거란다. 네가 그것들을 버린다면 오빠가 속상해할 거야.
여: 알겠어요, 그것들을 가지고 있어야겠네요. 하지만 저 낡은 자전거는 버리죠.
남: 왜? 나는 언젠가 그것을 고치고 싶은데.
여: 음, 그럼 탁자 위에 있는 공 바구니를 버려도 될까요?
남: 절대 안 돼! 음…. 내가 생각했던 만큼 쉽지는 않을 것 같구나.

어휘

garage 차고, 주차장   ladder 사다리   lean against ~에 기대다   decoration 장식; *장식품   get rid of ~을 처리하다, 없애다   hang 걸리다, 매달리다   opposite 맞은편의   belong to ~에 속하다, ~ 소유[것]이다   throw away ~을 버리다, 없애다   fix up ~을 수리하다

문제해설

③ 야구 방망이가 벽에 세워져 있는 것이 아니라 벽에 걸려 있다고 했다.

08 ④

남: 지금까지 콘서트에 대해 어떻게 생각해?
여: 무대 장식이 아주 마음에 들어. 저 거대한 무지개가 발랄해.
남: 음, 난 연주자들에게 더 관심이 있어. 마이크 앞에 서 있는 저 가수는 정말 재능이 있어.
여: 전적으로 동의해.
남: 드럼 연주자는 어때?
여: 그는 대단한 것 같아. 하지만 그가 무대 뒤에 있어서 아쉬워.
남: 키보드 연주자도 그래. 그리고 그가 가수 바로 뒤에 있어서 나는 그를 아주 잘 볼 수는 없어.
여: 적어도 우리는 기타 연주자는 볼 수가 있잖아. 그는 가수 옆에 있어.
남: 나는 그의 긴 머리가 좋아.
여: 응. 그는 진짜 록스타처럼 보여!

어휘

so far 지금까지   cheerful 발랄한   microphone 마이크   talented 재능이 있는   shame 수치심; *아쉬운 일

문제해설

④ 키보드 연주자는 기타 연주자 뒤가 아니라 가수 바로 뒤에 있다고 했다.

유형 06   할 일·부탁한 일   p.28

기출 예제 ④

여: Daniel, 냄새가 좋아요. 점심으로 뭘 만든 거예요?
남: 크림 파스타요. 온라인에서 요리법을 찾았거든요.
여: 굉장해요. 그런데 부엌이 조금 지저분하다고 생각하지 않아요?
남: 미안해요. 나중에 치울게요.
여: 약속하는 거죠?
남: 네. 점심 먹읍시다. [잠시 후] 그나저나 오늘 오후에 도서관에 우리 딸 데리러 가야 하는 거 기억하죠?
여: 이런! 완전히 잊었어요. 어떻게 해야 하죠? 친구 Amy가 한 시간 후에 올 건데요.
남: 걱정하지 마요. 카메라를 사러 갈 계획이었지만, 대신 내가 Betty를 데리러 갈게요.
여: 고마워요. 당신은 정말 다정해요! 그러면 내가 부엌을 청소할게요.

어휘

recipe 조리[요리]법   messy 지저분한, 엉망인   plan 계획하다

유형 연습   pp.30~31

01 ③   02 ①   03 ④   04 ③   05 ②   06 ③
07 ③   08 ④

01 ③

남: 안녕, Donna. 여기서 언어 수업을 듣니?
여: 응, 나는 기초 중국어를 등록했어. 너는, Blake?
남: 나는 작년에 그 수업을 들었어. 나는 지금 회화 과정이야. 그 수업이 마음에 드니?
여: 나는 중국어를 배우는 것을 즐기고 있어. 하지만 한 가지가 걱정돼.
남: 오. 그게 뭔데?
여: 우리는 곧 조별 프로젝트를 할 건데, 나는 우리 반 친구들을 아무도 모르거든.
남: 음…. 그게 오후 5시에 시작하는 수업을 위한 거야?
여: 응. 왜?

남: 내 친구 Bill도 그 수업을 들어. 내가 너를 그에게 소개해 줄 수 있어.

여: 고마워! 정말 친절하구나!

어휘

enroll 등록하다   conversation 대화, 회화   come up 다가오다   introduce 소개하다

문제해설

남자는 여자를 여자와 같은 수업을 듣는 자신의 친구에게 소개해 주기로 했다.

02 ①

여: Kevin, 왜 금요일에 일찍 퇴근하려고 해?

남: 공항에 내 친구 Katie를 태우러 가. 그녀는 캐나다에서 방문할 거야.

여: 그거 잘됐다! 그녀가 여기 있는 동안 무엇을 할 거야?

남: 그녀가 한국 음식을 아주 좋아해서, 나는 그녀를 데리고 근사한 한식 저녁을 먹으러 갈 거야. 괜찮은 식당 좀 알아?

여: 네가 그녀를 위해 직접 요리하는 게 낫지 않을까?

남: 하지만 난 라면 말고는 어떤 것도 만드는 방법을 몰라.

여: 걱정하지 마. 내게 좋은 요리책이 있어. 내가 요리법 몇 개를 시도해 봤는데, 정말 맛있었어.

남: 좋아! 내가 그것을 빌릴 수 있을까?

여: 물론이야. 그리고 재료는 아무 식료품점에서 살 수 있어.

남: 잘됐다.

어휘

anything other than ~말고 다른[어떤] 것   cookbook 요리책
ingredient 재료

문제해설

여자는 남자가 친구를 위해 요리할 수 있도록 요리책을 빌려주기로 했다.

03 ④

남: 안녕, Theresa. 너 바빠 보인다. 뭘 쓰고 있니?

여: Amy Miller와의 인터뷰를 위한 질문을 작성하고 있어.

남: 그 배우? 그거 멋지다. 그 인터뷰는 교내 신문을 위한 거니?

여: 응. 그녀는 우리 학교를 졸업했거든, 그래서 인터뷰하는 것에 응해주었어.

남: 다 잘 돼 가고 있니?

여: 응. 하지만 사진작가가 필요해. Jake가 다른 약속이 있어서 취소했거든.

남: 내가 도와줄 수 있을 것 같아. 난 좋은 카메라가 있거든.

여: 아, 맞아! 넌 많은 사진 대회에서 상을 받았잖아! 내일 오후에 한가하니?

남: 응. Anderson 선생님 수업 이후에는 한가해. 나중에 시간과 장소 알려줘!

어휘

interview 인터뷰; 인터뷰하다   graduate 졸업하다
photographer 사진작가   cancel 취소하다   photography
사진 찍기 (기법), 사진 촬영   award 상   free 자유로운; *한가한

문제해설

남자는 배우를 인터뷰할 때 취소한 사진작가를 대신해 자기가 도와줄 수 있을 것이라고 했다.

04 ③

[휴대전화벨이 울린다.]

여: 여보세요?

남: 안녕, Jenny. 프랑스 혁명에 관한 보고서를 작업할 준비 되었니?

여: 응. 우리는 내일 아침까지 그것을 끝내야 해.

남: 알아. 난 이미 깨어있으려고 커피를 마시고 있어. 어쨌든, 우리가 할 게 뭐가 남았지?

여: 음, 우선 우린 그것을 편집해야 해.

남: 우리 새로운 도입부를 써야 하지 않니? 우리는 그것이 조금 약하다는 네 동의했잖아.

여: 오, 그것에 대해 잊고 있었네.

남: 걱정하지 마. 내가 처리할게. 근데 네가 혼자 편집을 해줄래?

여: 그래. 내가 해야 할 다른 일은 없어?

남: 음, 우리는 그것을 출력해야 하는데, 내가 할게.

여: 고마워.

어휘

revolution 혁명   stay awake 자지 않고 깨어 있다   edit 편집하다   introduction 소개; *도입부

문제해설

남자는 보고서의 새로운 도입부 작성과 출력을 맡기로 했고, 여자는 보고서 편집을 하기로 했다.

05 ②

여: 이사 갈 준비가 되었니?

남: 아직. 이사는 정말 힘든 일이야.

여: 상상이 돼. 이 모든 것들 좀 봐!

남: 응. 내가 이렇게 많은 것을 가지고 있었는 줄은 몰랐어.

여: 네 새로운 아파트에 모든 것을 위한 충분한 공간이 있니?

남: 음, 그게 바로 내가 전화했던 이유야.

여: 오, 내가 네 물건을 정리하는 것을 도와주기를 원하니?

남: 아니. 사실, 내 책들을 잠깐 보관해 줄 수 있어? 내가 새 책꽂이를 살 때까지만.

여: 오, 하지만 내가 집에서 일하는 것 알잖아. 내 그림들이 사방에 널려 있어.

남: 제발. 너는 약간의 여분의 공간을 찾을 수 있을 거야, 그렇지 않니?

여: 아마도. 한번 보자.

own 소유하다   room 방; *공간   sort through ~을 자세히 살펴보다, 정리하다   stuff 물건   extra 여분의, 추가의

문제해설

남자는 여자에게 새 책꽂이를 살 때까지 책들을 잠깐 보관해 달라고 부탁했다.

06 ③

[휴대전화벨이 울린다.]

여: 안녕, 여보. 비가 엄청나게 쏟아지는 걸 이제 알았어요.

남: 네, 대단한 폭풍우네요.

여: 내가 사무실에 가기 전에 일기 예보를 확인했어야 했어요.

남: 내가 당신한테 우산을 가져다주길 원해요?

여: 아니요, 사무실 책상에 하나 있어요. 하지만 당신에게 부탁할 다른 것이 있어요.

남: 좋아요. 뭔데요?

여: 내가 세탁실에 창문을 열어 놨는데, 비가 안으로 들어올까 봐 걱정되네요. 창문을 좀 닫아주겠어요?

남: 그래요. 그리고 오늘 내가 회사로 당신을 태우러 갈까요?

여: 고맙지만, 난 Jennifer와 함께 차를 타고 갈 거예요. 그러니까 내 걱정은 마세요.

남: 알겠어요. 집에서 봐요.

어휘·

notice 알아채다, 인지하다   storm 폭풍, 폭풍우   head 가다, 향하다   laundry 세탁

문제해설

여자는 남자에게 비가 많이 오니 세탁실 창문을 닫아 달라고 부탁했다.

07 ③

남: 내 컴퓨터에 무슨 문제가 생긴 거지?

여: 무슨 일이야?

남: 모르겠어. 이 파일을 열려고 했는데, 이 메시지가 뜨네.

여: 보자. [잠시 후] 아, 그건 네 컴퓨터가 그러한 종류의 파일을 열 수 없기 때문이야.

남: 내가 어떻게 해야 해?

여: 먼저 프로그램을 설치해야 해.

남: 아, 난 그렇게 많은 시간이 없어. 5분 후에 있을 회의를 위해 그것을 출력해야 해!

여: 내 컴퓨터에서 그걸 열 수 있을 것 같아. 네가 그 파일을 보내주면 내가 그걸 출력할게.

남: 잘됐다! 한 부만 출력해줄래?

여: 물론이지, 근데 그 파일을 어디서 찾을 수 있니?

남: 그건 이 USB에 있어. 고마워, Patty!

어휘

install 설치하다   copy 복사본

문제해설

남자는 여자에게 회의에 필요한 파일을 출력해 달라고 부탁했다.

08 ④

[휴대전화벨이 울린다.]

여: 안녕, Dave?

남: 안녕, 여보. 무슨 일이에요?

여: 방금 우리가 식료품점에 가야 한다는 걸 깨달았어요. 집에 음식이 다 떨어져 가요. 오늘 저녁에 시간 있어요?

남: 네, 퇴근 후에 곧장 집으로 갈 계획이었어요.

여: 그럼 함께 쇼핑하러 가는 게 어때요?

남: 좋아요. 나도 살 물건들이 좀 있어요.

여: 잘됐네요. 우리가 차를 타고 가게에 갈 수 있도록 퇴근 후에 날 태우러 올래요?

남: 그래요. 오늘 몇 시에 퇴근할 거예요?

여: 평상시처럼 7시쯤에요.

남: 알겠어요. 내가 몇 분 늦을지도 몰라요. 거기 도착하면 당신에게 전화할게요.

어휘

run out of ~이 다 떨어지다   straight 곧장, 곧바로   get off work 퇴근하다   as usual 평상시와 같이

문제해설

여자는 남자에게 식료품점에 같이 가도록 퇴근 후에 차로 데리러 와 달라고 부탁했다.

유형 07 숫자 정보 p.32

기출 예제 ③

남: 안녕하세요. 뭘 도와드릴까요?

여: 안녕하세요, 아이스크림 얼마인가요?

남: 크기에 따라 달라요. 작은 컵은 5달러, 중간 컵은 10달러, 큰 컵은 15달러예요. 어떤 크기로 원하시나요?

여: 작은 컵 두 개랑 중간 컵 한 개 할게요.

남: 네. 어떤 맛으로 하시겠어요?

여: 세 컵 모두 초콜릿으로 할게요.

남: 좋습니다. 아이스크림에 토핑을 원하시나요? 초콜릿 칩과 바삭한 견과가 있어요. 토핑은 각 1달러예요.

여: 아, 네. 중간 컵에만 바삭한 견과로 하고 작은 컵에는 아무것도 안 할게요.

남: 잘 고르셨어요. 그밖에 다른 게 필요하신가요?

여: 아니요, 그게 다예요.

남: 어떻게 지불하시겠어요? 현금인가요 아니면 신용카드인가요?

여: 신용카드로 지불할게요.

어휘

depend on ~에 달려있다　medium 중간(의)　flavor 맛
crunchy 바삭바삭한　nut 견과　credit 신용카드

01 ②　　02 ③　　03 ③　　04 ③　　05 ①　　06 ②
07 ③　　08 ③

01 ②

여: 당신 가게에 있는 꽃들이 아름답네요.

남: 고맙습니다. 특별히 마음에 두신 것이 있나요?

여: 저는 이 백합들이 정말 마음에 들어요. 얼마인가요?

남: 각각 1달러이고, 6송이에 5달러입니다.

여: 음…. 이 빨간 장미들은 어떤가요?

남: 장미도 각각 1달러입니다. 하지만 12송이는 단돈 8달러입니다.

여: 그렇군요. 그리고 이 튤립들은 어떤가요?

남: 그것들은 약간 더 저렴합니다. 12송이를 4달러에 드릴 수 있습니다.

여: 좋아요. 그렇다면 백합 6송이와 튤립 12송이 주세요.

남: 알겠습니다.

어휘

particular 특정한　lily 백합　dozen 12개

문제해설

백합은 6송이에 5달러이고 튤립은 12송이에 4달러이므로 지불할 총금액은 9달러이다.

02 ③

여: Island Horses에 오신 것을 환영합니다. 무엇을 도와드릴까요?

남: 안녕하세요! 저는 승마를 하고 싶어요.

여: 그러시군요. 얼마 동안 타고 싶으세요?

남: 비용이 얼마나 들죠?

여: 한 시간당 20달러입니다.

남: 비싸네요! 만약 제가 2시간 동안 탄다면, 40달러인가요?

여: 아니요, 만약 2시간 이상 타신다면 할인해 드립니다.

남: 얼마나 할인이 되지요?

여: 2시간에 10% 할인이고, 3시간에는 20% 할인입니다.

남: 3시간은 너무 긴 것 같아요. 저는 2시간 동안 탈게요.

여: 알겠습니다.

어휘

go horseback riding 승마하러 가다　ride (말을) 타다

문제해설

2시간 동안 타면 40달러에서 10% 할인이 된다고 했으므로 지불할 총금액은 36달러이다.

03 ③

남: Ben's Accessories에 어서 오세요! 찾는 것 도와드릴까요?

여: 네, 부탁드려요. 저는 엄마를 위한 선물을 찾고 있어요.

남: 모자나 스카프는 어떠세요? 요즘 추워서 그것들이 지금 아주 인기가 있답니다.

여: 정말 예쁜 스카프들이네요! 하나에 얼마인가요?

남: 각 스타일마다 가격이 달라요. 아무 무늬가 없는 것은 8달러이고, 줄무늬 스카프는 10달러, 그리고 물방울무늬의 것은 12달러입니다.

여: 물방울무늬 스카프로 할게요. 저희 엄마는 보라색을 좋아해요!

남: 좋은 선택이에요! 귀걸이들도 8달러에 세일 중입니다. 그것들을 보시겠어요?

여: 오, 좋아요.

남: 이 꽃 모양의 것은 어떤가요?

여: 멋져 보이네요. 한 쌍 주세요.

남: 좋아요. 오늘 결제는 어떻게 하시겠어요? 그리고, 회원이시면 10% 할인을 제공해 드립니다!

여: 아, 잘됐네요. 저는 회원이에요. 여기 제 신용카드가 있어요.

어휘

scarf 스카프, 목도리　pattern 무늬　striped 줄무늬가 있는　polka-dot 물방울무늬　membership 회원 (자격·신분)　credit card 신용카드

문제해설

물방울무늬의 스카프는 12달러, 귀걸이는 8달러인데 회원은 10% 할인이 된다고 했으므로 지불할 총금액은 18달러이다.

04 ③

여: 안녕하세요! Fantasyland에 오신 것을 환영합니다. 어떻게 도와드릴까요?

남: 안녕하세요! 저와 제 쌍둥이 아들을 위한 표를 구매하고 싶어요.

여: 좋습니다. 놀이공원의 모든 것을 이용할 수 있는 40달러의 종일권이 있습니다. 기구 3개를 탈 수 있는 것은 12달러, 다섯 개를 탈 수 있는 것은 20달러입니다. 음…. 아들들이 몇 살인가요?

남: 5살밖에 안 됐어요. 왜요?

여: 7살 미만의 아이들은 종일권에 20달러만 지불하면 됩니다.

남: 잘됐네요! 그럼, 종일권 3장을 구매할게요.

여: 좋습니다. 그게 전부일까요?

남: 네. 현금 받으시나요?

여: 물론이죠. 그리고 오늘 회원으로 가입하시면 10% 추가 할인을 받으실 수 있어요!

남: 완벽하네요. 가입하겠습니다.

twin 쌍둥이   pass (시험) 합격; *탑승권   access 입장[접근]
additional 추가의   discount 할인   sign up 가입하다, ~을 신
청하다

문제해설

성인 종일권은 40달러, 7세 미만 아이의 종일권은 20달러인데 아
이가 두 명이고 회원은 10% 할인이 된다고 했으므로 지불할 총금
액은 72달러이다.

05 ①

[전화벨이 울린다.]

남: 안녕하세요, Townsend Daily Newspaper에서 전화드
려요. 구독하는 것에 대해 생각해본 적 있으신가요?

여: 음, 저는 신문 가판대에서 매일 그 신문을 사는데요.

남: 구독하시면 돈을 절약하실 겁니다.

여: 그런가요? 더 말씀해 주세요.

남: 가게에서 저희 신문을 구입하시면, 6개월마다 200달러를
지불하시는 겁니다.

여: 맞아요. 그래서 제가 구독하면 얼마를 절약할 수 있죠?

남: 당신은 20% 할인을 받으실 수 있습니다.

여: 와. 배달에 대한 추가 요금을 청구하나요?

남: 그것은 10달러이지만, 이번 달에 구독하시면, 6개월 동안
은 모두 무료입니다.

여: 네. 저는 6개월 신청하겠습니다.

어휘

consider 고려하다   subscription 구독 (v. subscribe 구독
하다)   paper 종이; *신문   newsstand 신문 가판대   save 절
약하다   purchase 구입하다   charge 청구하다   extra 추가되
는 것

문제해설

6개월 동안 구독하면 200달러에서 20% 할인을 받을 수 있고 배
송비는 무료라고 했으므로 지불할 총금액은 160달러이다.

06 ②

남: 좋은 아침입니다.

여: 좋은 아침입니다! Julie's Coffee에 어서 오세요. 오늘이
저희 개업이에요! 개업을 축하하려고 할인 중입니다.

남: 오, 정말요? 어떤 게 있나요?

여: 저희 케이크는 원래 한 조각에 10달러인데 지금은 20% 할
인됩니다.

남: 좋네요! 추천해주실 게 있나요?

여: 딸기가 지금 제철이라서 저희 딸기 쇼트케이크가 가장 잘
나갑니다!

남: 그럼 그거 두 조각을 살게요. 음료도 할인하나요?

여: 네. 작은 사이즈 음료가 겨우 4달러고 큰 사이즈 음료는 5
달러입니다.

남: 좋아요! 위에 휘핑크림을 얹은 작은 사이즈 아이스 라테 두

잔도 살게요.

여: 네. 다른 거 주문하실 건 없으신가요?

남: 네, 이게 전부입니다. 신용카드로 계산할게요.

어휘

grand opening 개장, 개업   celebrate 축하하다   deal 거래
originally 원래   recommendation 추천   in season 제철인
on sale 판매되는; *할인 중인   whipped cream 휘핑크림

문제해설

10달러에서 20% 할인되는 케이크 두 개, 각 4달러인 작은 사이
즈 음료는 두 잔을 산다고 했으므로 지불할 총금액은 24달러이다.

07 ③

남: 안녕하세요. Adventure Travel입니다. 무엇을 도와드릴
까요?

여: 여행을 취소하려고요.

남: 알겠습니다. 성함을 말씀해 주시겠어요?

여: Tina Moore입니다.

남: 일본 오사카로 가는 데 2,000달러 전액을 내셨네요, 그렇
죠?

여: 네. 제가 전액을 환불받을 수 있나요?

남: 출발 날짜 한 달 전에 취소하시면 전액을 환불받으실 수 있
고, 일주일 전에는 70%를, 3일 전에는 30%를 환불받을 수
있으세요.

여: 음, 여행이 10일 남았네요.

남: 맞아요. 아직도 취소하고 싶으신가요?

여: 네, 해주세요.

어휘

amount 액수   departure 출발   date 일자   in advance 미
리   away (시간적·공간적으로) 떨어져

문제해설

여자는 비용 전액인 2,000달러를 냈는데, 출발 10일 전이라 70%
를 환불받을 수 있으므로 1,400달러를 환불받을 것이다.

08 ③

남: 실례합니다. 저는 TV를 사고 싶어요.

여: 네. 이것이 저희의 가장 인기 있는 모델이에요.

남: 좋아 보이네요! 얼마인가요?

여: 1,200달러인데, 1년 동안 한 달에 100달러씩을 지불하셔도
됩니다.

남: 비싸네요.

여: 음, 이것은 750달러밖에 안 한답니다.

남: 적당한 가격에 좀 더 큰 것이 있나요?

여: 이것은 어떠세요? 900달러밖에 안 하는 데다가 크기도 꽤
큽니다.

남: 이것도 할부로 할 수 있나요?

여: 네, 그렇지만 1,000달러 미만인 품목들은 10개월 안에 돈
을 지불하셔야 해요.

남: 그럼 이것을 10개월 결제 방식으로 살게요.

어휘

reasonable 타당한; *적정한, 너무 비싸지 않은   fairly 꽤
monthly payment 할부   payment plan 결제 방식

문제해설

900달러짜리 TV를 10개월 할부로 사기로 했으므로 한 달에 90
달러를 지불하면 된다.

유형 08 이유

기출 예제 ③

남: 엄마, 저 집에 왔어요.
여: 그래. 헬스장에 다녀왔니?
남: 네. 제 회원권이 오늘 끝났는데, 연장하지 않았어요.
여: 왜? 아직도 어깨가 아프니?
남: 아니요, 어깨는 완전히 괜찮아요.
여: 그렇다면, 무엇이 문제니? 난 네가 운동을 즐기고 있다고
　생각했는데.
남: 그랬죠. 사실 운동은 재밌었어요.
여: 그러면 왜 회원권을 연장하지 않았니?
남: 그게요, 헬스장의 샤워 시설이 너무 낡았고, 샤워칸 공간이
　충분하지 않아요.
여: 알겠다. 근처 새로운 헬스클럽을 살펴보는 게 어떠니? 아마
　좀 더 비싸겠지만 시설은 훨씬 좋을 것 같구나.
남: 알겠어요. 아마 내일 방과 후 집에 오는 길에 방문해야겠어
　요.
여: 좋은 계획처럼 들리는구나!

어휘

gym 체육관; *헬스장   membership 회원권   renew 재개하
다; *갱신하다, 연장하다   facility 《pl.》 시설   old 나이가 ~인;
*낡은   shower stall 샤워 스톨(샤워할 때 주위를 막기 위해 이용
되는 칸막이)   check out ~을 살펴보다   probably 아마   on
one's way (~로) 가는 길[도중]에

유형 연습

01 ③　　02 ③　　03 ③　　04 ②　　05 ④　　06 ②
07 ⑤　　08 ②

01 ③

남: 정말 짜증 나. 그들이 내 재킷을 교환해주지 않겠대.
여: 너무 꽉 끼던 그거? 왜 안 돼? 영수증을 깜박했니?
남: 아니. 나는 확실히 영수증을 가져갔어.
여: 네가 입어 보면서 옷을 훼손시켰니?

남: 아니, 괜찮았어. 하지만 난 그걸 거의 한 달 전에 샀어.
여: 오. 더 일찍 반품했어야 했니?
남: 응, 2주 안에. 하지만 나는 환불을 원한 건 아니야. 나는 단
　지 더 큰 사이즈를 원했어.
여: 음, 내 생각엔 그게 그들의 방침인 것 같아.
남: 나도 알아. 내 생각엔 이것을 내 남동생에게 줘야 할 것 같
　아.

어휘

exchange 교환하다   tight 꽉 조이는   receipt 영수증
damage 훼손하다   nearly 거의   policy 정책, 방침

문제해설

교환 기간은 구매 후 2주 이내인데 남자는 거의 한 달 뒤에 교환을
하러 갔기 때문에 재킷을 교환하지 못했다고 했다.

02 ③

[전화벨이 울린다.]

여: 여보세요?
남: Emma니? 나 Andrew야.
여: 아! 안녕, Andrew. 오늘 너를 연극 동아리에서 보지 못했
　어.
남: 내가 오늘 바빴거든. 사실, 네가 Abbie의 생일 파티에 가는
　지 물어보고 싶었어.
여: 그녀가 날 초대했고, 난 가고 싶어. 그런데 그게 언제지?
남: 이번 금요일이야. 네가 가면 너와 함께 걸어가면 되겠다.
여: 금요일이라고? 아, 미안해, 난 가지 못할 것 같아.
남: 왜? 가족과 다른 계획이 있니?
여: 아니. 토요일에 중요한 시험이 있거든. 그래서 금요일에는
　시험 준비를 해야 해.
남: 그거 정말 유감이다. 그럼 다음 주에 연극 동아리에서 보자.
여: 그래. 그때 봐!

어휘

drama club 연극 동아리

문제해설

여자는 토요일에 중요한 시험이 있어 공부를 해야 하므로 생일 파
티에 참석할 수 없다고 했다.

03 ③

남: Sandra, 미안하지만, 지금 당장 너한테 갚을 현금이 없어.
여: 너 현금 자동 입출금기를 찾으러 막 나가지 않았었니?
남: 그랬지, 하지만 문제가 있었어.
여: 오, 찾지 못했어?
남: 아니, 두 블록 아래에 Mercer 가에 하나가 있어.
여: 그렇다면, 무슨 일이 있었던 거야? 네 카드를 잃어버렸어?
남: 나는 여전히 내 카드를 가지고 있어. 하지만 유감스럽게도
　내 비밀번호를 기억해낼 수가 없었어!
여: 그거 꽤 당혹스럽구나, Jack.
남: 나도 알아! 내일 은행에 가서 그것을 재설정하도록 요청해

야겠어.

어휘

pay back (빌린 돈을) 갚다   password 비밀번호
embarrassing 당혹스러운   reset (숫자 등을) 다시 맞추다

문제해설

남자는 카드 비밀번호를 잊어버려서 돈을 인출하지 못했다고 했다.

04 ②

남: Megan, 너 걱정이 있어 보여.
여: 사실, 이번 주에 정말 스트레스를 많이 받고 있어.
남: 왜? 너 다음 주에 휴가잖아.
여: 응, 그런데 휴가 전 금요일에 학회가 있어.
남: 아, 그것에 대해서는 걱정하지 마. 우리는 듣고 필기만 하면 돼.
여: 알아. 하지만 문제는 나는 중요한 발표도 해야 해. 너무 긴장돼.
남: 정말? 네가 발표자인지 몰랐어. 도움이 좀 필요하면, 내가 널 도와줄 수 있어.
여: 고마워. 금요일 전에 확실히 준비되면 좋겠어.
남: 문제없어.

어휘

take notes 메모[필기]하다   presentation 발표   presenter 진행자; *발표자

문제해설

여자는 학회에서 중요한 발표를 맡아 그것에 대해 걱정하고 있다.

05 ④

여: Lucas, 너 돌아왔구나! 태국 여행은 어땠니?
남: 좋았어. 가족과 정말 즐겁게 보냈어!
여: 정말 멋지다. 그곳에서 무엇을 했니?
남: 많은 현지 음식을 먹어봤어. 오래된 사원 탐험도 갔다왔어.
여: 아, 섬 투어도 했니? 많은 사람들이 그것이 좋다고 하더라.
남: 그게, 안타깝게도, 우리가 예약한 섬 투어를 갈 수 없었어.
여: 날씨가 나빴니? 아니면 가족 중 한 명이 물을 무서워하니?
남: 아니. 투어 당일 내 남동생이 식중독에 걸렸거든. 그리고 우린 그를 혼자 호텔에 남겨둘 수 없어서 취소했지.
여: 그거참 유감이다.

어휘

local 현지의, 지역의   explore 탐험하다   temple 사원   book 예약하다   afraid of ~을 무서워하는   food poisoning 식중독
cancel 취소하다

문제해설

남자는 남동생의 식중독 때문에 섬 투어를 취소했다고 했다.

06 ②

여: 모든 사람들이 Golden Star Restaurant에 대해 정말 좋

은 말들을 해.
남: 응, 평론가들이 그곳을 정말 좋아해.
여: 거기서 먹어본 적 있어?
남: 지난주에 저녁을 먹으러 들르려고 했어. 하지만 오후 10시 이후여서 이미 문을 닫았더라.
여: 음, 내가 어제 점심시간에 갔을 때는 다른 문제가 있었어.
남: 거기가 붐볐다는 의미야?
여: 자리를 잡으려면 한 시간 동안 기다려야 했어! 나는 바빠서 나와야 했어.
남: 그것참 안됐구나. 언젠가 같이 다시 가서 먹어 보자.
여: 그래.

어휘

critic 비평가, 평론가   stop in ~에 들르다   crowded 붐비는, 복잡한   try out 시험 삼아 해보다

문제해설

여자가 식당에 갔을 때 사람이 너무 많아 오래 기다려야 해서 식사를 하지 못했다고 했다.

07 ⑤

[초인종이 울린다.]
여: 누구세요?
남: 안녕하세요. 저는 옆집에 사는 Jake Snyder입니다.
여: 오, 안녕하세요, Jake. 안으로 들어오시겠어요?
남: 아니요, 괜찮습니다. 제가 삽을 빌릴 수 있을까 해서요. 마당에 구멍을 파야 하거든요.
여: 물론이죠. 나무를 심으시려고요?
남: 아니요. 유감스럽게도, 제 딸의 반려동물 햄스터가 오늘 아침에 죽었어요.
여: 오, 유감입니다. [잠시 후] 우편함을 교체할 때 썼던 삽이 여기 있어요.
남: 완벽하네요. 감사합니다, Claire.
여: 별말씀을요. 그걸 다 쓰시고 나서 울타리 옆에 두시면 됩니다.

어휘

inside 안으로   wonder (정중한 부탁에서) ~일까 생각하다
shovel 삽   dig 파다   yard 마당, 뜰   plant 심다   replace 바꾸다, 교체하다   mailbox 우편함   fence 울타리

문제해설

남자는 딸의 죽은 반려동물을 묻기 위해서 삽을 빌린다고 했다.

08 ②

[전화벨이 울린다.]
남: Sam's Pizza입니다.
여: 네. 저는 45분 동안 피자를 기다리고 있어요. Sam's Pizza 는 30분 내 배달을 보장한다고 알고 있는데요.
남: 그렇습니다. 성함이 어떻게 되시죠?
여: Sheila Layton입니다.

남: Layton 씨, 고객님께서는 20분 전에 주문을 바꾼다고 전화하셨습니다.
여: 네, 그랬습니다.
남: 저희는 오븐에 새로운 피자를 넣어야 했습니다. 30분은 고객님께서 주문을 바꾼 때부터 시작됩니다.
여: 오, 그건 몰랐네요.
남: 죄송하지만, 피자를 요리하는 데는 시간이 걸립니다.
여: 알겠습니다. 그러면 제 피자는 앞으로 10분 안에 도착하겠군요.

어휘

guarantee 보장하다

문제해설

여자가 주문을 변경하였기 때문에 피자가 늦게 배달된다고 했다.

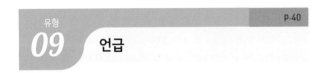

기출 예제 ⑤

남: 뭐 하고 있니, Mary?
여: 안녕, Shawn. 글로벌 인턴십 프로그램 신청서를 작성하고 있어.
남: 글로벌 인턴십 프로그램이라고? 재미있겠는데.
여: 그러면 너도 거기에 지원해 보는 게 어때? 마감일은 7월 1일이야.
남: 1년 프로그램이니?
여: 아니. 6개월 프로그램이야.
남: 요건들이 있니?
여: 응, 교수 추천서가 있는 대학교 4학년생들만 거기에 지원할 수 있어.
남: 그렇구나. 얼마나 많은 학생들이 선발될까?
여: 30명에서 50명 사이의 학생들이라고 해. 그리고 네가 프로그램을 끝마치면 수료 증명서를 받게 될 거야.
남: 좋아. 그것에 대해 생각해 볼게. 정보 고마워.

어휘

fill out (서식 등을) 작성하다, 채우다   application form 신청서   apply for ~에 지원하다   deadline 마감 일자   requirement 요건, 자격   recommendation 추천(장)   select 선발[선택]하다   certificate (수료) 증명서

유형 연습   pp.42~43

01 ③   02 ④   03 ⑤   04 ④   05 ③   06 ⑤
07 ③   08 ④

01 ③

여: 주말 동안 뭐 했니, Charles?
남: 나는 Bloomington 자연사 박물관에 다녀왔어.
여: 그게 Orchard 공원 건너편에 있니?
남: 맞아. 그것은 2년 전쯤에 지어졌는데, 도시 내에서 가장 인기 있는 박물관들 중 하나가 되었어.
여: 나는 거기에 가본 적이 없어. 어땠어?
남: 굉장했어! 그들은 공룡, 나비, 그리고 심지어 값비싼 보석들도 전시하고 있어.
여: 흥미롭겠는걸. 나도 한번 봐야겠어.
남: 꼭 그렇게 해. 하지만 나는 가능하면 주중에 가는 걸 추천해.
여: 왜?
남: 그곳은 한 해에 약 50만 명의 방문객들이 와서 주말에는 정말 복잡해. 그건 전시품을 보는 걸 어렵게 만들어.

어휘

weekend 주말   exhibit 전시품   dinosaur 공룡   precious 귀중한, 값비싼   gem 보석   weekday 평일

문제해설

Orchard 공원 건너편에 있고, 2년 전쯤에 지어졌으며, 공룡, 나비, 보석 등을 전시하고, 한 해에 약 50만 명의 방문객이 온다고 했으나, 입장료에 대해서는 언급되지 않았다.

02 ④

남: 너 'My Teary Eyes'라는 노래 알아?
여: 응, 그건 내가 가장 좋아하는 노래들 중 하나야.
남: 그건 내가 가장 좋아하는 것들 중 하나이기도 해. 그 가수 Corey Hudson은 정말 재능이 있어.
여: 맞아. 그는 정말 놀라운 록 가수야.
남: 전적으로 동의해. 보통 나는 록 음악을 좋아하지 않지만, 그의 노래들에는 특별한 무언가가 있어.
여: 응, 맞아. 그리고 너는 정말 그의 목소리가 좋지 않니?
남: 응. 이 노래가 발매되었을 때, 나는 그 앨범을 사지 않을 수가 없었어.
여: 무슨 뜻인지 알아. 사람들이 'My Teary Eyes'를 역대 최고의 노래들 중 하나라고 하는 것도 당연해.
남: 또 그게 Corey Hudson이 직접 쓴 노래라는 것을 알고 있었니?
여: 응, 알아. 그는 대단한 음악가야.

어휘

talented 재능이 있는   release 석방하다; *공개하다, 발표하다

문제해설

곡명은 'My Teary Eyes'이고, 가수는 Corey Hudson이며, 장르는 록 음악이고, 작곡도 Corey Hudson이 했다고 했지만, 발매 시기에 대해서는 언급되지 않았다.

03 ⑤

여: 내가 우리의 태국 여행을 위한 정보를 좀 가져왔어.

남: 오, 좋아. 뭘 알게 되었니?

여: 우리가 패키지여행을 구매한다면, 우리 호텔은 겨우 500달러가 들 거야.

남: 호텔에서 일주일 내내 머무는 게? 정말 싸구나! 그런데 어디에 있는 거야?

여: 시내 중심에 있는 것은 아니지만, 해변 가까이에 있어. 여기에 사진 몇 장이 있어.

남: 괜찮은 것 같은데, 조금 오래돼 보이네. 아마 에어컨 장치가 좋지 않은 것 같아.

여: 걱정하지 마. 여행사 직원이 에어컨 장치가 작동이 잘 된다고 이야기했어.

남: 좋아. 음, 거기에 수영장은 있어?

여: 응. 체육관, 두 개의 인기 있는 음식점과 비즈니스 센터도 있어.

남: 좋아. 거기로 예약하자.

어휘

entire 전체의   bargain 싸게 사는 물건   air conditioning 에어컨 (장치)   travel agent 여행사 직원

문제해설

가격은 500달러이고, 해변 가까이에 있고, 에어컨 장치가 잘 작동되며, 체육관 등의 여러 가지 부대시설이 있다고 했으나, 공항과의 거리에 대해서는 언급되지 않았다.

04 ④

남: 어젯밤에 놀라운 야생 동물 다큐멘터리를 봤어. 그것은 N'kisi라고 불리는 앵무새에 관한 것이었어.

여: N'kisi? 그것에 대해 무엇이 그렇게 놀라운 거야?

남: 그것은 말을 할 수 있어! 그것은 950개의 단어를 알고 있어.

여: 정말 굉장해! 그것은 문장을 만드니?

남: 응, 그것은 심지어 각각 새로운 상황에 맞게 새로운 구들을 만들어 낼 수도 있어.

여: 놀라워! 어떤 종류의 앵무새야?

남: 그것은 아프리카 회색 앵무새야. 그 새들은 서부 및 중앙 아프리카에 살아.

여: 그 새들은 어떻게 생겼어?

남: 그것들은 그리 흥미롭게 생기지는 않았어. 중간 크기에 회색 깃털을 가지고 있어.

여: 무엇이 그것들을 그렇게 똑똑하게 만드는 거야? 그것들은 특별한 것을 먹니?

남: 아니, 그저 야자나무 열매, 씨, 과일, 그리고 달팽이를 먹을 뿐이야.

어휘

wildlife 야생 동물   parrot 앵무새   phrase 구(句)   feather 깃털   palm 야자나무   nut 견과, 나무 열매   seed 씨앗   snail 달팽이

문제해설

많은 어휘를 알고 있고, 문장과 구를 만들어 낼 수 있으며, 아프리카 중서부에 살고, 회색이며, 야자나무 열매, 씨, 과일, 달팽이를 먹는다고 했으나, 수명에 대해서는 언급되지 않았다.

05 ③

여: 실례합니다. 캐나다의 교환학생 프로그램에 대해 문의하고 싶었어요.

남: 네. 10월 1일까지 신청서를 제출하셔야 해요.

여: 제가 캐나다로 언제 가나요?

남: 2월 20일에 떠나서, 그 프로그램을 2월 25일에 시작할 거예요.

여: 그렇군요. 제가 학교 기숙사에서 살게 될까요?

남: 아니요. 학교 근처에 홈스테이가 배정될 거예요.

여: 그거 좋겠네요. 수업은요?

남: 학생들은 하루에 4개의 수업을 들어요. 또한 2개의 동아리에 참여할 수 있어요. 춤 동아리와 영화 동아리가 인기 있어요.

여: 그거 정말 좋네요. 그 프로그램에 참여하기가 쉽나요?

남: 아니요, 그 프로그램은 15명의 학생만 받아요.

여: 알겠습니다. 내일 신청서를 가지고 돌아올게요.

어휘

submit 제출하다   dormitory 기숙사   assign 배정하다   accept 받아주다

문제해설

캐나다로 가는 교환학생 프로그램이며, 2월 25일에 시작하고, 홈스테이가 배정되며 15명의 학생이 참가할 수 있다고 했으나, 프로그램 진행 기간에 대해서는 언급되지 않았다.

06 ⑤

남: 드디어 저희는 중국의 만리장성에 와 있습니다!

여: 놀랍네요! 이건 얼마나 긴가요?

남: 21,000킬로미터 넘게 이어져 있습니다.

여: 와! 아주 오래돼 보여요!

남: 맞아요. 만리장성의 일부는 기원전 7세기에 지어졌고, 다른 부분은 기원전 3세기에 지어졌어요.

여: 그거 흥미롭네요. 성벽 전체가 벽돌로 되어 있나요?

남: 아니요. 어떤 곳에서는 돌도 사용했고, 성벽 안쪽은 주로 흙으로 되어 있어요.

여: 알겠어요. 그런데 왜 중국인들은 이 거대한 성벽을 지었나요?

남: 많은 이유들이 있었지만, 주로 침략을 방지하고 교역을 통제하기를 원했어요.

여: 틀림없이 효과가 있었을 것 같네요.

어휘

marvelous 놀라운   stretch 늘이다; *뻗어 있다, 이어지다   brick 벽돌   mainly 주로   dirt 먼지; *흙   gigantic 거대한

invasion 침략   trade 상업, 교역

문제해설

길이가 21,000킬로미터이고, 기원전 7세기에 지어진 부분도 있고 기원전 3세기에 지어진 부분도 있으며, 벽돌, 돌, 흙으로 지어졌고, 침략 방지와 교역 통제를 위해 건축되었다고 했으나, 만리장성의 일일 방문자 수에 대해서는 언급되지 않았다.

07 ③

여: 안녕하세요, 저는 〈Good Eats〉의 Kelly Parker입니다. 오늘 저는 특별 초대 손님인 Eric Anderson 씨를 모셨습니다.

남: 안녕하세요. 초대해주셔서 감사합니다.

여: 나와주셔서 감사해요. Rue de Paris의 수석 주방장이시죠, 그렇죠?

남: 네, 맞습니다.

여: 어떻게 일을 시작하시게 되셨어요?

남: 제가 18살이었을 때 접시닦이로 시작했고 요리 학교에 갔습니다. 그리고 나서 졸업 후에 Rue de Paris의 보조 요리사가 되었습니다.

여: 그리고 마침내 수석 주방장이 되신 거군요.

남: 네, 5년째 수석 주방장입니다.

여: 그렇군요. 그런데 왜 요리사가 되기로 결심하셨나요?

남: 저희 할머니께서 요리사이셨어요. 그녀는 제 역할 모델이셨어요.

여: 분명히 그녀가 당신을 자랑스러워하시겠네요.

어휘

head 선두의; *수석의   career 직업   dishwasher 접시닦이
assistant 보조하는   eventually 결국

문제해설

현재 Rue de Paris에서 근무하고 있고, 18살에 일을 시작했고, 5년 동안 수석 주방장으로 일하고 있으며, 할머니 덕분에 요리사가 되었다고 했으나, 요리 대회에 출전한 경험은 언급되지 않았다.

08 ④

남: 여보, 나 왔어요. 무엇을 보고 있어요?

여: World Food Fair 광고예요.

남: 오, 올해 다시 열리나요? 언제인가요?

여: 9월 17일, 18일 토요일 일요일이에요. 하지만 장소가 바뀌었어요.

남: 그럼, Chester Hall이 아닌가요?

여: 네. North Shore Convention Center에서 열릴 거예요. 그리고 광고에 따르면 다섯 개의 국가가 참여한다고 해요. 한국, 멕시코, 인도, 스페인, 그리고 태국이요.

남: 난 태국 음식을 정말 좋아해요! 입장료는 얼마죠?

여: 작년과 같아요. 10달러요. 그리고 무료 음료가 한 잔 포함되요.

남: 좋아요. 지하철을 타고 거기로 가요. 주말엔 교통체증이 심

할 것 같아요.

여: 그게 아마 좋은 생각 같아요.

어휘

advertisement 광고   location 장소   participate 참가하다
entrance fee 입장료   include 포함하다   traffic 차량들, 교통 (량)

문제해설

9월 17일, 18일에 North Shore Convention Center에서 개최되고 한국, 멕시코, 인도, 스페인, 태국이 참여한다고 했으며, 10달러의 입장료가 있다고 했으나, 주차 공간에 대해서는 언급되지 않았다.

내용 일치

기출 예제 ③

여: 안녕하세요, Central 고등학교 학생 여러분. 저는 학교 사서인 Kathy Miller입니다. 올해 독서의 달을 기념하기 위해, 우리 학교는 독후감 대회를 개최할 예정입니다. 모든 학생 여러분은 대회에 참여하도록 초대됩니다. 여러분은 어떤 종류의 책에 대해서든 독후감을 써도 되지만, 그 독후감은 반드시 여러분 본인의 독창적인 글이어야 합니다. 여러분은 학교 웹사이트에서 양식을 다운로드할 수 있습니다. 독후감은 이달 말까지 이메일로 제출되어야 합니다. 우수작 세 편이 선정되어 우리 학교 잡지에 게재될 것입니다. 더 많은 세부 사항을 위해서는, 학교 웹사이트를 방문해 주세요. 감사합니다.

어휘

librarian 사서   celebrate 기념하다   review 논평, 독후감
participate in ~에 참여하다   original 고유의, 독창적인
select 고르다, 선정하다   publish 출판하다; *게재하다   detail 세부 사항

01 ⑤   02 ④   03 ④   04 ⑤   05 ⑤   06 ④
07 ④   08 ⑤

01 ⑤

남: Youngstown 중학교는 10월 2일과 3일에 열릴 34회 연례 가을 축제를 알리게 된 것을 자랑스럽게 생각합니다. 축제는 학교 운동장에서 개최되며 학생들의 노래, 춤, 연기 공연이 포함될 것입니다. 모든 교내 동아리들은 자체 안내소를 가지게 되며, 학교 구내식당에서 맛있는 케이크와 파이를 제공할 것입니다. 표는 장당 단돈 1달러이며, 학생들은 친

구들과 가족에게 가능한 한 많은 표를 팔도록 장려됩니다. 이 축제의 하이라이트는 두 번째 날 오후 7시에 있는 불꽃놀이 쇼가 될 것입니다. 놓치지 마세요!

어휘

announce 발표하다, 알리다   annual 매년의, 연례의   take place 개최되다   athletic field 경기장, 운동장   performance 공연   information booth 안내소   cafeteria 구내식당   firework 《pl.》불꽃놀이

문제해설

⑤ 불꽃놀이는 두 번째 날인 10월 3일에 열린다.

02 ④

여: 15분 안에 당신이 몇 개의 핫도그를 먹을 수 있다고 생각하십니까? 만약 당신이 Hillsboro 핫도그 대회에 참가하신다면, 알아내실 수 있습니다! 이 대회는 7월 11일 토요일 오후 2시 South Beach에서 열릴 것입니다. 15세가 넘는 Hillsboro의 모든 주민들은 참가할 자격이 있습니다. 남자, 여자, 십 대 청소년이라는 3개의 다른 부문이 있을 것입니다. 각각의 우승자들은 아름다운 트로피를 받게 될 것입니다. 10달러의 참가비가 있으며, 이 행사의 모든 수익은 공공 도서관에 기부될 것입니다. 만약 참가를 원한다면, 7월 3일까지 시청에 들러 주시기 바랍니다.

어휘

enter 들어가다; *참가하다   resident 주민   be eligible to-v ~할 자격이 있다   category 부문, 범주   entry fee 참가비   profit 수익   donate 기부하다   take part 참가하다   stop by 잠시 들르다   city hall 시청

문제해설

④ 남자, 여자, 십 대 청소년 총 3개의 부문으로 나뉘어서 진행될 것이라고 했다.

03 ④

남: 학생 여러분, 안녕하세요! 저는 다가오는 여름 방학 동안 개최될 특별한 여름 캠프에 대해 알리게 되어 기쁩니다. 등록을 하려면, 여러분은 제가 오늘 오후에 여러분께 이메일로 발송한 지원서를 작성하고 서명을 해야 합니다. 여러분은 또한 지원서와 함께 여권과 학교 성적표 사본을 보내주셔야 합니다. 최근 사진을 지원서에 붙이는 것을 잊지 마십시오. 사진이 없는 것들은 접수되지 않을 것입니다. 그리고 지원서의 뒷면에 아무것도 쓰지 마십시오. 또한 학교 행정실에서 그것을 5월 1일까지 받아야 합니다. 질문이 있으시면 행정실로 전화 주십시오.

어휘

upcoming 다가오는   register 등록하다   fill out (서식을) 작성하다   application 지원(서)   copy 사본   passport 여권   attach 붙이다, 첨부하다

문제해설

④ 지원서의 뒷면에는 아무것도 써서는 안 된다고 했다.

04 ⑤

여: Nexzi Automobiles에서 나온 새로운 N4T를 소개해 드리겠습니다. 이 4도어 세단은 5명을 위한 좌석과 넓은 트렁크 공간이 있습니다. 이 차량의 강력한 엔진은 단 몇 초 만에 당신이 최고의 운전 속도에 도달할 수 있게 해줍니다. 또한 최고의 안락함과 스타일을 위한 호화로운 가죽 시트가 있습니다. 그리고 이것이 전부가 아닙니다. N4T는 안전 기준에서 업계에서 가장 높은 별 다섯 개의 평가를 받았습니다. 모든 Nexzi Automobiles의 차량은 또한 10년의 품질 보증서가 함께 따라 나갑니다. 무엇을 망설이십니까? 은색, 검은색, 빨간색, 또는 흰색으로 나오는 당신의 N4T 세단을 오늘 구입하십시오.

어휘

space 공간   vehicle 차량, 탈것   luxurious 호화로운   leather 가죽   comfort 편안, 안락   rating 순위, 평가   industry 산업; *업계   safety 안전   standard 기준   warranty 품질 보증서

문제해설

⑤ 색상은 은색, 검은색, 빨간색, 흰색으로 4가지가 있다고 했다.

05 ⑤

남: Atwood 주민 여러분, 안녕하세요. 저는 주민 센터 관리인 Chris Miller입니다. 저희는 매달 첫 번째 토요일에 Atwood Cooking Class를 개최합니다. 이번 달에는 유명 요리사인 Antonio Moore가 맛있는 해산물 파스타를 만드는 방법을 가르쳐줄 것입니다. 수업은 평소와 같이 우리 커뮤니티 센터에서 열릴 것입니다. 1인당 25달러로 그 가격에 모든 재료가 포함됩니다. Atwood 주민만 참여할 수 있으며 자리에 제한이 있으니 이번 목요일까지 저희 웹사이트에서 미리 신청해 주세요. 안전상의 이유로 아이들은 참여할 수 없습니다. 추가 정보가 필요하시면 언제든지 저에게 연락해주세요. 감사합니다.

어휘

price 값, 가격   ingredient 재료   limited 제한된   sign up 참가하다   in advance 사전에, 미리   contact 연락하다

문제해설

⑤ 안전상의 이유로 아이들은 참여할 수 없다고 했다.

06 ④

여: 몽유병은 약 10퍼센트의 사람들에게 평생에 적어도 한 번은 발생하는 질환입니다. 그것은 4세에서 12세 사이의 어린이들에게 가장 흔하며, 아이가 잠이 들고 보통 2시간 후에 발생합니다. 침대에서 일어난 후에, 몽유병 환자들의 눈은

대개 떠져 있는 상태입니다. 대부분, 몽유병 환자의 다수가 일반적인 소리를 들을 수 없기 때문에 그들을 깨우는 것은 불가능합니다. 몽유병은 보통 5분에서 15분 동안 지속됩니다. 몽유병 증세를 보이는 사람들은 일반적으로 다음 날 아침에 그들이 몽유병 증세를 보였다는 것을 기억하지 못합니다.

어휘

sleepwalking 몽유병 (*v.* sleepwalk 몽유병 증세를 보이다) affect 영향을 미치다; *(질병이) 발생하다* common 흔한 majority 가장 많은 수, 다수 ordinary 보통의, 일상적인 typically 보통, 일반적으로 following 그다음의

문제해설

④ 몽유병 환자의 다수는 일반적인 소리를 잘 듣지 못한다고 했다.

07 ④

남: 오늘 저는 호박벌에 대해서 이야기하려고 합니다. 호박벌은 새끼들에게 먹일 꿀을 만드는, 날아다니는 곤충입니다. 그것들이 다른 벌과 다른 한 가지 방식은 좀처럼 사람을 쏘지 않는다는 것입니다. 또한 호박벌은 보통 더 북쪽과 더 추운 지역에 서식합니다. 이것에 대한 한 가지 설명은 호박벌이 따뜻한 꽃들에만 착륙함으로써 그들의 체온을 조절할 수 있다는 것입니다. 연구에 따르면 호박벌이 꽃들의 온도를 예측하기 위해 먼저 그것들의 색깔을 관찰한다고 합니다. 이런 방법으로 그들은 추운 지역에서 살 때 에너지를 아낄 수 있습니다.

어휘

insect 곤충 feed 먹이를 주다 young 젊은이들; *(동물의) 새끼* rarely 좀처럼 ~하지 않는 sting 쏘다 further (거리상으로) 더 멀리에 explanation 설명 temperature 온도 land 착륙하다 observe 관찰하다 predict 예측하다 region 지역, 지방

문제해설

④ 호박벌은 따뜻한 꽃에만 착륙해서 체온을 조절할 수 있다고 했다.

08 ⑤

여: Valley View 고등학교 학생 여러분, 좋은 아침입니다. 여러분이 이미 알다시피, 우리는 3월 15일 금요일에 10번째 연례 Book Crossing & Sharing을 개최합니다. 여러분은 책상을 정리하고 이웃을 도울 수 있습니다! 더 이상 읽지 않는 책들을 학교 운동장으로 가지고 와 주세요! 모든 책들은 좋은 상태여야 합니다. 다른 학생들이 가져오는 책을 3에서 5달러에 구입할 수 있습니다. 기부된 책과 수익금은 우리 지역의 아이들을 돕는 지역 자선 단체로 가게 될 것입니다. 비가 온다면 행사는 3월 22일에 열리게 됩니다. 여러분의 참여를 기대하겠습니다.

어휘

bring 가져오다 condition 상태 local 지역의 charity 자선 단체 participation 참여

문제해설

⑤ 비가 오면 행사는 3월 22일에 열린다고 했다.

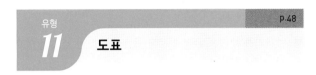

유형
11 도표
p.48

기출 예제 ④

여: 안녕하세요. 어떻게 도와 드릴까요?

남: 토스터를 찾고 있어요.

여: 알겠습니다. 이 다섯 개가 가장 잘 팔리는 것들이에요. 한 조각을 구울 수 있는 이 토스터는 어떠세요?

남: 좋네요. 하지만 저는 한 번에 최소한 두 조각을 굽고 싶어요.

여: 그렇다면 이 세 가지 모델 중에서 하나를 고르셔야 해요. 생각하시는 가격 범위를 여쭤봐도 될까요?

남: 음, 전 50달러 이상은 쓰고 싶지 않아요.

여: 그렇다면 선택할 수 있는 게 두 개 남았네요. 어떤 색을 더 좋아하세요?

남: 은색으로 할게요.

여: 알겠습니다. 탁월한 선택이세요.

어휘

slice 얇은 조각 toast (빵을 토스터 등에 넣어) 굽다 range 범위 option 선택 (사항)

유형 연습					pp.50~51
01 ④	02 ②	03 ⑤	04 ⑤	05 ③	06 ④
07 ③	08 ⑤				

01 ④

남: 배고파 죽겠어! 여기 음식 가판대에 들러서 아침을 먹자.

여: 나는 이미 먹었지만, 너는 무언가를 주문하렴. 거기는 여러 가지 서로 다른 아침 식사 선택지를 제공해.

남: 맞아. 오, 나는 머핀과 주스를 먹고 싶어.

여: 괜찮을 것 같지만, 그건 점심에만 제공돼.

남: 오, 알겠어. 정말 아쉽다.

여: 대신에 베이글과 우유는 어때? 그건 정말 저렴해.

남: 베이글이 내 양에 차지 않을까 봐 걱정돼. 나는 아주 배가 고프거든.

여: 음, 너는 세 가지 품목이 포함된 것을 먹을 수도 있어.

남: 응, 하지만 아침 식사로 5달러 넘게 지불하지 않는 게 좋을 것 같아.

여: 그래. 그렇다면, 너는 이걸 주문해야겠네.

어휘

starving 몹시 허기진, 배고픈 stand 가판대, 좌판 fill up ~을 가득 채우다

문제해설

점심에만 이용 가능한 메뉴와 베이글과 우유가 있는 메뉴를 제외하고, 5달러 이하인 메뉴는 ④ Menu D이다.

02 ②

남: 그러니까 당신은 우리 건물에 있는 아파트에 세를 들려고 생각 중이신 거죠?

여: 네, 그렇습니다. 하지만 어떤 것으로 할지 결정하지 못하겠어요.

남: 10층에 멋진 침실 하나짜리 방이 비어 있습니다.

여: 그건 너무 높네요. 저는 6층보다 높은 곳은 원하지 않아요.

남: 알겠습니다. 하지만 침실 하나짜리 아파트는 괜찮으신가요?

여: 네, 침실 하나 혹은 두 개짜리 아파트면 괜찮아요.

남: 좋습니다. 예산 범위는 어떻게 되시나요?

여: 음, 저는 현재 950달러를 지불하고 있어요. 그것보다 많이 지불하고 싶지는 않아요.

남: 알겠습니다. 그렇다면 저희가 당신이 좋아할 만한 것을 가지고 있는 것 같네요.

여: 좋아요. 한번 가서 봅시다.

어휘

rent 세내다, 임차하다 available 이용할 수 있는 budget 예산 currently 현재

문제해설

6층 이하이고, 침실이 하나 또는 두 개이며, 집세가 950달러 이하인 집은 ② 308호이다.

03 ⑤

여: Daniel, 우리의 미술 수업 숙제를 위한 사진을 찍으러 어디에 가야 할까?

남: 나는 박물관에 가고 싶어. 여기에 지역에서 선택할 수 있는 박물관들의 목록이 있어.

여: 오, 나는 City Art Museum을 방문하고 싶어!

남: 하지만 그곳은 방문객들이 사진을 찍는 것을 허락하지 않아.

여: 오. 그렇다면, Natural History Museum은 어때?

남: 음, 나는 입장료로 10달러 넘게 지불할 여유가 없어.

여: 맞아, 좋은 지적이야. 나도 그럴 수 없어.

남: 다른 선택지들에 대해서는 어떻게 생각해?

여: 음, 나는 길에서 30분 넘게 보내고 싶지 않아. 나는 차멀미를 심하게 하거든.

남: 좋아, 그럼 결정됐네. 우리는 여기에 갈 거야.

어휘

local 지역의 afford to-v ~할 여유가 있다 admission 입장; *입장료 carsick 차멀미를 하는 settle 결정하다

문제해설

사진 촬영이 금지된 City Art Museum을 제외하고, 입장료가 10달러 이하이며, 차로 30분 이내에 있는 곳은 ⑤ Harry Woodrow Museum이다.

04 ⑤

남: Jane, 우리 주민 센터에서 일일 요리 수업을 제공하고 있어. 나랑 같이 하나 시도해보는 게 어때?

여: 좋아. 생각해둔 특정 수업이 있니?

남: 그렇지는 않아. 여기 일정표가 있어.

여: 음…. 일본식 라면은 만들기 쉬우니 그 수업은 듣고 싶지 않아.

남: 동의해. 그리고 나는 매운 음식을 좋아하지 않아. 매운 음식은 항상 내가 배탈이 나게 해.

여: 알았어. 우리 평일 수업을 선택해야 할까 주말 수업을 선택해야 할까?

남: 나는 토요일이나 일요일 수업을 선호해. 퇴근 후에 수업을 듣는 것은 너무 피곤할 것 같아.

여: 그렇다면 이 두 수업 중에 고를 수 있어. 아침과 오후 중 무엇이 더 편하니?

남: 나는 아침에는 체육관에 가니까 나에게는 오후가 더 좋아.

여: 좋아. 그리고 그 수업이 더 저렴하기도 해! 그 수업에 등록할게.

어휘

specific 구체적인; *특정한 have in mind ~을 염두에 두다[생각하다] upset one's stomach 배탈이 나다 weekday 평일 weekend 주말 register 등록하다

문제해설

일본식 라면을 제외하고, 맵지 않은 메뉴이면서 주말 오후에 하는 수업은 ⑤ Indian Cuisine이다.

05 ③

남: 그게 뭐야, Julie?

여: 이건 유학 프로그램에 관한 소책자야. 나는 해외에서 공부하려고 계획 중이야.

남: 어떤 프로그램을 신청할 거야?

여: 음, 나는 이미 미국에 가본 적이 있어서, 다른 나라로 시도하고 싶어.

남: 언제 가려고 생각 중이니?

여: 6월에 여기서 1학년을 마칠 거라서, 그 뒤에 바로 떠나고 싶어.

남: 그렇구나.

여: 그런데 나는 홈스테이에 머무는 프로그램이 나은지 아니면 기숙사에서 지내는 프로그램이 나은지 결정하지 못하겠어.

남: 홈스테이를 한다면, 네가 영어로 말할 기회가 훨씬 더 많을 거야.

여: 맞아. 나는 내가 무엇을 해야 할지 알 것 같아.

어휘

pamphlet 팸플릿, 소책자   abroad 해외에서   overseas 해외에서   dormitory 기숙사   opportunity 기회

문제해설

미국을 제외하고, 6월 직후에 시작하며 홈스테이를 할 수 있는 프로그램은 ③ Program C이다.

06 ④

여: Fred, 너 뭐 하고 있니?

남: 로봇 청소기를 찾으려고 하는 중이야. 내가 고르는 것 좀 도와줄래?

여: 좋아. 보자…. [잠시 후] 이건 어떠니? 평이 좋아.

남: 음, 그건 너무 비싸. 나는 800달러 넘게는 감당할 수 없어.

여: 아, 알겠어. 그리고 나는 네가 배터리 수명이 100분 이상인 것을 사야 한다고 봐.

남: 응. 네 말이 맞아. 보증기간 1년은 너무 짧다고 생각하니?

여: 응. 보증이 1년보다 긴 것을 추천해.

남: 그럼 두 가지 선택이 남네.

여: 색상은? 어떤 색상을 더 좋아하니?

남: 색상은 상관없어. 더 저렴한 것으로 할래. 그것은 다른 것만큼 좋아.

여: 좋은 생각이야.

어휘

robotic 로봇식의   vacuum cleaner 진공청소기   battery life 배터리 수명   warranty (품질 등의) 보증, 보증서

문제해설

800달러가 넘는 것을 제외하고, 배터리 수명이 100분 이상이면서 보증 기간이 1년이 넘는 것 중 더 저렴한 것은 ④이다.

07 ③

여: 나는 주민 센터에서 주말 수업을 들을 거야.

남: 그거 재미있겠다. 어떤 수업인데?

여: 아직 결정하지 못했어. 여기에 책자가 있어.

남: 오, 내 친구 Grace가 일요일에 수업을 가르치는구나.

여: Grace? 너도 알다시피 우리는 사이가 좋지 않아. 나는 그 수업은 피할 거야.

남: 이해해. 그렇다면 너는 오전 수업을 듣고 싶니?

여: 그렇지는 않아. 나는 오전 11시 이전에는 어떤 것이든 듣고 싶지 않아.

남: 어떤 요일을 더 선호하니?

여: 나는 토요일에는 오후 늦게까지 일을 해. 그리고 나는 20명보다 더 적은 수의 학생이 있는 소규모 수업을 원해.

남: 그렇다면 이것이 너한테 제일 잘 맞는 것 같아.

여: 동의해.

어휘

brochure 책자   get along (사이좋게) 잘 지내다   suit 적합하다

문제해설

Grace가 가르치는 수업을 제외하고, 오전 11시 이후이며, 일요일에 하는 20명 미만의 수업은 ③ Photography이다.

08 ⑤

남: Carleton Hall에서 이번 달에 몇몇 큰 행사들이 있어. 함께 공연을 보러 가자.

여: 그러는 게 정말 좋겠다.

남: 내 여동생의 생일 파티가 6월 6일이지만, 다른 날은 한가해.

여: 알겠어. 푯값이 너에게 중요하니?

남: 음, 나는 너무 비싼 것은 가고 싶지 않아. 50달러가 내가 쓸 수 있는 최대한이야.

여: 좋아. 하지만 나는 밤 10시에 시작하는 쇼에는 갈 수 없어. 우리 엄마는 내가 밖에서 너무 늦게까지 있는 걸 허락하시지 않거든.

남: 이해해.

여: 너는 어떤 종류의 공연을 선호하니?

남: 나는 음악 공연을 보는 게 나을 것 같아.

여: 그럼 결정되었네.

남: 내가 오늘 전화해서 표를 예매할게.

어휘

matter 중요하다, 문제가 되다   stay out late 늦게까지 외출하다   settle 합의를 보다; *결정하다   book 예약하다

문제해설

6월 6일을 제외하고 50달러 이상인 것과 밤 10시에 시작하는 공연을 제외하고 남은 음악 공연은 ⑤ Max Robos on Stage이다.

유형		p.52
12	**짧은 대화 응답**	

기출 예제 ⑤

남: Emma, 여기서 좋은 냄새가 나. 네가 요리 중인 게 무엇이니?

여: 나는 불고기를 조금 만들었어. 좀 먹어봐.

남: 알겠어. 와, 이거 정말로 맛있다. 조리법을 어디에서 얻었니?

여: 나는 조리법을 인터넷에서 얻었어.

어휘

recipe 조리(요리)법   [문제] sold out 매진된

문제해설

① 불고기는 이미 매진됐어.

② 너는 뭘 먹을지 선택할 수 있어.

③ 우리는 식당에서 만날 거야.

④ 내일을 위해 음식을 주문할 거야.

01 ③   02 ④   03 ①   04 ①   05 ⑤   06 ③
07 ①   08 ③

01 ③

남: 실례합니다만, 기차가 언제 도착하는지 아세요?

여: 약 45분 후에 여기에 올 거예요.

남: 감사합니다. 시내까지 가는 데 얼마나 걸리는지 아세요?

여: 약 20분밖에 걸리지 않아요.

어휘

downtown 시내에 [문제] catch 잡다; *타다

문제해설

시내까지 가는 데 시간이 얼마나 걸리는지 묻는 질문이므로 소요 시간을 답하는 ③이 가장 적절하다.

① 지금은 기차를 탈 수 없어요.

② 성인은 기차표가 5달러예요.

④ 저는 오늘 시내에서 당신을 만날 수 없어요.

⑤ 죄송하지만, 거기에 어떻게 가는지 모르겠어요.

02 ④

여: 이 치마가 할인 중이네요. 얼마인가요?

남: 40퍼센트 할인 중이어서 단돈 30달러입니다. 이게 마지막 한 장이고, 우리는 언제 재입고될지 몰라요.

여: 좋네요. 이것을 입어 보고 싶어요.

남: 물론이죠, 탈의실은 바로 여기입니다.

어휘

on sale 할인 중인   restock 재고를 다시 채우다   try on 입어 보다 [문제] fitting room 탈의실   refund 환불

문제해설

옷 가게에서 치마를 입어 보고 싶다고 했으므로 탈의실을 안내하는 응답인 ④가 가장 적절하다.

① 네, 총 45달러입니다.

② 물론이죠. 제가 나중에 다시 시도할 수 있어요.

③ 죄송하지만, 다른 색상은 없습니다.

⑤ 아니요, 할인 상품은 환불이 되지 않습니다.

03 ①

남: 와, 네가 포장해야 할 크리스마스 선물이 많은 것 같네.

여: 응, 나는 선물을 많이 샀어. 우리 가족은 대가족이거든.

남: 너희 가족은 몇 명이나 되니?

여: 나를 포함해서 8명이야.

어휘

wrap 싸다, 포장하다 [문제] including ~을 포함하여   so far 지금까지

문제해설

가족이 몇 명인지 물었으므로 인원수로 답하는 ①이 가장 적절하다.

② 아니, 그들은 구성원이 많아.

③ 지금까지 선물을 하나도 못 받았어.

④ 내 조부모님은 시골에 사셔.

⑤ 우리 아버지는 남동생 두 명과 여동생 한 명이 있어.

04 ①

여: 서둘러, Ethan! 우리 영화 시간에 늦을 거야!

남: 미안하지만 내 지갑을 못 찾겠어.

여: 음, 네 책상 위를 확인해 봤니?

남: 응, 이미 거기도 찾아봤어.

어휘

wallet 지갑 [문제] belonging 《pl.》 소유물, 소지품

문제해설

지갑을 찾고 있는 남자에게 책상 위를 확인해 봤냐고 묻는 질문이므로 이미 살펴봤다고 답하는 ①이 가장 적절하다.

② 아니, 나는 영화 보러 가고 싶지 않아.

③ 서두를 이유가 없어.

④ 내 생일에 아버지로부터 그것을 받았어.

⑤ 너는 네 소지품을 더 잘 챙겨야 해.

05 ⑤

남: Gloria! 너를 한 시간 동안 기다리고 있었어.

여: 기다리게 해서 정말 미안해. 서두르려고 했어.

남: 너 왜 이렇게 늦은 거니?

여: 알람을 맞춰 놓는 걸 깜박하고 늦잠을 잤어.

어휘

[문제] avoid 피하다   rush hour 혼잡 시간대   in time 제시간에   set (시계·기기를) 맞추다   oversleep 늦잠 자다

문제해설

왜 늦었는지 묻는 질문이므로 그 이유를 말하는 응답인 ⑤가 가장 적절하다.

① 다음번에는 늦지 않도록 해.

② 나는 네가 혼잡 시간대를 피해야 한다고 생각해.

③ 우리가 서두른다면, 거기에 제시간에 갈 수 있어.

④ 미안하지만 나는 겨우 5분밖에 늦지 않았어.

06 ③

여: 안녕, Bill. 내가 네 전화를 못 받았더구나. 무슨 일이니?

남: Nichols 선생님, 죄송하지만, 전 오늘 피아노 수업을 취소

해야 해요.

여: 알겠어. 우리 언제로 일정을 변경할까?

남: <u>화요일 저녁 8시에 갈 수 있을 것 같아요.</u>

어휘

miss 놓치다　reschedule 일정을 변경하다

문제해설

언제로 수업 일정을 변경할지 물었으므로 요일과 시각으로 답하는 ③이 가장 적절하다.

① 제 수업은 지난주에 끝났어요.

② 기분이 나아지면 저에게 전화해 주세요.

④ 우리는 이 회의 일정을 변경했어야만 했어요.

⑤ 학교 음악실에서 만날까요?

07 ①

남: 오늘 날씨가 화창하네. 공원에 가서 자전거를 타자.

여: 그러고 싶지만, 이번 주 내내 무릎이 너무 아파.

남: 그러면 아마 그것에 대해 진료를 받는 게 좋을 거야.

여: <u>너의 조언을 받아들여야 할 것 같아.</u>

어휘

knee 무릎　hurt 아프게[다치게] 하다　go see a doctor 진찰을 받다, 병원에 가다

문제해설

무릎이 아프다는 여자에게 병원에 가보라고 조언하고 있으므로, 조언을 받아들이겠다는 ①이 응답으로 가장 적절하다.

② 나는 자전거 헬멧을 먼저 사야 해.

③ 네 말이 맞아. 네가 걷는 것을 도와줄게.

④ 공원이 어디인지 내게 알려줄래?

⑤ 병원은 자전거로 가기에는 너무 멀어.

08 ③

여: 이번 주 내내 너를 못 봤어.

남: 이번 주 초에 너무 아팠는데, 지금은 괜찮아.

여: 다행이야. 학교 공부를 따라잡는 데 도움이 필요하다면 알려줘.

남: <u>실은 네 수학 필기를 빌릴 수 있을까?</u>

어휘

catch up on 만회하다, ~을 따라잡다　schoolwork 학업, 학교 공부

문제해설

아파서 학교에 결석했던 친구에게 도움이 필요하면 알려달라고 했으므로 수학 필기를 빌릴 수 있는지 묻는 ③이 응답으로 가장 적절하다.

① 아니, 괜찮아. 거기에 어떻게 가는지 알아.

② 아니, 난 이번 주에 공부하느라 아주 바빴어.

④ 조언은 고맙지만, 난 괜찮을 것 같아.

⑤ 응, 그렇게 해 줘. 선생님께 내가 아프다고 말씀드려 줄래?

기출 예제 ⑤

여: Tom, 학교에서는 어땠니?

남: 고된 하루였어요, 엄마.

여: 무슨 일 있었니?

남: Jessie가 저한테 화가 났어요.

여: 왜? 너희들 단짝이잖니.

남: 매주 목요일에 함께 수학을 공부하는데요. 제가 항상 늦거든요.

여: 그래? 늦는 것은 좋은 습관이 아니지.

남: 알아요. 그래서 지난주에 늦지 않겠다고 약속했어요. 그런데 오늘 또 30분을 늦었어요.

여: Jessie가 화날 만도 하구나. 그 애에게 사과했니?

남: 네. 하지만 그 애가 너무 화가 나서 제 사과를 받지 않고 집에 가버렸어요. 제가 어떻게 해야 하죠?

여: <u>그 애에게 사과 편지를 쓰는 게 어때?</u>

어휘

tough 고된　habit 습관　No wonder ~할 만도 하다　upset 화가 난　accept 받아들이다　apology 사과

문제해설

① 적어도 미안하다고 말했어야지.

② 늦은 거에 대해 그 애를 용서해 주는 게 어떻겠니?

③ 네가 왜 그렇게 느꼈는지 이해할 수가 없구나.

④ 때때로 네 분노를 표현하는 게 좋단다.

유형 연습　pp.58~59

01 ③　02 ①　03 ⑤　04 ⑤　05 ②　06 ⑤
07 ④　08 ③

01 ③

[전화벨이 울린다.]

남: Bayview 호텔입니다. 무엇을 도와드릴까요?

여: 안녕하세요. 8월 10일 1박으로 트윈룸을 예약하고 싶습니다.

남: 좋습니다. 호수 전망과 산 전망 중 어느 것을 원하시나요?

여: 바다 전망 방은 없나요?

남: 해당 날짜에는 바다 전망의 트윈룸이 없습니다.

여: 음…. 바다 전망의 이용 가능한 다른 룸 타입이 있나요?

남: 스위트룸 하나가 남아있습니다. 더 높은 층이라 전망이 뛰어납니다.

여: 얼마인가요?

남: 1박에 500달러입니다. 그걸로 예약하시겠어요?

여: <u>아니요. 다른 곳을 알아봐야 할 것 같네요.</u>

27

reserve 예약하다 (*n.* reservation 예약)   view 견해; *전망, 경관

바다 전망 스위트룸 가격을 묻는 여자의 말에 남자가 500달러이며 예약을 하겠냐고 물었으므로, 다른 곳을 알아보겠다는 ③이 응답으로 가장 적절하다.

① 아니요. 전 이미 방값을 지불했습니다.
② 맞아요. 제 예약을 취소해줄 수 있나요?
④ 더 저렴한 호텔에 묵으면 돈을 절약할 수 있습니다.
⑤ 저는 Selena Gordon이라는 이름으로 예약했습니다.

02 ①

여: 오랜만이야, Sam! 일자리를 찾았니?
남: 아직 못 찾았어. 사실, 나는 일자리 찾는 걸 어떻게 시작해야 할지 정말 모르겠어.
여: 음, 너는 어떤 일을 하는 데 관심이 있어?
남: 나는 마케팅 일을 하고 싶은데, 경력이 전혀 없어.
여: 그래도 너는 마케팅 학위를 가지고 있잖아. 그건 문제가 안 될 거야.
남: 모르겠어. 내가 본 모든 공고는 경력이 있는 사람을 원해.
여: 포기하지 마. 네 자격을 갖춘 일꾼이 필요한 일자리가 있을지도 몰라. 너 Marketing World 앱을 확인해봤어?
남: 아니, 그게 뭐야?
여: 그건 정말 좋은 수단이야. 네가 그 앱을 네 스마트폰에 다운받으면, 마케팅 일을 시작하는 것에 관한 모든 종류의 정보를 찾을 수 있어. 네가 거기에서 좋은 조언을 얻을 수 있을 거라고 확신해.
남: 당장 그걸 확인해 봐야겠다.

degree 학위   qualification 《pl.》 자격   resource 자원; *수단   [문제] major in ~을 전공하다

구직에 어려움을 겪는 남자에게 여자가 마케팅 일을 시작하는 것에 도움을 줄 앱을 추천하고 있으므로 당장 그것을 확인해보겠다는 ①이 응답으로 가장 적절하다.

② 나는 좋은 웹사이트를 몰라.
③ 고맙지만 이미 일자리를 구했어.
④ 내가 학교에서 마케팅을 전공했어야 했는데.
⑤ 미안하지만 나는 마케팅에 대해 많이 알지는 못해.

03 ⑤

여: 수리공이 냉장고를 이미 고쳤나요?
남: 유감스럽게도 그가 그것은 고칠 수 없대요.
여: 뭐라고요? 하지만 그는 지난주에 그것을 고칠 수 있다고 말했잖아요.
남: 그것은 구형의 모델이어서 냉장고 회사가 교체 부품들을

구할 수 없었대요.
여: 그거 나쁜 소식이네요! 우리는 새것을 살 여유가 정말 없어요.
남: 맞아요. 우리가 이번 달에 막 새 텔레비전을 사서 그건 우리 예산을 초과해요. 어떻게 해야 하지요?
여: 음, 내 생각에는 부모님께서 지금 쓰시지 않는 냉장고를 가지고 계신 것 같아요.
남: 오, 잘됐네요! 우리가 새것을 살 때까지 그 냉장고를 사용할 수 있겠네요.
여: 그렇다면 내가 지금 당장 부모님께 전화할게요.

replacement 교체, 대체   part 부품

새 냉장고를 살 여유가 없는 상황에서 여자가 부모님 댁에 쓰지 않는 냉장고가 있다고 하자 남자가 새것을 살 때까지 그것을 사용할 수 있겠다고 했으므로 당장 부모님께 전화를 하겠다고 말하는 ⑤가 응답으로 가장 적절하다.

① 물론이죠, 수리공이 오늘 그것을 고칠 거예요.
② 좋아요. 비용이 얼마인지는 상관없어요.
③ 맞아요. 그렇다면 우리는 새것을 사야 할 거예요.
④ 괜찮아요. 우리는 어쨌든 그것이 필요 없었어요.

04 ⑤

여: 오늘 기분이 어떠니, Jake?
남: 나쁘지 않아. 근데 너 왜 겨울옷을 입고 있니? 오늘 밖이 그렇게 춥진 않아.
여: 정말? 난 좀 추워.
남: 너 창백해 보인다. 넌 아픈 걸지도 몰라.
여: 아니야. 어젯밤에 잠을 잘 못 잤어. 그게 다야.
남: 확실해? 너 열도 있는 것 같아. 내가 확인해 볼게.
여: 나는 괜찮아, Jake. 과민 반응 보이지 마. 그냥 잠이 부족해서 그래.
남: 그것 이상일지 몰라. 네 몸이 네게 보내는 신호들을 무시해서는 안 돼.
여: 음, 네 말이 맞는 것 같아. 내가 어떻게 해야 할까?
남: 넌 일단 보건실에 가는 게 좋겠어.

pale 창백한   fever 열   overreact 과잉 반응을 보이다   [문제] nurse's office 양호실, 보건실   prescription 처방전; *처방된 약

열이 있는 것 같다며 몸이 보이는 신호를 무시하지 말라는 남자에게 여자가 어떻게 해야 할지 묻고 있으므로, 보건실에 가라고 충고하는 ⑤가 응답으로 가장 적절하다.

① 네가 요청한 처방된 약 여기 있어.
② 따뜻한 스웨터를 내게 갖다 줄래?
③ 난 두통이 있어서 진찰을 받을 거야.

④ 나는 너무 아파서 오늘 학교에 갈 수 없어.

05 ②

남: Jenny, 너 속상해 보여. 무슨 문제 있니?
여: 다음 주말에 나 테니스 경기가 있는 거 알지, 그렇지?
남: 응. 너 정말 열심히 연습했잖아.
여: 그게, 이틀 전 연습경기 중에 내 오른쪽 팔꿈치를 다쳤어.
남: 오 저런, 의사가 뭐래?
여: 글쎄, 그녀는 내가 한 달은 테니스 치는 것을 중단하고 회복에 집중해야 한다고 강하게 주장했어.
남: 그녀의 말이 맞는 것 같아. 너의 코치는 뭐래?
여: 실은, 아직 이것에 대해 코치에게 이야기하지 않았어. 시합을 뛰고 싶어. 누구보다 열심히 훈련했단 말이야.
남: 네 기분이 어떨지 이해해. 하지만 기억하렴, 이것이 네가 치를 유일한 경기가 아니야. 너의 장기적인 경력을 생각해야 해.
여: <u>네 말이 맞아. 코치에게 이야기할게.</u>

어휘

tournament 토너먼트, 시합 elbow 팔꿈치 insist 주장하다
recovery 회복 long-term 장기적인

문제해설

부상을 당한 여자가 코치에게 이야기하지 않고 시합을 나가고 싶어하자 남자가 장기적인 경력을 생각하라고 조언하고 있으므로 그에 동의하며 코치와 이야기하겠다고 말하는 ②가 응답으로 가장 적절하다.
① 우리 연습게임 일정을 변경할게.
③ 나를 응원하러 경기장에 와줘.
④ 이 시합에서 이기기 위해 정말 최선의 노력을 다했어.
⑤ 내 미래의 경력에 대한 정보를 어디서 찾을 수 있니?

06 ⑤

여: 실례합니다. 이 여행 가방이 얼마인지 말씀해 주시겠어요?
남: 오, 탁월한 선택이세요. 그것은 요즘 우리 가게에서 가장 잘 팔리는 상품 중 하나입니다. 그것은 200달러입니다.
여: 정말이요? 왜 그렇게 비싸지요?
남: 그것은 매우 고급 상품이고, 4년의 품질 보증서가 따라 나옵니다.
여: 정말 그걸 사고 싶지만, 저는 도저히 150달러 넘게 쓸 수 없어요.
남: 음, 저희가 다음 주에 겨울 할인 판매가 있습니다. 그때 그것은 가격이 인하될 거예요.
여: 하지만 저는 이번 주말여행을 위해서 그것이 필요해요. 저한테 25퍼센트 할인을 해주실 수 있으세요?
남: 죄송하지만 그럴 수 없습니다. 하지만 만약 제 매니저가 동의하면, 5퍼센트 할인해 드릴 수 있어요.
여: 아니요, 그건 충분하지 않아요.
남: <u>그렇다면 제가 더 저렴한 것을 보여드리는 건 어떨까요?</u>

어휘

possibly 아마; *도저히   mark down 가격을 인하하다
discount 할인 [문제] expire 만료되다

문제해설

예산을 넘는 물건을 구매하기를 원하는 여자에게 남자가 5% 할인을 제안하자 여자가 그건 충분하지 않다고 했으므로 그럼 더 저렴한 물건을 보여주겠다고 제안하는 ⑤가 응답으로 가장 적절하다.
① 할인 판매는 2주 동안만 계속됩니다.
② 죄송하지만 품질 보증은 만료되었습니다.
③ 세일 품목은 반품이 안 됩니다.
④ 다른 가게에 가서 더 나은 가격을 찾아봅시다.

07 ④

남: Sophie, 이 스튜 맛있게 먹고 있니?
여: 응, 정말 맛있다. 너는 어떤데?
남: 이 요리는 소금이 좀 필요한 것 같아. 소금 좀 건네줄래?
여: 물론이지. 하지만 너무 많이 넣지 마. 너는 소금 섭취량을 줄이도록 노력해야 해.
남: 왜 그런 말을 하니?
여: 나트륨이 많은 식단을 먹는 건 고혈압을 일으킬 수 있어. 그건 심장병, 뇌졸중, 신장 질환의 위험을 높일 수 있어.
남: 그런 말을 들으니 놀랍다.
여: 무슨 의미야?
남: 나는 항상 소금이 건강한 식단의 한 부분이라고 생각했어. 그것이 신경과 근육이 제대로 기능하는 걸 도와주지 않니?
여: <u>몇 가지 이점들이 있지만, 너는 그것을 지나치게 써서는 안 돼.</u>

어휘

cut down on ~을 줄이다 intake 섭취(량) sodium 나트륨 risk 위험 stroke 뇌졸중 kidney 신장, 콩팥 nerve 신경 function 기능하다, 작용하다 [문제] overdo 지나치게 하다[쓰다]

문제해설

여자가 나트륨 섭취를 줄여야 한다고 하자 남자가 소금이 건강한 식단의 일부인 줄 알았다고 했으므로, 소금이 이점은 있으나 지나치게 쓰면 안 된다고 말하는 ④가 응답으로 가장 적절하다.
① 너는 아마도 병원에 가봐야 할 것 같아.
② 요즘 심장병은 정말 문제야.
③ 네가 옳아. 나트륨은 건강에 매우 해로울 수 있어.
⑤ 맞아. 아마도 난 혈압을 재 봐야겠어.

08 ③

여: 너 심리학 수업에서 색에 대해서 배우지 않니?
남: 응. 각각의 색은 우리에게 다른 영향을 미치지.
여: 예를 하나 들어 줄래?
남: 음, 예를 들어 빨간색은 매우 흥분하게 하는 색이야. 그건 네 심장을 더 빠르게 뛰게 만들어.

여: 알겠어. 그렇다면 그건 내 방에 좋은 색깔은 아니겠다.

남: 오, 네 침실을 새로 칠할 생각이니?

여: 응. 그런데 나는 적절한 색을 고르고 싶어.

남: 나는 파란색이나 주황색을 제안하겠어. 파란색은 가장 진정되는 색깔이고, 주황색은 네가 학습하는 데 도움을 줘.

여: 음, 나는 방에서는 보통 그냥 쉬어. 나는 도서관에서 공부해.

남: 그렇다면 멋진 파란 색조가 가장 좋을 거야.

어휘

psychology 심리학 beat 때리다; *(심장이) 뛰다, 고동치다 appropriate 적절한 calm 진정시키다 [문제] shade 그늘; *색조

문제해설

남자가 방의 색상으로 진정되는 파란색과 공부에 도움이 되는 주황색을 제안하자 여자가 방에서는 주로 쉰다고 했으므로, 그러면 파란 색조가 좋겠다고 말하는 ③이 응답으로 가장 적절하다.

① 사서에게 그녀의 의견을 물어보자.

② 그룹 지어 공부하는 게 유용하다는 걸 알게 되었어.

④ 개인적으로 나는 공부하고 나서 쉬는 게 더 좋아.

⑤ 페인트가 마를 때까지 여기서 머무르는 건 어때?

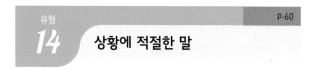

유형 14 상황에 적절한 말

p.60

기출 예제 ③

남: Amy는 고등학교 밴드의 리더이고 Terry는 밴드 멤버 중 한 명입니다. 그 밴드는 학교 축제에서 작은 콘서트를 열 예정이고 Terry는 콘서트 포스터 제작을 맡았습니다. 그가 포스터를 완성하자, 그는 이것을 밴드 멤버들에게 보여줍니다. 포스터에는 필요한 모든 정보가 있지만 글자 크기가 너무 작아서 읽기가 어렵습니다. Amy는 Terry가 폰트 사이즈를 큰 것으로 바꾼다면 그것은 더 알아보기 쉬울 것이라고 생각합니다. 그래서 Amy는 Terry에게 포스터의 글자 크기를 늘릴 것을 제안하고 싶습니다. 이 상황에서, Amy는 Terry에게 뭐라고 말을 하겠습니까?

Amy: 포스터의 글자 크기를 더 크게 할 수 있니?

어휘

hold 잡고 있다; *(회의·시합 등을) 열다 in charge of ~을 맡아서 poster 포스터, 벽보 complete 완료하다 necessary 필요한 letter 편지; *글자 font 서체 notice (보거나 듣고) 알다, 알아채다 suggest 제안하다 situation 상황 likely ~할 것 같은 [문제] colorful (색이) 다채로운

문제해설

① 포스터에 다채로운 색의 서체를 사용하는 게 어때?

② 네 친구들에게 콘서트에 대해 알려주는 게 좋을 거야.

④ 학교 축제에서 우리가 콘서트를 여는 게 어떻겠니?

⑤ 너는 포스터에 중요한 정보를 넣어야 해.

유형 연습

PP·62~63

01 ①　02 ③　03 ⑤　04 ⑤　05 ①　06 ④
07 ②　08 ⑤

01 ①

여: 오늘 아침에 Olivia가 그녀의 사무실에 도착했을 때, 그녀는 자신의 책상 위에서 청첩장을 발견했다. 그것은 그녀의 동료 중 한 명인 Brenda에게서 온 것이다. 그녀는 자기 딸의 결혼식에 Olivia를 초대하고 싶어 한다. 그러나 Olivia는 이미 수년 만에 처음으로 외국에서 고국으로 돌아오는 친한 친구를 만나기로 약속을 했다. Olivia는 그 결혼식과 같은 날에만 친구를 만날 수 있어서, 결혼식에 참석하는 것은 가능하지 않을 것이라고 Brenda에게 말하고 싶다. 오늘 오후에 Olivia는 Brenda를 엘리베이터에서 만난다. 이 상황에서, Olivia는 Brenda에게 뭐라고 말하겠는가?

Olivia: 유감스럽지만 저는 그 결혼식에 갈 수 없을 것 같아요.

어휘

wedding invitation 청첩장 colleague 동료 [문제] wedding hall 예식장

문제해설

Olivia는 Brenda 딸의 결혼식에 초대받았으나 그날은 친구를 만나야 해서 그 결혼식에 갈 수 없다고 했으므로 ①이 적절하다.

② 제가 결혼식에 친구를 데리고 가도 될까요?

③ 당신의 딸이 해외에서 언제 돌아오나요?

④ 당신이 절 초대하지 않아 실망했어요.

⑤ 예식장에 어떻게 가는지 말씀해 주시겠어요?

02 ③

남: Jenny와 그녀의 남자친구는 극장에서 영화를 보았다. 그 후에, 그들은 배가 고파서 근사한 식당에서 뭔가를 먹기로 결정했다. Jenny의 남자친구는 Jenny가 파스타와 피자를 좋아하는 걸 알기 때문에 이탈리아 음식점을 제안하였다. 하지만 그들은 만날 때마다 이탈리아 음식점에 간다. 그래서 Jenny는 오늘은 뭔가 다른 것을 먹고 싶다. 그녀는 한국 음식을 먹고 싶어 한다. 그러나 그녀는 남자친구가 한국 음식을 좋아하는지 확신하지 못한다. 이 상황에서, Jenny는 그녀의 남자친구에게 뭐라고 말하겠는가?

Jenny: 우리 이번에는 한국 음식을 먹는 게 어때?

어휘

afterwards 나중에, 그 뒤에 be in the mood for ~할 기분이 들다 [문제] feel like v-ing ~하고 싶다

<table>
<tr><td>

Jenny는 한국 음식이 먹고 싶으므로 남자친구에게 한국 음식을
먹는 것이 어떠냐고 제안하는 ③이 적절하다.

① 난 이탈리아 음식을 별로 좋아하지 않아.

② 내가 널 위해 만든 음식을 좋아하면 좋겠어.

④ 우리는 다음번에 다른 곳에서 먹을 수 있을 거야.

⑤ 미안하지만, 나는 오늘 밤에 한국 음식을 먹고 싶지 않아.

</td><td>

지하철에서 옆에 앉은 소녀가 시끄럽게 스피커로 TV를 보고 있는
상황이므로 이어폰을 사용해 달라고 요청하는 ⑤가 적절하다.

① 제가 당신 옆에 앉아도 될까요?

② 제게 오늘 밤 TV에서 뭘 하는지 말씀해 주시겠어요?

③ 죄송하지만 제가 그것을 당신과 함께 볼 수 있을까요?

④ 와, 당신의 휴대전화는 제 것보다 훨씬 더 좋네요.

</td></tr>
</table>

03 ⑤

여: Emily는 중학생이다. 그녀는 자기의 친구 Andy와 수학
수업을 듣는다. 선생님은 매주 마지막에 반 학생들에게 쪽
지 시험을 낸다. 쪽지 시험은 단지 학생들의 최종 성적에 작
은 영향만을 미치지만, 모든 이들이 만점을 받기 위해 열심
히 한다. Emily와 Andy는 보통 쪽지 시험을 잘 본다. 하
지만 지난 쪽지 시험에서 Andy는 실수를 하고 낮은 점수
를 받았다. 그가 매우 속상해하고 성적에 대해 걱정해서
Emily는 그것이 큰 문제가 되지 않을 것이라고 그를 안심
시키기를 원한다. 이 상황에서, Emily는 Andy에게 뭐라
고 말하겠는가?

Emily: 한 번 잘못 본 쪽지 시험이 너의 최종 성적을 망치지는
않을 거야.

어휘

quiz 퀴즈; *(간단한) 시험   effect 영향   [문제] cheat 부정행위
를 하다   make fun of ~을 놀리다   ruin 망치다

문제해설

쪽지 시험을 망친 친구에게 큰 문제가 되지 않을 것이라고 말하고
싶다고 했으므로 ⑤가 적절하다.

① 만약 네가 부정행위를 한다면, 너는 나중에 심각하게 그것을 후
회할 거야.

② 네 낮은 쪽지 시험 점수를 놀려서 미안해.

③ 다음 쪽지 시험은 지난번보다 더 어려울 거야.

④ 실제로 무슨 일이 있었는지 선생님께 말씀드려줘.

04 ⑤

남: 어느 날 아침, Kevin이 출근하는 길이다. 그는 지하철을 타
고 운 좋게도 자리를 발견한다. 그가 평상시처럼 막 잠이 들
려고 할 때 그는 갑자기 옆에서 나는 소음을 듣는다. 그가
살펴보니 그의 옆에 앉아있는 소녀가 그녀의 휴대전화로
TV를 보기 시작했고, 스피커로 소리를 재생해 놓고 있는
것이 보인다. 그는 눈을 감고 어쨌든 잠을 자보려고 노력하
지만, 그 소음이 점점 더 성가셔진다. 이 상황에서, Kevin
은 그 소녀에게 뭐라고 말하겠는가?

Kevin: 실례합니다. 이어폰을 사용해주시겠어요?

어휘

on one's way to ~로 가는 도중에   fall asleep 잠들다   noise
소리, 소음   look over 살펴보다

05 ①

여: Mary와 Bill은 중국에 있다. 그들은 유명한 사찰을 보기
위해 시골에 있는 작은 마을에 도착했다. 길을 찾기가 어렵
지만, 그들은 간신히 사찰로 가는 버스를 발견한다. 그들은
버스를 타지만 어느 정류장에서 내려야 할지 잘 모른다. 그
들은 운전 기사에게 영어로 물어보지만, 그는 그들이 하는
말을 이해하지 못한다. 그래서 Mary는 사찰의 사진을 보
려고 그녀의 여행 안내서를 확인한다. 잠시 후, 그녀는 창문
밖으로 그 사찰을 본다. 이 상황에서, Mary는 Bill에게 뭐라
고 말하겠는가?

Mary: 우리는 여기서 버스에서 내려야 해.

어휘

countryside 시골 지역   temple 사원, 절   run 달리다; *(버
스 등이 특정 노선으로) 운행하다, 다니다   board 승차하다   get
off 내리다

문제해설

Mary와 Bill이 찾고 있던 사찰이 버스 창문 밖으로 보이므로 여기
서 내려야 한다고 말하는 ①이 적절하다.

② 서둘러, 우리 버스가 막 떠나려고 하고 있어!

③ 나는 이 마을을 세 번 방문했어.

④ 나는 어서 중국어 연습을 하고 싶어.

⑤ 그 사찰을 둘러보는 특별 관광이 있어.

06 ④

남: Lisa의 친구 Julie는 수학을 어려워한다. Lisa는 수학에 뛰
어나기 때문에, 그녀는 Julie가 다음 시험을 위해 공부하
는 것을 돕기로 결정했다. 매일 방과 후, 그들은 함께 공부
했다. 마침내 시험 날이 다가왔고, Julie는 시험을 정말 잘
보았다. 이제 그녀는 은혜를 갚고 싶다. Julie가 Lisa를 봤
을 때, 그녀는 우울해 보인다. Julie는 무슨 일인지 물어보
고, Lisa는 다음 주에 역사 시험이 있다고 설명한다. 그녀는
그 수업을 통과하기 위해 시험을 잘 봐야 한다. 마침 역사는
Julie가 가장 잘하는 과목이고 이번에는 자신이 Lisa를 도
울 수 있다고 생각한다. 이 상황에서, Julie는 Lisa에게 뭐
라고 말하겠는가?

Julie: 내가 네 역사 공부를 도와줄 수 있어.

어휘

return 돌아가다; *(호의 등을) 되돌려 주다, 갚다   favor 호의;
*은혜   depressed 우울한   happen 발생하다; *우연히[마침]

~하다[이다]

문제해설

Julie는 Lisa가 수학 공부를 도와준 것에 보답하기를 원하며, 역사를 어려워하는 Julie를 자신이 도울 수 있다고 했으므로 ④가 적절하다.

① 나는 수학 시험에서 A를 받았어!
② 나는 네가 수학 시험을 통과할 거라고 확신해.
③ 너에게 어느 과목이 가장 어렵니?
⑤ 내가 너라면 나는 역사 공부에 집중할 거야.

07 ②

여: Rebecca는 잡지 회사에서 일한다. 하루는 그녀는 LA에서 파리로 출장을 간다. 그녀는 비행기에 탑승한다. 직장동료와 조금 이야기를 하고 잠이 든다. 그녀가 일어났을 때, 그녀는 승무원들이 기내식을 제공하고 있는 것을 본다. 그녀는 자기 식사가 좌석 테이블에 있는 것을 발견한다. 그녀가 음식 포장을 뜯었을 때, 무언가 잘못되었음을 깨닫는다. 그것은 닭고기였다. Rebecca는 채식주의자라서 예약을 할 때 채식주의자 식사를 요청했다. 그녀는 승무원에게 그녀의 식사 요청에 대해 물어보길 원한다. 이 상황에서 Rebecca는 승무원에게 뭐라고 말하겠는가?

Rebecca: 제 식사에 뭔가 착오가 있는 것 같아요.

어휘

magazine 잡지 business trip 출장 coworker 같이 일하는 사람, 동료 flight attendant 승무원 in-flight meal 기내식 unwrap (포장지 등을) 풀다, 뜯다 vegetarian 채식주의자 [문제] nonstop 직행의 check in 탑승[투숙] 수속을 밟다, 체크인하다

문제해설

채식주의자 식사를 요청했으나 닭고기를 기내식으로 받은 상황이므로 식사에 착오가 있는 것 같다는 ②가 적절하다.

① 기내식은 언제 제공되나요?
③ LA로 가는 직항 비행편을 예약하고 싶어요.
④ 오렌지 주스 한 잔 먼저 주실 수 있을까요?
⑤ 파리로 가는 비행편 수속을 여기서 할 수 있나요?

08 ⑤

남: Tom은 내일 여행을 떠난다. 그는 좋은 사진들을 찍기 위해서 오늘 오전에 새로운 카메라를 샀다. 하지만 그가 카메라를 자세히 살펴봤을 때, 그는 렌즈에 긁힌 자국을 발견했다. 처음에 그는 매우 화가 났다. 그는 가게로 돌아가서 환불을 요구하기로 결심했다. 하지만 가는 도중, 그는 여행을 위해 여전히 카메라가 필요하다는 것을 깨달았다. 긁히지 않은 것으로 그냥 바꾸는 것이 더 일리가 있을 것이었다. 이제 그는 가게에 도착했다. 이 상황에서, Tom은 점원에게 뭐라고 말하겠는가?

Tom: 이 카메라는 하자가 있어서 교환하고 싶어요.

32

어휘

leave on a trip 여행을 가다 examine 조사하다, 검토하다 closely 면밀히, 자세하게 scratch 긁힌 자국; 긁다 demand 요구하다 make sense 타당하다, 이치에 맞다 trade 교환하다 [문제] affordable (가격이) 알맞은 accidentally 우연히, 뜻하지 않게

문제해설

새로 산 카메라의 렌즈가 긁힌 것을 발견했지만, 여행을 위해 당장 카메라가 필요하므로 다른 것으로 교환하겠다는 ⑤가 적절하다.

① 이 카메라에 대해 전액 환불받고 싶어요.
② 당신이 모든 사진을 망쳤다니 믿을 수 없어요.
③ 가격이 적당한 카메라를 추천해 주시겠어요?
④ 죄송하지만, 제가 실수로 렌즈를 긁었어요.

유형 **15** 세트 문항

기출 예제 01 ③   02 ④

남: 안녕하세요 청취자 여러분, 〈Health Matters〉를 청취하게 되신 걸 환영합니다. 저는 의사 David Harvey입니다. 기침은 감기의 가장 흔한 증상 중 하나죠. 기침을 낮게 하려면, 여러분은 의사의 진료를 받거나 약을 복용하는 것만 생각하실지도 모릅니다. 하지만, 집에서 만든 차를 마시는 것이 여러분을 따뜻하게 하고 목과 기침을 낮게 하는 훌륭한 방법이 될 수 있습니다. 이런 종류의 차는 만들기 매우 쉬워서 누구나 할 수 있습니다. 먼저, 2인치 정도 되는 신선한 생강을 준비하시고 얇게 써세요. 다음으로, 생강을 얇게 썬 것을 두 컵 정도의 물에 넣어 10분간 끓이세요. 그다음에, 불을 끄고 꿀을 좀 첨가하세요. 레몬을 짜서 그 즙을 차에 넣으세요. 풍미를 더 하려면 마지막에 계피를 조금 넣으셔도 됩니다. 여러분만의 뜨거운 차를 즐기고 건강하게 지내시길 바랍니다.

어휘

cough 기침하다; 기침 symptom 증상 relieve (고통 등을) 없애다, 완화하다 homemade 집에서 만든 warm up ~을 데우다 soothe 달래다, 누그러뜨리다 ginger 생강 slice 얇게 썰다; 얇게 썬 것 thinly 얇게 squeeze (손으로) 짜다 cinnamon 계피, 시나몬 flavor 맛, 풍미 [문제] popularity 인기

문제해설

01 ① 음식 알레르기를 예방하는 방법
② 감기약의 흔한 재료
④ 다양한 종류의 차와 그 기원
⑤ 집에서 만든 음식의 상승하는 인기

01 ②　02 ③　03 ③　04 ②　05 ④　06 ③
07 ②　08 ③

01 ②　02 ③

남: 몇몇 사람들이 밤에 잠드는 데 그렇게 어려움을 겪는 것에는 여러 이유들이 있습니다. 그러나 이 골치 아픈 장애를 치료할 수 있는 효과적인 방법 또한 많이 있습니다. 우선, 규칙적으로 운동을 하는 것이 매우 중요합니다. 대부분의 전문가들은 일주일에 서너 번, 한 번 할 때마다 30분 이상 심장 박동수를 증가시키는 운동을 할 것을 권유합니다. 잠자리에 들기 전에 따뜻한 물로 샤워하거나, 따뜻한 우유 한 잔을 마시는 것 또한 이 문제를 치료하는 효과적인 방법으로 알려져 있습니다. 마지막으로, 향기 요법과 특별하게 고안된 베개는 육체적 긴장뿐만 아니라 정신적 긴장을 완화하는 것으로 알려져 있으며, 특히 스트레스와 관련된 불면증으로 고통받는 사람들에게 도움이 됩니다. 천연 수면 유도제로는 허브와 나무, 꽃에서 온 오일을 사용하는 향기 요법을 시도해 보세요. 독특한 재료로 만든 특별 베개 또한 잠과 관련된 문제들을 다루는 데도 도움을 줄 수 있습니다.

어휘

have trouble v-ing ~하는 데 어려움을 겪다　effective 효과적인　treat 치료[처치]하다　troublesome 성가신, 곤란한　disorder 장애　heart rate 심박수　aromatherapy 방향 요법　pillow 베개　tension 긴장　particularly 특히　insomnia 불면증　herb 허브, 약초　specialty 전문; *특별품　unique 독특한　tackle (문제 등을) 다루다　[문제] deal with ~을 다루다　massage 마사지

문제해설

01 불면증 문제를 해결하기 위한 몇 가지 방법을 소개하고 있으므로 주제로는 ② '불면증을 완화하기 위한 몇 가지 비법'이 적절하다.
① 스트레스를 다루는 방법
③ 불면증과 스트레스의 관계
④ 신체적인 고통을 줄이는 유용한 치료법
⑤ 현대인이 불면증으로 고통받는 이유

02 규칙적인 운동, 따뜻한 물로 샤워하기, 따뜻한 우유 마시기, 향기 요법, 특별히 고안된 베개는 언급되었지만, 마사지에 대해서는 언급되지 않았다.

03 ③　04 ②

여: 소리를 듣는 데에는 여러 가지 다른 방법이 있습니다. 우리는 보통 귀를 통해 듣는다고 생각하지만, 수컷 모기는 실제로 그들의 더듬이에 자라는 수천 개의 미세한 털을 사용해서 듣습니다. 뱀은 턱뼈를 통해 들을 수 있습니다. 뱀들은 외부의 귀는 없지만 땅 위를 기어갈 때 턱뼈로 땅의 진동을 느낌으로써 들을 수 있습니다. 대부분의 어류는 실제로 몸체 옆면의 불룩한 부분을 통해 수압의 변화를 느낌으로써 듣습니다. 인간의 경우, 신체에서 가장 작은 세 개의 뼈가 우리의 귀에 있고, 그것들은 우리가 듣는 데 도움을 줍니다. 소리는 공기를 통해 이동하며 고막에서 만들어지는 진동은 이 뼈에 도달합니다. 우리의 귀는 다른 동물들처럼 예민하지는 않습니다. 사실, 인간이 경비견을 쓰는 한 이유는 개가 인간이 들을 수 있는 것보다 훨씬 더 높은 주파수의 소리를 들을 수 있기 때문입니다.

어휘

mosquito 모기　antenna (곤충의) 더듬이 (《pl.》 antennae)　jawbone 턱뼈　external 외부의　vibration 진동　pressure 압력　eardrum 고막　sensitive 예민한　guard dog 경비견　frequency 주파수　[문제] keen 예민한, 예리한　enemy 적　process 과정

문제해설

03 여러 동물들이 소리를 듣는 다양한 방법에 관해 설명하고 있으므로 주제로는 ③ '동물들이 듣는 여러 가지 방법'이 적절하다.
① 동물들이 서로 의사소통하는 방법
② 야생동물의 예리한 감각
④ 동물들이 그들의 적이 다가오는 것을 듣는 방법
⑤ 인간의 신체가 듣는 과정

04 모기, 뱀, 어류, 개는 언급되었지만, 새는 언급되지 않았다.

05 ④　06 ③

남: 공룡은 인류가 지구를 걸어 다니기 전에 멸종했습니다. 다행히 화석을 통해 우리는 그들이 존재했다는 것을 알고 그들에 대해 많은 것을 배울 수 있죠. 화석은 기본적으로 뼈, 이빨, 그리고 심지어는 배설물과 같은 공룡의 유해입니다. 그것들은 이 생명체의 생김새, 생활 습관, 그리고 지구상의 어디서 언제 살았는지에 대해 말해줍니다. 공룡 화석은 모든 대륙에서 발견되어 왔습니다. 미국 서부, 특히 텍사스에서 몬태나는 공룡 화석 발견의 좋은 원천입니다. 스테고사우루스와 같은 인기 있는 종의 일부가 그곳에서 최초로 발견되었죠. 중국에서도 많은 화석들이 발견되었습니다. 베이징의 한 유적지에는 깃털이 달린 공룡의 고대 화석이 있었는데 이것이 과학자들이 공룡과 새의 관계를 재평가하는 데 도움을 주었습니다. 아르헨티나와 근처 사막에도 화석이 풍부한 지역이 있는데, 이는 사막 환경이 화석들이 식물에 뒤덮이는 것을 방지하기 때문이죠. 그리고 우리는 영국을 빼놓을 수 없답니다. 세계의 거의 모든 국가에서보다 더 많은 화석이 이곳에서 발굴되었답니다!

어휘

dinosaur 공룡　extinct 멸종된 (n. extinction 멸종)　fossil 화석　remains 유해　creature 생명이 있는 존재, 생물　continent 대륙　source 원천, 근원　contain ~이 들어 있다　ancient 고대의　feathered 깃털이 달린　re-evaluate 재평가

하다 rich 부유한; *풍부한 prevent 방지하다

문제해설

05 공룡 화석의 과학적 가치와 공룡 화석이 발견되는 국가들을 이야기하고 있으므로 주제로는 ④ '전 세계의 공룡 화석 발견'이 적절하다.
① 화석을 발견하는 것의 어려움
② 동물 유해를 발굴하는 과정
③ 공룡 멸종 이면의 이유
⑤ 각 대륙에서 발견된 공룡의 종

06 미국, 중국, 아르헨티나, 영국은 언급되었으나 덴마크는 언급되지 않았다.

07 ② 08 ③

여: 안녕하세요, 학생 여러분. 내일, 우린 드디어 Barrington 산으로 2박 여행을 갑니다. 그래서 오늘은 여러분이 무엇을 가져가야 하는지 점검해볼 겁니다. 첫 번째로 해야 할 일은 일기예보를 확인하는 것입니다. 여러분은 날씨에 적합한 옷을 가져와야 합니다. 금요일에는 꽤 쌀쌀할 확률이 높으니 따뜻한 재킷을 챙겨올 것을 적극 권장합니다. 또, 우리가 밤에 야외 텐트에서 잘 거라는 걸 기억하고 침낭을 챙겨오세요. 화장실이 캠프장에서 걸어서 5분 거리이기 때문에, 손전등도 가져와야 합니다. 낮 동안, 햇빛이 있는 야외에서 많은 시간을 보낼 것이므로 자외선 차단제와 살충제는 필수품입니다. 하지만 구급 상자는 제공될 것이기 때문에 가져올 필요 없습니다. 마지막으로, 반드시 내일 학교 정문에 아침 8시에 도착해야 합니다!

어휘

go over ~을 점검[검토]하다 weather forecast 일기예보 chilly 쌀쌀한 sleeping bag 침낭 campsite 캠프장 flashlight 손전등 sunscreen 자외선 차단제 bug spray 방충제, 살충제 must 필수품 first aid kit 구급상자 gate 문, 정문 [문제] outdoor 야외의 unpredictable 예측할 수 없는

문제해설

07 2박 일정의 캠핑 여행을 가기 위해 가져가야 하는 것을 설명하고 있으므로 주제로는 ② '캠핑 여행에 가져갈 것'이 적절하다.
① 캠핑에서의 행동 수칙
③ 산에서 하는 야외 활동들
④ 캠핑할 때 발생하는 문제들
⑤ 예측할 수 없는 날씨에 대처하는 방법

08 따뜻한 재킷, 침낭, 손전등, 방충제는 언급되었으나 선글라스는 언급되지 않았다.

실전 모의고사 01					pp.70~73
01 ③	02 ②	03 ④	04 ⑤	05 ⑤	06 ②
07 ⑤	08 ③	09 ③	10 ④	11 ⑤	12 ②
13 ①	14 ②	15 ⑤	16 ②	17 ②	

01 ③

남: 이용객 여러분, 주목해 주십시오! 여기 White Park 도서관의 운영 시간은 오전 9시에서 오후 8시까지입니다. 현재 폐장 시간 10분 전입니다. 모든 이용객들은 이제 도서관을 떠날 채비를 하시길 부탁드립니다. 원하시지 않는 책들을 책꽂이에 다시 가져다 놓아주세요. 책을 대출하기를 원하시면, 즉시 안내 데스크로 가져오십시오. 또한, 소지품을 두고 가지 않도록 하십시오! 주목해 주셔서 감사하며, 여러분을 White Park 도서관에서 곧 다시 만나 뵙기를 바랍니다.

어휘

attention (방송 등에서) 주목하세요 hour 1시간; *(근무 등을 하는) 시간 currently 현재 return 되돌려 놓다 check out 대출하다 belonging 《pl.》 소유물

문제해설

남자는 도서관 폐장 시간 10분 전이라고 알리며 이용객들에게 나갈 채비를 하도록 부탁하고 있다.

02 ②

여: 무슨 일이야, Gary? 짜증 나 보이는데.
남: 맞아. 나 스페인어 배우는 거 포기하려고.
여: 그렇게 빨리 포기하지 마! 어떻게 공부해왔어? 개인 과외를 받고 있어?
남: 아니, 교과서 보고 혼자 공부했어. 스터디 그룹에 들어가려고 해봤는데 거기 사람들의 스페인어가 나보다 훨씬 상급이더라고.
여: 스페인어로 된 영화나 TV 프로그램을 본 적 있니?
남: 응. 배우가 말을 너무 빨리해서 이해할 수 없었어.
여: 어른용 프로그램을 보면 안 돼. 스페인어로 된 볼만한 어린이 만화를 찾아봐.
남: 모르겠어. 너무 유치하게 들리는데. 아마 대신에 온라인 수업을 들어야겠어.
여: 나 한번 믿어봐, 어린이 프로그램이 더 좋다니까. 이게 기본적인 단어랑 구문을 배우는 최고의 방법이야.
남: 알겠어, 한번 찾아볼게. 조언 고마워.
여: 천만에.

어휘

frustrated 좌절감을 느끼는 textbook 교과서 advanced

고급의; *(학습 과정이) 상급의   childish 어린애 같은, 유치한
phrase 구, 구문

여자는 남자에게 스페인어를 배우기 위한 방법으로 어린이용 프로그램을 보는 것을 추천하고 있다.

03 ④

여: 안녕, Roberto. 들어오렴.
남: 약속을 잡지 않고 들러서 죄송해요.
여: 괜찮아. 어제 무슨 일이 있었던 거니?
남: 교수님께서 제가 시험을 치러 오지 않았다는 걸 아셨을 것 같아요.
여: 그래. 그건 네가 0점을 받았다는 걸 의미해.
남: 알아요. 하지만 사정이 있었어요. 제가 여동생을 병원에 데려가야 했거든요.
여: 그랬구나. 심각한 일이었니?
남: 그 애가 등교하는 길에 자전거에서 떨어졌어요. 의사 선생님 말씀이 그녀의 손목이 부러졌대요.
여: 음, 그렇다면 네가 오늘 오후에 추가 시험을 보는 걸 허락해 줄게.
남: 고맙습니다. 정말 감사해요.

어휘
come by 잠깐 들르다   excuse 변명, 이유   fall off ~에서 떨어지다   wrist 손목   makeup test 추가[보충] 시험

문제해설
남자가 시험을 치러 오지 못한 이유에 대해 설명하고, 여자가 남자에게 추가 시험에 응시하는 것을 허락하는 것으로 보아 두 사람은 교수와 학생의 관계임을 알 수 있다.

04 ⑤

여: 와, 이곳은 정말 아름다운 정원이네.
남: 고마워. 저 둥근 금붕어 연못을 가운데에 놓은 것뿐이야.
여: 아, 거기에 물고기가 있어?
남: 응, 3마리가 있어. 그리고 연못 왼쪽에 저 키가 큰 꽃들 보여?
여: 울타리를 따라 자라고 있는 것들 말이야? 보여. 저것들은 장미니?
남: 응. 넌 여기서 그것들의 냄새를 맡을 수 있어.
여: 그러네. 정말 향기가 좋구나! 근데 저기에 있는 저 꽃들은 뭐야?
남: 어떤 거?
여: 연못 뒤의 저 큰 나무 보이지? 그것들은 그 앞에 있어. 네 송이가 있네.
남: 아, 저것들은 튤립이야. 내가 가장 좋아하는 거지. 가까이 보러 가자.

어휘
goldfish 금붕어   pond 연못   fence 울타리   scent 향기,

냄새

문제해설
⑤ 튤립은 네 송이가 있다고 했다.

05 ⑤

남: 무슨 일이야? 왜 저 트럭이 너희 집 앞에 주차되어 있어?
여: 지역 자선 단체에서 온 거야. 내 오래된 소파를 가지러 왔어.
남: 아. 그걸 그들에게 기부할 거야?
여: 맞아. 그들이 그것을 필요로 하는 가족에게 줄 거야.
남: 그거 멋지다. 그럼 네 새 소파는 언제 도착해?
여: 사실, 아직 주문하지 않았어.
남: 왜? 금전 문제가 있는 거야?
여: 아니, 그저 소파를 고르는 게 힘들어서 말이야.
남: 가서 소파들을 같이 좀 보는 게 어때? 내 의견들을 좀 말해 줄 수 있는데.
여: 그럼 좋겠다. 길 바로 아래에 가구점이 있어.
남: 좋아. 가자.

어휘
local 지역의   charity 자선 단체   donate 기부하다   furniture 가구

문제해설
남자는 여자가 새로운 소파를 고르는 것을 도와주기 위해 여자와 함께 가구점에 가기로 했다.

06 ②

여: 실례합니다. 제가 이 셔츠들에 관심이 있어요.
남: 네. 그것들은 장당 5달러예요.
여: 제가 두 장을 사면 할인을 해주실 건가요?
남: 아니요. 하지만 3장보다 많이 사시면 20% 할인을 해드릴게요.
여: 그렇게 하죠. 그것들 4장을 살게요.
남: 좋습니다. 더 필요한 게 있으신가요?
여: 음…. 저 파란 모자는 얼마인가요?
남: 20달러예요.
여: 20달러요? 꽤 비싸네요. 가격을 조금 깎아 주시겠어요?
남: 죄송하지만 이미 인하된 가격이에요.
여: 알겠습니다. 그럼 이 셔츠 4장만 살게요.

어휘
deal 거래, 합의   mark down ~의 가격을 인하하다

문제해설
5달러짜리 셔츠 4장을 구입하려고 하는데, 20퍼센트가 할인이 되므로 여자가 지불할 금액은 16달러이다.

07 ⑤

남: 그 웅변대회 어떻게 되었어? 네가 우승했어?

35

여: 아니. 사실 난 출전도 안 했어.

남: 왜? 너는 우리 학교에서 연설을 가장 잘하는 사람들 중 한 명이잖아.

여: 고마워. 근데 내가 규칙들을 충분히 주의 깊게 읽지 않았어.

남: 무슨 말이야? 등록 마감일을 놓쳤어?

여: 아니, 출전하기 위해서는 18세가 되어야 했어.

남: 아, 그거 안됐다. 내년까지 기다려야 하겠네.

여: 응. 하지만 괜찮아. 요즘 학교 공부로 충분히 바쁘니까.

남: 무슨 말인지 알아. 나도 더 이상 자유 시간이 거의 없어.

enter 들어가다; *출전하다 (*n.* entry 참가, 출전) public speaker 연설가 deadline 기한, 마감 시간[일자] rarely 좀처럼 ~하지 않는

문제해설

여자는 웅변대회 참가 자격인 18세보다 한 살이 어려 출전할 수 없었다고 했다.

08 ③

여: 그건 Fantasy 놀이공원의 웹사이트인가요?

남: 맞아요. Ryan 생일을 맞아 여기에 데려가는 게 어때요?

여: 이번 토요일 말이죠? 좋은 생각이에요. 공원이 몇 시에 여나요?

남: 오전 10시부터 저녁 8시까지 열어요. 거기에 가는데 2시간 정도 걸려요.

여: 알겠어요. 그럼 오전 8시 정도에 출발해요. 입장료는 얼마인가요?

남: 1인당 15달러이지만 지금 온라인으로 표를 사면 10% 할인을 받을 수 있어요.

여: 좋네요. 그날 열리는 특별 행사들이 있나요?

남: 네. 우린 운이 좋아요. 만화 캐릭터들과 무용수 그리고 거대한 풍선들이 등장하는 대형 퍼레이드가 있을 거예요.

여: 잘됐네요. 지금 가서 Ryan에게 말할게요.

남: 그는 아주 신나 할 거예요!

어휘

amusement park 놀이공원 admission fee 입장료 discount 할인 parade 퍼레이드

문제해설

놀이공원이 오전 10시에 열고, 차로 2시간이 걸리며, 입장료는 15달러이고, 특별 행사로 퍼레이드가 있다는 사실은 언급되었으나 위치는 언급되지 않았다.

09 ③

여: Eastville 지역 문화 회관의 무료 도예 강좌에 오신 걸 환영합니다. 이 강좌는 초보자들을 위한 것이니, 전에 도자기를 만들어본 적이 없더라도 걱정하지 마십시오. 아셔야 할 첫 번째 사항은 여러분이 본인들의 점토를 준비해야 한다는 것입니다. 모퉁이 근처에 있는 화방에서 2킬로그램짜리 패키지를 단 10달러에 판매하고 있습니다. 우리는 매주 화요일과 목요일 저녁 7시에 만날 겁니다. 수업은 각각 90분입니다. 처음 한 시간은 도자기를 만드는 것에 관한 교육이 될 것이고, 마지막 30분은 여러분의 프로젝트를 작업하는 자유 시간이 될 것입니다. 여러분이 수업을 즐기시길 바랍니다.

어휘

pottery 도자기; 도예 clay 점토, 찰흙 work on ~에 노력을 들이다, 착수하다

문제해설

③ 점토는 제공되지 않으므로 개인적으로 준비해야 한다고 했다.

10 ④

남: 금요일 저녁 기차표를 사고 싶어요.

여: 네. 어디를 가시나요?

남: 가는 길에 대구에 들를 시간이 있을 것 같지 않아요. 그래서 부산으로 곧장 가려고요.

여: 네, 몇 시에 떠나시겠어요?

남: 음, 제가 6시에 퇴근해요. 6시 30분 이후가 어떨까요?

여: 알겠습니다. 11시 넘어서 거기에 도착하는 완행열차가 있어요.

남: 그건 너무 늦은 것 같네요. 더 빠른 게 있나요?

여: 네, 9시 30분쯤에 도착하는 다른 열차가 있어요.

남: 그게 좋겠네요.

여: 근데 그건 좀 더 비쌉니다. 7만 원이 넘어요.

남: 괜찮아요. 상관없습니다.

어휘

straight 곧장, 곧바로 get off work 퇴근하다 [문제] destination 목적지 departure 출발 arrival 도착

문제해설

부산으로 곧장 가고, 6시 30분 이후에 출발하여 9시 30분쯤에 도착하며 7만 원이 넘는 기차는 ④ D이다.

11 ⑤

남: 저 남자가 방금 한 여자와 부딪쳐서, 그녀가 식료품들을 담은 봉지를 떨어뜨렸어.

여: 그녀가 그것들을 줍는 걸 도와주려고 그가 멈춰 섰니?

남: 아니. 그 남자는 계속 걸어갔고 심지어 사과도 안 했어.

여: 난 몇몇 사람들이 왜 그렇게 무례한지 이해가 안 돼.

어휘

bump 부딪치다 grocery 《*pl.*》 식료품 및 잡화 apologize 사과하다 [문제] recognize 알아보다 fault 잘못

문제해설

여자와 부딪힌 남자가 사과조차 하지 않았다고 했으므로 몇몇 사람들은 너무 무례하다고 말하는 ⑤가 응답으로 적절하다.

① 그는 그녀에게 자신이 어떻게 느끼는지 말해야 해.

② 그는 아마 그녀를 알아보지 못했을 거야.

③ 기분 나빠하지 마. 그건 네 잘못이 아니었어.

④ 우리가 그를 도와줄 수 있는 방법이 반드시 있을 거야.

12 ②

여: Brian, 그 연장들 가지고 뭐 하고 있어요?

남: 아, 우리 딸을 위해 이 장난감 집을 조립하려는 중이에요.

여: 멋지네요! 도움이 좀 필요해요?

남: 네. 저를 위해 이걸 받쳐줄래요?

tool 연장 put together 조립하다 playhouse 장난감 집
[문제] hold up ~을 떠받치다

문제해설

장난감 집 조립에 도움이 필요한지 물었으므로 이걸 받쳐달라고
요청하는 ②가 응답으로 적절하다.

① 아니에요, 그건 어제 완료됐어요.

③ 괜찮아요. 다른 사람에게 물어볼게요.

④ 우리가 다른 것을 사는 게 나을 것 같아요.

⑤ 네, 그래 주세요. 이 연장들은 얼마예요?

13 ①

남: 늦어서 미안해. 네가 오래 기다린 게 아니길 바라.

여: 몇 분밖에 안 되었어. 근데 너 괜찮아? 너 정신이 딴 데 가
있는 것 같아.

남: 사실, 긴장돼. 내일 또 다른 구직 면접이 있거든.

여: 잘됐네. 신나겠다.

남: 처음엔 그랬어. 그런데 그러고 나서 잘못될 수 있는 모든 상
황에 대해 생각을 하기 시작했어.

여: 이해해. 너 그 회사에 대해 조사를 좀 했니?

남: 응. 오늘 아침에 인터넷에서 그것에 관한 모든 것을 읽었어.

여: 그럼 넌 걱정할 게 없어. 너는 준비가 잘 되어 있고, 이런 걸
전에 해봤잖아.

남: 알아. 하지만 이번 면접에서는 정말 잘하고 싶거든.

여: 그냥 긴장을 풀고 자연스럽게 해.

어휘

distracted (정신이) 산만해진 nervous 불안해하는 go
wrong 실수를 하다, 잘못하다 [문제] be yourself 자연스럽게
행동하다 forgive 용서하다 experience 경험, 경력

문제해설

남자가 면접을 앞두고 잘하고 싶다고 했으므로 그에 대해 격려를
하는 ①이 응답으로 적절하다.

② 널 용서하지만 다시는 늦지 마.

③ 어떤 종류의 일이 나에게 맞는지 모르겠어.

④ 그 회사에 대해 조사를 해보는 게 어때?

⑤ 너의 과거 경력에 대해 말해주겠니?

14 ②

여: 난 과학 박람회 준비가 된 것 같지 않아. 가망이 없어.

남: 왜 그렇게 말하는 거야?

여: 음, 나는 나무로 된 발전기를 만들려고 노력해왔는데, 그것
이 빛을 만들게 하는 데 계속 실패하고 있어. 매우 좌절감이
들어.

남: 너 그 프로젝트 작업을 혼자서 하고 있니?

여: 아니, 우리 그룹에 세 명이 있어.

남: 그들은 뭐가 잘못되었는지에 대한 실마리를 찾았니?

여: 음, 어젯밤에 그것에 대해서 회의를 했지만, 우리는 전혀 아
무것도 알아낼 수 없었어.

남: 음…. 너 인터넷에서 정보를 좀 찾아봤니?

여: 응, 하지만 거기에서 어떤 것도 찾지 못했어.

남: 너희 선생님께 자문을 구하는 게 어때?

어휘

fair 박람회 hopeless 가망이 없는, 희망이 없는 wooden 나
무로 만든 generator 발전기 by oneself 혼자 clue 단서,
실마리 figure out 알아내다

문제해설

인터넷에서도 문제에 대한 정보를 찾지 못했다고 했으므로 다른
해결책으로 선생님께 자문을 구하라고 제안하는 ②가 응답으로 적
절하다.

① 넌 그 프로젝트를 혼자서 할 필요가 없어.

③ 너는 과학 과제를 제출했니?

④ 너는 네 프로젝트를 더 일찍 시작했어야 했어.

⑤ 네가 발전기를 만드는 걸 성공해서 기뻐.

15 ⑤

남: Jason은 오늘 학교에서 그의 여자친구를 보았다. 그런데
그녀는 기분이 좋아 보이지 않았다. 그녀는 그에게 그다지
말을 많이 하지 않았고, 심지어 그와 집에 같이 걸어가지도
않았다. 그는 뭔가 잘못되었다고 추측했지만, 그 문제가 무
엇인지 알아낼 수가 없었다. 지금 그는 여자친구의 가장 친
한 친구인 Kate를 우연히 만났다. 그는 그녀에게 왜 그의
여자친구가 화가 난 것처럼 보였는지를 묻는다. 그녀는 그
건 그가 오늘이 여자친구 생일인 것을 잊어버렸기 때문이
라고 설명한다. Jason은 이 말을 듣고 충격을 받는다. 그는
즉시 사과하기 위해 그의 휴대전화로 그의 여자친구에게
전화를 건다. 이 상황에서, Jason은 그의 여자친구에게 뭐
라고 말하겠는가?

Jason: 미안해. 내가 네 생일을 어떻게 잊었는지 모르겠어.

어휘

mood 기분, 심기 assume 추정하다 figure out ~을 알아내
다[이해하다] run across ~을 우연히 만나다 immediately
즉시

문제해설

여자친구의 생일을 잊은 것에 대해 사과하려는 상황이므로 ⑤가

가장 적절하다.
① 내 생일에 뭔가 특별한 걸 하자.
② 나는 네가 내게 전화했다는 메시지를 받지 못했어.
③ 네가 내 생일을 기억하지 못해서 기분이 안 좋아.
④ 축하해! 정말 기쁘다.

16 ② 17 ②

여: 좋은 아침입니다, 여러분. 우린 그동안 식물과 나무에 관해 이야기를 나눠왔는데요, 하지만 오늘 저는 주제를 동물 왕국으로 바꾸고 싶습니다. 지구에서 가장 혹독한 환경 조건 중 일부는 사막에서 발견됩니다. 이럼에도 불구하고, 많은 동물 종들이 그곳에서 살아남을 방법을 찾아왔습니다. 가장 잘 알려진 적응은 낙타의 혹인데, 그것은 지방으로 가득 차 있죠. 이것은 낙타가 먹이 없이 오랜 기간 동안 살아남을 수 있도록 해줍니다. 전갈은 많은 먹이를 필요로 하지 않는 또 다른 사막 동물입니다. 사실, 전갈은 한 끼도 먹지 않고 최대 1년을 살아남을 수 있습니다. 몇몇 여우들도 사막에 살며 극도로 큰 귀를 진화시킴으로써 사막의 삶에 적응했습니다. 귀의 넓은 표면은 여우가 열을 빨리 그리고 효율적으로 없앨 수 있게 해줍니다. 마지막으로, 선인장의 가시 안에 둥지를 짓는 새의 종이 있는데, 이는 위험한 포식자를 쫓아줍니다. 꽤 놀랍죠, 그렇지 않나요?

어휘

switch 바꾸다   harsh 가혹한   environmental 환경의   condition 상태; *조건   species 종   adaptation 각색; *적응 (v. adapt 적응하다)   hump 툭 튀어나온 곳; *(낙타의) 혹   fat 지방   period 기간   scorpion 전갈   consume 소모하다; *먹다   evolve 발달하다; *진화시키다   extremely 극도로, 극히   get rid of 제거하다   efficiently 효율적으로   thorn 가시   cactus 선인장   keep away 멀리하다   predator 포식자 [문제] various 다양한   strategy 계획[전략]   cooperate 협력하다

문제해설

16 혹독한 환경인 사막에서 살아남은 동물들의 생존 방법을 설명하고 있으므로 정답은 ② '동물들이 사막에 적응하는 방법'이다.
① 가장 위험한 사막 동물들
③ 포식자를 피하기 위한 다양한 전략
④ 생존하기 가장 어려운 곳
⑤ 식물과 동물이 협력하는 방법

17 낙타, 전갈, 여우, 새는 언급되었지만 뱀은 언급되지 않았다.

01 ①	02 ③	03 ⑤	04 ②	05 ③	06 ③
07 ③	08 ④	09 ③	10 ④	11 ③	12 ①
13 ⑤	14 ②	15 ①	16 ④	17 ④	

01 ①

남: 이곳은 작고 조용한 마을이지만 쇼핑을 하러 갈 장소들이 많습니다. 도심 지역에는 선택할 수 있는 좋은 소규모 상점들이 아주 다양하게 있습니다. 그런데 한 대기업이 최근에 고등학교 옆의 공터에 쇼핑몰을 짓겠다고 발표했습니다. 이건 전혀 필요가 없습니다. 그것은 심각한 교통 문제를 야기할 것이고 우리 지역 상점 주인들로부터 일을 빼앗아 갈 것입니다. 우리가 우리 마을을 보호하길 원한다면, 이런 일이 생기지 않도록 해야 합니다.

어휘

downtown area 도심 지역   announce 발표하다   empty 텅 빈   absolutely 전적으로; *전혀   take away 제거하다; *~을 빼앗다   local 지역의   stop A from v-ing A가 ~하지 못하게 하다

문제해설

남자는 교통 문제와 지역 상인 보호를 이유로 쇼핑몰의 건설을 반대하고 있다.

02 ③

남: 일을 그만둘까 생각 중이야.
여: 왜? 난 네가 만화책 회사에서 일하는 걸 즐기는 줄 알았는데.
남: 맞아. 하지만 그게 내가 하는 전부야. 나는 일어나서 일하러 가고 집에 와서 자.
여: 일을 너무 많이 하는 거니?
남: 아니. 그냥 내가 퇴근하고 밖에 나가 친구들을 만나기에는 너무 피곤해서 그래.
여: 그러면 집에 있으면서 재밌는 걸 해봐. 너 취미가 있니?
남: 아니, 딱히 없어.
여: 만약 네가 하나를 시작하면, 그건 너의 삶이 더 흥미롭고 덜 공허하게 느끼도록 해줄 거야. 난 재미있게 할 무언가를 찾는 게 중요하다고 생각해.
남: 그거 좋은 생각이네. 넌 퇴근하고 뭐해?
여: 음, 난 보통 큰 퍼즐을 맞춰. 난 그게 마음을 편하게 해준다고 생각해.
남: 나한테는 좀 지루하게 들리는데.
여: 그건 모두가 다르기 때문이야! 너에게 맞는 걸 찾아봐.

어휘

quit 그만두다   comic book 만화책   put together 조립하다, 만들다   suit 맞다

일만 하며 무료함을 느끼는 남자에게 여자는 자신에게 맞는 취미를 가지는 것이 좋다는 의견을 말하고 있다.

03 ⑤

남: 죄송하지만, 이 길로 내려오시면 안 됩니다.

여: 왜 안 되죠?

남: 저희가 부서진 인도를 고치고 있거든요. 콘크리트가 아직 마르지 않았어요.

여: 저기에 있는 저 커피숍이 보이시죠? 제가 주인이에요.

남: 아, 죄송합니다. 그렇다면 이쪽으로 지나가시면 됩니다. 하지만 발을 디디는 곳을 조심하세요.

여: 감사합니다. 하지만 제 고객들은 어떻게 지나다니죠?

남: 음, 그들은 인도가 마를 때까지 기다려야 합니다.

여: 그게 얼마나 걸릴까요?

남: 약 네 시간이요.

여: 이건 정말 영업에 좋지 않을 것 같네요.

남: 죄송합니다. 저희가 가능한 한 빨리 작업하고 있습니다.

sidewalk 보도, 인도   own 소유하다   step (발걸음을 떼어놓아) 디디다   get through ~을 빠져 나가다

남자가 인도를 고치는 공사를 하며 통행을 통제하자, 여자가 그것이 자신의 커피숍 영업에 좋지 않을 것 같다고 말하는 것으로 보아 공사장 인부와 인근 가게 주인의 관계임을 알 수 있다.

04 ②

남: 정말 아름다운 해변이네!

여: 그러네. 그런데 왜 아무도 수영을 하지 않지?

남: 아마 물이 너무 차가운가 봐. 근데 우리 돗자리를 어디에 놔야 할까?

여: 저 체크무늬 비치파라솔 보여? 저것의 왼쪽이 어때?

남: 이미 모래 위에 앉아 있는 두 명의 아이들이 있어.

여: 네 말이 맞아. 그럼 저 해변용 의자들 사이에 있는 빈 공간으로 가자.

남: 큰 모래성 뒤에 있는 것들 말이야?

여: 응. 오, 물가를 따라서 뛰고 있는 개를 봐.

남: 개가 입에 생선을 물고 있니?

여: 아니, 그냥 나무 조각인 것 같아.

checkered 체크무늬의   sandcastle 모래성   edge 끝, 가장자리

② 아이들 두 명이 공놀이를 하는 것이 아니라 모래 위에 앉아 있다고 했다.

05 ③

여: Sean, 내가 오늘 밤 집에 늦게 온다는 거 기억하니?

남: 네, 엄마. 직장에서 늦게 회의가 있다고 하셨잖아요.

여: 맞아. 아빠가 너와 네 여동생을 위해 저녁을 만들어 주실 거야.

남: 알겠어요. 제가 집 청소를 해야 하나요?

여: 아니. 제안은 고맙지만 내가 이미 처리했단다.

남: Happy는요? 제가 밥을 주어야 할까요?

여: 아, 그래. 그 고양이는 제때 먹이를 주지 않으면 화를 내잖니.

남: 걱정하지 마세요. 시간 맞춰 고양이 밥그릇을 채워 놓을게요.

여: 도움이 많이 되어줘서 고맙구나, 얘야. 집에 가는 길에 널 위해 아이스크림을 좀 사 갈게.

남: 좋아요.

take care of ~을 돌보다; *처리하다   feed 먹이를 주다   on time 정각에   fill up ~을 가득 채우다   bowl 그릇

남자는 집에 늦게 올 여자 대신에 고양이에게 먹이를 주기로 했다.

06 ③

여: 모든 책들이 할인되나요?

남: 네. 두 권 이상 사시면 20% 할인을 받으세요.

여: 알겠어요. 음, 이 건강 잡지를 살게요. 10달러네요.

남: 아니요, 12달러예요. 모서리에 가격이 있어요.

여: 아, 죄송해요. 제가 잘못 읽었네요. 이 뉴스 잡지도 살게요.

남: 네. 그건 5달러예요.

여: 그렇군요. 보자…. 아, 이 연예 잡지도 재미있어 보이네요.

남: 재미있답니다. 3달러밖에 안 해요.

여: 싸네요. 그거 살게요.

남: 좋습니다. 그게 세 권째라서, 전체 금액에서 20% 할인을 받으세요.

여: 잘됐네요!

misread 잘못 읽다   entertainment 연예

12달러짜리 건강 잡지, 5달러짜리 뉴스 잡지, 3달러짜리 연예 잡지를 구입하려고 하는데, 총금액에서 20% 할인을 받으므로 16달러를 지불하면 된다.

07 ③

여: 샐러드 좀 먹는 게 어때?

남: 고맙지만 사양할게. 안 먹을래.

여: 채소를 좋아하지 않아? 그것들은 너한테 좋은 거야.

남: 물론 좋아하지만, 알다시피 내가 알레르기가 많잖아.

여: 응, 근데 너 상추에 알레르기가 있어?

남: 상추가 아니라, 그 드레싱에 내가 먹을 수 없는 재료가 좀 들어 있어.

여: 알겠어. 그럼 네가 먹을 수 있는 걸 시키자.

남: 괜찮아. 나 음식 많이 먹었어. 이제 후식을 좀 먹어야겠어.

여: 좋은 생각이야.

어휘

allergy 알레르기 (a. allergic 알레르기가 있는)　lettuce 상추　ingredient 재료　dressing 드레싱, 소스

문제해설

남자는 드레싱 재료에 알레르기가 있기 때문에 샐러드를 먹을 수 없다고 했다.

08 ④

여: 봐! 운동 경기장 상공에 있는 저게 뭐지? 거대한 풍선처럼 보이는데.

남: 그건 소형 비행선이야. 그건 엔진을 동력으로 하는 일종의 풍선이야. 운동 경기 도중 하늘에서 사진을 찍으려고 사람들이 종종 거기에 타지.

여: 거기 타면 굉장할 것 같아. 왜 비행기처럼 사람들을 도시 간 태우는 데 이용하지 않지?

남: 사실, 한때 그랬어. 오래전에, 사람들이 여행하는 데 체펠린이라고 불리는 비슷한 것을 사용했지.

여: 정말이야?

남: 응, 1930년대에 한 체펠린은 대서양을 횡단하기까지 했어.

여: 와! 얼마나 걸렸는데?

남: 겨우 이틀 반이 걸렸어. 그 당시에 다른 어느 것보다도 더 빨랐지.

여: 왜 이용하는 걸 그만두었던 거지?

남: 너무 위험했거든. 체펠린은 비행하는 데 수소를 썼는데, 수소는 쉽게 불이 붙어. 1937년에 불이 나서 많은 사람이 죽었어.

여: 그거 끔찍하네!

남: 응. 그 사고를 보고 나서 아무도 체펠린을 다시 타지 않으려 했지.

어휘

stadium 경기장　giant 거대한　blimp 소형 비행선　power 동력을 공급하다, 작동시키다　awesome 엄청난, 대단한　the Atlantic 대서양　hydrogen 수소　catch (on) fire 불이 붙다　awful 끔찍한

문제해설

체펠린 비행선은 거대한 풍선 모양이며, 엔진을 동력으로 하고, 1930년대에 대서양을 횡단하는 데 이틀 반이 걸린 기록을 가지고 있고, 1937년 화재 사고가 있었다고 했으나, 최고 속도에 대해서는 언급되지 않았다.

09 ③

남: 이웃 여러분, 안녕하세요! 매해 가을, 우리는 Rock Hill Forest Festival을 개최합니다. 올해는 10월 15일 금요일에서 10월 17일 일요일까지 3일 동안 개최될 것입니다. 이 가족 친화적인 축제는 여러분의 자녀들이 자연의 아름다움에 대해 배울 수 있는 좋은 기회입니다. 축제는 산림지기가 이끄는 자연 걷기, 사진전, 그리고 아이들을 위한 요가 수업을 제공합니다. Brandon Daniel과 Deborah Tripp을 포함한 초청 예술가들이 그들의 예술품을 전시할 것입니다. 만약에 비가 오면 축제는 추후 공지가 있을 때까지 연기됩니다. 이 축제는 마을 주민들에게 무료입니다. 하지만, 우리의 아름다운 숲을 보존하기 위해, 방문객이 일일 150명으로 제한될 것입니다. 그러니 날짜를 선택하여 저희 웹사이트에서 미리 신청하세요. 이 재미있는 축제를 즐기러 오세요. 감사합니다.

어휘

forest ranger 산림지기, 산림 감시원　exhibition 전시회　display 전시하다　postpone 연기하다　further notice 추후 통지　resident 거주자, 주민　conserve 아끼다; *보존하다　limit 제한하다　select 선택하다　sign up 신청하다

문제해설

③ 비가 오면 추후 공지가 있을 때까지 연기가 된다고 했다.

10 ④

남: 안녕하세요. 차를 찾는 데 도움이 필요하신가요?

여: 네. 추천해 주실 차가 있나요?

남: 이것이 가장 인기 있는 모델이에요. 정말 멋있는 차입니다.

여: 네, 그러네요. 근데 저 가격표를 보세요! 제 예산은 25,000달러예요.

남: 그러면, 이것을 보세요. 저것만큼 매력적이지는 않지만 가격이 적당해요.

여: 가격은 좋은데, 저는 문이 두 개인 모델을 찾고 있어요.

남: 네. 여기에 고객님이 원하시는 가격대의 문이 두 개인 모델이 있어요. 1년의 품질 보증서가 딸려 있어요.

여: 죄송하지만 저는 적어도 2년의 품질 보증서가 필요해요.

남: 알겠습니다. 그러면 여기에 고객님에게 맞는 차가 있어요.

여: 좋아 보이네요. 그걸로 할게요.

어휘

budget 예산　attractive 매력적인　affordable (가격이) 알맞은　range 범위　warranty 품질 보증서

문제해설

25,000달러 이하이고, 문이 두 개이면서 적어도 2년의 품질 보증서가 있는 차는 ④ Cougar이다.

11 ③

여: Tom, 누가 내 전화기를 네가 가지고 있다고 하더라.

남: 응, 네가 그걸 잃어버렸다고 들었어. 그거 바로 여기에 있어.

여: 정말 고마워! 너 그걸 어디서 찾았어?

남: <u>그건 도서관의 탁자 위에 있었어.</u>

어휘

[문제] bus stop 버스 정류장

문제해설

전화기를 어디서 찾았는지 묻고 있으므로 찾은 장소를 말하는 ③이 응답으로 적절하다.

① 버스 정류장에서 만나자.

② 너는 좀 더 주의해야 해.

④ 나는 네가 내 전화기를 찾아서 매우 기뻐.

⑤ 수업 중에 휴대폰을 사용하지 마.

12 ①

남: 아, 오늘 밤 바깥 날씨가 정말 춥네.

여: 응, 나는 놀랐어. 유감스럽게도 나는 따뜻한 옷을 가져오지 않았어.

남: 너 내 재킷을 입을래?

여: <u>그런 제안을 해줘서 고마워.</u>

어휘

[문제] offer 제안하다   had better ~하는 게 낫다

문제해설

따뜻한 옷을 가져오지 않은 여자에게 자기 재킷을 입으라고 제안했으므로 고마움을 표하는 ①이 응답으로 적절하다.

② 그건 너에게 정말 잘 어울려.

③ 여기 좀 더워, 그렇지 않니?

④ 대신 너는 운동을 하는 게 낫겠어.

⑤ 다음에 네 재킷을 가져오는 걸 잊지 마.

13 ⑤

남: Bella, 너 학교의 새로운 고고학 수업을 들을 거니?

여: 응, 들을 거야. 나는 항상 과거의 문화에 대해 배우는 것에 관심이 있었어.

남: 나도 그래. 그건 정말 재미있는 과목인 것 같아.

여: 그럼 우리 그 수업을 같이 듣는 거니?

남: 안타깝게도 우린 그럴 수 없어. 그게 내 시간표에 맞지 않아.

여: 대신 너는 뭘 들을 건데?

남: 음, 난 내 전공 때문에 컴퓨터 프로그래밍 수업을 들어야 해.

여: 알겠어. 음, 네가 그 고고학 수업을 나와 함께 들을 수 없다니 정말 유감이야.

남: <u>동감이야. 아마 언젠가 그 수업을 들을 기회가 있겠지.</u>

어휘

archaeology 고고학   subject 과목   fit 들어맞다   major 전

공   [문제] look forward to ~을 고대하다   perhaps 아마

문제해설

같이 고고학 수업을 들을 수 없어 유감이라고 했으므로 그에 동의하는 ⑤가 응답으로 적절하다.

① 난 그저 그게 나한테 맞는 전공인지 모르겠어.

② 고고학은 그렇게 재미있을 것 같지 않아.

③ 난 컴퓨터 프로그래밍이 지루하다고 생각하지 않아.

④ 네가 맞길 바라. 나는 그걸 정말 고대하고 있어.

14 ②

[휴대전화벨이 울린다.]

남: 여보세요?

여: 안녕, Alan. 나 Maria야. 그냥 별일이 없는지 알아보려고 전화했어.

남: 아, Maria. 너에게 막 전화하려던 참이야. 네 파티에 못 가서 미안해.

여: 나 꽤 놀랐어. 너와 오늘 아침에 이야기할 땐 네가 올 거라고 말했잖아.

남: 그럴 계획이었어. 근데 예상치 못한 일이 생겼어.

여: 아, 무슨 일인데?

남: 남동생이 독감에 걸렸어. 부모님 두 분 다 늦게까지 일하셔서 내가 그 애를 돌봐야 했어.

여: 알겠어. 음, 모두가 널 보고 싶어 했어. 우린 너에게 나쁜 일이 생겼나 해서 걱정했어.

남: 아니야, 난 괜찮아. 근데 못 가서 정말 유감이야.

여: <u>괜찮아. 그가 빨리 낫기를 바랄게.</u>

어휘

be about to-v 막 ~하려고 하다   unexpected 예기치 않은
come down with ~에 걸리다   flu 독감   [문제] eventually 결
국   reschedule 일정을 변경하다

문제해설

남자는 아픈 남동생을 돌보느라 파티에 가지 못해 유감이라고 했으므로 괜찮다고 말하며 남동생의 쾌유를 비는 ②가 응답으로 적절하다.

① 너는 너 자신을 더 잘 돌봐야 해.

③ 나는 네 남동생이 결국 널 용서할 거라고 확신해.

④ 너는 진료 예약 일정을 변경해야 해.

⑤ 우리 같이 가서 무슨 일이 있었는지 설명하는 게 어때?

15 ①

여: Jack과 Nicole은 같은 건물에 사는 친구 사이입니다. 최근에 한 소년이 새로 그의 가족과 함께 그 건물로 이사를 왔습니다. 그들 셋은 같은 나이여서 함께 영화를 보러 갔습니다. 그런데 그 새로 온 소년은 몹시 나쁜 첫인상을 남겼습니다. 그는 계속해서 자신에 대해 이야기했고 새로 온 마을에 대해 불평했습니다. 나중에 그는 Jack과 Nicole에게 사과하면서 그가 단지 긴장을 하고 멋져 보이려고 너무 열심히 노

력했던 것이라고 설명했습니다. Jack은 그들 셋에서 다시 어울려 다닐 수 있도록 Nicole이 그의 사과를 받아주길 원하지만, Nicole은 그러길 거부합니다. 이 상황에서, Jack은 Nicole에게 뭐라고 말을 하겠습니까?

Jack: <u>너는 그에게 한 번 더 기회를 줄 필요가 있어.</u>

어휘
first impression 첫인상   complain 불평하다   cool 시원한; *멋진   hang out 어울리다   refuse 거절하다, 거부하다   [문제] judge 판단하다   appearance 외모

문제해설
Jack은 Nicole이 새로운 소년의 사과를 받아주기를 원하는 상황이므로 ①이 가장 적절하다.
② 너는 네 행동에 대해 사과해야 해.
③ 사람을 외모로 판단해서는 안 돼.
④ 새로운 소년이 우리 건물에 이사 온다고 들었어.
⑤ 나는 네가 그를 왜 그렇게 좋아하는지 이해가 안 돼.

16 ④ 17 ④

남: 제 초급 명상 수업에 오신 걸 환영합니다. 여러분은 아마 명상의 이점에 대해 많이 들어보셨을 겁니다. 사람들은 긴장을 풀기 위해 오랫동안 명상을 해오고 있습니다. 보다 최근에는, 그것은 살을 빼고 수면 문제를 치료하는 방법으로 사용되고 있습니다. 그런데 여러분이 모르셨을 수도 있는 명상의 또 다른 이점이 있습니다. 그것은 실제로 여러분의 IQ를 높일 수 있다는 것입니다. 한때는 사람의 IQ가 태어날 때 결정된다고 생각되었지만, 이제 우리는 그것을 높이는 방법들이 있다는 것을 알고 있죠. 연구들에 따르면 규칙적인 명상이 실제로 여러분의 뇌가 작동하는 방식을 바꾸어서, 그것을 더 효율적으로 만들 수 있습니다. 이것은 여러분이 오랜 시간 동안 집중하고 정보를 빨리 생각해내는 것을 더 쉽게 만들어 줍니다. 물론 명상은 그것을 시도하는 모든 이들에게 다른 효과를 주지만, 저는 여러분이 그 결과들에 만족하시리라 확신합니다. 이제 모두 정신을 맑게 하고 시작해 봅시다.

어휘
meditation 명상 (v. meditate 명상하다)   benefit 이점   cure 치료하다   increase 증가시키다   at birth 태어났을 때   raise 들어올리다; *(양·수준 등을) 올리다   regular 보통의; *규칙적인   efficient 효율적인   pay attention 주목하다, 집중하다   recall 생각해내다   be pleased with ~에 기뻐하다   clear 치우다; *맑게 하다   [문제] alternative 대안   link 관련성, 관계   correct 바로잡다   posture 자세

문제해설
16 명상이 IQ를 높이는 데 도움이 된다는 내용을 이야기하고 있으므로 주제로는 ④ '명상과 IQ의 관계'가 적절하다.
① 명상이 당신이 긴장을 풀도록 돕는 방법
② 명상의 여러 대안

③ 명상하는 가장 효과적인 방법
⑤ 시험 전 명상의 중요성

17 명상의 이점으로 긴장 완화, 체중 감량, 수면 장애 해소, IQ 상승은 언급되었지만 자세 교정은 언급되지 않았다.

실전 모의고사 03   pp.78~81

01 ②	02 ③	03 ③	04 ④	05 ②	06 ③
07 ③	08 ⑤	09 ③	10 ④	11 ③	12 ②
13 ②	14 ③	15 ②	16 ④	17 ②	

01 ②

남: 당신은 추리 소설의 열혈 팬이신가요? 그렇다면 당신은 분명히 지역 작가 Melissa Thornton의 〈Jack King〉 소설들을 잘 알고 있을 것입니다. 다음 주 월요일 오후 8시에, 그 작가가 그 시리즈의 가장 최신작의 한 챕터를 낭독하기 위해 Northtown 서점에 올 것입니다. 그 후에 그녀는 독자들의 질문에 답변하고 그녀의 책에 사인을 해줄 것입니다. 또한 그녀의 새 책이 20% 할인되어 판매될 것입니다. 많은 사람들이 올 것으로 예상되오니 일찍 오셔서 좋은 자리를 꼭 맡으세요.

어휘
familiar with ~에 친숙한, ~을 잘 아는   author 작가   afterwards 후에, 나중에   copy 복사본; *(신문·책 등의) 한 부   crowd 사람들, 군중

문제해설
남자는 Northtown 서점에서 있을 추리 소설 작가 Melissa Thornton의 소설 〈Jack King〉과 관련된 이벤트를 홍보하고 있다.

02 ③

여: 여러분은 금에 대해 생각할 때 아마 값비싼 보석류와 시계를 상상할 것입니다. 그러나 금은 단순한 부의 상징 그 이상입니다. 그것은 또한 많은 실용적인 용도를 가지고 있습니다. 사실상, 휴대전화와 컴퓨터를 포함하여 여러분이 가지고 있는 거의 모든 전기기구는 금을 포함하고 있습니다. 그 주된 이유는 금이 전기를 아주 잘 전도하고, 오래되어도 부식되지 않기 때문입니다. 금은 또한 빠진 치아를 대체하고 충치의 구멍을 때우기 위해서 치과 의사들에 의해 흔히 사용됩니다.

어휘
fancy 값비싼, 고급의   jewelry 보석류   symbol 상징   wealth 부(富), (많은) 재산   practical 실용적인   electronic device 전기기구   conduct 행동하다; *(열이나 전기를) 전도하다   electricity 전기   corrode 부식되다   replace 대체하다

cavity (물체의) 구멍, 빈 부분; *(충치의) 구멍

여자는 전기기구의 부속품이자 빠진 이를 대체하고 충치의 구멍을 때우는 데 사용되는 금의 유용한 쓰임새에 관해 이야기하고 있다.

03 ③

여: 화장실 세면대는 이쪽에 있어요.

남: 네. 욕조에도 문제가 있나요?

여: 아뇨, 욕조는 괜찮아요. 근데 세면대에서 물이 빠지지 않아요.

남: 그 밑을 확인해 볼게요.

여: 네.

남: 음, 문제는 파이프네요. 이곳이 오래된 집이라서 파이프가 아주 좁아요.

여: 무언가가 그 안에 쉽게 낀다는 말씀이세요?

남: 맞아요. 파이프를 청소할 수는 있지만, 그걸 교체하시길 권해드려요.

여: 알겠어요. 그건 비용이 얼마나 들까요?

남: 100달러가 들고, 몇 시간이 걸릴 거예요.

여: 알겠어요. 그게 가장 좋은 선택일 것 같네요.

어휘

sink 싱크대; *세면대 bathtub 욕조 drain (물이) 빠지다 underneath ~의 밑에 narrow 좁은 get stuck (걸려서) 꼼짝 못 하게 되다, 꽉 끼다 clear out (~을 없애고) 청소하다

문제해설

화장실 세면대 파이프의 문제점에 관해 이야기하면서 그것의 교체 비용에 대해 언급하는 것으로 보아 집주인과 배관공의 관계임을 알 수 있다.

04 ④

여: 네 방이 마음에 들어. 네 책상 위에 있는 저 그림은 뭐야?

남: 내 남동생이 그걸 그렸어. 그 애는 겨우 5살이야.

여: 정말 귀엽다! 근데 네 책상 위에 책이 정말 많네.

남: 그러게 말이야. 나는 책꽂이를 좀 사야 해. 내 노트북을 둘 공간이 없어.

여: 그럼 어디에 그것을 두니?

남: 내 침대 옆의 작은 탁자 위에 있어.

여: 아, 찾았어. 그 옆에 있는 건 뭐야? 로봇같이 생겼어.

남: 그건 그냥 알람 시계야. 어렸을 때부터 그걸 가지고 있었어.

여: 그거 마음에 드네. 네 책상과 침대 사이에 있는 저 문은 뭐야?

남: 화장실이야.

어휘

room 방; 자리, 공간 bookshelf 책꽂이

문제해설

④ 알람 시계는 토끼 모양이 아니라 로봇 모양이라고 했다.

05 ②

여: David, 너 괜찮니? 안색이 안 좋아 보여.

남: 그러게. 지난 주말에 감기에 걸린 것 같아.

여: 내가 더 따뜻한 재킷을 사라고 너에게 말했잖아. 이제 거의 겨울이야.

남: 사실, 주말 내내 집에 있었어. 유감스럽게도 난방기가 고장 났어.

여: 아. 너희 집주인에게 전화해서 최대한 빨리 그걸 고쳐야겠네.

남: 그렇게 했는데, 수리공이 오늘 오후에야 올 수 있대.

여: 그렇구나. 음, 약은 먹었어?

남: 아니, 약이 없어. 퇴근 후에 약을 좀 사려고.

여: 내가 지금 당장 널 위해 사 올게. 그동안 따뜻한 차를 좀 마셔.

남: 알겠어. 고마워.

어휘

catch a cold 감기에 걸리다 stay in 나가지 않다[집에 있다] landlord 주인, 임대주 fix 고정시키다; *고치다 repairperson 수리공 come over 들르다 meanwhile 그동안에

문제해설

여자는 감기에 걸린 남자를 위해 약을 사 오겠다고 했다.

06 ③

여: 안녕하세요. 도와드릴까요?

남: 네. 자전거를 한 대 빌리고 싶어요.

여: 알겠습니다. 시간당 3달러예요. 얼마 동안 그게 필요하세요?

남: 음, 지금이 몇 시죠?

여: 3시예요. 그리고 저희는 8시까지 영업해요.

남: 2시간이면 충분할 것 같아요.

여: 알겠습니다. 그런데 그걸 3시간 이상 대여하시면 할인을 받으세요.

남: 얼마나 할인이 되나요?

여: 총 요금에서 2달러가 할인돼요.

남: 그렇다면 3시간 동안 가지고 있다가 6시에 반납할게요.

여: 네. 헬멧은 무료로 빌려드릴게요.

어휘

rent 빌리다, 대여하다 fee 수수료; *요금 lend 빌려주다 for free 무료로

문제해설

자전거를 대여하는 데 시간당 3달러이므로 3시간을 대여하면 9달러이지만, 2달러를 할인받을 수 있으므로 총 7달러를 지불하면 된다.

07 ③

[전화벨이 울린다.]

남: AP 쇼핑의 Phil입니다. 무엇을 도와드릴까요?

여: 안녕하세요, Phil. 저 Whitney예요.

남: 아, 안녕하세요. 당신이 자리에 없는 걸 알고 당신한테 오는 전화를 받고 있었어요.

여: 고마워요. 근데, 사장님이 휴대전화 번호를 바꾸셨나 봐요, 그렇지 않나요?

남: 네, 지난주에요. 당신이 번호를 갖고 있지 않나요?

여: 아뇨, 그리고 사장님이 이번 주는 출장 중이신가 봐요. 오늘 출근 못 한다고 말씀드려야 하는데.

남: 무슨 일이 있어요?

여: 음, 저에겐 아무 문제 없어요. 하지만 제 남편이 무릎을 다쳤어요.

남: 그것참 안됐군요. 남편분의 통증이 심한가요?

여: 꽤 심해요. 그래서 제가 남편을 병원에 데려다줘야 해요. 사장님 번호를 제게 문자 메시지로 보내주시면 감사하겠어요.

남: 알겠어요. 지금 바로 보내줄게요. 남편이 괜찮아지면 좋겠네요.

여: 고마워요, Phil.

어휘

notice ~을 의식하다[알다]   on business 볼일이 있어, 업무로   pain 고통   text message (휴대전화로) 문자를 보내다

문제해설

여자는 남편이 무릎을 다쳐서 병원에 데려다줘야 하므로 출근을 할 수 없다고 했다.

08 ⑤

[전화벨이 울린다.]

여: Pacific 항공에 전화해 주셔서 감사합니다.

남: 안녕하세요. 뉴욕시에서 홍콩으로 가는 비행편에 대해 문의하고 싶어요. 이용 가능한 것을 제게 말씀해 주시겠어요?

여: 물론이죠. 언제 떠나길 원하시나요?

남: 이번 달 22일 목요일이요. 그리고 저는 27일에 돌아올 거예요.

여: 일반석, 비즈니스석, 일등석 중 어떤 걸 타길 원하세요?

남: 일반석을 타야 해요. 예산이 많지 않아요.

여: 몇 분이 여행하실 건가요?

남: 저만요.

여: 네. 뉴욕에서 홍콩으로의 일반석 왕복 티켓은 1,500달러예요.

남: 네. 그럼 그 비행편으로 할게요.

여: 알겠습니다. 고객님의 상세 정보를 받기만 하면 되고, 그러면 끝납니다.

어휘

airline 항공사   available 이용 가능한   depart 떠나다

economy[business/first] class 일반[비즈니스/일등]석   round-trip 왕복 여행의   detail 세부 사항

문제해설

도착지는 홍콩이고, 출발 날짜는 이번 달 22일이며, 일반석이고, 티켓 가격은 1,500달러라고 했으나, 비행 소요 시간에 대해서는 언급되지 않았다.

09 ③

남: 어떤 학생들은 자원봉사를 하며 여름 방학을 보냅니다. 다른 학생들은 해외여행을 하며 여름 방학을 보냅니다. 이제 여러분은 둘 다 할 수 있습니다. The National Volunteer Tour에서는 3주의 남미 일주 여행을 제공합니다. 이 여행은 15세가 넘는 고등학교 학생들을 대상으로 합니다. 3개의 다른 국가의 5개 도시에 머무를 것입니다. 머무는 동안 여러분은 학교, 고아원, 그리고 교회에서 자원봉사를 하게 됩니다. 여러분은 또한 현지의 관광지와 박물관을 구경할 기회도 있을 것입니다. 이 프로그램에 참여하는 데 경비는 700달러이며, 여기에는 음식, 숙박, 현지 교통비가 포함됩니다. 참가자들은 자신의 항공료를 지불해야 합니다.

어휘

abroad 해외로   stop 중단; *(잠시) 머묾   orphanage 고아원   sight 시력; *관광지   take part in ~에 참가하다   cover 씌우다; *포함하다   accommodation 숙박 시설   transportation 교통, 수송   airfare 항공 요금

문제해설

③ 15세가 넘는 고등학생들만 참여할 수 있다고 했다.

10 ④

남: 안녕하세요. 무료 한국어 강좌가 있다고 들었어요.

여: 네. 월요일과 수요일마다 열리는 초급 강좌예요.

남: 초급 강좌만 있나요? 제가 전에 한국어를 공부한 적이 있거든요.

여: 음, 다른 강좌들도 몇 개 있는데, 수업료가 있어요.

남: 괜찮아요. 월요일과 수요일에 다른 강좌가 있나요?

여: 그 요일들에 중급 강좌가 있어요.

남: 고급 강좌는요? 전 도전을 좋아하거든요. 목요일을 제외하고는 어떤 날도 괜찮아요.

여: 그러면 주말 강좌는 어떠세요? 그건 평일 강좌보다 더 저렴해요.

남: 음, 돈을 절약하는 것은 좋지만 전 주말에는 휴식을 취하고 싶어요.

여: 그러면 이 강좌에 등록하셔야겠네요.

어휘

intermediate 중급의   challenge 도전   except ~을 제외하고

문제해설

고급 강좌 중에서 목요일을 제외한 주중에 열리는 강좌는 ④

Course D이다.

11 ③

여: 여보, 밖을 좀 봐요. 눈이 많이 내리고 있어요.

남: 그러네요. 오늘은 운전해서 출근할 수 없을 것 같아요. 너무 위험할 것 같아요.

여: 맞아요. 대신 대중교통을 이용하는 것이 어때요?

남: 알겠어요. 오늘은 지하철을 탈게요.

어휘

instead 대신에 [문제] crowded 붐비는

문제해설

운전을 하지 않는 대신 대중교통을 이용하라고 제안하고 있으므로 지하철을 타겠다는 ③이 응답으로 적절하다.

① 차로 약 30분 걸립니다.

② 아니요. 오늘 우산을 가져오지 않았어요.

④ 지하철은 매우 붐볐어요.

⑤ 미안하지만 저는 운전할 줄 몰라요.

12 ②

남: Jenny, 네 카메라를 빌려줘서 고마워.

여: 천만에. 스위스 여행은 어땠어?

남: 아주 좋았어. 사진들을 보고 싶니?

여: 물론이야, 그것들을 정말 보고 싶어.

어휘

Switzerland 스위스 [문제] own ~ 자신의

문제해설

사진을 보고 싶은지 물었으므로 그에 대답하는 ②가 응답으로 적절하다.

① 네가 여행을 즐겼다니 기뻐.

③ 넌 네 카메라를 사야 해.

④ 아니, 나는 스위스에 가본 적이 없어.

⑤ 응, 언젠가 사진을 찍고 싶어.

13 ②

여: 무슨 일이니, Jacob?

남: 이유는 모르겠는데, 요즘 나는 항상 피곤해. 게다가 혀가 부은 것 같아.

여: 네 혀가? 음…. 최근에 매우 바빴니?

남: 별로. 요즘에는 할 일이 그렇게 많지 않아.

여: 그렇다면 내가 보기에 넌 비타민 B 부족인 것 같아.

남: 내가 특정 음식을 충분히 섭취하고 있지 않다는 말이니?

여: 응. 양배추, 브로콜리, 시금치와 같은 채소들이 모두 비타민 B를 많이 함유하고 있어.

남: 정말이야? 솔직히 나는 그것들을 전혀 먹지 않아. 알다시피 내가 패스트푸드를 정말 좋아하잖아.

여: 음, 네가 그런 음식들을 먹기 시작하면, 네 문제가 사라지는 걸 발견하게 될 거야.

남: 알겠어. 내 식습관을 바꿔서 그게 효과가 있는지 볼게.

어휘

nowadays 요즘에는   tongue 혀, 혓바닥   swollen 부어오른   deficiency 부족   cabbage 양배추   spinach 시금치   go away 가다; *없어지다   [문제] skip 건너뛰다, 생략하다   diet 식습관

문제해설

비타민 B 부족을 겪는 남자에게 채소를 먹으면 문제가 사라질 것이라고 했으므로 식습관을 바꿔보겠다고 말하는 ②가 응답으로 적절하다.

① 그렇다면 식사를 거르지 않을게.

③ 응, 나는 내 삶을 즐기는 데 더 많은 시간을 쓸 필요가 있어.

④ 음, 나는 이미 의사한테 음식 알레르기에 관해 물어봤어.

⑤ 좋아. 그게 내가 살을 빼는 데 도움이 된다면 한번 해볼게.

14 ③

남: 요즘 기분이 어떠세요?

여: 여전히 몸이 좀 안 좋아요. 이 감기가 떨어지지 않을 것만 같아요.

남: 아직도요? 얼마나 되었죠?

여: 이제 거의 6주요. 제가 이 아파트로 이사 오자마자 시작되었거든요.

남: 그게 새 건물 증후군일 수 있을 것 같아요.

여: 건물이 절 아프게 한다는 말씀이세요? 하지만 이 건물은 완전 새것이에요.

남: 그런 경우가 흔히 있죠. 때때로 새 건물의 공기는 호흡하면 건강에 좋지 않아요.

여: 그럼 전 어떻게 해야 하죠? 다른 곳으로 이사 가고 싶지 않아요.

남: 음, 여기에 환기를 시키면 상황이 좋아질 것 같네요.

여: 알겠어요, 당장 창문을 좀 열게요.

어휘

under the weather 몸이 좀 안 좋은   get rid of ~을 없애다   sick building syndrome 새 건물 증후군   brand-new 완전 새것의   breathe 숨을 쉬다

문제해설

새 건물 증후군을 앓고 있는 여자에게 환기를 시키라고 조언하고 있으므로 당장 창문을 열겠다고 말하는 ③이 응답으로 적절하다.

① 전 당신도 아픈 줄 몰랐어요.

② 그럼 공원에 산책하러 갑시다.

④ 맞아요. 당장 병원에 가볼게요.

⑤ 저는 집을 더 자주 청소했어야 했어요.

15 ②

남: Ricky는 초등학교 때부터 Mary와 가장 친한 친구이다. Mary는 항상 수줍음이 많아서 여러 무리의 사람들 앞에서 말하는 것을 결코 좋아하지 않았다. 그런데 그들이 나이가 들어감에 따라, 그녀가 사람들 앞에서 말하는 것을 두려워하는 것이 큰 문제가 되었다. 지금 그녀는 자기 반 친구들 앞에서 발표하는 것을 피하기 위해 수업 중 하나를 그만두려 한다. Ricky는 이것이 심각하다는 것을 깨닫는다. 과거에 그는 그것이 그저 그녀의 성격이라고 생각하고 대신 말하기를 해주었으나, 이제 그는 그녀가 자신의 두려움을 극복하려 노력해야 한다고 생각한다. 이 상황에서, Ricky는 Mary에게 뭐라고 말하겠는가?

Ricky: 나는 네가 네 두려움에 맞서야 한다고 생각해.

어휘
fear 두려움   quit 그만두다   avoid 피하다   presentation 발표   realize 깨닫다   personality 성격   [문제] face 직면하다

문제해설
Mary에게 자신의 두려움을 극복하려 노력하라고 말하고 싶어하는 상황이므로 ②가 가장 적절하다.
① 너는 공부를 더 열심히 해야 해.
③ 네 말을 귀 기울여 듣지 않은 것에 대해 사과할게.
④ 우리 그 수업을 같이 듣는 게 어때?
⑤ 나는 네 발표에 깊은 감명을 받았어.

16 ④ 17 ②

여: 좋은 아침입니다. 여러분도 물론 알다시피, 요즘 많은 사람이 건강 유지에 관심이 있습니다. 그들은 그들의 식단과 그들이 충분한 운동을 하고 있는지 아닌지를 걱정하는 데에 많은 시간을 씁니다. 하지만 그런데도 그들은 목과 등 통증으로 고통받게 되죠. 요가 수업을 듣는 것은 여러분의 척추 문제를 피하는 하나의 좋은 방법입니다. 수영을 규칙적으로 하는 것도 마찬가지입니다. 우리가 자는 방식도 우리 몸의 웰빙에 큰 영향을 끼칠 수 있습니다. 예를 들어, 엎드려 자는 것이 아니라 등을 대고 자거나 옆으로 자려고 노력하세요. 여러분의 베개가 너무 딱딱하거나 너무 부드럽지는 않은지도 확인해야 합니다. 마지막으로, 오랜 시간을 책상 앞에서 공부하는 데 보내야 한다면, 매시간 5분씩 일어나서 걸으세요. 잘 먹고 운동하는 것과 함께 이런 것들을 하는 건 당신을 행복하고 건강하게 해줄 겁니다.

어휘
be concerned about ~에 관심을 가지다   end up v-ing 결국 ~하게 되다   issue 쟁점; *문제   spine 척추   impact 영향, 충격   sleep on one's stomach 엎드려서 자다   pillow 베개   firm 딱딱한   along with ~에 덧붙여   work out 운동하다   [문제] necessity 필요(성)

문제해설
16 척추 문제를 피하기 위한 다양한 방법을 설명하고 있으므로 주

제로는 ④ '척추 문제를 피하는 방법'이 적절하다.
① 근육 생성에 도움이 되는 활동들
② 건강한 식단의 중요성
③ 밤잠을 잘 자는 방법
⑤ 좋은 자세를 갖는 것의 필요성

17 요가, 수영, 자는 자세, 걷기에 대해서 언급하고 있지만 마사지는 언급하지 않았다.

01 ②	02 ②	03 ⑤	04 ④	05 ⑤	06 ②
07 ④	08 ③	09 ⑤	10 ③	11 ⑤	12 ③
13 ②	14 ③	15 ⑤	16 ③	17 ②	

01 ②

여: 주목해 주시겠습니까? 여러분들도 아시다시피, 학교에서 한국어 강좌들을 저녁 일정에 추가하기로 결정했습니다. 많은 분들이 이 강좌들에 관심을 보이셨지만, 좌석의 수가 제한되어 있습니다. 그러므로 가능한 한 빨리 등록하기를 권합니다. 등록은 보통 온라인상에서 할 수 있지만, 이 강좌들을 듣길 원하는 학생들은 중앙 사무실에서 직접 신청해야 합니다. 여러분은 여러분의 시간표 복사본과 허가서를 가져와야 합니다. 이 수업에서는 매주 500에서 800 단어의 에세이 과제가 있을 거라는 점을 기억해야 합니다.

어휘
limited 제한된   urge 촉구하다   sign up 등록하다   registration 등록   in person 직접, 몸소   assign (일 등을) 맡기다, 부과하다

문제해설
여자는 한국어 강좌를 신청하는 방법에 관해 설명하고 있다.

02 ②

여: Kyle, 나 이따가 저녁 먹으러 너랑 만날 수 없을 것 같아. 나 너무 피곤해.
남: 이해해. 너 정말 지쳐 보여. 너무 늦게까지 깨어 있었던 거야?
여: 아니. 나 10시 반에 잠자리에 들었어. 하지만 잠을 잘 못 잤어.
남: 잠들기 전에 평소에 하지 않던 일을 했어?
여: 딱히 그런 건 아냐. 비타민 먹고 나서 침대에 누워있는 동안 스마트폰으로 게임을 했어.
남: 침대에 스마트폰을 가져가? 그게 아마 네가 잘 못 잔 이유일 거야.
여: 아닐 거야. 소리를 꺼놔서 스마트폰이 날 깨우지 않아.
남: 그렇지, 하지만 잠자기 직전에 빛나는 불빛에 노출되는 것

은 너의 수면에 부정적인 영향를 줘. 우리의 뇌는 빛에 매우 민감해.

여: 그래? 그건 몰랐어.

남: 응. 또한 잠들기 직전에 게임을 하는 건 너의 뇌를 자극해서 네가 깨어있게 해.

여: 그럴 수 있겠네. 내 수면 습관을 바꾸어야겠어.

어휘

exhausted 기진맥진한   unusual 흔치 않은   expose 드러내다; *노출시키다   glow 빛나다   negatively 부정적으로   sensitive 세심한; *민감한   stimulate 자극하다   make sense 이해가 되다; *말이 되다   routine 습관

문제해설

남자는 잠자기 전에 스마트폰을 사용하는 것이 수면에 방해가 된다고 말하고 있다.

03 ⑤

남: 이것이 그 화가가 아프기 전 그의 마지막 그림이었습니다. 그의 후기 작품들과 달리 아주 생기가 넘칩니다.

여: 실례합니다, 질문이 있어요.

남: 네, 뭐죠?

여: 아이의 손에 있는 책은 무엇을 나타내죠?

남: 아이가 배움과 교육에 전념하고 있음을 보여줍니다.

여: 그렇군요. 그럼 교육이 그 화가에게 아주 중요했나요?

남: 틀림없이 그랬습니다.

여: 그게 그렇게도 많은 그의 작품들에 학생들과 책들이 나오는 이유인가요?

남: 네. 그의 주요 주제는 평범한 사람들의 삶이었지만, 그는 또한 교육에 관해 관심을 갖고 있었습니다.

여: 감사합니다. 매우 흥미롭네요.

남: 천만에요.

어휘

work 일; *작품   cheerful 생기가 있는   represent 표현하다[나타내다]   dedication 전념, 헌신   education 교육   certainly 확실히, 틀림없이   theme 주제   average 평균의, 보통의   care about ~에 관심을 가지다

문제해설

남자가 화가의 작품에 관해 설명하고, 여자가 이를 들으면서 질문을 하는 것으로 보아 미술관 투어 가이드와 방문객의 관계임을 알 수 있다.

04 ④

남: Krista, 내게 차를 좀 갖다줄래?

여: 응. 조리대에 반쯤 찬 유리잔이 있어. 그게 네 거야?

남: 아니, 내 것이 아니야. 찻주전자에 차가 좀 남아있지 않니?

여: 아, 위에 꽃 그림이 있는 찻주전자 말이야?

남: 응. 다른 컵에 차를 좀 부어줄래?

여: 알겠어. 작은 선반 위에 있는 저 머그잔 두 개 중 하나에 그

걸 부을게.

남: 고마워. 그리고 둥근 그릇에 있는 딸기 몇 개를 가져다 주겠니?

여: 알겠어. 이 줄무늬가 있는 천 냅킨도 네게 가져다줄게. 너는 항상 먹을 때 음식을 흘리잖아.

남: 고마워. 넌 날 너무 잘 알아.

어휘

counter 계산대; *조리대   teapot 찻주전자   pour 따르다, 붓다   mug 머그잔   shelf 선반   bowl (우묵한) 그릇   striped 줄무늬의   cloth 천   drop 떨어뜨리다

문제해설

④ 그릇에는 포도가 아닌 딸기가 있다고 했다.

05 ⑤

남: 여보, 당신이 새 전자레인지를 온라인으로 주문했죠, 그렇지 않나요? 지금쯤 여기에 와야 하는 것 아니에요?

여: 실은 오늘 배송되었어요.

남: 오, 그럼 부엌에 그것을 둘 자리를 치웁시다.

여: 음, 문제는 그들이 잘못된 모델을 보냈다는 거예요.

남: 그럼 우리가 그것을 반송해야 하나요?

여: 아니요. 그 회사에 전화를 해봤는데, 대신 매장으로 우리가 그것을 반품할 수 있다고 말했어요.

남: 그러고 나서 그들이 환불해 줄 거예요?

여: 맞아요. 하지만 난 내일 출장을 가요. 나 대신 당신이 그것을 매장에 가져다줄 수 있어요?

남: 물론이죠. 당신이 없는 동안 내가 그것을 처리할게요.

여: 고마워요.

어휘

microwave 전자레인지   spot 점; *자리[곳]   mail (우편으로) 보내다   business trip 출장

문제해설

여자는 출장을 가야 해서 남자가 잘못 배송된 전자레인지를 매장에 가지고 가서 반품하겠다고 했다.

06 ②

여: 무엇을 드릴까요?

남: 죄송하지만, 제가 시력이 나빠서 메뉴를 잘 읽을 수가 없네요.

여: 괜찮습니다. 제가 도와드릴게요.

남: 감사합니다. 아메리카노 한 잔은 얼마인가요?

여: 3달러예요.

남: 네, 아메리카노 두 잔과 카페라테 한 잔 주세요.

여: 카페라테는 아메리카노보다 1달러 더 비싸요.

남: 알겠습니다. 또 저에게 이 쿠폰이 있어요. 그것을 지금 사용할 수 있을까요?

여: 네. 그러면 아메리카노 한 잔은 공짜예요.

남: 좋습니다.

3달러짜리 아메리카노 두 잔과 4달러인 카페라테 한 잔을 주문했으므로 총 10달러를 지불해야 하지만 쿠폰으로 아메리카노 한 잔은 공짜이므로, 총 7달러를 지불하면 된다.

07 ④

남: 오, 파티하고 계시는군요.

여: 들어와요! 대부분 당신이 아는 사람들이에요.

남: 아니, 괜찮아요. 전 그냥 부탁 하나 하려고 왔어요.

여: 오 이런, 저희가 너무 시끄러운가요?

남: 아, 아뇨. 옆집에서 거의 아무 소리도 안 들려요. 실은 우리 집 개 Nicky 때문에 왔어요.

여: 그 커다란 녀석 어떻게 지내요?

남: 잘 있죠. 개 짖는 소리가 신경 쓰이지는 않죠, 그렇죠?

여: 전혀요. 아무 소리도 안 들려요!

남: 공부할 때 불평을 하는 건 저희 아들뿐인 것 같군요.

여: 글쎄요, 저희가 보기엔 조용한데요.

남: 그건 그렇고요, 저희가 며칠 동안 집을 비울 예정이에요. 우리 개한테 먹이 좀 주실 수 있으세요?

여: 물론이죠.

남: 고마워요. 제가 내일 아침에 저희 열쇠를 드릴게요.

ask ~ a favor ~에게 부탁을 하다　barely 거의 ~ 아니게[없이]　barking 짖는 소리　bother 괴롭히다, 귀찮게 하다　complain 불평[항의]하다　feed 먹이를 주다

남자는 옆집 이웃인 여자에게 찾아와 자신이 집을 비울 동안 개에게 먹이를 줄 수 있냐고 부탁했다.

08 ③

남: 이번 주말 캠핑 가는 것이 기대돼. 야생 생존 기술에 관한 멋진 책을 읽었거든.

여: 음, 그건 걱정할 필요 없어. 숲속에서 길을 잃을 계획은 아니니까.

남: 그렇지만 만약 그렇게 되면 뭘 해야 하는지 알아?

여: 물론이지, 첫 번째로 할 일은 불을 피우는 거야.

남: 맞아. 따뜻하게 있는 게 정말 중요해. 다음은, 수원(水源)을 찾아야 해.

여: 그런데 음식은 어떻게 해?

남: 그만큼 중요하진 않아. 음식 없이는 훨씬 오래 견딜 수 있어. 마지막으로, 은신처 같은 걸 만드는 게 아주 중요해.

여: 왜 그렇지?

남: 에너지 수준을 높게 유지하려면 잠을 잘 수 있어야 해. 그게 정신도 맑게 해 줄 거야.

여: 음, 우리 캠핑은 생략하고 영화나 보러 가야겠다.

look forward to v-ing ~하기를 고대하다　fascinating 대단

히 흥미로운　wilderness 야생　survival 생존　get lost 길을 잃다　water source 수원(水源)　essential 매우 중요한, 필수적인　shelter 피신처, 대피소　skip 생략하다, 건너뛰다

야생 생존 기술로 불 피우기, 물 찾기, 은신처 만들기, 수면 취하기는 언급되었지만, 구조 요청하기는 언급되지 않았다.

09 ⑤

여: 여러분, 경청해 주십시오. 여러분은 이번 주에 중요한 시험이 있습니다. 그 시험에는 50개의 객관식 문항과, 40개의 참/거짓 문항, 10개의 단답형 문항이 있을 것입니다. 하지만 논술식 문제는 없을 것입니다. 여러분은 방과 후에 시험을 위한 공부 지침서를 가져가실 수 있습니다. 금요일에 있는 시험 전에 그것을 주의 깊게 재검토하십시오. 시험은 7과와 9과만을 포함할 것입니다. 8과는 시험에 나오지 않을 것입니다. 행운을 빕니다!

multiple choice 선다형의, 객관식의　review 재검토하다　cover 씌우다; *포함하다

⑤ 8과가 시험에 나오지 않는다고 했다.

10 ③

남: 출근 전에 이 요가 수업들 중 하나를 들을까 생각하고 있었어.

여: 좋은 생각인 것 같아. 나도 같이 할래. 그런데 나는 매일 아침 9시 전에 출근해야 해.

남: 음, 6시 수업 어때? 그건 너무 이른가?

여: 그건 아닌데, 나는 화요일 아침에는 갈 수가 없어. 대부분의 화요일마다 일찍 회의가 있거든.

남: 그래? 그럼 아마 우리는 저녁 수업을 들어야겠네.

여: 응, 하지만 나는 수요일 저녁에는 시간이 없어. 꽃꽂이 수업을 듣거든.

남: 그렇다면 우리에겐 두 가지 선택이 남아.

여: 초급반을 들어도 괜찮겠니?

남: 그럼. 나는 기본을 익히고 싶어.

여: 잘됐다! 이 수업을 듣자.

basics 기본, 기초

저녁 수업 중에 수요일을 제외한 초급반 수업은 ③ Class C이다.

11 ⑤

남: 난 점심으로 샐러드를 주문하고 싶어. 넌 뭘 먹을 거야?

여: 난 고기가 많이 든 걸 먹고 싶어.

남: 너는 건강에 더 좋은 음식을 먹어야 해. 넌 채소를 거의 먹

지 않잖아.

여: 알겠어, 이번엔 샐러드도 먹을게.

어휘

order 주문하다   as well ~도

문제해설

점심 메뉴를 이야기하며 채소를 먹으라고 권하고 있으므로 샐러드도 먹겠다고 답하는 ⑤가 응답으로 적절하다.

① 주문하시겠어요?

② 이곳 음식이 맛있었어.

③ 벌써 점심 먹을 시간이야?

④ 괜찮아. 내 샐러드를 먹어도 돼.

12 ③

여: Toby, 어떤 TV 프로그램을 보고 있니?

남: 이건 내가 제일 좋아하는, 한 유명한 탐정에 관한 프로그램이야.

여: 정말 재미있을 것 같네. 내가 너와 함께 봐도 될까?

남: 물론이야! 나랑 여기에 앉아.

어휘

detective 탐정   join 함께 하다, 합류하다

문제해설

TV를 같이 봐도 되겠냐고 물었으므로 좋다고 하며 앉으라는 ③이 응답으로 적절하다.

① 넌 TV를 너무 많이 보면 안 돼.

② 아니, 괜찮아. 나는 TV 보는 걸 좋아하지 않아.

④ 알았어, 극장에서 너를 기다릴게.

⑤ 음, 난 이 프로그램이 재미있는 것 같지 않아.

13 ②

남: Emma, 너 학교 축제의 장기 자랑에 대해 들었어?

여: 응, 정말 재미있을 것 같아. 너 참가할 거야?

남: 음, 나는 댄서로 참가하려고 생각했어.

여: 아, 너 춤 잘 추잖아. 그거 좋은 생각인 것 같아.

남: 그런데 난 그게 좀 긴장이 돼.

여: 왜 그래? 네가 작년에 그 대회에서 우승했잖아.

남: 그런데 올해는 경쟁이 치열하다고 들었어.

여: 응, 하지만 모든 애들이 네가 교내에서 가장 뛰어난 댄서라는 걸 알아. 한번 해봐!

남: 모르겠어. 춤을 아주 잘 추는 새로운 학생이 있거든.

여: 자신감을 가져. 나는 네가 우승할 거라 확신해.

어휘

talent contest 장기 자랑   enter 들어가다; *참가하다   win 이기다, ~에서 우승하다   competition 경쟁   [문제] miss 놓치다

문제해설

남자가 대회 참가에 대해 긴장하며 자신 없어 하고 있으므로 격려하며 우승할 것이라고 말하는 ②가 응답으로 적절하다.

① 네가 대회를 놓쳤다니 유감이다.

③ 너희는 훌륭한 댄스 파트너가 될 거야.

④ 너는 댄스 수업을 더 들었어야 했어.

⑤ 그 대회에 참가하는 게 좋은 생각이 아닌 것 같아.

14 ③

남: 안녕, Victoria. 우리 오늘 밤에 영화 보러 가기로 했지, 그렇지 않니?

여: 맞아. 나는 그걸 고대하고 있는걸.

남: 나도 그래. 너 방과 후에 어학원에서 수업 있지, 그렇지 않아?

여: 응, 프랑스어 수업을 듣고 있어.

남: 나는 6시에 끝나는 일본어 수업이 있어. 수업 끝나고 로비에서 만나자.

여: 근데 내 수업은 6시 30분이 되어야 끝나.

남: 괜찮아. 난 기다려도 괜찮아.

여: 고마워. 근데 너무 이르지 않을까? 영화가 8시에나 시작하는데.

남: 아, 정말? 나는 그게 7시에 시작한다고 생각했어.

여: 아니, 그건 주말에 그런 거야. 주중에는 8시에 시작해.

남: 그러면 그냥 영화관에서 만나자.

어휘

be supposed to-v ~하기로 되어 있다   French 프랑스어

문제해설

6시 반에 끝나는 여자의 수업을 기다리려 했으나 영화가 7시가 아니라 8시 시작이라는 것을 알았으므로 계획을 변경하여 극장에서 만나자고 하는 ③이 응답으로 적절하다.

① 그게 왜 아직 여기에 아무도 없는지를 설명해 주네.

② 나는 지난 주말에 벌써 그 영화를 봤어.

④ 넌 또 늦은 것에 대해 사과해야 해.

⑤ 우리는 더 이른 시간의 수업에 등록했어야 했어.

15 ⑤

남: Allison은 내일 오후 4시에 역사 프로젝트 때문에 그녀의 조원들과 모임을 가질 것이다. 그들은 그들이 한 조사에 대해 토론하기 위해 만날 계획이다. 그들은 또한 그 프로젝트를 어떻게 끝낼지 결정해야 한다. 갑자기 Allison은 내일 오후 3시부터 5시까지 특별 수업이 있다는 것을 떠올린다. 그 수업은 그녀가 곧 응시해야 하는 시험 준비에 도움이 될 것이기 때문에 빠질 수 없다. 하지만 그녀는 수업 이후에는 계획이 없어서 모임을 이후 저녁으로 미루고 싶다. 이 상황에서, Allison은 그녀의 조원들에게 뭐라고 말하겠는가?

Allison: 우리 모임을 내일 5시 이후로 변경해도 될까?

어휘

discuss 논의하다   delay 미루다   [문제] available 시간이 있는

문제해설

수업 이후 저녁으로 모임을 미루고 싶어 하는 상황이므로 ⑤가 가장 적절하다.

① 나는 이미 프로젝트의 내 부분을 끝마쳤어.
② 미안하지만, 나는 오늘 저녁에는 시간이 안 돼.
③ 내가 시험공부를 하기 위해 너희가 필기한 걸 빌릴 수 있을까?
④ 너희 중 한 명이 나 대신 수업에 참석해 줄 수 있니?

16 ③ 17 ②

여: 이것은 흔한 상황입니다. 한 학생이 협박과 욕설이 포함된 많은 이메일들을 받습니다. 그녀는 누가 그것들을 보내고 있는지 모르지만, 그녀는 불안감을 느끼기 시작합니다. 이 소녀는 단지 사이버 괴롭힘의 또 다른 피해자일 뿐입니다. 사이버 괴롭힘은 심각한 문제가 되고 있는데, 피해자와 괴롭히는 사람 모두가 어린 소녀들일 가능성이 더 큽니다. 사람들이 다른 사람들을 온라인상에서 괴롭히는 여러 가지 방법들이 있습니다. 그들은 협박을 담은 이메일을 누군가에게 직접 보낼 수 있습니다. 또한 웹사이트들에 누군가에 대한 부정적인 언급을 남길 수도 있습니다. 괴롭히는 다른 방법은 휴대전화를 통해서입니다. 문자메시지는 개인을 직접적으로 위협할 수 있고, 휴대전화로 찍은 당황스러운 사진들은 쉽게 인터넷상에 유포될 수 있습니다. 그러나 사이버 괴롭힘은 범죄입니다. 유감스럽게도 대부분의 청소년들은 그들의 행동이 실제로 범죄 행위라는 것을 깨닫지 못합니다. 게다가 사이버 괴롭힘은 학교 밖에서, 어른들의 눈에서 벗어나 발생하기 때문에 알아내기가 매우 어렵습니다.

어휘

a number of 다수의 threat 협박, 위협 (v. threaten 협박하다) insecure 안전하지 못한, 불안정한 victim 피해자 bully 괴롭히다; 괴롭히는 사람 directly 곧장; *직접 negative 부정적인 method 방법 embarrassing 당황스러운 crime 범죄 (a. criminal 범죄의) besides 게다가 detect 발견하다, 감지하다 occur 일어나다 [문제] law 법 prohibit 금지하다

문제해설

16 여자는 사이버상에서 친구를 괴롭히는 여러 가지 수단과 방법 및 문제점에 관해 이야기하고 있으므로 주제로는 ③ '사이버 괴롭힘의 수단과 문제점'이 적절하다.
① 학교가 사이버 괴롭힘을 하는 사람을 교육하는 방법
② 사람들이 사이버 괴롭힘을 하는 사람이 되는 이유
④ 아이들을 사이버 괴롭힘으로부터 보호하는 방법
⑤ 사이버 괴롭힘을 금지하는 법의 필요성

17 사이버 괴롭힘의 수단으로 이메일, 웹사이트에서의 부정적인 언급, 문자메시지, (휴대전화로 찍은) 사진은 언급되었지만, 동영상에 대해서는 언급되지 않았다.

---

01 ④	02 ③	03 ③	04 ④	05 ③	06 ④
07 ④	08 ⑤	09 ②	10 ③	11 ⑤	12 ④
13 ②	14 ②	15 ③	16 ①	17 ④	

01 ④

여: 비행기 여행은 세상에서 가장 안전하고 가장 효율적인 여행 형태입니다. 그러나 많은 여행자들이 비행 공포증으로 비행기를 타지 못합니다. 두려움을 느끼는 비행기 여행자들은 비행을 생각하는 것만으로도 불안해집니다. 여러분이 비행을 두려워한다면, 당신을 위해 〈Flying with Confidence〉가 있습니다. 비행에 대한 두려움은 이 새 프로그램의 도움으로 극복될 수 있습니다. 그것은 현대의 비행을 차분한 방식으로 설명합니다. 이 프로그램은 미국 전역의 심리학자들에 의해 환자들이 이 두려움을 극복하도록 돕는 데 사용되고 있고, 호평을 받고 있습니다.

어휘

efficient 효율적인 planet 행성; *세상 ground (배가[를]) 좌초되다[시키다]; *이륙을 못 하게 하다 fearful 두려워하는 flyer 비행기 여행자 anxiety 불안, 초조 confidence 자신(감) overcome 극복하다 modern 현대의 calm 진정시키다 psychologist 심리학자 patient 환자 be well received 호평을 받다

문제해설

비행 공포증 극복에 도움을 주는 프로그램을 홍보하고 있다.

02 ③

남: 농구 경기는 어땠어? 너희 팀이 이겼어?
여: 응, 우리가 이겼어. 하지만 나 다리를 다친 것 같아.
남: 무슨 일이 있었어? 넘어지거나 그랬니?
여: 아니. 아무 일도 없었어. 그냥 경기 중간에 아프기 시작했어.
남: 음…. 경기 전에 얼마나 오랫동안 스트레칭을 했어?
여: 사실, 스트레칭을 전혀 안 했어. 나는 그게 필요하다 생각하지 않았어.
남: 그게 네가 다리를 다친 원인이네. 경기 시작 전에 네 근육이 준비가 안 되었던 거야.
여: 정말 그것이 부상의 위험을 줄이는 데 도움이 되었을 거라고 생각해?
남: 응. 스트레칭이 네 신체 온도를 높이고 혈액이 근육으로 가게 해서 네 몸이 운동할 준비가 되게 했을 거야.
여: 그건 몰랐네. 그게 내 실수였던 것 같아.
남: 응, 나도 그렇게 생각해. 다음 경기 전에 내가 말한 것을 기억하도록 해.
여: 그렇게 할게!

어휘

fall down 넘어지다 halfway 중간에 stretch 늘이다; *스트

레칭하다 necessary 필요한 muscle 근육 lessen 줄이다
risk 위험 injury 부상 raise 올리다 temperature 온도
flow 흐르다

남자는 부상의 위험을 줄이기 위해 운동 전에 스트레칭하여 몸을
푸는 것의 중요성을 강조하고 있다.

03 ③

여: Michael, 내가 당신한테 사 오라고 했던 고추는 어디 있어
　　요?
남: 고추요? 저는 후추라고 말씀하신 줄 알았어요. 바로 여기
　　있습니다.
여: 오, 이런. 우리는 오늘 밤 특별 스튜를 위해서 고추가 필요
　　해요.
남: 정말 죄송합니다. 제가 잘못 이해했던 게 분명해요.
여: 괜찮아요. 우리는 새로운 요리를 골라야겠어요.
남: 구운 돼지고기 스테이크는 어떨까요?
여: 아니요, 내 생각에는 오늘 밤에는 닭고기와 밥을 만들어야
　　할 것 같아요.
남: 알겠습니다. 제가 가서 특별 요리가 변경되었다고 종업원
　　들에게 말할게요.
여: 좋아요. 그리고 바로 돌아와서 이 양파를 다지기 시작해 주
　　세요. 우리는 일을 빨리 해야 합니다.
남: 알겠습니다.

어휘

hot pepper 고추 black pepper 후추 stew 스튜(고
기와 채소를 넣고 국물이 좀 있게 해서 천천히 끓인 요리)
misunderstand 오해하다 grilled 구운 pork 돼지고기
chop 썰다, 다지다

여자는 남자를 시켜 사 오게 한 식재료를 확인하고 요리 메뉴를 변
경하고 있고, 남자는 여자의 지시에 따라 행동하는 것으로 보아 요
리사와 조수의 관계임을 알 수 있다.

04 ④

남: 공원을 산책하니까 너무 좋다.
여: 동의해. 정말 편안한 곳이야.
남: 응. 큰 나무 아래에서 소풍을 즐기는 저 가족을 봐.
여: 정말 사랑스러운 가족이네! 그리고 이 공원은 운동하기에
　　도 좋은 장소야.
남: 그래. 두 사람이 길을 따라서 조깅하고 있네.
여: 그리고 또 한 남자가 자전거를 타고 있어.
남: 저쪽에 저건 뭐야? 두 명의 어린이들이 그 앞에 서 있어.
여: 아, 저건 주스 가판대야. 표지판 보이지 않니?
남: 나도 주스를 원해. 가서 좀 마시자.
여: 그래. 내가 살게.

어휘

path 길 stand 서다, 서 있다; 가판대 sign 징후; *표지판
treat 대접, 한턱

④ 한 명이 아니라 두 명의 어린이들이 주스 가판대 앞에 서 있다
고 했다.

05 ③

[휴대전화벨이 울린다.]
남: 여보세요?
여: 안녕, William. 나 Claire야. 나는 이번 주 일요일에 파티
　　를 계획하고 있어. 올 수 있니?
남: 물론이지! 초대 고마워.
여: 고맙긴. 우리는 저녁을 먹고 같이 영화를 볼 거야.
남: 재밌겠다! 무슨 종류의 영화야?
여: 〈Luna〉라는 스페인 영화야.
남: 좋아! 그건 그렇고, 내가 후식으로 과일을 좀 가져올게.
여: 고맙지만, 이미 Shannon이 좀 가져오겠다고 말했어.
남: 정말? 하지만 나도 어떻게든 파티를 준비하는 것을 돕고 싶
　　어.
여: 그렇다면 우리가 영화를 보면서 먹을 수 있는 간식을 좀 가
　　져오겠니?
남: 문제없어. 모든 사람들이 나초를 좋아했으면 좋겠어.

어휘

Spanish 스페인의 awesome 굉장한 somehow 어떻게든

남자는 파티에 간식으로 나초를 가져오기로 했다.

06 ④

남: Maple Stone 국립공원에 오신 것을 환영합니다.
여: 안녕하세요, 저는 5명의 공원 입장권을 사고 싶습니다.
남: 알겠습니다. 표는 장당 10달러입니다.
여: 어린이들에게는 할인을 해주시나요?
남: 6세 미만의 어린이들은 무료입니다.
여: 알겠습니다. 저는 2살짜리 남자아이가 있어요.
남: 좋습니다. 그 아이를 위해서는 아무것도 지불하지 않으셔
　　도 됩니다.
여: 경로 우대 할인은 어떤가요?
남: 60세 이상 어르신들은 20퍼센트 할인을 받으십니다.
여: 알겠습니다. 그렇다면 저희는 성인 3명과 어르신 1명의 표
　　가 필요합니다.

어휘

national park 국립공원 admission ticket 입장권 senior
citizen 어르신, 노인

10달러짜리 성인 표 3장과 20퍼센트 할인을 받은 8달러짜리 어

르신 표 1장이 필요하므로 지불할 금액은 38달러이다.

07 ④

남: Jane, 어디를 그렇게 서둘러 가니?

여: 아, Tom. 너에게 전화하려던 참이었어. 가서 여동생을 돌봐야 해.

남: 부모님은 어디 계셔? 왜 네가 여동생을 봐야 하니?

여: 그분들은 오늘 늦게까지 일을 하셔.

남: 난 우리가 오늘 놀이공원에 갈 거라고 생각했는데.

여: 맞아. 정말 미안한데, 내일 갈 수 있을까?

남: 오늘 너랑 같이 보내려고 직장에 휴가를 냈어. 난 내일은 시간이 안 돼.

여: 왜 안 돼? 출근해야 하니?

남: 아니. 의사 진료가 있어. 정기 검진을 받거든.

여: 알았어. 오늘 일은 미안해, Tom. 다음 주에 점심을 살게.

남: 괜찮아. 안녕!

어휘

watch 지켜보다; *돌보다 amusement park 놀이공원 take time off 휴가를 내다 available 이용 가능한; *(사람들을 만날) 시간[여유]이 있는 regular 정기적인, 규칙적인 checkup 신체검사, 건강 검진

문제해설

남자는 내일 정기 검진을 받아야 해서 여자와 놀이공원에 갈 수 없다고 했다.

08 ⑤

여: 부교가 최근에 내 직장 근처에 건설되었어. 정말 놀라운 현대 발명품이야!

남: 사실, 뗏목다리(pontoon bridge)라고도 알려져 있는 부교는 전혀 새로운 발명품이 아니야. 고대부터 있었던 거야.

여: 아, 정말? 그건 몰랐어.

남: 응. 중국의 몇몇 기록에는 부교가 기원전 11세기에 최초로 세워졌다고 나타나 있어. 그것의 이름은 고대 프랑스 단어 *ponton*에서 유래했는데, 그건 '나룻배'라는 의미야.

여: 그들이 그걸 어떻게 만들었을까?

남: 배들을 서로 연결해서 그 위에 긴 나무 조각들을 놓았어.

여: 그럼, 중국인들이 뗏목다리를 사용한 유일한 민족이었니?

남: 아니. 로마 시대에는 군대가 강을 쉽게 건널 수 있게 이런 종류의 다리가 만들어졌어. 가장 긴 다리 중 하나는 길이가 2마일이나 됐어!

여: 와, 현대 장비가 없었던 것을 고려하면 놀라운걸.

남: 맞아. 사람들은 언제나 삶의 문제에 대한 현명한 해결책을 찾아내지.

어휘

floating 떠 있는 construct 건축하다 invention 발명(품) pontoon bridge 뗏목다리 (부교의 한 종류) ancient 고대의 indicate 나타내다 army 군대 considering ~을 고려하면 lack ~이 없다 equipment 장비 come up with (해답 등을) 찾아내다

문제해설

부교는 기원전 11세기에 최초로 세워졌고, 고대 프랑스어에서 이름이 유래했으며, 배들을 서로 연결하고 그 위에 긴 나무 조각들을 놓는 방식으로 만들어졌으며, 중국과 로마의 사람들이 이용하였다고 했다. 하지만 건설 기간에 대해서는 언급되지 않았다.

09 ②

여: 연령과 능력에 관계없이 모든 여성분들은 'Bolton's Race for Life'에 참가할 수 있습니다. 이 행사의 주최자들 중 한 명은 "초점은 경쟁하는 것이 아니라, 자기 속도에 맞춰 참가하고 즐기는 것입니다."라고 말했습니다. 참가자들은 개인적으로 암으로 투병해오신 분들과 암을 앓았던 누군가를 자신의 삶 속에서 기리고 싶은 분들을 포함합니다. 완주 시간은 기록되지 않고, 따라야 할 규칙은 없습니다. 'Bolton's Race for Life'는 이제 10주년을 맞았고 여성들에게 발생하는 암을 치료하고, 치유하고, 또 예방하기 위해 5백만 달러 넘게 모금해 왔습니다.

어휘

ability 능력 participate 참가[참여]하다 organizer 조직자, 주최자 compete 경쟁하다 take part 참여하다, 참가하다 pace 속도 cancer 암 celebrate 축하하다; *기리다, 찬양하다 raise 올리다; *모금하다 cure 치유하다 prevent 막다[예방하다]

문제해설

② 암 환자들뿐만 아니라 암을 앓았던 분들을 기리고 싶은 사람들도 참가할 수 있다고 했다.

10 ③

여: David, 너 내 조카를 위해 게임을 고르는 걸 도와줄 수 있니?

남: 컴퓨터 게임? 물론이지.

여: 고마워.

남: 축구 게임이 어때? 요즘 대부분의 남자아이들은 축구를 아주 좋아하잖아.

여: 좋은 생각이긴 한데, 사실 그 애는 자동차를 아주 좋아해.

남: 그러면 그 애는 이 자동차 경주 게임을 좋아할 거야.

여: 어디 보자. [잠시 후] 와, 이건 50달러가 넘어. 나는 더 저렴한 걸 원했거든.

남: 알겠어. 이건 어때? 40달러야.

여: 하지만 봐! '13세 이상' 등급이 매겨져 있다고 쓰여 있네. 내 조카는 10살밖에 안 되었어.

남: 그 애가 그렇게 어린지 몰랐어. 그럼 이건 어때? 그 애가 아주 좋아할 거야!

여: 좋아 보이네. 그걸 사야겠어. 도와줘서 고마워, David.

nephew 조카   rate 평가하다; *(영화·비디오의) 등급을 매기다
(*n.* rating 등급) [문제] parental 부모의   guidance 지도

문제해설

자동차 경주 게임이며, 50달러가 넘지 않으면서 10살이 할 수 있
는 게임은 ③ Model C이다.

11 ⑤

남: Mina, 오늘 오후에 나와 함께 영화 보러 갈래?
여: 오, 나는 4시에 요가 수업이 있어.
남: 수업 일정을 조정할 수 있어?
여: <u>아니, 우리는 다음번에 가야 할 것 같아.</u>

문제해설

영화를 보기 위해 수업 일정을 조정할 수 있는지 물었으므로 안된
다고 하며 다음에 가자는 ⑤가 응답으로 적절하다.
① 내가 4시 표를 살게.
② 나는 영화 보러 가는 것을 아주 좋아해.
③ 너는 항상 바쁜 것 같구나.
④ 나는 오늘 오후에 언제든 시간이 돼.

어휘

reschedule 일정을 변경하다

12 ④

여: 실례합니다. 제가 어제 여기에 제 재킷을 두고 간 것 같아요.
남: 전 못 봤는데요. 분실물 보관소를 확인하셨나요?
여: 아니요. 어디에 있는지 알려 주시겠어요?
남: <u>1층 로비에 있어요.</u>

어휘

lost and found 분실물 보관소 [문제] stripe 줄무늬   lobby
로비

문제해설

분실물 보관소의 위치를 묻고 있으므로 1층 로비에 있다고 답하는
④가 응답으로 적절하다.
① 네, 여기에 당신의 재킷이 있습니다.
② 그것은 파란색이고 빨간색 줄무늬가 있어요.
③ 아마도 누군가가 가져갔나 봐요.
⑤ 저를 여기에 데려다주셔서 감사합니다.

13 ②

남: 얘, Rachel! 너 프랑스어 할 수 있지, 그렇지 않니?
여: 응, 할 수 있어. 왜 물어보는 거야?
남: 음, 내일 도착하는 프랑스에서 오는 손님이 있어. 그런데 그
   녀는 영어를 전혀 하지 못해. 나와 함께 공항에 그녀를 데리
   러 갈래?
여: 그녀가 누구인지 물어봐도 될까?
남: 그녀는 내 여동생 Sandy의 친구야. 그들은 유럽을 여행하

면서 친구가 되었어.
여: 그렇구나. 근데 Sandy는 공항에 가지 않을 거야?
남: 응, 그녀는 금요일에 큰 시험이 있어.
여: 음, 사실, 나는 Mark와 내일 과학 숙제를 함께 하기로 약속
   했어.
남: Mark와 다른 날에 공부하면 안 될까?
여: <u>알겠어, 하지만 나는 그에게 먼저 전화를 해야겠어.</u>

문제해설

여자에게 Mark와 다른 날에 공부하면 안 되는지 물었으므로, 알
았다고 하며 Mark에게 우선 전화를 하겠다고 답하는 ②가 응답으
로 적절하다.
① Mark는 너무 바빠서 우리와 함께할 수 없는 것 같아.
③ 문제없어. 네가 시험공부 하는 걸 도와줄게.
④ 물론이지. 우리는 그녀와 영어로 의사소통을 할 수 있어.
⑤ 이번 달에 그녀를 너와 함께 머물도록 초대하는 건 어떨까?

14 ②

여: 여행에서 돌아온 걸 환영해. 좋은 시간 보냈니?
남: 응, 그랬어. 우리는 아시아의 많은 이국적인 장소들을 방문
   했어.
여: 흥미로운 야생 동물을 볼 수 있었니?
남: 별로 그렇지는 않았어. 하지만 나는 기념품 가게에서 몇 개
   의 놀라운 호랑이 가죽과 코끼리 상아를 보았어.
여: 오. 너 거기서 그것들을 구입하지 않았지, 그렇지?
남: 구입 안 했어. 흥미롭긴 했지만, 매우 비쌌어.
여: 가격이 문제가 아니야. 그것들은 불법이야! 코끼리와 호랑
   이는 둘 다 멸종 위기에 처한 종들이야.
남: 오, 그건 미처 생각하지 못했네!
여: 그런 종류의 상품들을 세관을 통해 들여오려고 하는 사람
   들은 체포될 수 있어.
남: <u>와, 내가 그것들을 사지 않은 건 잘한 일인 것 같아.</u>

어휘

exotic 이국적인   skin 피부; *(동물의)* 가죽   ivory 상아
souvenir 기념품   purchase 구입하다   illegal 불법적인
endangered 멸종 위기에 처한   species 종(種)   arrest 체포
하다

문제해설

호랑이 가죽이나 코끼리 상아를 세관으로 들여오면 체포될 수 있
다는 말에 자신이 그것들을 사지 않은 것이 잘한 일이라고 답하는
②가 응답으로 적절하다.
① 다음번에 너에게 기념품을 사주겠다고 약속할게.
③ 네가 관심이 있다는 걸 알았더라면, 나는 그렇게 했을 거야.
④ 하지만 야생에서 동물을 보는 것이 동물원에서 보는 것보다 더
   나아.
⑤ 응, 난 멸종 위기에 처한 동물들에 관한 다큐멘터리를 본 적이
   있어.

15 ③

남: Jennifer는 슈퍼마켓에서 줄을 서서 기다리고 있다. 그곳은 매우 붐비고 그녀는 거기서 약 10분 동안 서 있었다. 이제 그녀 앞에 단 두 명만 있다. 갑자기 그녀는 계란을 가져오는 것을 잊었다는 것을 깨닫는다. 그녀는 오늘 밤 그녀가 만들려고 계획 중인 저녁을 위해 계란이 정말 필요하지만, 줄에서 그녀의 자리를 잃고 싶지 않다. 만약 그녀가 계란을 가지러 간다면, 그녀는 적어도 20분을 더 기다려야 할 것이다. 바로 그때, 그녀는 그녀의 남동생 Tom이 슈퍼마켓으로 걸어 들어오는 것을 본다. 이 상황에서, Jennifer는 Tom에게 뭐라고 말하겠는가?

Jennifer: Tom, <u>나를 위해 계란을 좀 가져올래?</u>

어휘

ahead of ~앞에 spot 장소, 자리 [문제] section 구획

문제해설

계란을 가져오지 않았다는 것을 깨달았지만 슈퍼마켓 줄을 이탈할 수 없는 상황에서 남동생이 슈퍼에 들어오는 것을 보았으므로 계란을 가져다 달라고 부탁하는 ③이 가장 적절하다.
① 내가 현금 좀 빌릴 수 있을까?
② 우리 계란을 더 사는 게 좋겠어.
④ 오늘 밤에 뭐 먹고 싶니?
⑤ 어느 구획에 계란이 있는지 아니?

16 ① 17 ④

여: 청취자분들, 좋은 저녁이자 즐거운 연말연시입니다. 또 한 해가 끝나고 새해가 다가오고 있습니다. 전 세계의 사람들이 기념할 것이지만 그들은 모두 다른 방식으로 기념할 것입니다. 예를 들면 스페인에서는 12월 31일 시계가 자정을 알리면 열두 개의 포도알을 먹는 것이 전통입니다. 교회 종이 한 번 울 때마다 포도알 하나를 먹는 것이죠. 그런데 브라질에서 마법의 숫자는 12가 아니라 7입니다. 많은 브라질 사람들은 시계가 자정을 알리면 해변으로 향해 7개의 파도에 뛰어듭니다. 인도에서 사람들은 밀짚으로 노인을 만들고 그것을 태움으로써 해가 바뀌는 것을 축하합니다. 이것은 새로운 것을 위한 공간을 만들기 위해 오래된 것을 없애다는 상징적인 방법이죠. 마지막으로, 연말연시를 기념하기 위해 덴마크에서 온 사람을 집으로 초대한다면 조심하세요. 그들은 행운을 가져오려는 방법으로 부엌의 식기들을 박살 냅니다!

어휘

come to an end 끝나다 approach 다가오다 tradition 전통 strike 치다; *(시계나 종이 시간을) 알리다 head for ~으로 향하다 stroke 타법; *(시계나 종이) 치는 소리 straw 밀짚 symbolic 상징적인 space 공간 smash 박살 내다 [문제] belief 믿음, 신념 origin 기원, 근원

문제해설

16 세계의 다양한 새해 기념 방식을 설명하고 있으므로 주제로는

① '전 세계의 새해 전통'이 적절하다.
② 새해에 방문하기 좋은 최고의 나라들
③ 서로 다른 나라들의 이상한 휴일
④ 행운과 불운에 대한 서로 다른 믿음들
⑤ 전통적인 세계 기념행사의 기원들

17 스페인, 브라질, 인도, 덴마크의 새해 기념 방식은 언급되었으나 태국은 언급되지 않았다.

실전 모의고사 06					pp.90~93
01 ①	02 ②	03 ①	04 ③	05 ①	06 ②
07 ③	08 ④	09 ④	10 ⑤	11 ②	12 ④
13 ②	14 ①	15 ⑤	16 ①	17 ③	

01 ①

남: 저는 여러분께 새들을 위한 병원인 Suncoast 바닷새 보호구역에 대해 이야기하려고 여기에 왔습니다. 매일 약 30마리의 병이 들거나 부상을 입은 새들이 저희에게 옵니다. 그 새들은 치료, 먹이, 피난처를 제공받습니다. 유감스럽게도, 그 새들의 약 90퍼센트가 인간에 의해 발생한 부상 때문에 거기에 있습니다. 이것에는 총상, 낚시 바늘에 의한 부상, 오염에 의해 야기된 병이 포함됩니다. 이 새들을 돌보는 것은 돈이 많이 듭니다. 여러분의 기부는 저희가 먹이와 물품을 구입하는 데 도움이 됩니다. 여러분은 또한 저희 시설을 유지하거나 저희 병원에 있는 새들을 돌봄으로써 도움을 주실 수 있습니다.

어휘

sanctuary 보호구역 injure 부상을 입히다 (n. injury 부상) medical attention 치료 shelter 주거지; *피난처 gunshot 발사된 탄환 wound 부상, 상처 fishing hook 낚시 바늘 pollution 오염 care for ~을 돌보다 donation 기부 supply 《pl.》 보급품, 물자 maintain 유지하다 facility 《pl.》 시설

문제해설

남자는 Suncoast 바닷새 보호구역에 도움이 될 수 있도록 기부와 자원봉사를 요청하고 있다.

02 ②

여: 오늘 수업에 왜 그렇게 늦은 거니, Hank?
남: 나는 늦잠을 잤고, 내 공책을 찾을 수가 없었어.
여: 너희 부모님께서 출장 중이셔서 그런 거야?
남: 응. 부모님께선 평상시에 나를 깨워 주시고 나 대신 내 책가방을 챙겨 주셔.
여: 그렇게 보살핌을 받기에는 너는 너무 나이가 많지 않아?
남: 아마도, 하지만 바꾸기가 어려워.

여: 하지만 너는 벌써 15살이잖아. 네가 더 독립적이어야 한다고 생각해.

남: 네가 맞는 것 같아.

여: 또한, 만약 네가 스스로의 삶을 감당할 수 있다면, 너는 더 높은 자부심을 가지게 될 거야.

어휘

oversleep 늦잠 자다   independent 독립적인   manage 간신히 해내다; *다루다, 감당하다   self-esteem 자부심

문제해설

여자는 남자가 부모님으로부터 보살핌을 받는 대신 더 독립적으로 행동해야 한다는 의견이다.

03 ①

남: 기다리게 해서 죄송합니다. 저희가 오늘 매우 바쁩니다.

여: 괜찮습니다. 그저 제 표와 관련해서 질문 몇 개가 있어서요. Connor라는 이름으로 봐주세요.

남: 확인하겠습니다. [타자 치는 소리] 네, 토론토에서 인천으로 가시는 게 맞으실까요?

여: 맞습니다. 하지만 혹시 특별식을 요청할 수 있을지 궁금했어요. 제가 고기를 안 먹거든요.

남: 아, 문제없습니다. 제가 채식으로 드실 수 있도록 하겠습니다.

여: 정말 감사합니다. 하지만 또 다른 문제가 있습니다. 제가 창문 옆에 앉아있어야 하던데요.

남: 그렇습니다. 바꾸는 것을 원하실까요?

여: 네, 그렇게 해주세요. 저는 정말 통로 쪽에 앉는 것을 선호합니다.

남: 잠시만요. [잠시 후] 네, 처리됐습니다. 다른 것 있으실까요?

여: 아니요, 그게 전부입니다. 도와주셔서 감사합니다.

남: 천만에요. 좋은 하루 보내세요.

어휘

make sure 확실히 하다   vegetarian 채식주의자(의)   aisle 통로   take care of ~을 돌보다; *~을 처리하다

문제해설

여자가 기내식과 통로 쪽 자리를 요청하고 있고 남자가 요청을 처리하는 것으로 보아 두 사람은 항공사 직원과 고객의 관계임을 알 수 있다.

04 ③

[휴대전화벨이 울린다.]

남: 여보세요?

여: 안녕, Rick. 너 벌써 예식장이니?

남: 방금 도착했어. 모든 것이 우리가 원하던 대로 준비된 것 같아. 식탁보가 있는 둥근 탁자들이 있어.

여: 그 위에 꽃이나 양초가 있어?

남: 탁자마다 중앙에 양초 하나가 있어. 하지만 피아노 위에는

꽃이 있어.

여: 피아노가 있는 줄은 몰랐네. 어디에 있어?

남: 긴 뷔페 식탁의 바로 오른쪽에 있어.

여: 오! 음식이 아직 안 나왔으면 좋겠는데.

남: 걱정하지 마, 식탁 위에 아무것도 없어. 하지만 그들이 풍선 몇 개로 거기를 장식해 두었어.

여: 좋아. 모든 것이 준비된 것 같네.

어휘

wedding hall 예식장   set up 준비하다   tablecloth 식탁보

문제해설

③ 꽃은 피아노 옆이 아니라 위에 놓여 있다고 했다.

05 ①

남: 새 아파트 구했니, Susan?

여: 아직 못 구했어. 지난주에 부동산 중개인이 몇 군데를 보여 줬는데, 어떤 곳도 마음에 들지가 않았어.

남: 아, 안됐구나.

여: 큰 문제는 내가 다음 주 말까지 이사를 해야 한다는 거야. 시간이 다 되어 가고 있어.

남: 아마도 내가 도울 수 있을 것 같아.

여: 무슨 말이야?

남: 내 친구 중 한 명이 주택에 사는데, 룸메이트를 구하는 중이야.

여: 정말? 그녀의 집이 어떤데?

남: 아주 넓고, 대중교통과도 가까워. 실은 내가 퇴근하고 거기에 들를 거야. 나와 차를 같이 타고 가서 집을 확인해도 돼.

여: 그래 주면 좋지. 고마워.

어휘

real estate agent 부동산 중개인   shame 수치심; *아쉬운 일   run out of ~을 다 써버리다   spacious 넓은   public transportation 대중교통

문제해설

남자는 이사 갈 집을 찾는 여자를 위해 룸메이트를 구하고 있는 친구의 집에 여자를 데려가기로 했다.

06 ②

남: 안녕하세요. 당신 회사의 인터넷 서비스에 대해서 몇 가지 질문을 해도 될까요?

여: 물론이죠. 저희는 사실 이번 달에 특별 판촉 행사를 하고 있어요.

남: 네, 광고를 봤어요. 자세히 설명해 주시겠어요?

여: 알겠습니다. 기본적으로, 저희는 인터넷과 케이블 TV를 결합합니다.

남: 그리고 인터넷은 보통 한 달에 40달러이지요?

여: 그렇습니다. 하지만 케이블도 이용하신다면 그 가격은 반으로 줄어듭니다.

남: 그러면 한 달에 케이블 서비스는 얼마입니까?

여: 50달러이지만, 이번 판촉 행사로 10퍼센트 할인을 받으실 수 있습니다.
남: 좋습니다. 케이블과 인터넷 서비스를 같이 신청할게요.
여: 좋아요.

어휘

promotion 홍보[판촉] (활동)   in detail 상세하게   combine 결합하다   normally 보통

문제해설

인터넷과 케이블 TV를 동시에 신청하면, 40달러짜리 인터넷은 절반 가격인 20달러이고, 50달러짜리 케이블 TV는 10퍼센트 할인을 받아 45달러이므로, 남자가 매달 지불할 금액은 65달러이다.

07 ③

남: 헬스클럽에 가입할까 생각 중이야.
여: 네가 헬스클럽에 다니는 걸 즐기는 줄 몰랐어.
남: 사실 그렇지 않아. 하지만 몸매 만들기를 시작하고 싶어.
여: 그렇구나. 정말로 돈의 가치를 얻을 수 있다고 생각하니?
남: 솔직히 잘 모르겠어. 넌 헬스클럽 회원이야?
여: 아니. 난 헬스클럽에서 운동할 동기를 찾기가 힘들어.
남: 그럼 어떻게 좋은 몸 상태를 유지하니?
여: 활동적으로 지내거든. 알잖아, 사이클, 암벽 등반…. 난 내가 하고 싶은 걸 즐기면서 운동해.
남: 그게 헬스클럽에 가는 것보다 훨씬 더 재미있을 것 같아.
여: 그렇다니까! 네가 좋아하는 것을 하고 있을 때 운동할 동기를 찾기 쉬워.

어휘

fitness club 헬스클럽   gym 헬스장   get in shape 몸매[건강]를 유지하다   worth 가치   motivation 동기(부여)   work out 운동하다

문제해설

여자는 헬스클럽에서 운동할 동기를 찾기 힘들기 때문에 자신이 하고 싶은 것을 즐기면서 운동한다고 했다.

08 ④

여: 요즘 왜 부모님 댁에서 지내니, Jim?
남: 내 아파트 건물에 빈대 문제가 있어서야. 알잖아, 사람 피를 먹고 사는 그 작은 곤충.
여: 끔찍하겠군. 너희 건물에 왜 그런 문제가 생겼니?
남: 빈대는 작고 납작해. 옷이나 가방 주름 사이에 쉽게 숨어들어 올 수 있어.
여: 아, 그럼 사람들이 여기저기로 이동할 때 빈대를 옮기고 다니는 거네?
남: 바로 그거야. 그것들은 매트리스나 다른 가구에도 살지. 중고 가구를 살 때 뜻하지 않게 빈대를 아파트로 들여올 수 있어.
여: 그렇지만 넌 여행을 다니거나 중고 가구를 사지 않았잖아.
남: 음, 빈대는 전선이나 파이프를 따라 이동하기도 해.

여: 그럼, 이웃에 빈대가 있으면 네게도 생길 수 있구나.
남: 맞아.

어휘

bedbug 빈대   tiny 작은, 미세한   insect 곤충   feed on ~을 먹고 살다   flat 납작한   fold 주름, 접힌 부분   furniture 가구   used 중고의   accidentally 우연히, 뜻하지 않게   wire 전선

문제해설

빈대는 사람의 피를 먹고 살고, 작고 납작하게 생겼으며, 옷이나 가방 주름, 전선이나 파이프 등을 통해 이동하고, 매트리스나 다른 가구에 산다고 했다. 하지만 천적에 대해서는 언급되지 않았다.

09 ④

남: 우리의 새로운 선생님이신 Linda Winter 씨를 환영해 주십시오. 여러분께 그녀를 간단히 소개해 드리겠습니다. 그녀는 영어 전공으로 학사 학위를 받았고, 또한 영어 석사 학위를 취득했습니다. 여기에 오시기 전에, 그녀는 2년 동안 로스앤젤레스에서 중학교 학생들을 가르쳤습니다. 그녀는 여기 Harper 고등학교에서 신입생들에게 영어를 가르치실 겁니다. 업무 외적으로, Winter 선생님은 시립 합창단에서 노래를 하시고, 시립 컨벤션 센터에서 콘서트 공연을 해오고 계십니다. 또한 그녀는 미국 내를 비롯하여 전 세계를 여행하길 매우 좋아하십니다.

어휘

briefly 간단히   graduate 졸업하다, (학사) 학위를 받다   major 전공   earn 받다, 얻다   master's degree 석사 학위   choir 합창단

문제해설

④ 새로 부임한 교사는 3학년이 아니라 1학년 신입생들을 가르칠 것이다.

10 ⑤

남: 이제 우리 비행기표는 준비가 됐으니 Oceana Bree 호텔에 방을 예약하는 것이 어때요?
여: 좋아요. 일찍 예약하면 더 저렴하게 방을 얻을 수 있죠.
남: 네. 어떤 방에서 묵고 싶어요?
여: 음…. 바다 전망이 있는 방이 좋을 것 같아요.
남: 오, 바다 전망 방들은 우리에게 조금 비싸 보여요. 고급 레스토랑에서 식사할 계획이니 호텔에 너무 많은 돈을 쓸 수 없어요.
여: 알았어요. 음, 강이나 산 전망도 괜찮을 것 같아요. 하지만 우리 호텔에서 꼭 아침을 먹어야 해요.
남: 물론이죠. 전 호텔 조식 뷔페를 정말 좋아해요.
여: 그러면, 선택지가 2개로 좁혀지네요.
남: 네. 이 방으로 예약할게요. 다른 것보다 조금 더 비싸지만 전망이 더 좋을 것 같아요.
여: 좋아요.

어휘

book 예약하다 fancy 복잡한, 화려한; *값비싼, 고급의 insist 주장하다 narrow down 좁히다, 줄이다

문제해설

바다 전망은 비싸서 산이나 강 전망을 선택했고, 호텔 조식을 원한다고 했으며, 이 조건에 맞는 D와 E 중 더 비싼 것은 ⑤ E이다.

11 ②

여: 우리는 밖에 나가서 운동을 좀 해야 할 것 같아.

남: 그래, 날씨가 야외 활동에 완벽해.

여: 그렇다면, 오늘 오후에 테니스를 치는 건 어때?

남: 그거 좋은 생각인 것 같아.

어휘

outdoor 야외의 [문제] be supposed to-v ~하기로 되어 있다 [~해야 한다] go on a diet 다이어트를 하다

문제해설

테니스를 치자고 제안했으므로 그에 좋다고 답하는 ②가 응답으로 적절하다.

① 날씨가 테니스를 치기에는 좋지 않아.

③ 오늘 해야 할 일들의 목록을 만들자.

④ 너는 밖에 나가서 바람 좀 쐬어야 해.

⑤ 아니야, 괜찮아. 나는 다이어트를 해야 해.

12 ④

남: Helen, 우리 오늘 밤에 야구 경기를 보러 갈 수 없을 것 같아.

여: 왜? 우리 이미 표를 샀잖아.

남: 미안해. 내 개를 수의사에게 데려가야 해. 개가 아파.

여: 아, 유감이야. 내가 그럼 표를 취소할게.

어휘

vet 수의사

문제해설

이미 표를 구매했으나 개가 아파서 야구 경기에 갈 수 없다고 했으므로, 유감을 표하며 표를 취소하겠다는 ④가 적절하다.

① 알았어. 이해해 줘서 고마워.

② 신경 쓰지 마. 내가 그를 병원에 데려갈게.

③ 잘 됐다. 내가 내일 5명 좌석을 예약할게.

⑤ 우리가 저녁에 갈 수 있는 야구 경기가 있어.

13 ②

여: 같이 저녁 먹자.

남: 그거 좋은 생각이야. 사실, 배가 많이 고프거든. 생각해둔 식당이 있어?

여: 응. 널 좋은 곳으로 데려갈게. Bon Appétit라고 불리는 프랑스 식당이야.

남: 거기에 가본 적이 없는 것 같아.

여: 훌륭한 요리들이 많아. 스테이크가 그 집 전문이야.

남: 맛있을 것 같아. 그걸 먹을래.

여: 좋은 선택이야. 지난번에 그걸 먹었는데 훌륭했어. 난 살짝 익혀서 먹길 추천해, 정말 부드럽거든.

남: 살짝 익혀서? 나는 살짝 익힌 것보다 완전히 익힌 걸 더 좋아해.

여: 살짝 익혀서 먹어 봤어? 씹으면 씹을수록 풍미가 더 좋아져.

남: 알겠어, 이번엔 그렇게 먹어볼게.

어휘

starving 몹시 배가 고픈 particular 특정한 dish 접시; *요리 specialty 전문 recommend 추천하다 rare 드문; *(고기가) 살짝 익은 tender 부드러운 well-done (고기가) 완전히 구워진 chew 씹다 flavor 풍미, 맛

문제해설

살짝 익힌 스테이크를 먹어볼 것을 추천하고 있으므로 이번엔 그렇게 먹어보겠다고 대답하는 ②가 응답으로 적절하다.

① 나는 스테이크를 먹어 본 적이 없어.

③ 아마 스테이크 말고 다른 것을 먹어 봐야겠어.

④ 너는 대신 내가 자주 가는 식당에 가봐야 해.

⑤ 알아. 그게 내가 완전히 익힌 것보다 살짝 익힌 것을 더 좋아하는 이유야.

14 ①

남: 안녕하세요, 저는 여기 경로당에서 자원봉사를 하고 싶어요. 저는 매일 방과 후 시간이 됩니다.

여: 잘됐네요. 하지만 왜 여기에서 자원봉사를 하는 데 관심이 있는지 여쭤봐도 될까요?

남: 제 할아버지께서 최근에 돌아가셨어요. 그래서 저는 연세가 드신 다른 분들을 돕기로 결심했어요.

여: 알겠습니다. 그리고 나이가 몇 살이지요?

남: 저는 14살이에요.

여: 오, 유감스럽게도 여기에서 자원봉사를 하려면 적어도 15살이어야 해요.

남: 오 이런! 제가 나이 요건을 몰랐네요. 유감이네요.

여: 정말 죄송합니다. 하지만 저희는 당신이 나이가 되면 도와주셨으면 좋겠어요.

남: 알겠습니다. 저는 그저 기다려야 할 것 같네요.

여: 내년에 당신을 만나 뵐 수 있기를 바랍니다.

어휘

volunteer 자원하다, 자원봉사하다 senior center 노인복지관, 경로당 available 이용할 수 있는; *(사람들을 만날) 시간[여유]이 있는 terrific 아주 좋은, 훌륭한 pass away 사망하다, 돌아가시다 recently 최근에 elderly 연세가 드신 unfortunately 불행하게도, 유감스럽게도 requirement 필요 조건, 요건 [문제] make up one's mind 마음을 정하다, 결정하다

문제해설

15세부터 봉사할 수 있으나 현재 남자는 14세라 기다려야 할 것 같다고 말했으므로 내년에 만나길 바란다고 말하는 ①이 응답으로 적절하다.

② 걱정하지 마세요, 그가 여기에 곧 올 거라고 확신해요.
③ 제가 일정을 확인하고 내일 당신께 전화 드리겠습니다.
④ 당신에게 시간이 더 있다면, 문제가 없을 것 같습니다.
⑤ 지금 당장 결정하지 않으셔도 됩니다.

15 ⑤

여: Stephen과 Maureen은 무료 콘서트에 함께 가기로 했다. 그들은 둘 다 그 콘서트에서 연주할 음악가들을 매우 좋아한다. 그래서 Stephen은 바로 앞에 있는 좌석을 잡기 위해 세 시간 일찍 거기에 도착하기로 했다. 하지만 Maureen은 그날 수업이 있다. 그녀는 공연이 시작하기 바로 전에야 비로소 그곳에 도착할 수 있을 것이다. 공연이 시작하기 한 시간 전쯤에, Stephen은 화장실에 가고 싶다. 그는 Maureen에게 전화했지만, 그녀는 아직도 45분 떨어진 곳에 있다. Stephen은 주위를 둘러보았고 그의 뒤에 한 여자가 앉아 있는 것을 본다. 그는 자신이 화장실을 이용할 수 있도록 그녀에게 도움을 요청하고 싶다. 이 상황에서, Stephen은 그녀에게 뭐라고 말하겠는가?
Stephen: 실례합니다. 저 대신 몇 분만 여기 두 자리를 맡아 주시겠어요?

어휘

[문제] keep a seat 자리를 맡아 두다

문제해설

자리를 비우고 화장실에 가고 싶은 상황에서 뒤의 사람에게 도움을 요청하려 하고 있으므로 ⑤가 가장 적절하다.
① 45분쯤 뒤에 돌아올게요.
② 잠시만 당신의 휴대전화를 쓸 수 있을까요?
③ 죄송하지만, 당신이 제 자리에 앉아 계신 것 같아요.
④ 이 자리들을 얼마나 오랫동안 기다리고 계신가요?

16 ① 17 ③

남: 여러분, 어제, 우리는 인간의 뇌에 대해 이야기했습니다. 하지만 오늘 저는 동물의 왕국에 조금 더 초점을 두고 싶습니다. 인간은 아마 지구상에서 가장 발달된 종이지만 많은 동물들 또한 멋진 뇌를 가지고 있습니다. 여러분은 아마 범고래의 평균 IQ가 약 50인 것을 알게 되면 깜짝 놀랄지도 모릅니다. 그들의 매우 발달된 두뇌는 그들이 우리처럼 생각하고 감정을 경험하게 하는 것으로 믿어집니다. 코끼리 또한 아주 큰 뇌를 가지고 있는데 아마 이것이 사람들이 '코끼리는 절대로 잊어버리지 않는다'라고 말하는 이유일 것입니다. 그러나 몸의 크기와 비교하여 말하는 상대적인 두뇌 크기에 관해서는 아무도 문어를 이길 수 없습니다. 그들은 심지어 문제 해결을 하기 위해 도구를 사용할 수 있는 능력을 가진 것으로 보입니다! 이는 꽤 진보된 것입니다. 마지막으로 여러분은 돼지가 하루 종일 진흙에서 빈둥거린다고 생각할지 모르지만, 그들은 실제로는 인지 검사에서 세 살짜리 인간을 능가하는 결과를 보입니다. 정말 인상적이죠!

어휘

advanced 고등의, 상급인   species 종(種)   impressive 인상적인   learn 배우다; *~을 알게 되다   killer whale 범고래   highly 매우   extremely 극도로; *아주   perhaps 아마   when it comes to ~에 관한 한   relative 상대적인   in comparison to ~와 비교할 때   beat 이기다   octopus 문어   lie around 되는대로 놓여있다; *빈둥거리다   mud 진흙   outperform 능가하다   cognition 인지   [문제] possess 소유하다   intelligence 지능   accurate 정확한   measure 측정하다

문제해설

16 남자는 고등 지능을 가진 여러 동물을 언급하면서 그들의 뛰어난 인지 능력에 대해 설명하고 있으므로 정답은 ① '높은 지능을 소유한 동물들'이다.
② 각각 다른 동물들의 문제 해결 능력들
③ 시간이 지남에 따라 뇌는 어떻게 다르게 발전했는가
④ 지능을 측정하는 가장 정확한 방법
⑤ 동물과 인간 뇌의 차이들

17 범고래, 코끼리, 문어, 돼지에 대해서는 언급되었지만 돌고래는 언급되지 않았다.

실전 모의고사 07					pp.94~97
01 ①	02 ③	03 ②	04 ⑤	05 ⑤	06 ②
07 ⑤	08 ⑤	09 ②	10 ⑤	11 ④	12 ③
13 ⑤	14 ④	15 ⑤	16 ②	17 ②	

01 ①

여: 제 인생에서 제가 무엇을 해야 할지 확신을 하지 못하던 시기가 있었습니다. 만약 당신이 같은 식으로 느끼신다면, 이것은 당신을 위한 책입니다. 이것은 무엇이 정말 중요한지를 알아내도록 절 도와주었습니다. 이것이 (예언을 해주는) 수정 구슬은 아니지만, 이것은 당신에게 정말 중요한 것이 무엇인지를 발견하는 방법에 관한 많은 유용한 정보를 제공해줍니다. 이것은 또한 당신이 하고 싶은 것을 찾도록 도와줍니다. 저는 자신에 대해 더 알아야 하는 사람 누구에게나 이것을 강력하게 추천합니다.

어휘

period 기간, 시기   figure out (생각한 끝에) ~을 이해하다[알아내다]   crystal ball (점칠 때 쓰는) 수정 구슬   discover 발견하다   recommend 추천하다

여자는 인생에서 중요한 것을 알아내는 데 도움을 주는 책을 추천하고 있다.

02 ③

남: 돌아온 걸 환영해, Tonya. 휴가는 어땠어?

여: 천국에 있는 것 같았어. 하지만 부정적인 면도 있었어. 내 어깨가 지금 얼마나 탔는지 봐.

남: 오 이런! 그거 꽤 심각한 화상인데. 그 위에 얼음을 올려 봤어?

여: 아니, 안 그랬는데. 그렇게 해야 해?

남: 응. 그건 통증을 줄여주고 더 빨리 낫게 할 거야. 너는 또한 알로에 로션을 좀 사야 해.

여: 그게 도움이 될 거라고 생각해?

남: 응. 알로에 로션은 종종 햇볕으로 인한 화상을 치료하는 데 사용돼.

여: 알겠어. 퇴근 후에 약국에 가서 꼭 살게.

남: 좋아. 네가 빨리 나았으면 좋겠다.

어휘

paradise 천국   downside 부정적인 면   burn 태우다, 화상을 입다; 화상   reduce 줄이다   heal 치유되다   sunburn 햇볕으로 인한 화상   pharmacy 약국

문제해설

두 사람은 햇볕으로 인한 화상을 치료하는 여러 방법에 관해 이야기하고 있다.

03 ②

[전화벨이 울린다.]

여: 여보세요?

남: Teasdale 씨? 당신의 자동차 부품이 도착했습니다.

여: 잘됐네요! 언제 설치하실 수 있죠?

남: 만약 오늘 오후에 차를 가져다주시면, 금요일에 다시 찾아가실 수 있습니다.

여: 음…. 그건 너무 오래 걸려요. 저는 금요일까지 제 차 없이 지낼 수 없어요.

남: 네, 일정을 다시 잡아 보죠. 언제 차가 필요하세요?

여: 목요일이 밸런타인데이라서, 계획이 있어요. 그래서 그 전까지 제 차가 꼭 수리되어야 합니다.

남: 알겠습니다. 오늘 정오까지 여기에 오실 수 있나요?

여: 네. 그리고 제가 언제 찾을 수 있을까요?

남: 목요일 아침 일찍 찾아가실 수 있습니다.

어휘

part 일부; *부품   install 설치하다   drop off ~을 갖다주다
reschedule 일정을 변경하다

문제해설

자동차 수리를 맡기고 언제 찾으러 갈 수 있는지에 관해 이야기하는 것으로 보아 자동차 주인과 정비공의 관계임을 알 수 있다.

04 ⑤

남: 여기 캠프장 멋지다.

여: 맞아! 나는 저 나무 사이로 난 오솔길을 따라 걷고 싶어.

남: 응. 우리는 내일 그것을 할 수 있어.

여: 오, 오솔길 옆의 통나무 오두막집을 봐. 저기가 우리가 머무를 곳이니?

남: 응. 그리고 그 옆에 두 개의 텐트가 보이니? 다음에는 우리 텐트를 가지고 오자!

여: 좋은 생각이야. 오두막집 앞의 저 통나무들은 뭐지?

남: 누가 모닥불을 지피려고 그것들을 모아 놓은 것 같아.

여: 아마 우리도 불을 피우기 위해 그것들을 사용할 수 있을 것 같아.

남: 물론이지. 그리고 나서 우리는 그 통나무들 옆에 있는 탁자에서 저녁을 먹을 수 있어.

여: 좋아. 안으로 들어가자. 우리는 짐을 풀어야 해.

어휘

campsite 야영지, 캠프장   trail 자국[흔적]; *오솔길   log 통나무   cabin 오두막집   gather (여기저기 있는 것을) 모으다[챙기다]   campfire 모닥불   build a fire 불을 피우다   unpack (짐을) 풀다

문제해설

⑤ 통나무들 옆에는 아이스박스가 아닌 탁자가 있다고 했다.

05 ⑤

여: Josh, 만나서 반가워.

남: 안녕, Allison. 어떻게 지내?

여: 그럭저럭. 아, 그런데 너 Eric의 휴대 전화번호를 알고 있니?

남: Eric? 응. 왜?

여: 그 애가 우리 생물학 수업을 들어. 지난 수요일에 내가 수업에 빠져서, 그의 필기를 좀 빌려달라고 부탁해야 하거든.

남: 너 괜찮아? 아팠어?

여: 응, 의사 선생님께서 나에게 며칠 동안 쉬라고 하셨어. 지금은 훨씬 좋아졌어.

남: 아, 잘됐네. 너 Taylor 교수님의 생물학 수업을 듣는 거야? 그 교수님이 아주 엄격하시다고 들었는데.

여: 응, 엄격하셔. 하지만 나는 그 교수님의 수업을 정말로 즐기고 있어. 어쨌든 그의 전화번호를 알려줄래?

남: 잠시만. 내 휴대전화에서 찾아볼게.

어휘

biology 생물학   strict 엄격한

문제해설

남자는 여자에게 여자와 같은 수업을 듣는 자신의 친구의 전화번호를 알려주기로 했다.

06 ②

남: 좋은 아침입니다! 저희는 1주년 기념 세일 중입니다. 도움이 필요하세요?

여: 네. 우산이 얼마인지 궁금해요.

남: 그건 각각 7달러, 또는 두 개에 10달러입니다.

여: 괜찮은 가격이네요. 그럼 저는 우산 두 개를 살게요.

남: 알겠습니다. 오늘 장화도 할인 중입니다.

여: 가격표에는 50달러라고 적혀 있네요.

남: 네, 하지만 오늘은 40퍼센트 할인입니다.

여: 좋아요. 한 켤레 살게요. 그리고 전 회원 카드가 있는데, 그러면 제 총구매 금액에서 20퍼센트 할인받는 거지요, 그렇죠?

남: 죄송합니다. 세일 기간에는 멤버십 할인을 사용하실 수 없습니다.

여: 아, 네. 알겠습니다.

어휘

celebration 기념   anniversary 기념일   wonder 궁금하다
deal 거래

문제해설

두 개에 10달러인 우산 두 개와 50달러에서 40퍼센트 할인된 장화 한 켤레(30달러)를 샀으므로 여자가 지불할 총금액은 40달러이다.

07 ⑤

남: 와, 창밖을 봐!

여: 왜? 무슨 일이야?

남: 눈이 내리고 있어! 봐, 아름답지 않아?

여: 오, 그러네. 하지만 내가 입고 있는 것을 봐. 이런 얇은 스웨터와 굽 높은 구두를 신고 밖에 나갈 수는 없어.

남: 왜 코트를 입거나 부츠를 신지 않았니? 너는 감기에 걸릴 거야.

여: 오늘 아침에는 맑은 날이 될 것처럼 보였어.

남: 맞아, 하지만 너는 집을 나서기 전에 항상 일기 예보를 확인해야 해.

여: 사실 어머니가 내게 옷을 따뜻하게 입으라고 말씀하셨는데, 밖이 너무 좋아 보여서 말을 듣지 않았어.

남: 음, 너는 항상 날씨에 대비해야 해.

여: 네 말이 맞아, 그리고 나는 어머니 말씀도 들었어야 했어.

어휘

weather report 일기 예보

문제해설

여자는 밖에 눈이 오지만 얇은 스웨터와 굽 높은 구두를 신고 있어서 밖에 나갈 수 없다고 했다.

08 ⑤

남: 네가 싱가포르에 갈 계획이라고 들었어.

여: 응, 그런데 비가 올까 봐 걱정이야.

남: 걱정하지 마. 10월은 우기인 6월에서 9월의 직후니까.

여: 잘됐다. 넌 싱가포르에 대해 많은 것을 알고 있는 것 같아!

남: 응, 난 한때 거기에 살았어.

여: 그럼 너는 거기에서 3일을 보내는 것이 충분하다고 생각해? 나는 휴가를 아주 많이 낼 수는 없거든.

남: 물론이야. 싱가포르는 작은 나라야. 그곳은 700 평방 킬로미터도 안 돼.

여: 좋았어! 그곳은 온갖 종류의 문화적 배경을 가진 사람들이 있는 흥미로운 도시인 것 같아.

남: 응. 5백만 명의 사람들이 있어. 그들 다수가 중국인이지만, 말레이시아와 인도에서 온 사람들도 많이 있어.

여: 와! 다채로운 국가구나!

어휘

sort 종류   background 배경   diverse 다양한

문제해설

싱가포르는 6월부터 9월까지 우기이고, 면적이 700 평방 킬로미터 미만이며, 5백만 명의 인구 중 다수가 중국인이지만 말레이시아와 인도에서 온 사람들도 있다고 했다. 그러나 지리적 위치는 언급되지 않았다.

09 ②

남: 영화를 좋아하는 분들, 안녕하세요! 저는 연례 Asena 단편 영화 대회에 대해 안내하고자 합니다. 올해의 주제는 사랑과 우정입니다! 이 대회는 영화에 관심이 있는 전국의 고등학생을 대상으로 합니다. 여러분의 단편 영화의 시간은 5~20분이어야 합니다. 20분이 넘는 작품은 고려되지 않을 것입니다. 작품은 영어나 한국어여야 합니다. 10월 마지막 토요일까지 저희 공식 웹사이트에 작품을 제출해주세요. 최우수 영화제작자 3인에게는 500달러의 상금과 트로피가 수여될 것입니다. 특별 심사위원에는 봉성호와 Kate Clark가 포함되며 수상자는 12월 13일에 발표될 것입니다. 감사합니다.

어휘

annual 매년의, 연례의   theme 주제, 테마   nationwide 전국적으로   length 길이; * 시간, 기간   consider 고려하다
submit 제출하다   judge 판사; *심사위원   include 포함하다

문제해설

② 영화에 관심이 있는 고등학생을 대상으로 한다고 했다.

10 ⑤

남: Wilma, 이번 주에 영화를 보고 싶니?

여: 물론이지. 네 아이들도 데리고 오는 게 어때?

남: 좋은 생각이야. 그들도 그것을 좋아할 거라고 생각해. 시간표를 보고 하나를 고르자.

여: 오, 나는 〈Broken Hearts〉에 대해 좋은 이야기들을 들었어.

남: 나도 그래, 하지만 그건 아이들에게 적절한 게 아닌 것 같

아. 그들은 둘 다 17세 미만이잖아.

여: 오, 그렇지. 음, 가능하다면, 나는 오후에 하는 것을 보고 싶어.

남: 좋아. 어떤 요일을 선호하니?

여: 화요일은 안될 것 같아. 나는 의사 진료 예약이 있어.

남: 그리고 내 생각에는 주말에는 극장이 항상 너무 붐벼.

여: 그렇다면 이것을 보자.

어휘

bring along ~을 데리고 오다   appropriate 적절한   [문제] rating 등급   audience 청중, 관중   admit 인정하다; *입장을 허락하다

문제해설

17세 미만의 아이들이 관람할 수 있고, 오후에 상영되는 것 중에서, 화요일과 주말을 제외한 것은 ⑤ 〈On My Own〉이다.

11 ④

여: Betty's Boutique에 오신 것을 환영합니다. 무엇을 도와드릴까요?

남: 이 스웨터를 반품하고 싶어요.

여: 왜 그것을 반품하려고 하시는지 여쭤봐도 되겠습니까?

남: 네, 팔꿈치 부분에 구멍이 있어요.

어휘

[문제] sold out 다 팔린   refund 환불   hole 구멍   elbow 팔꿈치   credit card 신용카드

문제해설

스웨터를 반품하고 싶은 이유를 물었으므로, 팔꿈치에 구멍이 있다고 말하는 ④가 응답으로 적절하다.

① 물론이죠, 입어 보실 수 있어요.
② 파랑 스웨터는 다 팔렸습니다.
③ 죄송합니다. 즉시 환불받으실 수 있습니다.
⑤ 이 신용카드로 결제하고 싶습니다.

12 ③

남: Emily, 네가 기타 강습을 받고 있다고 들었어.

여: 오, 그랬지, 하지만 더 이상은 아니야.

남: 그것 참 안됐구나. 왜 강습받는 걸 그만뒀니?

여: 연습할 시간이 없었어.

어휘

take a lesson 수업을 받다

문제해설

강습받는 것을 그만둔 이유를 물었으므로 그 이유를 답하는 ③이 응답으로 적절하다.

① 나는 초보자들에게 강습을 해줘.
② 나는 막 강습을 받기 시작했어.
④ 기타 수업은 정말 재미있어.
⑤ 나는 기타를 6년 동안 연주해 왔어.

13 ⑤

여: 너 그 프로젝트를 계속하고 있니?

남: 응. 일이 많이 밀려서 끝내는 데 며칠 걸릴 거야.

여: 아주 피곤해 보이네.

남: 응. 잠을 잘 못 자고 있는 데다가, 하루 종일 컴퓨터 화면을 보고 있잖아.

여: 너무 무리하지 마. 지금 잠시 쉬는 게 어때?

남: 좋아, 하지만 이 부분만 먼저 끝낼게.

여: 그게 얼마나 걸릴 것 같아?

남: 10분 안에 이 일을 끝낼 수 있어.

여: 알겠어. 난 인사부에 갖다 줄 서류가 좀 있어. 10분이 안 걸릴 거야.

남: 잘됐네. 10분 후에 직원 휴게실에서 봐.

어휘

behind 뒤에; *(발달 진도가) 뒤떨어져[늦어]   stare at ~을 응시하다   push oneself (~하도록) 자신을 채찍질하다   get through (일을) 끝내다   stuff 물건; *일   document 서류   human resources department 인사부   [문제] take it easy 일을 쉬엄쉬엄하다   rush 서두르다   employee 고용인, 직원   lounge 라운지, 휴게실

문제해설

휴식을 취하자는 여자의 제안에 남자는 10분 안에 끝나는 일을 마치고 쉬겠다고 했고 여자의 볼 일도 10분이 걸리지 않을 거라 했으므로 10분 뒤 휴게실에서 보자는 ⑤가 응답으로 적절하다.

① 미안하지만, 오늘 나는 늦게까지 일해야 해.
② 신경 쓰지 마. 지난주만큼 피곤하지는 않아.
③ 쉬엄쉬엄 일해. 인생은 기니까 서두를 필요 없어.
④ 그러고 싶어. 지금 구내식당에 가는 게 어때?

14 ④

여: Jim, 오늘 저녁에 뭐 할 거야?

남: 나는 새 운동화를 사러 쇼핑몰에 갈 거야. 나는 8월 4일에 마라톤을 뛸 거거든.

여: 마라톤? 하지만 너는 운동도 안 하잖아.

남: 음, 나는 그저 재미로 하려고.

여: 내가 예전에 마라톤을 뛴 적이 있는데, 그건 정말 어려워. 42킬로미터의 달리기를 완주하는 것만으로도 도전이야.

남: 그럼 내가 몸 상태가 정말 좋아야겠구나. 규칙적으로 달리기를 시작해야 할까?

여: 물론이지. 너는 경기 날에 잠재력을 극대화할 수 있도록 너에게 맞는 속도를 적절히 찾는 것을 연습해야 해.

남: 알겠어. 그럼 내가 무엇부터 시작해야 하지?

여: 내일부터 함께 조깅하러 가는 건 어때?

어휘

complete 완료하다   race 경주, 달리기   challenge 도전   in good shape 몸 상태가 좋은   regularly 정기적으로, 규칙적으로   pace oneself 자기에게 맞는 속도를 찾다   properly 적절

히 maximize 극대화하다 potential 잠재력

문제해설

마라톤에 도전하려는 남자가 연습하기 위해 무엇부터 시작하면 좋을지 물었으므로 내일부터 함께 조깅을 하자고 말하는 ④가 응답으로 적절하다.
① 대신에 텔레비전으로 달리기 시합을 보자.
② 너는 할인 중인 운동화를 사야 해.
③ 네가 8월 4일 달리기 시합에 일찍 도착하는 것을 추천해.
⑤ 너는 헬스클럽 회원권을 할인받을 수 있는지 물어봐야 해.

15 ⑤

남: Michael은 몇 달 전에 새로운 마을로 이사를 했다. 전반적으로 그는 그의 새로운 집에 매우 만족한다. 그는 그가 만난 모든 이웃들과 잘 지내고 있다. 하지만 그에게 한 가지 문제가 있다. 누군가가 그의 차고 옆에 쓰레기를 버리는 것이다. 그는 누가 그러한 짓을 하는지 이해가 안 된다. 어느 날 밤, 그는 소음을 듣고 일어난다. 창밖을 바라보자, 그는 그의 이웃 중 한 명이 그의 차고 옆에 쓰레기를 버리고 있는 것을 본다. 그는 빠르게 밖으로 나가 그녀와 정면으로 마주한다. 이 상황에서, Michael은 그의 이웃에게 뭐라고 말하겠는가?
Michael: 뭐 하시는 거죠? 당신의 쓰레기를 여기에 버리면 안 됩니다!

어휘

overall 종합[전반]적으로 get along with ~와 잘 지내다 dump 버리다 garage 차고 confront 닥치다; *정면으로 마주치다

문제해설

자신의 차고 앞에 쓰레기를 버리던 이웃을 마주친 상황이므로 쓰레기를 여기에 버리지 말라고 말하는 ⑤가 적절하다.
① 언제 이 마을로 이사 오셨나요?
② 너무 시끄러워요. 조용히 해 주실 수 있을까요?
③ 실례합니다만, 당신의 차가 제 차고를 막고 있어요.
④ 오늘은 쓰레기가 수거되는 날이 아닙니다.

16 ② 17 ②

여: 냄새는 어디에든 있습니다. 좋건 나쁘건, 냄새는 놀라운 힘으로 우리의 행동에 영향을 줍니다. 사실상, 냄새는 우리의 기분과 감정에 다른 그 어떤 감각들보다 더 큰 영향을 줍니다. 그것이 일본의 비누 회사인 Mitsuwa가 비누 냄새와 신문 잉크를 섞어서 신문 광고를 낸 이유입니다. 그 광고는 아주 성공적이지는 않았지만, 이는 다른 회사들이 향기로 광고를 해보도록 했습니다. 현재, 향기 마케팅은 증가하는 추세입니다. 브랜드들은 향기가 감정적인 선에서 어떻게 그들을 고객들과 연결되도록 도와줄 수 있는지 밝혀내고 있습니다. 향기를 사용함으로써, 브랜드들은 고객들이 그들의 상품을 더 독특하고 더 질 좋은 것으로 생각하도록

할 수 있고, 이 고객들은 더 충성스러워집니다. 향기는 사람들로 하여금 그들이 상품을 사도록 이끄는 어떤 것을 기억하거나 원하게 할 수 있습니다. 시각, 소리, 촉감과 함께 사용될 때, 냄새는 훌륭한 광고를 위해 효과적으로 사용될 수 있습니다. 그것이 이 방법이 점점 인기 있는 마케팅 수단이 되고 있는 이유입니다.

어휘

impact 영향을 주다 strength 힘, 강도 significant 중요한, 커다란 influence 영향 sense 감각 run (신문 등에) 싣다 advertisement 광고 (v. advertise 광고하다) mix 섞다 inspire 고무하다, 격려하다 scent 향기 trend 동향, 추세 connect 연결하다 emotional 감정적인 unique 독특한 loyal 충성스러운 desire 바라다, 원하다 sight 광경, 모습 effectively 효과적으로 (n. effect 영향, 효과) increasingly 점점 더 tool 수단 [문제] value 가치 alternative 대안

문제해설

16 여자는 향기 마케팅이 사람들에게 미치는 효과에 대해 설명하고 있으므로 정답은 ② '향기 마케팅의 효과'이다.
① 향기로운 상품의 가치
③ 향기 마케팅의 대안
④ 향기 마케팅에 의해 야기된 문제들
⑤ 후각과 다른 감각들의 차이점

17 감각 중 후각(냄새), 시각, 청각(소리), 촉각은 언급되었지만 미각은 언급되지 않았다.

실전 모의고사 08   pp.98~101

01 ②	02 ⑤	03 ①	04 ⑤	05 ⑤	06 ⑤
07 ④	08 ③	09 ④	10 ③	11 ①	12 ②
13 ④	14 ④	15 ④	16 ②	17 ②	

01 ②

남: 여러분도 아시다시피, Tyson 고등학교는 새로운 도서관이 필요합니다. 하지만 저희는 아직도 건설 기금으로 8,000달러가 부족합니다. 이 금액을 모금하는 것을 돕기 위해서, 우리 학교는 이번 주 일요일인 4월 2일에 축제를 개최할 것입니다. 표는 교문에서 20달러에 판매되며, 대회, 게임, 그리고 다른 재미있는 활동들이 있을 것입니다. 여러분은 또한 빵 바자회에서 여러분의 학우들이 만든 맛있는 디저트를 살 기회가 있을 것입니다. 행사는 오전 9시 30분부터 오후 5시까지 진행되며, Tyson 운동장에서 개최될 것입니다. 여러분을 그곳에서 만날 수 있기를 바랍니다!

어휘

short 짧은; *부족한 construction 건설 fund 기금 raise 들어올리다; *(자금을) 모으다 carnival 축제 fellow student

학우 run 달리다; *(언급된 시간에) 진행되다 take place 개최되다

문제해설
새 도서관 건립 기금 마련을 위한 학교 행사에 대해 홍보하고 있다.

02 ⑤

여: 오, 너 〈멋진 모험〉 샀구나! 나 그 책 좋아해. 재미있게 읽고 있니?

남: 사실, 아직 시작도 못 했어.

여: 내 생각엔 너도 엄청나게 좋아할 것 같아. 그거 멋진 영화로도 나왔어.

남: 나도 알아. 나는 이 책을 읽기 전에 영화를 볼지 고민 중이야.

여: 내가 너라면 그러지 않겠어.

남: 왜?

여: 책을 볼 때, 너는 등장인물이 어떻게 생겼는지와 같이 많은 것들을 상상하잖아, 그렇지?

남: 맞아. 그게 책을 읽을 때 가장 좋은 것 중 하나지.

여: 음, 네가 영화를 먼저 보면 그 부분을 망칠 거야. 너는 등장인물이 배우들처럼 생겼다고 상상하고 말겠지.

남: 좋은 지적이야. 또한 책을 읽으며 내가 상상한 것을 영화와 비교하는 건 재밌을 거야.

여: 정확해. 네가 그 책을 다 읽으면, 같이 그 영화를 보자!

어휘

film 영화 character 특징; *등장인물 ruin 망치다
compare 비교하다 picture ~을 상상하다

문제해설
여자는 책을 기반으로 한 영화를 보기 전에 원작 책을 먼저 보는 것이 좋다는 의견이다.

03 ①

남: Corbin 씨, 왜 대출을 받으려고 하시죠?

여: 저는 집을 사려고 생각 중이에요.

남: 대단하시네요. 당신은 어떤 일을 하시나요?

여: 저는 그래픽 디자인 회사의 프로젝트 매니저입니다.

남: 그리고 한 해에 얼마를 버시나요?

여: 제 연봉은 65,000달러입니다.

남: 좋습니다. 그렇다면 저희에게 대출을 받는 자격을 얻는 데는 문제가 없을 겁니다.

여: 그거 정말 다행이네요. 다음에는 제가 무엇을 하면 되나요?

남: 이 양식을 기입해 주세요. 페이지 하단에 서명하는 것을 잊지 마세요.

여: 네. 감사합니다.

어휘

get a loan 대출을 받다 firm 회사 annual salary 연봉
qualify 자격을 얻다 fill out 작성하다 signature 서명

문제해설
대출을 받기 위해 자격을 심사하고 질문에 응답하고 있는 것으로 보아 은행원과 고객의 관계임을 알 수 있다.

04 ⑤

여: Andy, 이 초대장을 네가 직접 만들었니?

남: 응. 그건 내 여동생의 생일을 위한 거야. 그래서 맨 위에 '다섯 번째 생일 파티'라고 썼어.

여: 오, 너 정말 착하다. 두 개의 단으로 된 이 케이크도 완벽해 보여.

남: 응, 그리고 맨 위에 촛불을 하나만 그렸어. 그렇지 않으면, 그 케이크는 너무 복잡해 보일 거야.

여: 맞아. 그리고 나는 이 풍선들이 좋아!

남: 내 여동생은 풍선을 좋아해서, 케이크의 양옆에 풍선을 두 개씩 그렸어.

여: 탁월한 선택이었어. 네 여동생은 꽃도 좋아하니?

남: 응. 그게 바로 내가 각 모서리에 꽃을 하나씩 그린 이유야.

여: 네 여동생은 분명히 이 카드를 좋아할 거야!

어휘

invitation 초대; *초대장 layer 층, 단 complicated 복잡한
bet 돈을 걸다; *틀림없다, 분명하다

문제해설
⑤ 각 모서리에 별 모양이 아니라 꽃을 그렸다고 했다.

05 ⑤

남: 아, 이런! 노트북에서 내 모든 중요한 작업 파일들이 있는 폴더를 삭제했어.

여: 휴지통을 확인해 보는 게 어때?

남: 그게 거기에 없어. 내가 그것들을 영구적으로 삭제한 것 같아.

여: 너는 휴지통을 비울 때 좀 더 신중해야 해.

남: 나도 알아.

여: 파일을 복구하는 방법이 있을지도 몰라.

남: 정말? 그게 뭔데?

여: 네 컴퓨터를 서비스 센터로 가져가. 파일을 날려버린 후에 컴퓨터를 사용하지 않으면 그걸 복구하는 게 더 쉽다고 들었어.

남: 정말? 하지만 난 갈 시간이 없는데.

여: 걱정하지 마. 내가 너 대신 해줄게.

남: 고마워. 정말 고마워.

어휘

delete 삭제하다 recycle bin (컴퓨터) 휴지통 permanently
영구적으로 empty 비우다 restore 복원[복구]하다

문제해설
남자가 노트북을 서비스 센터에 가져갈 시간이 없어서 여자가 대신 가져가 주겠다고 했다.

06 ⑤

여: 맛있는 식사였어.

남: 응, 우리가 이 음식점을 와보게 되어서 정말 기뻐.

여: 나도 그래. 자, 계산서를 확인해 보자. 네 스테이크는 32달러이고, 내 파스타는 28달러야.

남: 상관없어. 내가 전부 다 낼 거야.

여: 그럴 필요 없어.

남: 당연히 그래야지. 내가 미국 첫 방문 때 너한테 저녁을 사겠다고 약속했잖아.

여: 좋아. 고마워.

남: 팁으로는 얼마나 더 해야 하는 거야?

여: 총 지불액의 15퍼센트여야 해. 그럼, 9달러야.

남: 응, 내가 종업원을 부를게.

어휘

bill 계산서   treat 대접하다, 한턱내다

문제해설

남자가 저녁 식사를 사기로 했는데, 스테이크가 32달러, 파스타가 28달러, 그리고 팁이 총금액의 15퍼센트인 9달러이므로, 지불할 총금액은 69달러이다.

07 ④

여: 돌아온 걸 환영해요, Gerald. 캐나다 여행 어땠어요?

남: 정말 좋았어요. 내 생애 최고의 시간이었어요. 추천해 주신 대로 나이아가라 폭포에 다녀왔어요.

여: 좋아요. 이번 주 금요일 제 집들이에서 전부 얘기해주세요!

남: 오, 벌써 새로운 집으로 이사했어요?

여: 네, 지난주에요. 파티는 오후 7시에 시작해요. 꼭 오셔야 해요. 우리 친구들 모두 다 올 거예요. 피자 주문해 놓을게요.

남: 가고 싶네요. 하지만 8시까지는 가지 못할 거예요.

여: 오, 그날 저녁 일하세요?

남: 아니요, 요즘 주말에만 아르바이트를 하고 있어요. 하지만 스터디 모임을 만나야 해서요. 괜찮을까요?

여: 물론이죠. 아예 안 오시는 것보다 늦는 게 낫죠! 피자 남겨 놓을게요.

남: 좋아요! 그때 봬요.

어휘

suggest 제안하다; *추천하다   housewarming party 집들이   move into ~로 이사하다   on weekends 주말마다, 주말에   save 구조하다; *남겨두다

문제해설

남자는 이번 주 금요일 저녁에 스터디 모임을 가야 해서 여자의 집들이에 늦는다고 했다.

08 ③

남: 그럼 이제 월요일 국제 일기 예보의 Anna Simon에게 가 보겠습니다.

여: 감사합니다, Dan. 하지만 오늘의 날씨로 들어가기 전에, 지난주의 큰 태풍에 관해 이야기해 보죠.

남: 태풍 Nari를 말씀하시는 거군요.

여: 그렇습니다. 그것은 시속 160킬로미터가 넘는 풍속을 가진 강력한 태풍이었습니다.

남: 네, 저도 온라인으로 그것을 지켜봤습니다. 중국 해안을 따라 북쪽으로 이동했다고 하던데, 그렇지 않나요?

여: 네, 동쪽으로 방향을 틀어서 한국을 강타하기 전까지는 그랬습니다.

남: 그것이 수백만 달러의 재산 피해를 일으켰다고 들었습니다.

여: 네, 많은 주택과 건물들이 파괴되었습니다. 다행히도 사망자는 발생하지 않았습니다.

남: 그것 참 다행입니다.

여: 정말 그렇습니다. 이제 남아메리카부터 시작하여 오늘의 예보를 알아보도록 하지요.

어휘

international 국제적인   weather forecast 일기 예보   typhoon 태풍   wind speed 풍속   follow 따라가다; *(진행 상황을) 지켜보다   coast 해안   property 재산   destroy 파괴하다

문제해설

Nari라는 이름의 태풍이며, 풍속이 시속 160킬로미터가 넘고, 중국 해안을 따라 북쪽으로 이동하다가 동쪽으로 방향을 틀어 한국을 강타했으며, 수백만 달러의 재산 피해를 일으켰다고 했으나, 최초 발생지에 대해서는 언급되지 않았다.

09 ④

남: 세계 최초의 신문에 대해 들어 보신 적 있으십니까? 그것은 'Acta Diurna'였습니다. 그것은 기원전 59년 고대 로마에서 시작되었습니다. *Acta Diurna*는 라틴어로 '매일의 뉴스'를 의미합니다. 그것은 주로 로마의 광장에 매일 게시되던 손으로 쓴 한 장의 종이였습니다. 그것은 주로 전투, 군사적인 임명, 그리고 중요한 정치적 사건에 대한 상세한 설명으로 구성되었습니다. 로마 제국에서 가장 먼 외곽에 사는 시민들은 최신 뉴스를 읽고 정보를 가져오도록 로마시로 사람들을 보내곤 했습니다. 이러한 방식으로 그들은 전 세계에서 어떤 일이 일어나는지 접할 수 있었습니다.

어휘

handwritten 손으로 쓴   sheet (종이) 한 장   post 발송하다; *(안내문 등을) 게시[공고]하다   forum 토론회; *(고대 로마의) 포럼, 광장   consist of ~로 구성되다   mainly 주로   detailed 상세한   account 설명   battle 전투   military 군사의   appointment 약속; *임명, 지명   citizen 시민   reach 거리[범위]; *~의 외곽   empire 제국   bring back ~을 가지고 돌아가다   keep in touch with ~을 계속 접하다

④ 로마시로부터 멀리 사는 시민들은 자기 지역에서 신문을 보는 것이 아니라, 사람을 보내서 뉴스를 읽고 정보를 가져오게 했다.

10 ③

남: 우리는 5월 12일까지 이 리조트에 있을 거야. 우리는 할 활동 하나를 결정해야 해.

여: 오, 나는 뭔가 활동적인 것을 해보고 싶어. 암벽 등반은 어때?

남: 유감스럽게도 우리는 그날 오후 3시에 떠나.

여: 알겠어. 음… 너는 활동에 얼마나 쓸 수 있을 것 같니?

남: 음, 나는 40달러를 초과해서는 지불하고 싶지 않아.

여: 알겠어. 그리고 너는 활동 시간이 신경 쓰이니?

남: 응, 신경 쓰여. 난 여기 머무는 동안 우리가 늦잠을 자고 늦은 아침 식사를 즐길 수 있으면 좋겠어.

여: 넌 오후에 하는 뭔가를 선호한다는 거지, 맞니?

남: 응. 우리 좀 쉬자. 그게 우리가 여기에 온 이유잖아.

여: 알겠어. 이것을 하자!

어휘

rock climbing 암벽 등반   sleep in 늦잠을 자다   [문제] horseback riding 승마

문제해설

5월 12일 3시 이전에 하는 활동 중, 40달러 이하이며, 오후에 하는 활동은 ③ traditional dance이다.

11 ①

여: 실례합니다, 여기에 제 차를 주차할 수 있을까요?

남: 아니요, 안 됩니다. 길 건너편 주차장에 주차하셔야 해요.

여: 알겠습니다. 그것을 사용하는 데 비용을 지불해야 하나요?

남: 네, 한 시간에 2달러입니다.

어휘

park 주차하다   [문제] parking lot 주차장

문제해설

주차장에 사용 요금이 있는지 물었으므로 한 시간에 2달러라고 답하는 ①이 응답으로 적절하다.

② 약 2미터 떨어져 있어요.

③ 미안하지만, 주차장이 이미 찼어요.

④ 주차장은 밤 9시에 닫습니다.

⑤ 아니요. 당신은 다른 곳에 주차해야 해요.

12 ②

남: Rachel, 네가 막 유럽 여행에서 돌아왔다고 들었어.

여: 맞아. 나는 8개의 다른 나라를 방문했어!

남: 대단하구나. 어떤 나라가 가장 좋았어?

여: 나는 프랑스가 가장 재미있었어.

어느 나라가 가장 좋았는지 물었으므로 가장 좋았던 나라를 답하는 ②가 응답으로 적절하다.

① 나는 런던에 가 본 적이 없어.

③ 나는 거기에 8주 동안 있었어.

④ 내가 제일 좋아하는 음식은 해산물 샐러드였어.

⑤ 다음번에 같이 가는 게 어때?

13 ④

여: 나는 다음 주 우리의 서울 여행이 너무 기대돼.

남: 나도 마찬가지야. 나는 어제 호텔과 음식점에 대한 조사를 좀 했어.

여: 좋아. 어떤 사이트들을 사용했니?

남: 사실, 나는 여행안내 책자를 사용했어. 거기에는 좋은 정보가 가득했어.

여: 오, 나는 네가 여행안내 책자를 산 줄 몰랐어.

남: 안 샀어. 서점에 갔지만, 그것들은 비쌌어. 그래서 도서관에서 하나 빌렸어.

여: 음. 발행일은 확인했니?

남: 응. 2년밖에 안 됐어. 그 정보는 분명 여전히 유효할 거야.

여: 나는 잘 모르겠어. 서울은 빠르게 변화하는 도시라고 들었거든.

남: 그렇다면 아마 온라인으로 정보를 다시 확인해 봐야겠다.

어휘

research 연구, 조사   publication 출판, 발행   [문제] double-check 재확인하다

문제해설

남자가 참고한 여행 안내서가 2년 전에 발행된 것이라고 하자 여자는 정보의 유효성을 걱정하며 서울은 빠르게 변화하는 도시라고 했으므로 온라인으로 재확인해보겠다는 ④가 응답으로 적절하다.

① 응, 나는 더 편안한 어딘가로 가고 싶어.

② 그게 바로 우리가 여행안내 책자를 가지고 가야 하는 이유야.

③ 아니, 우리는 국내 공항에서 세 시간 동안 기다려야 할 거야.

⑤ 그건 걱정하지 마. 네가 도착하면 내가 구경시켜 줄게.

14 ④

여: 태평양에 있는 쓰레기 지대에 대해 들어본 적이 있니?

남: 응. 나는 그것에 관한 다큐멘터리 영화를 봤어. 그건 거대한 쓰레기 섬 같았어.

여: 우리가 정말 어떤 조치를 취해야 할 것 같아.

남: 하지만 우리가 무엇을 할 수 있을까?

여: 음…. 우리는 물건들을 다시 사용함으로써 쓰레기를 줄일 수 있을 거야.

남: 그럼, 의류 교환 모임을 준비하는 건 어때? 우리가 더 이상 입지 않는 옷이 많이 있잖아.

여: 좋은 생각이야. 사람들이 오래된 옷을 가져와서 교환할 수 있겠다.

남: 응. 우리는 지역 문화회관 홀을 이용할 수 있어. 다음 주 토요일에 그것을 하자.

여: 좋아. 나는 입지 않는 스웨터들을 가져올게.

어휘

garbage 쓰레기 patch 부분 take action 조치를 취하다 organize 준비하다, 조직하다 swap 바꾸기, 교환; *교환 모임 exchange 교환하다 [문제] separate 분리하다 recyclable 재활용할 수 있는

문제해설

입지 않는 옷을 서로 교환하는 행사를 주최하자고 이야기하며 다음 토요일에 할 수 있다고 했으므로 안 입는 스웨터를 가지고 가겠다고 하는 ④가 응답으로 적절하다.

① 그것들을 흰 바지로 교환할 수 있을까?

② 나는 재활용된 플라스틱을 좀 찾아볼게.

③ 좋은 생각이야. 우리는 많은 돈을 벌 수 있어.

⑤ 나는 쓰레기에서 재활용할 수 있는 물건들을 분리할게.

15 ④

여: Dorothy와 David는 15년 동안 함께 일해오고 있다. David는 최근에 승진되었고 아주 중요한 공학 기술 프로젝트를 담당하게 되었다. 지난주 말부터, 그는 매우 스트레스를 받아 오고 있고, 분명히 제대로 자거나 먹지 못하고 있다. Dorothy는 그가 심지어 주말 동안 집에도 가지 않았다고 생각한다. 그 밖에도 그는 단지 깨어있기 위해서 커피를 많이 마시고 있다. 동료이자 가까운 친구로서, 그녀는 정말 그의 건강이 염려된다. 이 상황에서, Dorothy는 David에게 뭐라고 말하겠는가?

Dorothy: 너 피곤해 보여. 넌 좀 쉬어야 해.

어휘

promotion 승진 in charge of ~을 맡아서, 담당해서 engineering 공학 기술 on top of that 그 밖에 coworker 동료 be concerned about ~을 걱정하다 [문제] policy 정책, 방침 exhausted 기진맥진한

문제해설

중요한 프로젝트를 맡아 스트레스를 받으며 힘들게 일하는 동료가 염려된다고 했으므로 좀 쉬라고 말하는 ④가 가장 적절하다.

① 걱정하지 마. 나는 이제 기분이 나아졌어.

② 너는 이 프로젝트에 노력을 쏟아야 해.

③ 넌 회사 방침에 어긋나는 어떤 일도 해선 안 돼.

⑤ 축하해! 나는 네가 승진할 줄 알았어.

16 ② 17 ②

남: 안녕하세요, 〈Your Perfect Getaway〉의 Jason입니다. 만약 여러분이 다음 휴가에 갈 장소를 찾고 있다면, Bali가 완벽한 선택이 될 것입니다. 이 세상에 발리와 같은 곳은 없죠! 발리는 문화, 사람들, 자연, 그리고 신나는 활동들의 마법 같은 조합이죠. 아침에는 발리의 논을 평화롭게 산책하는 것을 즐길 수 있습니다. 발리 우붓의 논은 독특한 배치로 특히 유명합니다. 발리에서는 동굴을 탐험할 수도 있습니다! 발리에서 가장 유명한 동굴 중 하나는 Pura Goa Lawah입니다. 이 장소는 수천 마리 박쥐들의 서식지이죠. 그리고 물론, 스쿠버다이빙이나 스노클링을 하러 가는 것도 잊을 수 없죠. 아주 깨끗한 물 아래 아름다운 물고기, 다채로운 산호초, 그리고 해마들을 볼 수 있습니다. 여러분이 충분히 운이 좋다면, 심지어 거북이를 볼지도 모릅니다! 마지막으로 발리의 원숭이 숲은 꼭 봐야 할 곳입니다. 그곳은 약 천 마리가 넘는 야생 원숭이의 서식지랍니다. 하지만 조심하세요, 그 원숭이들이 여러분의 모자나 선글라스를 가져갈지도 모릅니다.

어휘

blend 혼합, 조합 rice field 논 unique 독특한 layout 레이아웃, 배치 explore 탐험하다 cave 동굴 coral reef 산호초 sea horse 해마 [문제] pack (짐을) 싸다, 꾸리다 agriculture 농업 various 여러 가지의, 다양한 destination 목적지, 도착지

문제해설

16 남자는 발리에서 할 수 있는 활동들을 소개하고 있으므로 주제는 ② '발리에서 할 수 있는 다양한 활동들'이다.

① 휴가를 위해 챙겨야 할 것들

③ 발리의 독특한 농업

④ 발리의 야생동물을 보호하는 방법들

⑤ 전 세계의 유명한 휴양지들

17 박쥐, 해마, 거북이, 원숭이는 언급되었지만 코끼리는 언급되지 않았다.

실전 모의고사 09					pp.102~105
01 ③	02 ②	03 ①	04 ④	05 ⑤	06 ③
07 ④	08 ④	09 ②	10 ①	11 ③	12 ⑤
13 ①	14 ①	15 ①	16 ③	17 ④	

01 ③

남: 여기 Gold Automobiles의 영업 사원으로서, 여러분은 우리 사업 성공의 핵심입니다. 최근 매출이 저조하여, 우리는 더 열심히 일해야 합니다. 근무하시는 동안 이 지침들을 기억해 주시기 바랍니다. 먼저, 모든 고객들이 자동차 매장에 들어설 때 그들을 맞이해 주시고, 그들이 무엇을 찾고 있는지 여쭤보세요. 두 번째, 그들의 요구에 적합한 차를 추천할 수 있도록 주의 깊게 들으세요. 마지막으로, 어떤 질문에도 답할 수 있도록 모든 우리 차량의 세부 사항을 반드시 숙지하세요. 이 조언들을 따름으로써 여러분은 우리의 매출을 향상시키는 것을 도울 수 있습니다.

어휘

staff 직원 guideline 지침 greet 맞다, 인사하다 lot 많음;
*(특정 용도용) 지역 appropriate 적합한 vehicle 탈것, 차량
tip (뾰족한) 끝; *조언

문제해설

자동차 회사의 영업 사원들에게 매출 향상을 위한 교육을 하고 있다.

02 ②

여: 안녕, Thomas. 운동 계획은 어떻게 되어가니?

남: 별로야. 매일 저녁에 달리기를 하러 가야 하는데 계속 거르고 있어.

여: 나는 네가 조깅을 좋아한다고 생각했어.

남: 좋아해, 하지만 혼자서 운동하는 게 어려워. 내가 규칙적으로 하는지를 확인해주는 사람이 아무도 없어.

여: 이해해. 네가 운동 앱을 다운로드한다면 혼자가 아닐 거야.

남: 그거 어떻게 작동하는 거야?

여: 너의 달리기 데이터를 추적하기 위해 이 앱은 매일 저녁 네가 달린 거리를 기록해. 그리고 다른 앱 사용자들이 너를 격려해 주지.

남: 흥미롭네. 사용할 생각은 전혀 해보지 못했어.

여: 정말 좋아. 게다가 그것 중 몇몇은 네가 달리는 동안 동기를 부여해주는 사전 녹음된 목소리를 가지고 있어.

남: 정말 그것이 도움이 될 거라고 생각해?

여: 내가 쓰고 있어. 아마 이게 내가 아침에 운동을 할 수 있는 유일한 이유일 거야.

남: 좋아, 시도해 볼게.

어휘

be supposed to ~하기로 되어 있다 skip 깡충깡충 뛰다;
*(일을) 거르다[빼먹다] regularly 규칙적으로 workout 운동
track 추적하다 encourage 격려[고무]하다 motivate ~에게
동기를 부여하다 probably 아마

문제해설

여자는 운동 앱을 사용하는 것이 혼자 운동을 하는 데 도움이 된다는 의견이다.

03 ①

여: 만나 뵙게 되어서 기쁩니다, Graves 씨. 저는 당신 작품을 정말 좋아해요.

남: 대단히 감사합니다.

여: 오늘 당신의 책 사인회가 있다는 것을 듣고 신났어요.

남: 제가 여기 있을 수 있어서 기쁩니다. 제 독자들을 만나 뵐 수 있는 좋은 방법이에요.

여: 전 당신의 모든 소설들을 읽었어요. 당신의 문체는 매우 묘사적이에요.

남: 음, 전 당신이 새로 나온 소설도 좋아하시길 바랍니다.

여: 분명히 그것은 대단할 거예요.

남: 당신은 제 책 두 권을 가지고 계시네요.

여: 네, 한 권은 제 것이고, 다른 한 권은 제 친구 것이에요.

남: 음, 두 권 모두 다 꼭 사인해 드릴게요.

어휘

book signing 책 사인회 descriptive 서술[묘사]하는

문제해설

남자가 책 사인회에서 여자가 가지고 있는 책에 사인을 해주겠다고 하는 것으로 보아 독자와 소설가의 관계임을 알 수 있다.

04 ④

남: 네 반려동물들이 사랑스러워.

여: 고마워. 그들을 보고 있는 게 재미있지 않니?

남: 응. 저기서 공을 가지고 노는 네 고양이 두 마리 좀 봐.

여: 그건 그들이 가장 좋아하는 놀이야. 그리고 내 새는 그들을 보는 걸 즐겨.

남: 응. 네 새는 더 잘 보려고 새장 꼭대기에 앉아 있네.

여: 맞아. 근데 내 햄스터는 개의치 않아. 그녀는 바퀴를 돌리느라 매우 바빠.

남: 응. 그녀는 열심히 운동하고 있구나.

여: 내 개 Spot과 달리 말이지. 개집 앞에서 낮잠만 자고 있어.

남: 그는 오늘 피곤한 게 분명해. 오, 그리고 저것 봐! 네 토끼가 당근을 먹고 있네.

여: 응, 당근을 제일 좋아하거든.

어휘

adorable 사랑스러운 cage 우리, 새장 wheel 바퀴 nap 낮잠을 자다

문제해설

④ 개는 개집 안에 엎드려 있는 것이 아니라 그 앞에서 낮잠을 자고 있다고 했다.

05 ⑤

여: 일자리 구하는 것은 어떻게 되어 가고 있어, Jerry?

남: 잘 되고 있어! 월요일에 Stark Corporation과 면접이 있어.

여: 오, 내 친구 중 한 명이 거기에서 일하는데 그녀는 그 회사를 정말 좋아해.

남: 정말? 내가 그 직장에 들어가면 좋겠어.

여: 그럼 면접을 위한 정장을 사러 함께 쇼핑하러 가는 건 어때?

남: 제안은 고맙지만, 실은 내가 필요한 다른 무언가가 있어.

여: 그게 뭐야?

남: 네가 괜찮다면, 몇 가지 면접 질문들을 도와줄 수 있어? 네가 사장인 척하고 나는 내가 무슨 말을 할지를 연습할 수 있을 거야.

여: 기꺼이 그렇게 해줄게.

남: 고마워. 정말 고마워.

어휘

corporation 기업, 회사 suit 정장 offer 제의, 제안

pretend ~인 척하다

남자는 면접 준비를 위해서 본인이 말하는 연습을 할 수 있도록 여자에게 예상 면접 질문을 물어봐 달라고 부탁했다.

06 ③

[전화벨이 울린다.]

남: 안녕하세요, Sandwich All the Way입니다. 무엇을 도와 드릴까요?

여: 안녕하세요. 점심을 주문하고 싶어요.

남: 네, 무엇을 주문하시겠어요?

여: 구운 돼지고기 샌드위치는 얼마인가요?

남: 6달러입니다. 세트는 8달러입니다. 콜라와 감자튀김이 함께 나가요.

여: 좋아요. 세트 2개를 할게요. 오늘의 수프는 무엇인가요?

남: 양파 수프가 3달러입니다. 정말 맛있답니다.

여: 좋아요. 제 주문에 수프 두 컵을 추가해 주세요.

남: 그러면 구운 돼지고기 샌드위치 세트 2개에 양파 수프 2개네요. 음식을 배달 받으실 건가요? 배달료는 주문비의 10%입니다.

여: 아니요, 제가 가지러 갈 거예요.

남: 그렇다면 총액에서 2달러 할인됩니다. 주문하신 것은 30분 뒤에 준비가 될 겁니다.

order 주문하다; 주문한 음식[음료] grilled 구운 pork 돼지고기 fee 요금, 수수료

8달러 세트 메뉴 2개, 3달러 수프 2개를 한 총액 22달러에서 2달러를 할인 받으므로, 여자가 지불할 금액은 20달러이다.

07 ④

남: 시간이 늦어지고 있어. 우리 가야 할 것 같아.

여: 오, Eric, 하마터면 잊을 뻔했어. 지난달에 내가 너한테 빌려준 심리학 책 아직 가지고 있니?

남: 보라색 표지로 된 책을 말하는 거야?

여: 응, 그거야. 내가 하고 있는 어떤 과제 때문에 이번 주말에 그것이 필요해.

남: 문제없어. 지금 당장 사물함에 가서 그것을 가져올게.

여: 응, 좋아.

남: 잠깐만 기다려봐. 내가 그것을 집에 두고 온 게 방금 기억났어. 미안해.

여: 괜찮아. 그렇다면 내일 나한테 그것을 줄 수 있어?

남: 물론이지.

psychology 심리학 purple 자주색의 cover 덮개; *표지 locker 사물함 hang on 기다리다

남자는 여자에게서 빌린 책을 집에 두고 왔기 때문에 내일 돌려주겠다고 했다.

08 ④

남: Lyla, 너에게 도움이 될지도 모르는 것을 찾았단다.

여: 무엇인가요, 아빠?

남: FBF Career Fair가 다음 달에 열린다는구나. 네 미래 직업에 대한 정보를 좀 얻을 수 있을 거야.

여: 그거 좋네요. 또 Rosedale 센터에서 열린다고 들었어요. 맞나요?

남: 응. 고등학생만을 대상으로 한단다. 친구들과 가는 게 어떠니?

여: 좋은 생각이에요! Angela와 같이 가면 되겠어요! 언제인가요?

남: 10월 17일에 열릴 거야. 너희 둘을 그날 내가 거기로 태워다 주마.

여: 아빠가 최고예요. 등록 비용이 있나요?

남: 단 5달러란다. 하지만 선착순이야. 그러니, 서둘러야 해.

여: 걱정하지 마세요. 지금 당장 등록하겠어요.

registration fee 등록비   first come, first served 선착순 register 등록하다

Rosedale 센터에서 열리며 고등학생만을 대상으로 하고, 10월 17일~18일에 행사가 있으며 참가 비용은 5달러라고 하였다. 하지만 등록 마감일은 언급되지 않았다.

09 ②

남: 재즈는 미국 남부에서 20세기 초에 생겨난 음악 양식입니다. 그것은 아프리카와 유럽에서 온 음악 전통들의 결합에 의해 형성되었습니다. 사실, 노예들의 노동요가 재즈의 근원으로 여겨집니다. 뉴올리언스는 재즈 운동의 중심이었는데, 거기에 라이브 음악 공연을 위한 많은 클럽들이 있었기 때문입니다. 이 때문에 뉴올리언스는 흔히 재즈의 발상지로 일컬어집니다. 제1차 세계대전 이후, 많은 재즈 음악가들이 시카고와 뉴욕으로 이동했고, 그들의 음악은 전국적으로 받아들여졌습니다.

emerge 생겨나다, 부상하다 form 형성시키다 combination 결합 tradition 전통 slave 노예 original 원래의 source 원천, 근원 movement 이동; *운동 refer to A as B A를 B라고 일컫다 birthplace 출생지, 발상지 nationwide 전국적으로

② 미국 남부에서 아프리카와 유럽에서 온 음악들이 결합되어 재즈가 만들어졌다고 했다.

10 ①

여: 안녕하세요. 저는 당신의 특별 저가 휴가 상품들 중 하나에 관심이 있습니다.

남: 알겠습니다. 저희는 900달러에 아주 좋은 3박짜리 오키나와 행 상품이 있습니다.

여: 오키나와도 좋을 것 같지만, 저는 750달러를 초과해서 쓸 수 없어요.

남: 그렇다면 팔라우로 5박은 어떠세요? 이 호텔은 바로 해변가에 있습니다.

여: 아니요, 저는 4박보다 오래 머무를 수 없어요. 하지만 해변 근처인 것은 중요해요.

남: 알겠습니다. 얼마나 가까우셔야 하나요?

여: 200미터 미만이요. 저는 정말 바다에서 수영하는 것을 좋아해요.

남: 알겠습니다. 음, 저희는 당신의 요구에 맞는 두어 가지 선택 사항들이 있습니다.

여: 알겠습니다. 저는 더 저렴한 걸 택할게요.

남: 좋습니다.

어휘

budget 저가의, 저렴한 [문제] duration 기간 distance 거리

문제해설

750달러 이하이고 4박 이하이며 바다에서 200미터 미만에 있는 호텔 중 더 저렴한 것은 ① Cebu이다.

11 ③

여: Bill, 나랑 쇼핑몰에 같이 갈래?

남: 물론이지! 나는 어머니를 위해 생일 선물을 사야 해.

여: 어머니께 무엇을 사드릴 거야?

남: 어머니께 새 시계를 사드리고 싶어.

어휘

mall 쇼핑몰

문제해설

어머니께 선물로 무엇을 사드릴 것인지 물었으므로 시계를 사드리고 싶다고 답하는 ③이 응답으로 적절하다.
① 어머니는 쇼핑하러 가는 것을 좋아하셔.
② 어머니의 생신은 다음 주야.
④ 응, 나는 생일 선물로 이것을 받았어.
⑤ 나는 어제 어머니에게 선물을 사드렸어.

12 ⑤

남: 얘, Olivia. 괜찮아? 너 좀 아파 보여.

여: 오, 나 몸이 안 좋아. 너무 아파서 어젯밤에 잠을 못 잤어.

남: 의사 선생님께 가봤니?

여: 아니, 근데 예약할 거야.

어휘

awful 끔찍한, 지독한 [문제] definitely 분명히 recover 회복되다

문제해설

아프다고 말하는 여자에게 의사의 진료를 받았는지 물었으므로, 진료 예약을 할 것이라고 답하는 ⑤가 응답으로 적절하다.
① 어젯밤에 많이 못 쉬었어.
② 아니, 지금은 완전히 회복되었어.
③ 응, 너는 병원에 가야 해.
④ 약을 좀 먹는 게 어때?

13 ①

여: 나 너무 피곤해.

남: 무슨 일이 있었어? 기분이 안 좋아 보여.

여: 있지, 난 뮤지컬을 보려고 내 친구를 만날 예정이었어.

남: 네가 그것에 대해 말해줬어. 넌 정말 좋아했잖아.

여: 그랬지. 난 몇 분 일찍 거기에 도착했는데, 2시간 넘게 기다려야 했어.

남: 무슨 일 있었어? 너 그녀에게 전화해봤니?

여: 여러 번 전화를 했는데 그녀가 전화를 받지 않았어. 내 메시지에도 응답이 없었어.

남: 그래서 어떻게 했어?

여: 나는 그 뮤지컬을 못 봤어. 그리고 그녀가 결국 나타났는데, 미안하다는 말조차 안 했어.

남: 너 정말 속상하겠다.

어휘

respond 응답하다 show up 나타나다

문제해설

친구를 2시간 넘게 기다렸으나 사과를 받지 못했다고 했으므로 속상하겠다고 위로하는 ①이 응답으로 적절하다.
② 제발, 다음번에는 늦지 마.
③ 알았어, 네 사과를 받아줄게.
④ 난 네가 뮤지컬을 정말 좋아한다고 생각했어.
⑤ 미안하지만 내 휴대전화 배터리가 나갔어.

14 ①

남: 내 팔과 다리에 물린 자국들 좀 봐!

여: 오, 이런! 어디서 그렇게 모기에 물린 거야?

남: 어제 내 친구와 공원에 갔어. 거기에서 물렸던 것 같아.

여: 음, 모기들이 네 피의 맛을 좋아하는 게 틀림없어.

남: 난 모든 피가 같은 맛이 난다고 아주 확신해.

여: 그럴지도 모르지만, 내가 모기들이 보통 어떤 종류의 사람들을 무는지에 관한 기사를 막 읽었어.

남: 정말? 모기들이 운동선수들을 더 좋아하니?

여: 사실상 그래. 모기들은 운동을 하고 과체중인 사람들을 좋아해. 모기들은 또한 남자를 무는 걸 더 좋아해.

남: 음, 나는 과체중이지는 않지만 운동을 하는 남자야.

여: 그걸로 설명이 되는 것 같네.

bite (곤충에게) 물린 자국; 물다   mosquito 모기   article 기사
athlete 운동선수   overweight 과체중의   [문제] publish 출간
하다

문제해설

모기에 많이 물린 남자에게 모기는 운동을 하는 남자를 더 많이 문
다고 하자 남자가 자신은 운동을 하는 남자라고 했으므로 그걸로
설명이 된다고 답하는 ①이 응답으로 적절하다.
② 나는 곧 내 연구 결과를 출간할 거야.
③ 나는 네가 운동을 하는 것을 추천해.
④ 오늘 공원에 가는 게 어때?
⑤ 너는 곤충에 관한 많은 책을 읽어야 해.

15 ①

남: Joe와 Paul은 대학 룸메이트이다. 오늘은 둘 다 수업이 없
어서 집에 있으면서 함께 커피를 마신다. 그들이 쉬고 있는
동안, Joe는 정치적인 문제에 관해 이야기하기 시작한다.
그러나 Paul은 정치에 전혀 관심이 없어서 그 주제에 대해
잘 모른다. 그는 분명히 그것에 관해 이야기하는 걸 원하지
않는다. Paul은 날씨와 그들이 가장 좋아하는 가수에 관해
이야기하려고 노력한다. 하지만 Joe는 Paul이 얼마나 불편
해하는지 알아채지 못하고, 계속해서 정치에 관해 이야기
한다. 이 상황에서, Paul은 Joe에게 뭐라고 말을 하겠습니
가?
Paul: 우리 화제를 바꿀 수 있을까?

어휘

rest 쉬다   political 정치적인 (n. politics 정치)   subject 주제
[문제] topic 화제, 주제

문제해설

정치에 대해 이야기하는 것이 불편하여 주제를 바꾸고 싶어 하는
상황이므로 ①이 적절하다.
② 듣고 있어. 그것에 대해 더 이야기해줘.
③ 나는 오늘 수업에 갈 수 없을 것 같아.
④ 네 친절한 말에 깊이 감동받았어.
⑤ 너는 다른 사람들에 대해 그런 식으로 말해서는 안 돼.

16 ③ 17 ④

남: 여러분, 안녕하세요. 근래에 많은 사람들이 채식주의자가
되고 있습니다. 하지만 당신이 고기 애호가라고 할지라도,
여전히 당신의 식단에 많은 채소를 포함시켜야 합니다. 자
기 자신에게 채소를 공급하는 최고의 방법 중 하나는 직접
채소를 기르는 것입니다. 정원을 가꾸는 것은 돈을 절약하
게 해주고 식료품점에 가는 횟수를 줄여줄 뿐만 아니라 당
신에게 육체적으로 또한 정신적으로 이롭습니다. 초보 정
원사라면 양배추로 시작하기 좋습니다. 양배추는 빨리 자
라고 관리를 거의 필요로 하지 않습니다. 이것은 오이도 마
찬가지입니다. 약간의 씨앗을 당신의 정원에 심으면 당신

은 곧 오이로 가득 찬 냉장고를 갖게 될 것입니다. 당신의
공간이 한정적이라면, 콩은 좋은 선택지이고 영양가도 아
주 높습니다. 마지막으로 당근을 키우는 데는 큰 노력이 들
지 않으므로 시간과 경험이 많지 않다면 당근을 좀 심어보
세요. 이러한 키우기 쉬운 채소들로 당신은 정원 가꾸기의
즐거움을 찾을 수 있을 것입니다! 그러니 오늘부터 시작해
보는 건 어떨까요?

어휘

vegetarian 채식주의자; 채식의   lover 애인; *애호가   plenty
of 많은   diet 식사, 식습관   supply 공급하다   gardening
정원 가꾸기   trip 이동[오고감]   grocery store 식료품점
cabbage 양배추   maintenance 유지, 보수   cucumber 오이
plant 심다   bean 콩   extremely 극도로; *아주   nutritious
영양가가 높은 (n. nutrition 영양)

문제해설

16 남자는 집에서 쉽게 키울 수 있는 채소에 대해 이야기하고 있
으므로 주제로는 ③ '집에서 쉽게 키울 수 있는 채소'가 알맞다.
① 건강한 식단 계획의 중요성
② 채식 식단의 장점
④ 가장 많은 영양을 제공하는 채소
⑤ 식료품 쇼핑을 할 때 돈을 절약하는 방법

17 양배추, 오이, 콩, 당근은 언급되었지만 마늘은 언급되지 않았
다.

실전 모의고사 10				PP.106~109	
01 ⑤	02 ④	03 ⑤	04 ⑤	05 ②	06 ④
07 ④	08 ④	09 ⑤	10 ①	11 ③	12 ④
13 ③	14 ⑤	15 ①	16 ②	17 ⑤	

01 ⑤

여: 여러분은 98.3 Classic Rock Radio를 듣고 계십니다. 클
래식 록 음악에 대한 당신의 지식을 시험할 준비가 되셨습
니까? 저희는 이번 주말의 록 콘서트 앞좌석 표 다섯 장을
나누어 드립니다. 여러분이 하셔야 할 것은 그저 오후 7시
에 저희가 들려 드리는 곡을 맞추시는 것입니다. 그렇습니
다. 이번 주 매일 저녁 7시에, 저희는 클래식 록 노래를 들
려 드릴 것입니다. 만약 노래의 제목을 아신다면, 당신의 정
답과 함께 555-2002로 방송국에 전화해주십시오. 노래의
제목을 정확하게 맞추시는, 가장 먼저 전화를 주신 분이 앞
좌석 표 한 장을 얻게 됩니다!

어휘

give away 나누어 주다   identify 확인하다, 알아보다   station
역; *방송국   correctly 정확하게

문제해설

라디오 청취자들에게 콘서트 표를 상품으로 건 퀴즈 행사에 대해 알리고 있다.

02 ④

남: 나는 이 웹사이트를 좋아하지 않아. 여기에 있는 모든 사람들이 가짜 이름을 사용해.

여: 오, 나는 기사 읽으려고 그것을 사용해. 나는 가짜 이름을 사용할 때 의견을 자유롭게 표현하는 것이 좋아.

남: 음, 그건 사람들이 무례한 댓글을 남기도록 부추길 수 있어. 아무도 그게 그들이라는 것을 모르기 때문에, 그들은 자신이 말하는 것에 신경을 쓰지 않아.

여: 좋은 지적이야. 그런 악의적인 댓글은 읽는 사람에게 상당히 영향을 미칠 수 있지.

남: 그뿐만 아니라, 그들은 다른 사람들에 대한 사실이 아닌 유언비어를 마음대로 퍼뜨리게 돼.

여: 그래, 그들은 그들의 언급에 대한 책임을 질 필요가 없기 때문이야.

남: 맞아. 그것은 또한 범죄자들을 추적하는 것을 어렵게 만들기 때문에 사이버 범죄를 증가시키지.

여: 네 말에 일리가 있어.

남: 가짜 이름을 사용하는 것은 전반적으로 정말 좋지 않은 아이디어라고 생각해.

어휘

fake 가짜의   rude 무례한   comment 언급, 댓글   mean 인색한; *심술궂은   significantly 상당히, 크게   false 사실이 아닌   rumor 소문, 유언비어   take responsibility for ~을 책임지다   criminal 범인, 범죄자   overall 종합[전반]적으로

문제해설

남자는 온라인에서 익명으로 글을 쓰게 되면 악성 댓글과 유언비어 유포 등의 문제점들이 있다고 생각한다.

03 ⑤

여: 안녕하세요, Williams 씨. 저를 보기를 원하셨다고 들었어요.

남: Lucy! 들어와요.

여: 지난달 제가 했던 판매 건수에 관한 것인가요?

남: 아니에요. 저는 그저 우리 회사의 현재 컴퓨터들의 문제들에 대해 당신한테 묻고 싶어요.

여: 네, 컴퓨터들이 매우 느려서 우리를 덜 생산적으로 만들어요.

남: 이해합니다. 하지만 컴퓨터들은 겨우 3년밖에 되지 않았어요.

여: 정말이요? 음, 그것들은 바이러스 같은 게 있는 것 같아요. 대부분이 확실히 제대로 작동하지 않아요.

남: 알겠습니다. 그렇다면 우리 기술자들 중 한 분이 오늘 오후에 모든 컴퓨터들을 한번 보도록 하겠습니다.

여: 그래 주시면 좋지요. 감사합니다.

남: 천만에요. 그가 문제를 해결할 수 있기를 바랍니다.

어휘

current 현재의   productive 생산적인   virus (컴퓨터) 바이러스   technician 기술자

문제해설

여자가 회사 컴퓨터에 문제가 있다고 하고, 남자가 기술자를 불러 컴퓨터를 보게 하겠다고 말하는 것으로 보아 두 사람은 직원과 관리자 관계임을 알 수 있다.

04 ⑤

남: Molly, 크리스마스 장식하는 것을 끝냈나요?

여: 네, 이미 끝냈어요.

남: 크리스마스트리를 문 옆에 세워 두었나요?

여: 네, 그리고 트리 꼭대기에 큰 별 하나를 달았어요.

남: 좋아요. 곰 인형들은 어디에 두었나요?

여: 그것들은 탁자 위에 두었고 '50퍼센트 할인'이라는 표지판도 거기에 두었어요.

남: 완벽해요! 마네킹은 어떤가요?

여: 제가 마네킹에 산타클로스 의상을 입혔어요.

남: 좋아요. 그리고 벽을 별 모양 장식품들로 장식했나요?

여: 남은 게 없었어요. 대신 벽에 공 모양 장식품들을 몇 개 붙였어요.

어휘

decoration 장식품   sign 표지판   mannequin 마네킹   costume 의상   ornament 장식품

문제해설

⑤ 별 모양 장식품이 다 떨어져서 공 모양 장식품들로 벽을 장식했다고 했다.

05 ②

여: 그게 새 카메라니, Anthony?

남: 응, 나는 그것을 어제 막 샀어. 독일에 갈 때 멋진 사진들을 찍고 싶어.

여: 나도 똑같은 모델이 있어. 나는 Ace Electronics에서 지난달에 샀어.

남: 내 것은 온라인으로 샀어. 그것에 만족하니?

여: 물론이지. 그건 좋은 카메라야.

남: 하지만 사용하기 어려운 것 같아. 설명서를 읽기 시작했는데, 정말 복잡해.

여: 응, 많은 기능들이 있어. 너만 좋다면, 내가 너에게 어떻게 사용하는지 알려줄게.

남: 그거 좋겠다. 내가 여행 갈 때까지 며칠밖에 안 남았거든.

여: 그럼, 내일 다시 만나자.

남: 좋아. 고마워.

exact 정확한 manual 설명서 feature 특성, 기능

여자는 똑같은 모델의 카메라를 산 남자에게 사용법을 알려주겠다고 했다.

06 ④

[전화벨이 울린다.]

여: 안녕하세요, Star Computers입니다.

남: 안녕하세요. 만약 제가 당신의 노트북들 중 하나를 오늘 주문하면, 언제쯤 도착할까요?

여: 기본 배송은 7일이 걸리고 5달러가 듭니다.

남: 더 빨리 받을 수 있을까요?

여: 물론이죠, 하지만 추가 요금이 듭니다. 5달러를 더 내시면, 4일 안에 배송해 드립니다.

남: 더 빠른 건 없나요? 제 딸의 생일이 3일 후이거든요.

여: 네, 특급 배송도 있습니다.

남: 그건 얼마인가요?

여: 그것은 기본 배송보다 10달러가 더 비싸고 2일이 걸립니다.

남: 좀 비싸지만, 저는 가장 빠른 것으로 할게요.

standard 일반적인, 보통의 delivery 배달 express 급행의; *(편지·소포 등이) 속달의

남자는 가장 빠른 배송을 선택했고, 그것은 기본 배송(5달러)보다 10달러가 더 비싸다고 했으므로 지불할 금액은 15달러이다.

07 ④

여: 안녕 Ben, 우리 학교가 밴드 경연 대회를 개최한다는 소식 들었어?

남: 응, 게시판에서 포스터를 봤어.

여: 잘됐다. 너희 밴드가 거기 참가할 거니? 내가 가서 응원할게!

남: 참가할 수 없을 것 같아. 문제가 있거든

여: 그게 뭔데? 연습할 시간이 충분하지 않니?

남: 시간은 있어. 하지만 우리는 새 키보드 연주자를 찾아야 해.

여: 오, 정말? Harry에게 무슨 일이 있니?

남: 그가 많이 아파서 병원에 입원해 있어야 해서, 당분간은 밴드에서 연주할 수 없어.

여: 그 말을 들으니 유감이다. 그가 곧 나아지기를 바라.

남: 응. 내일 그의 병문안을 갈 거야.

여: 학교 웹사이트에 키보드 연주자를 찾는 광고를 올려봐. 누군가가 연락해 올지도 몰라.

keyboardist 키보드 연주자 for a while 당분간 contact 연락하다

남자는 밴드의 키보드 연주자가 아파서 새 키보드 연주자를 찾아야 한다고 했다.

08 ④

남: Helen, 무엇을 보고 있니?

여: West Lake Spring 마라톤 웹사이트를 보고 있어.

남: 재밌겠다. 같이 신청하자. 언제야?

여: 행사는 4월 10일 토요일이야.

남: 오. 그때면 날씨가 좋겠다. 등록비는 얼마니?

여: 20달러야. 5km 코스나 10km 코스 중에 선택할 수 있어. 와서 확인해봐.

남: 나는 10km는 뛸 수 없을 것 같아. 5km 코스로 하자.

여: 그래, 그게 좋겠다. 그건 Tiger Park 경기장에서 시작해서 Highland 공원에서 끝나.

남: 좋아! 우리 같이 마라톤을 연습할 수 있어.

여: 지금 당장 신청할게!

sign up 등록하다, 신청하다 check out 확인하다

행사일은 4월 10일이고, 참가비는 20달러라고 했고, 5km와 10km의 거리가 있으며 출발지는 Tiger Park 경기장이라고 했으나 기념품은 언급되지 않았다.

09 ⑤

남: 여러분 모두의 지지와 따뜻한 환영에 감사드립니다. 여러분의 아낌없는 기여 덕분에 첫 번째 콘서트는 성공적이었고, 오늘 저녁 역시 잘 되었죠. 이틀 연속 표가 모두 매진되었답니다. 저희는 또한 저희의 CD, 티셔츠, 그리고 다른 기념품들을 판매하고 있습니다. 이 콘서트 시리즈를 통해, 저희는 이미 올해 4만 달러를 모았습니다. 아시다시피, 이 시리즈의 모든 수익은 자선 단체에 기부될 것입니다. 여러분 모두 이 특별한 콘서트를 즐기셨기를 바랍니다. 저희는 내년에 더 신나는 연주자들과 함께 돌아오겠습니다. 내년 여름에 뵙겠습니다!

support 지지 generous 후한, 아낌없는 contribution 기여, 이바지 in a row 계속해서, 연이어 series 연속; *시리즈 profit 이익, 수익 donate 기부하다 charity 자선 단체 performer 연주자

⑤ 내년에 더 신나는 연주자들과 돌아오겠다고 했다.

10 ①

여: 아빠, 저 이번 여름에 영어 캠프에 가도 되나요?

남: 그래, 그게 너에게 좋을 것 같구나.

여: 이 목록에 있는 대부분의 프로그램이 10일에서 25일 동안 진행되네요.

남: 난 네가 3주 넘게 집을 떠나 있는 걸 원하지 않아.

여: 저도요. 와, 이 캠프는 2,000달러가 넘게 드네요!

남: 그건 너무 비싸네. 비용이 1,500달러를 넘지 않는 프로그램을 찾아보자.

여: 여전히 많은 선택지가 남았어요!

남: 원어민이 많은 것은 어때?

여: 좋은 생각이에요. 적어도 20명의 원어민이 있는 캠프가 좋겠네요.

남: 좋아, 그렇게 하면 이것 하나만 남네.

여: 그게 딱 좋겠네요!

어휘

native speaker 원어민 [문제] duration 기간

문제해설

기간이 3주 이하이고, 비용이 1,500달러 이하이며, 원어민이 20명 이상인 것은 ① Fun English Camp이다.

11 ③

남: 은행이 어디 있는지 알려줄래?

여: 물론이지, 길모퉁이 도서관 옆에 있어.

남: 고마워. 몇 시에 닫는지 알고 있니?

여: <u>오후 5시쯤인 것 같아.</u>

어휘

[문제] account 계좌

문제해설

은행이 닫는 시간을 물었으므로 5시쯤이라고 시간으로 답하는 ③이 응답으로 적절하다.

① 나는 계좌를 개설해야 해.

② 거긴 월요일부터 금요일까지 열어.

④ 큰 창문들이 있는 높은 건물이야.

⑤ 유감스럽게도 다른 거리로 옮겨 갔어.

12 ④

여: Jim, 너 안 좋아 보여. 무슨 일 있어?

남: 발목을 삐었어. 내일 학교까지 좀 태워다 줄 수 있어?

여: 미안하지만, 난 내일 회의가 있어서 일찍 나가야 해.

남: <u>괜찮아. 대신에 Megan에게 물어볼게.</u>

어휘

twist one's ankle 발목을 삐다

문제해설

태워달라고 부탁했으나 여자가 미안하다고 말하며 일찍 나가야 한다고 했으므로 괜찮다며 다른 사람에게 부탁하겠다는 ④가 응답으로 적절하다.

① 태워줘서 고마워.

② 네가 빨리 나았으면 좋겠어.

③ 제가 회의 일정을 확인해 볼게요.

⑤ 5분 뒤에 나를 데리러 올 수 있어?

13 ③

남: 너 주말에 계획 있니?

여: 음, 사실 내일 월식이 있을 거라고 들었어.

남: 응, 나는 내 천문학 동아리에서 그것에 대해 들었어.

여: 난 네가 천문학 동아리에 들어 있는지 몰랐어.

남: 응, 난 천문학 동아리에 들어 있어. 지난주에 우리 모임에서 월식에 관해 이야기했어. 난 그걸 보고 싶어.

여: 우리 그걸 함께 보는 게 어때?

남: 그거 좋은 생각이야. 우리가 높은 곳에 가면 아마 더 잘 볼 수 있을 거야.

여: 맞아. 그럼 이 건물의 옥상은 어때?

남: 좋아. 어쨌든 월식은 내일 밤 새벽 1시에 있어. 자정에 여기에서 만나자.

여: <u>완벽해. 난 그걸 보길 고대하고 있어.</u>

어휘

lunar eclipse 월식 astronomy 천문학 view 견해; *전망 midnight 자정, 밤 열두 시

문제해설

함께 월식을 보기 위해 자정에 만나자고 제안했으므로 그에 좋다고 답하며 기대된다고 말하는 ③이 응답으로 적절하다.

① 우리는 그걸 도서관에서 볼 수 있어.

② 나도 빨리 그 동아리에 가입하고 싶어.

④ 유감스럽게도, 나는 별에 관심이 없어.

⑤ 응. 우리가 어디에서 그것을 볼 수 있는지 내가 알아보도록 할게.

14 ⑤

[전화벨이 울린다.]

남: 여보세요?

여: 여보세요, Robbie니? 나야, Brooke.

남: 안녕, Brooke. 네 목소리를 들으니 좋다. 너 이제 로스앤젤레스니?

여: 맞아, 2주 전에 도착했어.

남: 그곳은 어때? 네 새 일자리는 어떻고?

여: 아주 좋아. 로스앤젤레스는 큰 도시고, 알지, 난 도시에서의 생활을 아주 좋아해. 모두가 바쁘지만, 그들은 아주 친절해. 그리고… 네가 또 뭘 물었지?

남: 네 새 일자리 말이야! 어때? 너 항상 기자가 되길 원했는데, 지금 그렇게 되었잖아.

여: 맞아. 마침내 내가 항상 원했던 일을 찾았고, 지금까지는 꽤 잘하고 있는 것 같아.

남: <u>네가 거기서 삶을 즐기고 있다는 걸 들으니 매우 기뻐.</u>

어휘

so far 지금까지 [문제] homesick 향수병을 앓는 pay off 결실을 맺다

문제해설

여자가 LA에서 원하던 기자가 되어 잘 지내고 있다고 했으므로 그 곳에서 잘 지내서 기쁘다고 말하는 ⑤가 응답으로 가장 적절하다 .
① 새 일자리를 구하는 게 어때?
② 네가 갑자기 마을을 떠나서 놀랐어.
③ 네가 고향에 가야 한다고 생각해. 너는 향수병에 걸린 것 같아.
④ 걱정하지 마. 너의 노고가 결실을 맺을 거라고 확신해.

15 ①

여: Sarah는 도서관에서 공용 탁자들 중 하나에 앉아 있다. 그녀는 기말고사를 위해 열심히 공부하고 있는데, 그녀는 다음 날 아침에 그 시험을 볼 예정이다. 그 탁자에 그녀의 맞은편에 남자 한 명이 앉아 있다. 그의 의자는 망가져서 그가 움직일 때마다 큰 소음을 낸다. 그는 헤드폰을 쓰고 음악을 듣고 있어서, 그는 확실히 그 소리를 들을 수 없다. Sarah는 정말 그녀의 시험을 잘 준비하고 싶지만, 그 소리 때문에 집중하는 데 어려움을 겪고 있다. 다행히도, 사용해도 괜찮을 것처럼 보이는 의자가 남자의 옆에 있다. 이 상황에서, Sarah는 그 남자에게 뭐라고 말하겠는가?
Sarah: 다른 의자로 (자리를) 옮겨 주시겠어요?

어휘

shared 공유의 opposite 맞은편에 obviously 확실히, 분명히 [문제] turn down (소리·온도 등을) 낮추다

문제해설

도서관에서 남자의 망가진 의자가 내는 소리가 방해가 되는 상황인데, 옆에 다른 의자가 있다고 했으므로 자리를 옮겨달라고 부탁하는 ①이 적절하다.
② 어떤 종류의 음악을 듣는 걸 좋아하세요?
③ 제 시험 준비를 도와주시겠어요?
④ 이 의자를 사용해도 될까요? 제 것이 불편해서요.
⑤ 음악 소리를 낮춰 주실래요?

16 ② 17 ⑤

여: 좋은 아침입니다, 여러분. 사람은 그들을 위험한 동물과 악천후로부터 보호하기 위해 피난처가 필요합니다. 그것이 우리가 집과 건물을 짓는 이유입니다. 물론, 건물은 우리를 안전하게 지켜주는 장소 그 이상입니다. 그것 중 일부는 사실상 예술 작품입니다. 예를 들어, 타지마할을 봅시다. 인도에 위치하고 있는 이 놀라운 건물은 세상에서 가장 아름다운 건축물 중 하나입니다. 그것의 균형은 예술가와 건축가 모두에게 존경받습니다. 호주에 있는 시드니 오페라 하우스는 인상적인 외관을 가진 또 다른 건물입니다. 그것의 디자인은 바다 위 배의 돛을 닮았다고 합니다. 러시아에서, 사람들은 성 바실리 성당의 아름다움을 자랑스러워합니다. 그것의 밝은색과 반구형의 탑은 그것을 동화 속 성처럼 보이게 합니다. 마지막으로, 미국의 엠파이어 스테이트 빌딩이 있습니다. 이 높은 탑의 특이한 모양 덕에 그것은 세계에서 가장 큰 도시 중 한 곳의 즉시 알아볼 수 있는 상징이 되었습니다. 이것들은 단지 몇 가지 예시에 불과하지만, 훨씬 더 많고 많은 것들이 있습니다.

어휘

shelter 피난처 practically 사실상, 거의 locate 위치시키다 structure 구조; *구조물, 건축물 balance 균형 architect 건축가 (a. architectural 건축학의) resemble 닮다 sail 돛 beauty 아름다움 bright 밝은 domed 반구형의 fairy-tale 동화 같은 extraordinary 기이한, 예사롭지 않은 instantly 즉시 recognizable 알아볼 수 있는 symbol 상징 [문제] historic 역사적인 role 역할

문제해설

16 여자는 다양한 아름다운 건물들에 대해 말하고 있으므로 주제로는 ② '독특한 건축학적 아름다움을 가진 건물들'이 알맞다.
① 역사적인 건축물들의 문화적 중요성
③ 예술과 건축의 차이
④ 건물들이 수행할 수 있는 서로 다른 역할들
⑤ 세계에서 가장 유명한 건축가들

17 인도, 호주, 러시아, 미국은 언급되었지만, 브라질은 언급되지 않았다.

PART 03 DICTATION

DICTATION 유형 01   pp.112~114

01 got married / got back safely / your well wishes / come over next Friday

02 working on his newest film / a variety of small roles / For more information

03 is finally completed / provide hundreds of jobs / express my gratitude

04 have signed up for / not working properly / to replace it / for your reference

05 missing from the school library / have forgotten about / must be returned by

06 never too early to start / distinguished professor / give tips on / register in advance

07 why this decision was made / a chance of / risk having students injured

08 putting on weight / according to a report / regularly practiced yoga / during the same period

DICTATION 유형 02   pp.115~117

01 prefer classic novels / curious about / wouldn't keep reading / What do you recommend

02 took you so long / feel more comfortable / very reliable / follow my advice

03 how poorly I did / concentrating too much on / getting a better grade / achieving success

04 vote on the proposal / noisy and inconvenient / attract more tourists

05 pay for each / a famous European designer / show off their expensive clothes

06 agree to clean up / think differently / discuss your differences / make rules

07 is something wrong / eating late at night / get digested properly / disturbs your sleep

08 is supposed to meet us / turning my phone off / in the middle of / might bother them

DICTATION 유형 03   pp.118~120

01 cooking up / cleaning your hands / kill any harmful organisms

02 is made from / is ground up / exposed to oxygen / absorbs more light

03 many forms of advertisements / catch our attention / need the product / encourage trust

04 a number of important changes / push up wages / provide them with healthcare / raise taxes

05 by myself / have more freedom / more brave and independent / should try next time

06 stay up all night / get enough sleep / the night before / keep that in mind

07 demand a refund / read their return policy / shouldn't have purchased / from now on

08 to make it lower / close your curtains / much more efficient

DICTATION 유형 04   pp.121~123

01 a mistake on my bill / from around here / recommended this place

02 has just been released / something perfect for you / try it on

03 heard a scream / in his early thirties / drove away

04 what style you want / give a presentation / take a long time

05 make a mistake / got a call from / slam down the phone

06 have a seat / matched my skills / took some time off

07 have a lunch with / dinner appointment / to get it checked / bring it right away

08 get the results / have to discuss / fill out this insurance form

DICTATION 유형 05   pp.124~126

01 finished setting the table / closer to the plate / under the fork

02 packing for my trip / two pairs of shoes / rectangular device / fit in your suitcase

03 painted it myself / over the river / create a peaceful atmosphere / used to work

04 could have helped / put it beside the bed / near the end

05 standing between them / in front of / wonder where he got it

06 dive into the pool / going down it / go and ask

07 leaning against the wall / hanging on / throw them away / as easy as

08 interested in the musicians / at the back of the stage / his long hair

01 enrolled in / enjoy learning Chinese / a group project coming up / introduce you to him

02 leaving work early / taking her out / anything other than / get the ingredients

03 look busy / agreed to be interviewed / canceled on us / Are you free

04 work on our paper / stay awake / write a new introduction / print it out

05 move out / enough room for everything / sort through your stuff / work from home

06 heading to the office / something else to ask you / get a ride

07 this message comes up / install a program / send me the file

08 running out of food / why don't we go shopping / get off work

01 have anything particular in mind / one dollar each / give you a dozen

02 go horseback riding / ride two hours or more / sounds too long

03 am looking for a gift / without any pattern / have earrings on sale / offer a 10 percent discount

04 give you full access / under the age of seven / sign up for a membership

05 considered getting a subscription / save you money / charge extra for delivery / sign up

06 having a sale to celebrate / have any recommendations / take two slices of that / pay with my credit card

07 cancel a tour / paid the full price / before your departure date

08 our most popular model / at a reasonable price / make monthly payments

01 let me exchange / forget your receipt / tried it on / want a refund

02 wanted to ask you / walk with you / have other plans / see you next week

03 pay you back / two blocks down / remember my password

04 am really stressed / have a conference / give a big presentation / want to be sure

05 had so much fun / explore some old temples / Was the weather bad / couldn't leave him alone

06 such great things about / stop in for dinner / an hour wait / try it out

07 from next door / borrow a shovel / replaced our mailbox

08 guarantee delivery within / change your order / takes time to cook

01 over the weekend / two years ago / check it out / it's really crowded

02 one of my favorites / something special about / couldn't help but buy

03 buy a package tour / What a bargain / poor air conditioning

04 saw an amazing wildlife documentary / creates new phrases / makes them so smart

05 submit an application / be assigned a homestay / join two clubs / bring the form back

06 stretches more than / made of bricks / build this gigantic wall / must have worked

07 have a special guest / start your career / after graduating / what made you decide

08 will be held again / changed the location / five countries are participating / traffic will be bad

01 is proud to announce / take place / as many as possible / on the second day

02 find out / are eligible to participate / profits from the event

03 fill out and sign / attach a recent photograph / have any questions

04 plenty of / in comfort and style / for its safety standards

05 first Saturday of every month / includes all the ingredients / in advance / not allowed to join

06 at least once / getting out of bed / cannot hear ordinary sounds / the following morning

07 feed their young / rarely sting humans / control their body temperature / living in cold regions

08 clean out your desk / be in good condition / In case of rain

01 get some breakfast / serve that for lunch / fill me up / rather not pay

02 renting an apartment / available on the tenth floor / currently paying / go look at it

03 take pictures / allow visitors to take photographs / can't afford to pay / that settles it

04 have in mind / a big fan of spicy food / one on Saturday or Sunday / afternoons are better for me

05 studying overseas / try a different country / leave right after that / a lot more opportunities

06 has good reviews / cannot afford more than / with two options / Color doesn't matter

07 take a weekend class / work until late afternoon / suits you best

08 any other day / stay out very late / book the tickets

01 when the train will arrive / how long it takes

02 is on sale / try it on

03 bought lots of presents

04 check on your desk

05 I've been waiting for you

06 missed your call / can we reschedule

07 ride bikes / go see a doctor

08 haven't seen you / catching up on

01 for one night / on that date / on a higher floor / want to reserve it

02 looking for a job / people with experience / If you download the app / get good advice

03 can't be fixed / was unable to get / out of our budget

04 wearing winter clothes / look pale / have a fever / ignore the signs

05 during the practice game / focus on my recovery / trained harder than anyone

06 an excellent choice / high quality product / marked down / not enough

07 cut down on / increase your risk / your nerves and muscles

08 has a different effect / heart beat faster / pick an appropriate color

01 wants to invite / returning home from abroad / attend the wedding

02 have something to eat / every time they meet / in the mood for

03 taking a math class / have a small effect on / got a low score / wants to reassure him

04 is about to fall asleep / playing the sound / more and more annoying

05 manage to find / which stop to get off / A moment later

06 is excellent at math / return the favor / in order to pass

07 goes on a business trip / with her coworker / unwraps the food / made the reservation

08 found a scratch / demand his money back / one that wasn't scratched

01-02 have such trouble falling asleep / increase your heart rate / Taking a warm shower / made of unique materials

03-04 hear through their jawbones / move across it / travels through air / much higher frequency sounds

05-06 humans walked the Earth / every continent / were first found there / contained ancient fossils / being covered by plants

07-08 going over what you will need / it is strongly recommended / bring a flashlight with you / make sure you arrive

01 to closing time / return any books / leave your belongings behind

02 ready to give up / taking private lessons / Have you tried watching / watch shows for adults sounds childish / learn basic words and phrases

03 without an appointment / have an excuse / take a makeup test

04 put in the middle / growing along the fence / for a closer look

05 from a local charity / haven't ordered one yet / take a look at

06 give me a discount / like anything else / bring the price down

07 the best public speakers / miss the entry deadline / rarely have free time

08 for his birthday / takes about two hours / buy tickets online / be very excited

09 for beginners / around the corner / every Tuesday and Thursday / work on your projects

10 go straight to / get off work / something faster / I don't mind

11 bumped into / kept walking

12 trying to put together

13 seem distracted / could go wrong / have nothing to worry about

14 keep failing / working on the project / have any clue / figure out anything

15 be in a good mood / run across / is shocked to hear

16-17 allows the camel to survive / by evolving extremely big ears / keep dangerous predators away

DICTATION 실전 모의고사 2회   pp.162~167

01 a wide variety of / building a shopping mall / take away business from

02 quitting my job / too tired to go out / something to do for fun / suits you

03 come down this street / be careful where you step / How long will that be / as fast as we can

04 probably too cold / sitting on the sand / running along the edge

05 have a late meeting / Thanks for offering / fill her bowl up

06 buy two or more / in the corner / looks interesting / the total price

07 I'll pass / are you allergic to / have some dessert

08 powered by an engine / people used something similar / traveled across the Atlantic / faster than / catches on fire

09 for three days / yoga classes for kids / until further notice / conserve our beautiful forest / select a date

10 need some help / not as attractive / in your price range

11 heard that you lost it

12 bring any warm clothes

13 I've always been interested in / fit my schedule / for my major

14 was about to call / planned on it / came down with the flu / missed you

15 moved into the building / made a terrible first impression / hang out again

16-17 in order to relax / cure sleep problems / was decided at birth / making it more efficient / recall information / clear our minds

DICTATION 실전 모의고사 3회   pp.168~173

01 familiar with / the latest book / signing copies / expecting a big crowd

02 chances are that / practical uses / conducts electricity quite well / fill in cavities

03 drain from the sink / easily get stuck / recommend replacing it / the best option

04 no room for / next to my bed / since I was young

05 caught a cold / have it fixed / pick some up after work

06 renting a bike / stay open until / get a discount

07 answering your phone / I won't be in today / text message the boss's number

08 what is available / have a large budget / take that flight

09 traveling abroad / over the age of 15 / volunteer at schools / take part in / pay for their own airfare

10 I've studied Korean before / on those days / Any day except / relax on my weekends

11 look outside / drive to work

12 letting me borrow

13 my tongue feels swollen / certain foods enough / your problem will go away

14 under the weather / moved into this apartment / healthy to breathe / get some fresh air

15 as they got older / avoid giving a presentation / try to overcome her fear

16-17 are concerned about staying healthy / end up suffering / a powerful impact on / should also make sure / keep you happy

DICTATION 실전 모의고사 4회   pp.174~179

01 have expressed interest / usually be done online / apply in person / assigned every week in this class

02 look exhausted / do anything unusual / while lying in bed / turn the sound off / very sensitive to light / keeps you awake

03 Unlike his later works / dedication to learning / cared about education

04 bring me some tea / pour some tea / on the small shelf / drop food when you eat

05 be here by now / mail it back / leaving for my business trip

06 have poor eyesight / a dollar more than / In that case

07 ask you a favor / Her barking doesn't bother / going to be away

08 planning on getting lost / essential to build / keep your energy levels high

09 Listen up / multiple choice questions / review it carefully / not be on the test

10 be at work / on most Tuesdays / have two options left / learn the basics

11 should eat healthier

12 my favorite program / mind if I join you

13 entering as a dancer / won the contest / Go for it

14 I'm looking forward to it / taking a French class / don't mind waiting / on weekends

15 discuss their research / has a special class / prepare for a test

16-17 beginning to feel insecure / make negative comments / be easily spread around the Internet / difficult to detect

01 on the planet / experience anxiety / in a calming way / well received

02 halfway through the game / didn't stretch at all / warmed up / raised your body temperature / before your next game

03 must have misunderstood / go and tell / chopping these onions

04 go for a walk / along the path / see the sign / my treat

05 this Sunday / Thanks for the invitation / as a dessert / bringing some snacks

06 buy admission tickets / give a discount / a senior citizen discount

07 running to / watch her / could we go tomorrow / not available / have a regular checkup

08 amazing modern invention / since ancient times / were first built in / long pieces of wood / to easily cross rivers / coming up with

09 of all ages and abilities / taking part / fought cancer / no rules to follow

10 help me choose / crazy about cars / wanted something cheaper / Looks good to me

11 reschedule your lesson

12 checked the lost and found

13 got a guest / became friends while traveling / another day

14 lots of exotic places / in a souvenir shop / endangered species / could be arrested

15 standing in line / two people ahead of her / lose her spot / walk into the supermarket

16-17 coming to an end / the clock strikes midnight / head for the beach / make space for the new / smash kitchen dishes

01 sick or injured birds / caused by people / illnesses caused by pollution / maintaining our facilities

02 late for class / pack my backpack / managed your own life

03 keep you waiting / request a special meal / make sure you get / prefer sitting next to

04 everything is set up / in the center / put the food out / ready to go

05 find a new apartment / running out of time / looking for a roommate / ride with me

06 explain it in detail / gets cut in half / with this promotion

07 getting in shape / hard to find the motivation / by enjoying what / to work out

08 feed on human blood / from place to place / buying used furniture

09 earned her master's degree / Outside of work / traveling around the US

10 get a room cheaper / stay in / eat at a fancy restaurant / narrows our options down

11 get some exercise

12 already bought tickets

13 take you to a good place / Their specialty is steak / the more flavor

14 I'd like to volunteer / passed away / know about the age requirement

15 go to a free concert / right at the front / sitting behind him

16-17 the most advanced species / be surprised to learn / allow them to think and experience / lie around in the mud

01 feel the same way / how to discover / learn more about themselves

02 there was a downside / reduce the pain / treat

sunburns / feel better soon

03 drop off the car / need my car fixed / get it back

04 walk on the trail / Let's bring our tent / build a fire

05 missed the class / I'm much better / give me his number

06 having a sale / That's a good deal / have a membership card / during the sale period

07 What's going on / before you leave home / should have listened to

08 right after the rainy season / once lived there / too many days off / all sorts of

09 love and friendship / in length / be considered / submit your work / the winners will be announced

10 bringing your children along / appropriate for my kids / have a doctor's appointment

11 why you want to return it

12 stop taking lessons

13 I'm so behind / pushing yourself so hard / get through this stuff

14 buy some new running shoes / doing it for fun / in really good shape / maximize your potential

15 gets along with / do such a thing / outside to confront

16-17 with surprising strength / inspired other companies to try / connect with customers / become more loyal / leads them to buy the product / popular marketing tool

01 raise this money / have a chance / take place

02 haven't started it / if I were you / how the characters look / ruin that for you / to compare the movie

03 get a loan / have any trouble qualifying / put your signature

04 make this invitation / This cake with two layers / look too complicated / in each corner

05 deleted the folder / restore the files / easier to get them back / appreciate it

06 check the bill / paying the whole bill / treat you to dinner / add for the tip

07 as you suggested / move into your new place / come until about 8 / meet my study group

08 international weather forecast / followed it online / property damage / no one was killed

09 consisted mainly of / in the farthest reaches / bring back information / keep in touch with

10 try something active / pay more than / enjoy late

breakfasts / Let's relax

11 park my car / pay to use it

12 got back from a trip

13 did some research on / full of good information / check the publication date

14 take some action / by reusing items / how about organizing / bring their old clothes

15 in charge of / the end of last week / On top of that / concerned about his health

16-17 looking for a place / enjoy a peaceful walk / explore caves / even see turtles / take your hat

01 the key to our business success / remember these guidelines / for their needs / following these tips

02 keep skipping it / hard to exercise alone / To track your run data / motivate you while you run

03 was excited to hear / writing style is very descriptive / two copies of my book / sign both copies

04 fun to watch / get a better look / getting a good workout

05 have a job interview / I get the job / appreciate the offer / pretend to be the boss

06 What would you like / add two cups of soup / need your food delivered / in 30 minutes

07 almost forgot / with the purple cover / Hang on a minute

08 get some information / for high school students / be held on October 17th / first come / first served

09 was formed by / the original source / referred to as / became accepted nationwide

10 special budget vacations / being near the beach / a couple of options

11 buy a birthday present

12 I feel awful

13 was supposed to meet / a couple minutes early / respond to my messages / showed up

14 I was bitten / tastes the same / prefer athletes

15 stay home / talk about a political issue / about the subject / notice how uncomfortable

16-17 are becoming vegetarians / keep yourself supplied with / requires little maintenance / if you have limited space / take much effort to

01 test your knowledge / identify the song / call the

station

02 read some articles / leave rude comments / significantly impact / take responsibility for / tracking the criminals

03 the number of sales / less productive / have a virus or something / fix the problem

04 putting up the decorations / on the top of / put them on the table / none left

05 the exact same model / satisfied with it / read the manual / get together

06 order one of your laptops / takes seven days / cost extra / take the fastest option

07 saw the poster / cheer for you / have enough time to practice / visit him in the hospital / might contact you

08 Sounds interesting / on Saturday / April 10th / check this out / practice together

09 your generous contributions / two days in a row / Through this concert series / more exciting performers

10 go to an English camp / away from home / with many native speakers

11 what time it closes

12 twisted my ankle

13 have any plans / get a better view / meet here at midnight

14 arrived two weeks ago / love city life / doing pretty well so far

15 shared tables / makes a loud noise / having trouble concentrating

16-17 protect them from dangerous animals / keep us safe / Its balance is admired / is said to resemble / instantly recognizable symbol

MEMO

MEMO

MEMO

MEMO

MEMO

MEMO

MEMO

PICK 수능유형

듣기

엔이튜터

10분 만에 끝내는 영어 수업 준비!

NE Tutor

NE Tutor는 NE능률이 만든 대한민국 대표 영어 티칭 플랫폼으로
영어 수업에 필요한 모든 콘텐츠와 서비스를 제공합니다.

www.netutor.co.kr

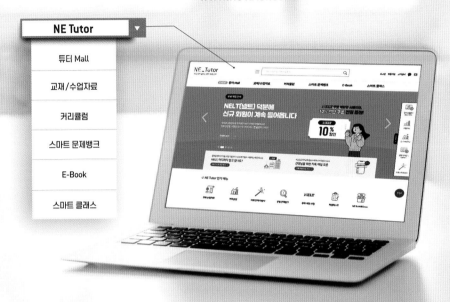

NE Tutor
- 튜터 Mall
- 교재/수업자료
- 커리큘럼
- 스마트 문제뱅크
- E-Book
- 스마트 클래스

─ ☐ ✕

· 전국 영어 학원 선생님들이 뽑은 NE Tutor 서비스 TOP 4! ·

교재 수업자료 ELT부터 초중고까지 수백여 종 교재의 부가자료, E-Book,
어휘 문제 마법사 등 믿을 수 있는 영어 수업 자료 제공

커리큘럼 대상별/영역별/수준별 교재 커리큘럼 & 영어 실력에 맞는
교재를 추천하는 레벨테스트 제공

NELT **한국 교육과정 기반의 IBT 영어 테스트** 어휘+문법+듣기+독해 영역별 영어
실력을 정확히 측정하여, 전국 단위 객관적 지표 및 내신/수능 대비 약점 처방

문법 문제뱅크 NE능률이 엄선한 3만 개 문항 기반의 문법 문제 출제 서비스,
최대 50문항까지 간편하게 객관식&주관식 문제 출제

NE_Tutor